Andreas Reischek
Aotearoa – Land der langen weißen Wolke.
Ein Forscherleben auf Neuseeland

SEVERUS Verlag

Reischeck, Andreas: Aotearoa – Land der langen weißen Wolke. Ein Forscherle-ben auf Neuseeland. Behutsam aus Frakturschrift übertragen. Mit 94 Abbil-dungen, 2 Karten und einem Vorwort von Anna Klöhn. 2012
Neuauflage der Ausgabe von 1921
ISBN: 978-3-86347-222-1

Vorwort: Anna Klöhn, SEVERUS Verlag
Umschlaggestaltung: © SEVERUS Verlag

Bibliografische Information der Deutschen Nationalbibliothek: Die Deutsche Nationalbibliothek verzeichnet diese Publikation in der Deutschen Nationalbib-liografie; detaillierte bibliografische Daten sind im Internet über https://dnb.de abrufbar.

Der SEVERUS Verlag ist ein Imprint der Bedey & Thoms Media GmbH, Hermannstal 119k, 22119 Hamburg
_____
SEVERUS Verlag, 2012
http://www.severus-verlag.de
Gedruckt in Deutschland
Der SEVERUS Verlag übernimmt keine juristische Verantwortung oder irgend-eine Haftung für evtl. fehlerhafte Angaben und deren Folgen

Andreas Reischeck

Aotearoa – Land der langen weißen Wolke. Ein Forscherleben auf Neuseeland.

Behutsam aus Frakturschrift übertragen.
Mit 94 Abbildungen,
2 Karten und einem Vorwort von
Anna Klöhn

MIX
Papier aus verantwortungsvollen Quellen
Paper from responsible sources
FSC® C105338
FSC
www.fsc.org

Vorwort zur Neuauflage

Te Ika a Maoi (der Fisch des Maui) sagen die Maori zur Nordinsel Neuseelands, die der Legende nach von einem sagenhaften Riesen mit einer Angel aus den Fluten des Ozeans gefischt wurde.

Dieser Legende ging der Österreicher Andreas Reischek mit leidenschaftlichem Forschungsdrang nach. Ursprünglich mit dem Auftrag des bedeutenden Geologen Ferdinand von Hochstetter betraut, das Museum in Christchurch über zwei Jahre einzurichten, weckte diese Insel Reischeks Forscherdrang. Er lebte zwölf Jahre auf dem unbekannten Kontinent und erforschte auch seine umliegende Inselwelt.

Da Reischek kaum über finanzielle Mittel verfügte, erarbeitete er sich die Ausrüstung für seine zahlreichen Expeditionen mit der Hilfe beim Aufbau zahlreicher Privatmuseen.

Te Wahi Punamu – so nennen die Maori die Südinsel Neuseelands. *Punamu* ist die Bezeichnung für den grünen Halbedelstein Nephrit, der auf der Südinsel vermehrt vorkommt und den die Maori zur Herstellung von Waffen und Schmuck benutzen.

Von Ost nach West durch die Südinsel gingen Reischeks erste Expeditionen, die er anfangs noch in Begleitung unternahm. Doch schon bald verbrachte er beinahe vier Jahre in den Fjorden der Südinsel, nur von seinem treuen Hund Cäsar begleitet. Seine Expeditionen waren stets gefährlich, da seine Ausrüstung auf das Nötigste reduziert war.

Of entging er nur knapp dem Tode. Unter unsagbaren Mühen erwarb er wertvolle zoologische und ethnologische Funde, die er in bestimmten Zeitabständen nicht nur in die größeren Städte Neuseelands, sondern auch in sein Heimatland, Österreich schickte. Überwältigt von der Schönheit der Natur, drang Reischek immer weiter in die unerforschten Dschungel der Insel ein und erkundete nicht nur die exotische Vogelwelt Neuseelands.

Mit viel Geduld und Feingefühl näherte er sich den bis dahin sehr engländerfeindlich eingestellten Ureinwohnern – den Maori. Reischek gewann das Vertrauen und die Freundschaft vieler Häuptlinge. Ihm wurde es gestattet, das *King Country*, das Königsland der Maori zu durchreisen, was den Engländern bis dahin streng verboten war.

Reischek erfuhr viel über das geheimnisvolle Leben der Einheimischen. Viele Jahre lebte er bei unterschiedlichen Stämmen und berichtete in seinen Tagebuchaufzeichnungen detailreich aus dem Leben und der Geschichte der Maori. Es handelt sich hierbei um wertvolle, mündliche Überlieferungen unterschiedlicher Häuptlinge, die er durch seine Aufzeichnungen neu aufleben lässt. Während dieser Zeit erhielt er tiefe Einblicke in Kunst- und Volksbräuche der Maori und lernte viel über ihre Traditionen. Die Engländer und insbesondere die Maori schätzten Reischek sehr, als Menschen wie als Forscher. Als Anerkennung wurde er mit dem Häuptlingsrang ausgezeichnet und trug den Titel *Thaka Reiheke Te Kiwi, Rangotira te Auturia* (Häuptling Reischek, der Kiwi, Fürst von Österreich).

Reischeks Aufzeichnungen trugen dazu bei, die als befremdlich empfundene Welt der Maori zu verstehen und ebneten den Weg für mehr Verständnis zwischen den Ureinwohner und den Engländern, zwischen denen ansonsten Kriege stattfanden.

In diesem Sinne:
Kia pai te haere! Gute Reise ins Land der Maori.

Anna Klöhn

„Wir lieben dich, weil du ein Mann nach unserer Art bist. Wären alle Weißen so wie du, dann hätten wir nie die Keule und die Lanze gegen sie erhoben. Seit zwanzig Jahren haben wir unser letztes Stück Land gänzlich vor den Weißen abgesperrt. Du bist der erste, den wir einließen. Mögen es die Götter geben, daß der Sinn der Weißen sich ändere!"

(Ansprache des Königs Tawhiao während der Verleihung des Häuptlingsranges.)

Anna Klöhn, geb. 1981 in Hamburg, studierte französische Philologie, Italianistik und Kunstgeschichte und arbeitet nun als Lektorin.

Inhalt

Vorwort 9
Der Verfasser 12
Das Forschungsgebiet 17
Die ersten Seiten des Tagebuchs 25
Meine erste Expedition 44
Neue Bergfahrten auf der Südinsel 63
Streifzüge auf der Nordinsel 79
Die Suche nach dem Wundervogel 111
Im Lande der Kannibalen 125
Aus dem Leben der Maori 156
Das Königsland öffnet sich mir 185
Neuseeländische Sonderlinge 221
Ein Naturschutzgebiet 226
Abschied fürs Leben 248
Wieder in den neuseeländischen Alpen 258
Robinsonleben 270
Eine Viehfarm im Urwald 283
Trennung von meinem besten Freund 289
Vorstoß zu den Vogelbergen 293
Auf bebendem Boden 306
Abschied von Neuseeland 322
Die letzten Jahre 323

Vorwort

> Man muß eins von beiden (ein Wilder oder ein Kind) sein,
> um zu glauben, daß ein Künstler ein nützlicher Mensch sei.
> Ich bin weit fort von jenen Gefängnissen, den europäischen Häusern.
> Eine maorische Hütte trennt den Menschen nicht vom Leben,
> von Raum und Unendlichkeit...
>
> *Aus Paul Gauguins Tagebüchern, geschrieben auf Tahiti*

Es war nicht nur die natürliche Pflicht der Pietät, die mich veranlaßte, die umfangreichen Manuskripte aus dem Nachlasse meines Vaters zu sichten, aus dem Englischen zu übersetzen und aus ihrem wesentlichsten Inhalt ein Buch zu formen.

Reischeks Leben war das eines von göttlichem Schaffensdrang Erfüllten, der aus eigener Kraft, der Armut und allen Widerständen des praktischen Lebens trotzend, in die tiefsten Geheimnisse der Natur eindrang und als ein mit ihr im tiefsten Verwurzelter zu den wenigen zählte, deren Leben mit dem Tode nicht endet.

Die Gegenwart bedarf eines Spiegels, der ihr die wahre Fratze zeigt, und darum ist eine Pflicht gegen sie, das Bild eines Mannes zu zeichnen, der in allen seinen Bestrebungen ihr Gegenpol war: ein uneigennütziger, bescheidener, von Ehrfurcht vor den ewigen Geheimnissen und zugleich von Sehnsucht nach ihrem Erlebnis erfüllter aufrechter Mann.

Seines Lebens Werk, die Erforschung Neuseelands und die mühevolle Erwerbung einer zoologischen und ethnographischen Sammlung, die an Umfang und gewissenhafter Beschreibung ihresgleichen nicht kennt, darf ebensowenig in das große Grab der österreichischen Wurstigkeit gegen geistigen Wert sinken, wie er selbst. Er, der als Lebender seinem Vaterland die großen Sammlungen gab, bietet als Toter seiner Heimat und der Menschheit als letztes Geschenk dieses Buch; es ist der geistige Inhalt seiner Beobachtungen und Forschungen und das Bild eines gotterfüllten Mannes.

Der Sohn richtet es ihm, den sein Vaterland vergessen wollte, als ein *monumentum aere perennius* aus.

Ich war zehn Jahre alt, als mein Vater starb; aber sein Bild und der Klang seiner Erzählungen von den Wundern Tier und Mensch sind noch immer in mir lebendig.

Unerbittliche Gewalten, der Weltkrieg und, nach dessen Ende, der harte Daseinskampf haben die Beendigung der Arbeit an meines Vaters Werk verzögert. Nun ist es, als ein volkstümliches Buch, vollendet. Die Ausführung eines umfangreicheren, die wissenschaftliche Arbeit meines Vaters erschöpfenden Werkes war gegenwärtig aus materiellen Gründen unausführbar; ich hoffe aber, daß auch der wissenschaftlich Interessierte wertvolle Anregung und Kenntnis aus diesem Werk wird schöpfen können.

Als einem wertvollen Mitarbeiter habe ich einem Toten zu danken, meinem verstorbenen Vormund Ludwig Linsbauer, einem treuen Freunde meines Vaters, der seine Erinnerungen an Reischek und ein Exzerpt aus den Manuskripten niedergeschrieben hat. Diese gewissenhaft ausgeführte Arbeit überließ mir sein Sohn, Herr Direktor Dr. Linsbauer, als ich bereits das Buch im rohen fertig hatte: sie war mir ein wertvolles Kontrollmaterial und ermöglichte mir wichtige Ergänzungen bei der abschließenden Arbeit.

Wien, im Januar 1924.

A. Reischek

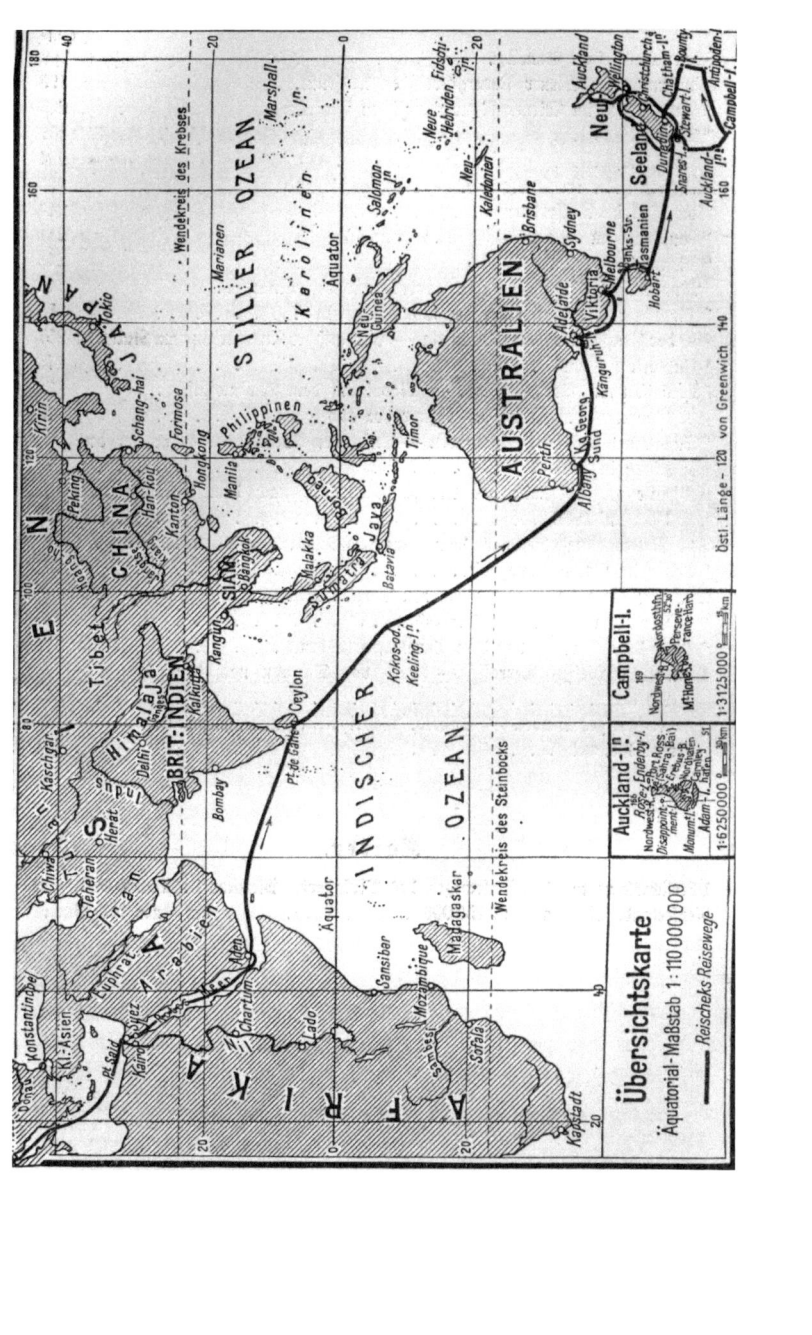

Erstes Kapitel

Der Verfasser

Österreich ist ein eigenartiges Heimatland. Schon seine Lage, die es zum Grenzstaat zwischen Orient und Okzident macht, bedingt einen Nullpunkt an dieser Stelle, der sich auch tatsächlich im Charakter der heillosen Völkermischung dieses Landes ausdrückt: im „Pallawatsch" von Österreich. Dieses wienerische, unübersetzbare Wort bedeutet ungefähr: ein Durcheinander, das jeder Ordnung, jeder geistigen Harmonie organisch widerstrebt.

Und doch sind ganz Große und Bedeutsame aus diesem Boden erwachsen; aber alle krankten an ihrer Heimat. Sie trugen die weite Welt im Herzen, sie schufen Großes und Göttliches – und blieben doch stets mit der Scholle verwachsen, die gar keine Resonanz für Geistiges hat. Im Lande der Phäaken, mit denen Schiller die Wiener verglichen hat, ist für Ernsthaftes kein Raum. Die „Dulliäh"-Stimmung, die den Wiener vor dem Untergehen bewahrt, schützt ihn auch vor einer geistigen Auferstehung. Und darum gilt für die Großen dieses Landes mehr als für die irgendeines andern das: *Nemo propheta…*

Ungenannt, ungeachtet und in Armut starben hier viele, deren Lebenswerk eine reife Frucht am Baume der Menschheit war. Auch Andreas Reischek, dessen bedeutsames Forschungswerk dieses Buch der österreichischen Vergessenheit entreißen und der Allgemeinheit zugänglich machen soll, war einer von jenen Österreichern, die, trotz der lockenden Angebote des Auslandes, ihr reifes Lebenswerk der Heimat gaben, die ohne Dank und Anerkennung das reiche Geschenk des freiwillig Armen hinnahm.

Andreas Reischek wurde am 15. September 1845 als Sohn eines armen Finanzaufsehers in Linz an der Donau geboren. Da die Mutter bald nach seiner Geburt starb, kam er in Pflege zu Frau Puchrucker, der Witwe des gräflich Thürheimschen Obergärtners auf Schloß Weinberg bei Käfermarkt im Mühlviertel Oberösterreichs. Die alte Frau, die den Knaben streng erzog, war eine große Freundin der Natur und sie pflanzte dem heranwachsenden Kinde tiefes, liebevolles Verständnis für Tiere und Pflanzen in die empfängliche Seele. Reischek schrieb selbst darüber:

„Ich benützte jeden freien Moment zum Besuche des großen,

schmiedeeisernen Barockpavillons im Schlosspark, der alle Arten heimischer Kleinvögel beherbergte, oder zu kleinen Exkursionen in die nahen Wälder. Ein alter Jäger, der eine hübsche, selbstpräparierte zoologische Sammlung besaß, unterwies mich im Präparieren und Beobachten der heimischen Vögel. Ich hielt selbst eine kleine Menagerie. Wenn mir ein Pflegling starb, versuchte ich ihn aufzustellen; ich machte dies sehr einfach, indem ich durch seinen Körper ein Stück Holz trieb, das ich an einem Brettchen befestigte. Meine gute Erzieherin war allerdings mit meiner Kunst nicht einverstanden: denn, sobald sie die stinkenden Viecher, wie sie die ‚Präparate' zu meinem Schmerze nannte, fand, warf sie sie fort. Meine Tränen bewogen sie aber jedesmal, mir den Ort zu zeigen, wohin sie die Tiere geworfen hatte. Dann grub ich ein kleines Grab und bestattete die Leichen unter Bäumen und schmückte die Hügel mit Blumen."

Der Knabe schnitzte auch aus Holzklötzchen Tiergestalten, deren naturgetreue Formen eine außergewöhnliche Beobachtungsgabe verrieten. Er erregte mit diesen kleinen Kunstwerken das Interesse des alten Grafen Thürheim. Es war ein tiefes Erlebnis für Reischek, als ihm der Graf seine aus allen Weltteilen zusammengetragenen Sammlungen zeigte. In dieser seltsamen, toten Museumswelt entbrannte im Herzen Reischeks eine tiefe Sehnsucht, in die weite Welt hinauszuziehen und alle ihre Wunder und Geheimnisse zu schauen und zu erforschen.

Als Reischek acht Jahre alt war, wurde er von seinem Vater nach Linz geholt, wo er gründlicheren Unterricht genießen sollte. Naturgeschichte und Geographie wurden seine Lieblingsgegenstände, und in seiner freien Zeit vertiefte er sich in die Lektüre von Reisebeschreibungen. Leider war Reischeks Vater zu arm, den talentvollen Knaben weiterstudieren zu lassen, und so mußte dieser nach Absolvierung der Normalschule ein Gewerbe erlernen. Er kam nach Unterweißenbach nahe Käsermarkt in die Lehre zum Bäckermeister Danner, der ein passionierter Jäger war. Dieser nahm den Lehrling, der erstaunliche naturgeschichtliche Kenntnisse hatte und sich frühzeitig als ein vortrefflicher Schütze erwies, gern auf die Jagd mit und gestattete ihm, in freien Stunden sein Revier beobachtend und jagend zu durchstreifen. Vom ersparten Geld kaufte der junge Mann wissenschaftliche Bücher und vertiefte durch das Studium seine aus der Beobachtung geschöpften Kenntnisse.

Im Kriegsjahre 1866 wurde Reischek zum Militärdienst einberufen; er stand in Südtirol als Vorposten vor dem Feinde. Zum 26. Feldjägerbataillon versetzt, trat er in die Dienste des Hauptmanns Baron Gatter von Resti-Ferrari, der rasch die Fähigkeiten des Mannes erkannte und ihn nach Beendigung des Feldzugs seinem Freunde Baron Pasetti empfahl, der dem fähigen jungen Reischek bald ein lieber und gönnerhafter Freund wurde. Von 1870 bis 1875 nahm er Reischek auf alle seine Reisen, besonders nach Italien, mit: Reischek nutzte sie zur Erweiterung seiner Kenntnisse und seiner allgemeinen Bildung. Im Jahr 1875 vermählte er sich in Wien und etablierte sich dort als Präparator und Lehrmittelhändler.

Hier erfüllte sich die Sehnsucht seiner Jugend. Hofrat Ferdinand von Hochstetter, der bedeutende österreichische Geologe, der die Weltumseglung auf der Fregatte „Novara" in den Jahren 1857 – 59 mitgemacht hatte und damals Intendant des k. k. Naturhistorischen Hofmuseums war, wurde auf die außerordentlichen Fähigkeiten Reischeks aufmerksam. Eines Tages stellte er an ihn die Frage, ob er bereit wäre, nach Neuseeland zu gehen, um dort das neugebaute Museum in Christchurch einzurichten. Sir Julius von Haast, der Direktor dieses Museums, hatte sich schriftlich an Hochstetter mit der Bitte gewendet, ihm einen wissenschaftlich und praktisch tüchtigen Mann zu verschaffen. Reischek nahm den Vorschlag begeistert an. Er dachte nicht an seine junge Frau, die er zurücklassen mußte, denn das Ziel seiner Sehnsucht, unbekannte Länder sehen und erforschen zu können, war erreicht.

Die vertragliche Zeitverpflichtung lautete auf zwei Jahre. Aber erst nach vollen zwölf Jahren, am 13. April 1889, kehrte Reischek wieder in seine Heimat, zu seiner Gattin zurück. Sein leidenschaftlicher Forschungsdrang hatte ihn immer wieder zur Ausrüstung von neuen Forschungsexpeditionen getrieben, die jedesmal das vorher mühevoll erworbene Geld verschlungen, aber jedesmal auch neue wertvolle Entdeckungen und Beobachtungen brachten. So schob sich die Rückreise von Jahr zu Jahr hinaus.

Die folgenden, aus Reischeks Tagebüchern ausgewählten, zusammenhängenden Kapitel schildern eingehend Forscherarbeit und Forscherlebnisse auf Neuseeland.

In kurzer Übersicht soll hier nur das Wesentlichste vorweggenommen werden.

Reischek studierte wahrend der Seefahrt eifrig die englische Sprache, die ihm später so zur Natur wurde, daß er den größten Teil seiner Aufzeichnungen englisch niederschrieb und noch lange nach seiner Rückkehr in die Heimat ein mit Anglizismen vermengtes Deutsch sprach. Auf Neuseeland richtete er in Christchurch mit hervorragender Sachkenntnis das Museum sein, später auch noch die Museen in Auckland und Wanganui und eine Reihe von Privatmuseen. Schon während seiner Tätigkeit im Christchurch-Museum unternahm Reischek in seiner freien Zeit Ausflüge und kleinere Expeditionen, um mit dem Lande, seinen Ureinwohnern und seiner seltsamen Tierwelt vertraut zu werden. Von engländerfreundlichen Eingeborenen erlernte er auch bald die Maorisprache, eine Kenntnis, die ihm später sehr zustatten kam.

In acht größeren Expeditionen, von denen er die meisten ganz allein unternahm, nur von seinem treuen Hunde Cäsar begleitet, erforschte er Neuseeland und die umliegende Inselwelt.

Die erste Expedition führte ihn quer von Ost nach West durch die Südinsel, die zweite wurde gemeinsam mit Sir Julius von Haast im Juli 1879 in die Alpen der Südinsel unternommen; dort benannte Haast einen Gletscher nach Reischek. Nach dieser Reise durchforschte Reischek auf der Nordinsel allein die Gegend von Auckland bis zum nördlichsten Teile der Insel. Hieraus erfolgte eine Reise nach der Ostküste, wobei er auf alten Maorilagerplätzen interessante Ausgrabungen machte. Die reiche Beute dieser Expedition brachte er nach Auckland: dort vollendete er die Einrichtung des Museums und rüstete sich dann zu einer neuen Forschungsreise aus.

Im Jahr 1882 betrat er das Königsland, das bisher den Europäern streng verschlossen gewesene Gebiet der engländerfeindlichen Maori, die unter der Herrschaft des Königs Tawhiao standen. Reischek gewann das Vertrauen und die Freundschaft des Königs und der Häuptlinge und wurde durch Verleihung des Häuptlingsranges ausgezeichnet.

Vom Jahr 1884 bis 1888 lebte er fast ununterbrochen, ganz allein, nur von seinem treuen Cäsar begleitet, in den Fjorden der Südinsel. Dieser Aufenthalt war mit vielen Gefahren verbunden. Hier erbeutete er die seltensten Vogelarten Neuseelands, von denen einige schon ausgestorben sind. Eine neue Expedition führte ihn unter unsagbaren Mühen durch die Urwälder bis zum höchsten Berge Neuseelands, dem Mount Cook oder Aorangi (3764 Meter).

Jm Jahr 1888 durchforschte er die Stewart-, Auckland-, Campbell-, Antipoden- und Bounty-Inseln und kehrte dann nach Wanganui zurück, wo selbst er ebenfalls das Museum einrichtete. Seine letzte größere Reise führte ihn nach Karioi und auf den gletscherbedeckten Vulkan Nuapehu.

Die Engländer und Maori auf Neuseeland schätzten und liebten Reischek als Menschen wie als bedeutenden Forscher. Sein wissenschaftlicher Verdienst um die Kolonie wurde dadurch gewürdigt, dass Reischek zum Mitglied der „Linnean Society" in London und einer Reihe anderer englischer wissenschaftlicher Institute gewählt wurde.

Die Erforschung der Vogelwelt Neuseelands, der er sich, den ärgsten Gefahren der Wildnis trotzend, mit Feuereifer hingab, war sein bedeutendstes Werk und bildete die Grundlage zu dem großen Werk über die Ornis Neuseelands von Sir W. L. Bullet, an dem Reischek ständig mitarbeitete. Seine tiefe Liebe zur Natur ließ ihn auch als ersten in Neuseeland den Gedanken der Errichtung eines Naturschutzparks verfechten, und er unternahm eine eigene Expedition auf die Hauturu-Insel, um deren Eignung als Naturschutzterritorium zu prüfen. Als Reischek bereits wieder in seiner Heimat weilte, wandte sich die neuseeländische Regierung mit dem Ersuchen an ihn, einen Bericht über die Hauturu-Insel und Vorschläge für die Anlage eines Naturschutzparks zu machen.

Reischeks Wesenszüge waren tiefe, ehrfürchtige Liebe zur Natur, unerschrockener, tätiger Drang nach Erkenntnis und ein lauterer, weltfremder, edler Manneschararakter.

Zweites Kapitel

Das Forschungsgebiet

Ehe ich den Leser in die bunte, gefahr- und freudenvolle, über alles Maß mühselige und doch wiederum weltenfern geruhige Abenteuer- und Erlebniswelt des Forschers entführe, muß ich ihm in kurzer, jedoch das Wesentlichste erschöpfender Form den wundersamen Schauplatz meiner Reisen und meiner Gemeinsamkeiten mit Tieren und „Wilden", das Inselland Neuseeland, anschaulich und vertraut machen.

Neuseeland, eine der mächtigsten Inselgruppen im südlichen Stillen Ozean, liegt südöstlich von Australien, zwischen 34°25' und 47°17' südlicher Breite und zwischen 166° 26' und 178°36' östlicher Länge. Der ausgedehnte Komplex der Nord- und Südinsel, die durch die 21 Kilometer breite Cookstraße voneinander getrennt sind, ähnelt in Gestalt und Größe der Halbinsel Italien; den Schaft des Stiefels bildet die Südinsel, den Fußteil die Nordinsel. Als Strippe – um im Bilde zu bleiben – erscheint die kleinere, südlich der Südinsel gelegene und von ihr durch die Foveauxstraße getrennte Stewardinsel.

Die Gesamtlänge dieser drei Inseln beträgt etwa 1800 Kilometer, die Breite 74 bis 400 Kilometer. Rings um diese Hauptinseln gruppiert sich noch eine große Anzahl kleinerer Inseln. Das Gesamtflächenausmaß Neuseelands beträgt etwa 273 000 Quadratkilometer.

Die Maori nennen die Nordinsel „Te Ika a Maui", d. i. „den Fisch des Maui", eines sagenhaften Riesen, der diesen Teil Neuseelands mit einer Angel aus den Fluten des Ozeans gefischt haben soll. Die Südinsel nennen sie „Te Wahi Punamu", da auf ihr der grüne Halbedelstein Nephrit (Punamu) häufiger vorkommt, der bei den Maori als edelstes Material zur Herstellung kostbarer Waffen und Schmuckstücke sehr geschätzt war.

Über die Entstehungsgeschichte der Inseln bin ich der Ansicht, daß das heutige Neuseeland Bergrücken bilden, die als Überreste eines großen, alten, in die Tiefe des Ozeans versunkenen Kontinents aus dem Meere aufragen. Ich bin der Anschauung, dass einst alle diese Inseln einen einzigen Kontinent von großer Ausdehnung gebildet haben, und schließe dies daraus, daß der geologische Aufbau, die Flora und die Fauna aller dieser Inseln mit wenigen Ausnahmen die

Queenstown am Wakatipusee.
Im Hintergrund eine Kette der neuseeländischen Apen.

gleichen sind. Es scheint mir für diese Annahme auch der Umstand zu sprechen, daß sich auf diesen verschiedenen Inseln Vogelarten finden, die unmöglich von der einen auf die andere Insel hätten gelangen können, da sie keine Zugvögel sind und ihre Flugkraft nicht ausgereicht hätte, solche Strecken über das Meer zurückzulegen. Eine weitere Bestätigung meiner Annahme erblicke ich im folgenden: Auf Neuseeland lebten, wie die Ausgrabungen erwiesen haben, eine Reihe von Vögeln, so der Riesenstrauß (*Dinornis moa*), der 3 ½ Meter Höhe erreichte, die Riesenralle (*Aptornis*), die Riesengans (*Gnemiornis*) und der große Adler *Hapagornis*, Tiere, die auf den Inseln, wie sie heute sind, nicht hätten existieren können, da ihnen nur ein größerer Kontinent Nahrung in ausreichendem Maße und Ausbreitungsmöglichkeit bieten konnte. Sie starben also aus, seitdem der Kontinent versank.

Auf diesen inmitten der mächtigsten Ozeanfläche gelegenen Inseln hat die Natur alle Wunder landschaftlicher Schönheit und Eigenart vereinigt.

Der interessanteste Teil der stark vulkanischen Nordinsel ist der durch seinen Seenreichtum ausgezeichnete „Seendistrikt", das Gebiet der Geiser und Schlammvulkane. Es ist ein unheimlicher Boden, an dessen dünne Wände ständig das heiße Herz der Erde pocht und ihn erzittern macht. Aus allen seinen Fugen dringen Dampf und siedeheißes Wasser. Die Geiser und Schlammvulkane schleudern in gleichen Zeitabständen turmhohe Flüssigkeitssäulen aus, und von den tätigen Vulkanen wehen dunkle Rauchfahnen in den Himmel. Herrlich waren die leider durch den fürchterlichen Ausbruch des Tarawera im Jahr 1886 vernichteten Kieselsinterterrassen, die sogenannte Weiße und die Rosa Terrasse, die großen Freitreppen glichen, deren weiße und rosafarbene Stufen zu wassererfüllten Becken ausgehöhlt waren.

Durch die Nordinsel zieht eine von Südwest nach Nordost gerichtete, meist bewaldete Gebirgskette. Ihr größerer vulkanischer Teil zerfällt in zwei Hochebenen, eine niedrigere, nördlich vom Haurakigolf gelegene, und eine südliche, die sich vom vorerwähnten Golfe bis zur Cookstraße ausdehnt. Die Mitte dieses südlichen Anteils bildet das große Hochland des Waikato mit dem herrlichen, blauen, weitausgedehnten Spiegel des Tauposees, des größten Sees auf Neuseeland. Südlich vom Taupo ragen drei mächtige Vulkankegel auf: der erloschene, gletscherbedeckte Ruapehu, mit 2960 Meter der höchste Gipfel der Nordinsel, mit seinem noch tätigen Gefolge, dem Tongariro und Ngauruhoe. Der obengenannte Seendistrikt schließt östlich an den oberen Waikato an. Im Südwesten der Insel erhebt sich aus einer Tiefebene nahe der Meeresküste einsam der erloschene Taranakiberg oder Mount Egmont zu 2520 Meter.

Auf der Nordinsel liegen auch die beiden größten Städte Neuseelands: im Norden, im Gebiete des Haurakigolfs, Auckland, im Süden, an der Cookstraße, die Hauptstadt Neuseelands, Wellington.

Ein Landschaftsbild von ganz anderer Art als das der Nordinsel zeigt die langgestreckte Südinsel. Auch sie wird der Länge nach von einer Gebirgskette durchzogen, die aber in den Neuseeländischen Alpen eine durchschnittliche Kammhöhe von 2700 bis 2800 Meter erreicht und mit ihrem höchsten Gipfel, dem Aorangi (Mount Cook) 3764 Meter aufragt. Mächtige Ketten schimmernder Gletscher, kristallklare Meeraugen, reißende Bergströme, tiefe Klammen, prächtige Wasserfälle, dichte Urwälder mit Palmen und Farnbaumwuchs bilden die bunte Vielgestalt dieser herrlichen Alpenwelt. Und an der Westküste, nach der die Bergriesen schroff abfallen, hat die Natur ein noch unvergleichlich schöneres Wunder geschaffen: 14 Fjorde zerschneiden die gerade Küstenlinie; die Meereszungen strecken sich bis zu 40 Kilometer ins Land, und ihre Tiefe reicht bis über 350 Meter. Das tiefdunkelblaue Meereswasser, die in allen Schattierungen von Grün gewebten, dichten Urwaldteppiche, die zackigen Kronen der Berge, die vom Eis der Gletscher wie von Diamanten funkeln, und darüber der tiefe, südliche Himmel, alles zusammen gibt eine Symphonie von Farben und Formen, die den Ruhm der skandinavischen Fjorde in den Schatten stellt.

Der imposanteste und schönste dieser Fjorde ist der Milfordsund. Zahlreiche Wasserfälle, deren mächtigster der Bowenfall, stürzen über nackten Fels oder zwischen dichtem Urwaldgrün ins Meer. Zu beiden Seiten der engen Einfahrt (man könnte einen Stein von einem Ufer auf das andere schleudern) ragen fast senkrechte Felswände auf. Im Inneren des Sundes erhebt sich der wie ein mächtiger Pfeiler aufstrebende Mitre Peak, links davon der Pale Peak und im Hintergrunde der Tutoko Peak, die den hochalpinen Rahmen des Fjordes bilden. Noch weiter landeinwärts erweitert sich der Sund zur Harrisonbucht, die sich in das Süßwasserbecken fortsetzt, in das aus 160 Meter Höhe der Bowenfall senkrecht niederstürzt. Zur Zeit der Schneeschmelze zählte ich in diesem märchenschönen Teile des Sundes 14 Wasserfälle, deren interessantester der 570 Meter hohe Sutherlandfall ist.

Die andern Sunde, von denen der Doubtfulsund, Chalky- und Duskysund hervorragen, werden in meinen Tagebuchaufzeichnungen noch näher beschrieben werden.

Diese in der Zeit meines Aufenthalts noch ganz wilde, einsame und zum Teil unerforschte Wunderwelt ist heute einer der am häufigsten von Touristen und Fremden aufgesuchten Teile Neuseelands. In der Sommerzeit ist ein ständiger Dampferverkehr eingerichtet, der die Reisenden zu allen Sunden führt. Von hervorragender landschaftlicher Schönheit ist auch das landeinwärts vom Fiordland gelegene Gebiet, das zahlreiche ausgedehnte Seen (Wakatipu-, Manipori-, Te-Anau-See) birgt.

Die Südinsel hat auch in ihren übrigen Teilen vorwiegend gebirgigen Charakter. Von Nordosten erstreckt sich das Kaikoura-Gebirge bis zur Canterbury-Ebene; von dieser ziehen sich nach Westen die von Hochebenen unterbrochenen Western Ranges; nördlich von diesen liegen die Spencer-Berge und die Eastern Ranges (durchwegs bis zu 8000 Meter aufragend). Die Alpen beginnen am Harperpaß und dehnen sich 300 Kilometer nach Südwesten. Der Süden wird von der Hochebene von Otago eingenommen.

Die bedeutendste Ansiedlung auf der Südinsel, in der fruchtbaren Canterbury-Ebene gelegen, ist Christchurch, jene Stadt, die mein erster Aufenthaltsort auf Neuseeland war.

Schließlich ist noch die kleinste der drei, die Stewartinsel, zu erwähnen. Auch sie ist gebirgig und dicht bewaldet.

Die kleineren, bei Neuseeland gelegenen Inseln werden später S. 292 ff. im Tagebuch näher behandelt.

Die Nord- und die Südinsel besitzen zahlreiche gute Häfen, von denen die bedeutendsten Auckland, Wellington, Napier, Nelson, Lyttelton, Dunedin und Invercargill sind.

Das Klima Neuseelands ist durchwegs ein gemäßigtes, außerordentlich gesundes. Im Norden hat es subtropischen Charakter; es gedeihen dort im Freien Orangen-, Zitronen- und Olivenbäume und die Teestaude, während es sich gegen Süden zu mäßigt; im südlichen Teile der Südinsel liegt im Winter, der in die Zeit des europäischen Sommers fällt, längere Zeit hindurch Schnee. Die mittlere Jahrestemperatur beträgt im Norden (Auckland) 16.6 Grad, im Süden (Dunedin) 10,4 Grad Celsius.

Die Bevölkerung Neuseelands, die seit der Kolonisation aus zwei Komponenten, Europäern und Maori, besteht, hat eine nach entgegengesetzten Richtungen verlaufende Entwicklung genommen. Während die Zahl der Ureinwohner in ständigem Abnehmen begriffen ist, nahm die Zahl der europäischen Ansiedler rasch zu. Im Jahr 1840 gab es auf Neuseeland etwa 1200 Europäer und mindestens 100 000 Maori; im Jahr 1891 betrug (nach dem Ergebnis der Volkszählung) die Zahl der Europäer (zumeist britischer Abstammung) 667000, die Zahl der Maori ungefähr 42 000.

Die Hauptursache des raschen Aussterbens der Maori ist der schädliche Einfluß der europäischen Zivilisation auf dieses urwüchsige Volk: Alkohol, Geschlechtskrankheiten und Kriege, die aus Ländergier gegen die Maori geführt wurden, haben die Kraft des Urvolks gebrochen. Aber auch der Kannibalismus der Maori, der die einzelnen Stämme zu ständigen Kriegen untereinander führte, die nur zu dem Zwecke der Erbeutung von Menschenfleisch unternommen wurden, hat zur raschen Dezimierung der Eingeborenen beigetragen.

Seit der Ausbreitung der europäischen Kolonisation steht Neuseeland unter englischer Oberhoheit. Die oberste Regierungsgewalt übt ein vom englischen König ernannter Gouverneur aus. Die aus Oberhaus und Unterhaus bestehende Parlamentsvertretung wird vom neuseeländischen Volk (Maori und Europäern) auf drei Jahre nach dem allgemeinen Wahlrecht gewählt. Auch Maori sitzen als Abgeordnete sowohl im Oberhaus als auch im Unterhaus.

Es ließe sich noch vieles Interessante von den politischen und wirtschaftlichen Verhältnissen Neuseelands erzählen, doch liefe eine erschöpfende Darstellung dem Zwecke dieses Kapitels zuwider, eine knappe Einführung in das Verständnis meiner Tagebuchaufzeichnungen zu sein. Es sei nur erwähnt, daß Neuseeland eines der bestregierten demokratischen Länder der Welt ist, daß z.B. schon zur Zeit, als ich hinüberkam, den Achtstundentag und andere Einrichtungen eingeführt hatte, deren Propagierung in manchen europäischen Staaten als revolutionär und staatsfeindlich verfolgt wurde, und daß es eben dadurch gegenwärtig als eines der glücklichsten Länder der Erde angesehen werden kann, in dem es weder Armut noch übermäßiges Großkapital gibt. Die Neuseeländer sind somit auch in wirtschaftlicher Hinsicht Antipoden Österreichs und Deutschlands.

Dieses, trotz seiner Zwerghaftigkeit von mannigfaltigster land-

23

schaftlicher Schönheit erfüllte und trotz seiner Europaferne moderne und aufstrebende Land birgt aber noch ganz andere Wunder.

Verschlossen in tiefen Urwäldern, behütet von „Wilden", die eine weit höhere Kultur und einen weit schärferen Geist besitzen als die Gottähnlichkeitsbonzen der europäischen Zivilisation, leben Märchen, Wunder und Sagen in unbestreitbarer Wirklichkeit. Dem Forscher, dem Gott die Kraft gab, den Traum für wirklicher zu halten als den Tag, tun sich hier vor seinen Augen und Ohren am hellen Tage die Pforten des Traumes auf.

In den grünen Riesendomen, aufgebaut aus turmhohen Säulen der Kaurifichtenstämme, wandeln behäbige Gnomen mit spitzen krummen Nasen, gehüllt in langhaarige Pelzkutten; seltsame Käuze, die in mondhellen Nächten Tänze aufführen und weite Wanderungen durchs Land unternehmen, immer einsam, versunken in die Geheimnisse einer vergangenen Zeit; es sind dies Kiwi (*Apteryx*), Strauße von der Größe eines Huhnes, die kleinen Verwandten ihrer großen neuseeländischen Ahnen, der riesenhaften Moa (*Dinornis*). Ihnen in der Lebensführung verwandt sind die Kakapo (S*tringops*), Eulenpapageien. Papageien von Größe und Aussehen eines Uhus, die bei Tag in Höhlen schlafen und nächtlicherweile durch die Wälder stapfen; sie müssen marschieren, weil ihnen die Flügel verschrumpft sind. In den himmelnahen Felsschroffen der Alpen hausen die Kea (*Nestor notabilis*) eine Papageienart, die sich – im äußersten Gegensatz zu den Eulenpapageien – zu kühnfliegenden, lämmerzerfleischenden Räubern entwickelt haben; auf einsamen Inselklippen hausen Drachen, wirkliche, aber recht harmlose und gutmütige Nachkommen jener vorweltlichen Riesensaurier, die an den vielen Drachensagen aller Völker schuld sind. Aus Respekt vor der kleinen Jetztzeit mit der großen Kultur (im Gegensatze zu der großen Vorzeit mit der kleinen Kultur) sind auch diese neuseeländischen Drachen klein, und man würde sie für ganz gewöhnliche Eidechsen halten, wenn sie sich von diesen nicht durch ihren Körperbau und den Besitz eines rudimentären dritten Auges aufs der Stirne unterschieden.

Es gäbe noch vieles von seltsamen Tieren zu berichten und eine Fülle des Wundervollen von den kannibalischen Eingeborenen, den Maori; aber ich wollte nur vorbereiten, nicht vorgreifen. Der mit den nötigen geographischen Kenntnissen ausgestattete Leser mag selbst meine Wanderungen mitmachen, die ihn immer weiter weg von Europas Zivilisation Schritt für Schritt eindringen lassen in die stillen Geheimnisse einer unberührten Natur!

Drittes Kapitel

Die ersten Seiten des Tagebuchs

Am 6. Februar 1877, 4 Uhr nachmittags, begann das Abschiedsbankett, das meine Jagdfreunde mir zu Ehren veranstaltet hatten. Mit gemischten Gefühlen saß ich im Kreise der Freunde, die sich mühten, mir mit Gesang, Ansprachen und Musik die letzten Stunden im Heimatlande zu erheitern. Um 6 Uhr morgens brachen wir zum Wiener Südbahnhof auf; der Zug stand schon bereit.

Nun waren die Tore geöffnet: meine Forschersehnsucht wurde Wirklichkeit. Aber es fiel mir schwer, die Brücken abzubrechen, als ich meiner lieben Frau den letzten Kuß gab und meine Freunde mir zum letzten Male die Hände drückten! Vergebens kämpfte mein Wille wider mein Herz, solange ich das in winterlicher Schönheit prangende Heimatland durchfuhr. Erst als sich die endlose Fläche des dunklen Meeres vor mir auftat, erstarkte wieder mein Drang nach Abenteuern.

Ich war drei Tage zu früh in Triest angekommen. Die freie Zeit nützte ich, indem ich die Sammlungen des Museums studierte, und ich erheiterte mich am Anblicke des bunten Karnevalstreibens, das die Hafenstadt belebte.

Am 10. Februar morgens löste ich eine Fahrkarte zweiter Klasse und begab mich mit meinem Gepäck an Bord des „Castor", eines Lloyd-Schraubendampfers von 3000 Tonnen, der mich bis Suez bringen sollte. Bei herrlichem Wetter und glatter See lichtete das Schiff um 6 Uhr abends die Anker. Ruhig glitt es in die offene See; die heimischen Berge wurden immer kleiner und versanken schließlich ganz. Noch einmal zog ein wehes Gefühl mein Herz zusammen. Eine klare Nacht brach an; ein wunderbarer Sternenhimmel wölbte sich über mir. Das Heimweh ließ mich nicht schlafen.

Der 11. war ein prachtvoller Tag. Kahle Berge kamen in Sicht, an deren Fuß sich Weinkulturen und Olivenhaine hinzogen, aus denen sonnengrelle Häuser herausleuchteten. Fahrzeuge mit vollen Segeln passierten uns. Eine gute Brise hatte eingesetzt. Das Wetter blieb bis zum 13. schön, aber die Brise verstärkte sich, die See ging hoch, und einige Fahrgäste wurden von Seekrankheit befallen. Wir fuhren am Leuchtturm von Brindisi vorüber.

Am 14. Februar artete das Wetter in einen heftigen Sturm aus; das Schiff bäumte sich und ächzte, im Salon wurden die angeschraubten Möbel lose und stürzten durcheinander. Das Klirren der zerbrochenen Gläser und Geschirre vermischte sich mit dem Heulen des Sturmes, dem Krachen der Balken und Schlagen der Sturzwellen zu einer wilden Symphonie. Die Offiziere sagten, seit zwanzig Jahren hätten sie im Mittelmeer keinen so heftigen Sturm erlebt. Der Schweine- und Hühnerstall und zahlreiche Geräte wurden nachts über Bord gespült. Auch mich packte jetzt die Seekrankheit, und zwar so heftig, daß ich Blut erbrach.

Das Unwetter hielt bis zum 18. an. An diesem Tage kam Land in Sicht, und bald barg uns der sichere Hafen von Port Said. Zahlreiche Schiffe lagen hier vor Anker, und die Wimpel aller seefahrenden Nationen wehten von ihren Masten. Ich ging an Land. Der feste Boden unter meinen Füßen und das bunte Bild belebten mich wieder. Das seltsame Leben und Treiben des eingeborenen Volkes nahm mich gefangen. In einem engen Gäßchen sah ich ein Bild aus Tausendundeinernacht: Eine Schar brauner, halbnackter Knirpse saß, eng aneinandergeschmiegt, mit gekreuzten Beinen auf einer Terrasse. In ihrer Mitte stand ein ehrwürdiger Scheich, ihr Lehrer, mit einer Palmrute in der Hand, und teilte Papierstreifen aus, auf die er Stellen aus dem Koran geschrieben hatte. Die Knaben sagten sie in rhythmisch singendem Tone her, wobei sie mit den Köpfen im Takte nickten.

Am 19. Februar verließen wir Port Said und fuhren in den Suezkanal ein. Zu beiden Seiten des schmalen Kanals dehnen sich Sandwüsten und Salzlagunen, auf denen sich Sumpf- und Schwimmvögel tummelten; aus ihrer Menge stachen die rosenroten Flamingos am meisten hervor. Die Wüstenwinde überwehen häufig den Kanal und drohen ihn ständig mit Sand auszufüllen. Deshalb arbeiten ununterbrochen Baggermaschinen an dem Vertiefen des Bettes. Zum Ufer hinab sah ich lange Karawanen von Kamelen ziehen, die auf beiden Seiten leere Kisten trugen. Ein Kamel nach dem andern stieg die Uferbrücke hinab. Araber füllten die Kisten mit Sand, den die Kamele wieder in die Wüste zurücktrugen.

Am 21. erreichten wir den Golf von Suez. Ich mußte den „Castor" verlassen, da er nach Bombay weiterfuhr, während ich über Ceylon

Mitre Peak um Milfordsund.

reisen mußte. Es fiel mir schwer, mich von den mir liebgewordenen Schiffsoffizieren und dem Arzte zu trennen, die mir, besonders während meiner Krankheit, eine liebevolle Pflege hatten zuteil werden lassen. Der Arzt riet mir ernstlich ab, weiterzureisen; er sagte, wenn ich noch einmal Blut erbräche, würde ich die Reise nicht überstehen. Mir wäre es aber fürchterlich gewesen, unverrichteter Dinge umzukehren, und ich blieb deshalb bei meinem Entschluß, weiterzureisen. Nach eineinhalbstündiger Fahrt brachte mich eine türkische Barke zur Stadt Suez. Ich nahm ein Zimmer im Hotel Orion und suchte dann den Konsul von Remy auf, der mich sehr freundlich empfing. Ich sah mir die Stadt an und durchreiste deren Umgebung.

Am 23. Februar ließ ich mein Gepäck auf den Schraubendampfer „Nepaul" schaffen, der mich nach Ceylon befördern sollte. Meine neuen Freunde gaben mir abends in Suez ein Abschiedsbankett, das in so heiterer Stimmung verlief, daß ich der Zeit nicht achtete. Als ich auf die Uhr sah, merkte ich zu meinem Schreck, daß es allerhöchste Zeit war, aufs Schiff zu gehen. Ich requirierte einen Eseltreiber, rief meinen Freunden ein letztes Lebewohl zu und galoppierte dann davon. Der Beduinenbube kitzelte das Tier unter den Lenden mit seinem

Stachelstock und lief keuchend mit. Der Esel war so klein, daß meine Füße am Boden schleiften. So ritt ich als sechsfüßiger Zentaur durch die finstere Nacht. Um ½ 2 Uhr morgens erreichte ich mit wunden Füßen das Schiff, das schon um 3 Uhr die Wellen des Roten Meeres teilte. Die Bemannung des Schiffes bestand aus englischen Offizieren, Singalesen, Chinesen, Mulatten und Negern. Das Schiff war mit Passagieren überfüllt, und die Hitze wurde so unerträglich, das man weder essen noch schlafen konnte.

Mount Egmont (Taranaki).

Scharen fliegender Fische stiegen am 24. vor dem Schiffe auf und strichen über die Wogen hin. Ein heißer Wind heulte in den Nachen, bewegte die See und jagte Gewitterwolken über den Himmel. Am 25. besserte sich das Wetter. Ich übte mich in der englischen Sprache. Als ich abends von einem Winkel auf Deck aus die prachtvollen Farbenbilder des Sonnenunterganges beobachtete und mir auf meiner Mundharmonika[1] einige österreichische Weisen spielte, ersuchte mich ein Herr, im Salon vor den dort versammelten Passagieren zu spielen. Den wiederholten Bitten gab ich nach und musizierte eine Stunde lang. Nachher ging ein Herr, der mich wohl nach meiner einfachen Kleidung einschätzte, absammeln und wollte mir den Betrag einhändigen. Ich ersuchte ihn, das Geld den Matrosen zu geben.

Am 26. morgens beobachtete ich einen Wiedehopf, der in den Schiffsrahen Rast hielt, um in seine Heimat weiterzuziehen. Am 28. abends kam das Licht des Golfes von Aden in Sicht. Am 1. März fuhren wir in den Golf ein. Eine Anzahl junger Eingeborener umschwamm das Schiff; sie schrien unaufhörlich durcheinander: „Yes, yes, bakshish, yes!" Dabei haschten sie nach jedem Geldstück, das ihnen von Bord zugeworfen wurde. Sie tauchten oft für lange Zeit unter und balgten sich unter Wasser um die Münzen. In Ermanglung von Taschen schieben sie, da sie nackt sind, die Geldstücke in den Mund. Dabei schreien sie ununterbrochen, ohne das Geld zu verschlucken oder zu verlieren. Ich ließ mich an Land rudern und erstieg einen kahlen Berg, von dem aus ich eine weite Fernsicht hatte. Nachts kehrte ich aufs Schiff zurück.

Am 2. März dampfte die „Nepaul" aus dem Golf von Aden in den Indischen Ozean. Delphine spielten um das Schiff und hüpften über den blauen Wasserspiegel, fliegende Fische stoben in Scharen vor dem Schiffe davon und fielen hie und da wieder ins Wasser ein, um ihre Flügel zu netzen, die wie Silber in der Sonne glänzten. Einige flogen so hoch, daß sie auf das Deck stürzten; ein Steuermann sammelte sie, und ich wurde vom Zweiten Ingenieur zu dem daraus bereiteten delikaten Mahle eingeladen.

Die Sonnenuntergänge waren hier von einer ganz außerordentlichen Schönheit. Die Feder ist zu schwach, das Farbenspiel zu beschreiben, das uns bei diesem Schauspiel entzückte. Mächtige schwarze Wolken zogen im Westen auf: plötzlich teilten sie sich, und ein Meer von Feuer schien aus dem Wolkenkrater hervorzubrechen; dann verwandelte es sich nach Süden hin in ein zartes Farbenband: Blau, Purpurrot,

---

[1] Reischek beherrschte das für gewöhnlich recht primitive oberösterreichische Mundhamonikaspiel in virtuosenhafter Vollendung. Auf Neuseeland komponierte er einige Lieder, die bei einem Benefizkonzert zur Unterstützung seiner Forschungsreisen in Auckland vom dortigen Orchester gespielt und mit großem Beifall aufgenommen wurden.

Gelb und Grün erstrahlten um die Wette, und silberfarbene Wolken zogen hoch oben ihre stille Bahn.

Am späten Abend unterhielten uns die auf dem Schiffe bediensteten Neger mit einer Tanzaufführung. Sie wiegten dabei in gebückter Haltung die Köpfe hin und her, stampften mit den Füßen mit aller Gewalt auf den Boden und schlugen mit den Händen den Takt auf ihren Schenkeln. Dazu sangen sie mit fürchterlichen Stimmen ein monotones Lied und stießen mit den Köpfen aneinander, daß sie dumpf zusammenkrachten, wobei wir die Härte ihrer Schädel bewundern konnten. Der Tanz endete erst, als alle Neger erschöpft waren.

Am 4. früh wurde ein großer Hai gesichtet, der dem Schiffe folgte. Es wurde auf ihn erfolglos Jagd gemacht.

Am 9. endlich warfen wir in der Bucht von Point-de-Galle auf Ceylon Anker. Hier schiffte ich mich aus, um auf die „Bungalore" zu übersiedeln, die mich nach Australien führen sollte. Es blieben mir nur drei Tage Zeit, den Wundergarten Ceylon zu besichtigen. Die mächtigen Palmenwälder, die üppige, bunte Tierwelt und die braunen Eingeborenen: hier waren sie vor mir in märchenhafter Wirklichkeit, die Traumbilder meiner Jugendzeit!

Am 11. März schiffte ich mich auf der „Bungalore" ein. Dieses Schiff hatte nicht die elegante und praktische Einrichtung der österreichischen Lloyd- oder der englischen Ostindiendampfer. Ratten hielten auf Verdeck ungeniert Versammlungen ab; sie setzten sich, wenn wir aßen, um uns herum und sahen neugierig zu. Nachts ging ihre Hetzjagd über unsere Leiber los, und mancher fand am Morgen Kleider und Schuhe durchlöchert. Die Hitze war unerträglich, da wir uns dem Äquator näherten. Auch rote Ameisen gab es auf dem Schiff in Menge; die Hitze schien ihnen wohlzutun. Schon am 14. wurde das Schiff zur Hälfte abgesperrt; eine Blatternepidemie war ausgebrochen. Die Kranken lagen auf dem Hinterdeck, wir übrigen zahlreichen Passagiere waren auf einen kleinen Raum zusammengepfercht. Auf einem so kleinen, schmutzigen Schiff ist eine Seuche besonders gefährlich; nirgends kann man ihr entrinnen, immer hat man das Elend vor Augen.

Als wir die Kokos- oder Keelinginseln passiert hatten, zog ein schweres Gewitter auf; es war gegen Abend. Drückende Schwüle lag in der unbewegten Luft, leise rauschten die Wellen den Kiel empor, als plötzlich ein greller Blitz das Schiff erhellte; krachender Donner folgte. Nun brach der Sturm los. Das Wasser türmte sich zu Bergen auf, und unser Schiff stieg, stürzte und rollte, als wollte es kentern. Das Fahrzeug ächzte, die Nachen krachten, und die Wellen wuschen über Deck, so daß sich die meisten Passagiere ängstlich in ihre Kajüten verkrochen, wo sie aber die Seekrankheit noch viel ärger packte.

Ich war diesmal von ihr verschont; ich blieb auf Verdeck und bestaunte das Wunder der empörten Elemente. Als dann starker Regen einfiel, ließ der Sturm nach; bald trat aus dem zerrissenen Gewölk der Mond hervor und beleuchtete die schaumbedeckten Wogen.

Vom 16. bis 22. März hatten wir schlechtes Wetter. Sturmvögel und Haie folgten unserm Schiff. Mit Freuden begrüßten wir am 23. den Leuchtturm des König-Georg-Sunds bei Albany an der Südküste Australiens. Nun kamen die Kranken ins Quarantänespital in bessere Pflege, und wir Gesunden hatten endlich wieder festen Boden unter den Füßen und konnten uns an seuchenfreier Luft erquicken. Die gelbe Flagge, das Zeichen der Verseuchung, wehte noch von unserem Schiffe; es kam also kein Pilot, wir mußten allein in den Hafen einfahren. Hier blieben wir, abgesondert von allen andern Schiffen und von den Landbewohnern, bis zum 26. Dann ging's wieder auf die hohe See.

Bei stürmischem Wetter und hohem Seegang fuhren wir die australische Küste entlang, an den Känguruhinseln vorbei, bis zur Einfahrt von Adelaide. Große Albatrosse und Sturmvögel waren unsere Begleiter. Vor der Quarantänestation wurde wieder geankert, Passagiere und Post in Quarantäne gebracht. Am 30. ging's weiter, der Küste entlang, längs deren sich große Urwälder hinzogen; ein Waldbrand beleuchtete nachts weithin die Landschaft.

Am 31. März passierten wir bei stürmischem Wetter das Kap von Melbourne. Der vielen Felsenriffe und der hohen See wegen konnten wir nur langsam in den Hafen einfahren. Nachts ankerten wir vor der Quarantänestation. Als der Anker in die Tiefe gelassen wurde, brach die Kette; das Schiff bäumte sich wie ein wildes Pferd und lag erst ruhig, als der zweite Anker abgelassen war.

Am 1. April war herrliches Wetter. Spiegelglatt lag der Golf wie ein großer See. Es war Ostersonntag, das christliche Freudenfest. Vergnügungsdampfer, auf deren Deck Musikkapellen lustige Weisen spielten, durchquerten den Golf, machten aber, sowie sie unsere gelbe Flagge sahen, einen weiten Bogen um unser Schiff. Uns war kein Freudenfest beschieden; traurig lugten wir vom verseuchten Schiff an Land, unser Essen war elend; es waren die letzten Brocken aus der

Vorratskammer. Den würdigen Abschluß dieses Osterfestes bildete eine vom Schiffsarzt angesagte allgemeine Blatternimpfung.

Am 3. April ließ ich mich an Land rudern. Am Strand fand ich verschiedene Muschelarten und von der rasch fortschreitenden Ebbe zurückgelassene kleine Sägehaie. Ich folgte einem Pfad, der zum Friedhofe der Quarantänestation führte. Tiefe Ruhe lag über diesem. Die einfachen Kreuze und die eingesunkenen Hügel waren von wilden Blumen überwuchert; bunte Schmetterlinge schwebten darüber hin. Hier ruhen die Unglücklichen, die zwischen Heimat und Ziel am Wege starben; Deutsche, Franzosen, Engländer und „Wilde" in friedlicher Gemeinschaft.

Ich setzte mich unter einen Baum, neben den Grabhügel eines Deutschen, zog meine Mundharmonika aus der Tasche und spielte Lieder der Heimat. Die Vögel setzten sich traulich um mich herum und jubelten im Chor um die Wette. Ich konnte mir meine neuen gefiederten australischen Freunde gar nicht genug ansehen. Papageien in gelbem, grünen und rotem Kleid turnten auf den Bäumen, schwatzten, fütterten und liebkosten sich. Rot- und gelbbrüstige Kehlchen zirpten ihre leisen Lieder, Honigsauger flatterten über die Blumenbüsche und holten mit ihren pinselartigen Zungen den Honig aus den Blütenkelchen. Eidechsen huschten von Grab zu Grab.

Dieses Konzert wurde übertönt vom Pfeifen der Glockenvögel und vom närrischen Lachen der Riesenfischer. Plötzlich verstummte der Sang, die Vögel flatterten auf und stießen Warnungsrufe aus. Eine Diamantschlange war unter einem Baume hervorgekrochen. Ich machte sie unschädlich. Australien besitzt viele Giftschlangen; sie fliehen wohl den Menschen, da sie aber oft unter Gras und Flechten verborgen liegen, kommen häufig bei Mensch und Tier Vergiftungen durch Schlangenbiß vor.

Ich notierte mir die Namen einiger Toten und trat dann den Rückweg an. Kleine Känguruhs sprangen über den Pfad, glänzende Käfer surrten durch die Luft. Es war heiß, aber der balsamische Duft erquickte mich.

Täglich machte ich kleine Exkursionen auf dem Festlande und kehrte abends immer wieder zum Schiff zurück.

Für den 7. war zweite Impfung angesagt. Da ich aber erfuhr, daß keine frische Lymphe an Bord war, ging ich heimlich mit Professor Ertl, einem Botaniker, an Land. Als wir nachts zurückgekehrt waren, meldete uns ein Diener des Schiffsarztes, wir sollten sofort zur Impfung kommen. Da wir gerade beim Abendessen saßen, leisteten wir der Aufforderung nicht gleich Folge. Nun kam ein zweiter Befehl: Wenn wir nicht sofort kämen, müßten wir so lange in Quarantäne bleiben, als es dem Arzte beliebe. Diese Anmaßung empörte uns, so daß wir beschlossen, erst recht nicht zu gehen. Wir sagten dem Diener, er möge seinem Arzt melden, wir befänden uns in einem freien Lande und wären daher despotischen Befehlen nicht zugänglich. Daraufhin konnten wir am nächsten Morgen ungeimpft die Quarantänestation verlassen. Wir fuhren über Williamstown, von wo uns die Eisenbahn in einer Stunde nach Melbourne, der Hauptstadt von Viktoria, brachte.

Ich verweilte hier bis zum 11. April. Die modern angelegte Stadt, die erst seit fünfunddreißig Jahren bestand, zählte bereits 300 000 Einwohner. Ein Museum, eine Universität, eine Anzahl von Schulen, eine Bildergalerie, eine große Freibibliothek, ein herrlich angelegter Botanischer und Zoologischer Garten geben Zeugnis vom fortschrittlichen Sinn der Kolonisten.

Am Bahnhof verabschiedete ich mich von meinen Reisegefährten, denen zum Teil die Ratten der „Bungalore" recht übel mitgespielt hatten. So hatten sie einem, der nur ein einziges Paar Schuhe besaß, fast das ganze Oberleder weggefressen, einem andern den Hut durchlöchert. Da gerade Sonntag war und kein Geschäft offen hatte, konnten sie sich keinen Ersatz schaffen und mußten im Hotel Hausarrest halten.

Ich nahm in einem deutschen Hotel Quartier, kleidete mich um und ging dann spazieren. Es fiel mir auf, wie allgemein hier das Reiten auf Pferden geübt wird. Der Briefträger galoppiert von Haus zu Haus und pfeift, damit man ihm die Briefe abnimmt, Agenten reiten mit ihren Musterkollektionen in den Satteltaschen, Fleischerburschen mit riesigen Fleischkörben rufen vom Pferd aus ihr: „Meat!" (Fleisch), bis ihnen die dienstbaren Geister ihre Bürde abnehmen, ebenso die Bäckerburschen, die Laternenanzünder, die Kaminfeger mit ihren Bürsten usw.

Am 9. stellte ich mich Konsul Thönemann vor, der mich freundlich aufnahm und mir einen Diener zur Verfügung stellte. Ich besorgte meine Fahrkarte nach Tasmanien und begab mich dann in den Botanischen Garten, in dessen Mitte das Gouvernementsgebäude steht, zu Baron Müller, dem Direktor des Gartens. Dieser bedeutende Gelehrte hat in fünfundzwanzigjähriger, eifriger Arbeit Wertvolles auf dem Gebiete der Botanik Australiens geleistet. Er war von meinem Besuch sehr erfreut, lud mich zum Speisen ein und gab mir beim Abschied ein Werk über die Pflanzenwelt Australiens. Der Garten ist groß, sehr schön angelegt und mit tropischen Gewächsen bepflanzt.

Am 10. besuchte ich den Zoologischen Garten, in dem sich für alle Tiere, mit Ausnahme der Raubtiere, vor den Käfigen ein freier, mit den ihrer heimischen Umgebung entsprechenden Pflanzen, Felsen usw. angelegter Platz befindet. Von hier ging ich ins Museum, das inmitten eines schönen Gartens gelegen ist. Die Sammlungen sind reichhaltig und interessant, aber die Präparation der Tiere läßt zu wünschen übrig. Dem Publikum imponierten am meisten die in der mineralogischen Abteilung ausgestellten Goldklumpen, die in Australien gefunden worden waren. Ins Hotel zurückgekehrt, fand ich einen Brief von Dr. Julius von Haast vor, in dem er mich bat, sobald als möglich zu kommen, um die Arbeiten im Museum von Christchurch aufzunehmen. Den Abend verbrachte ich im Kreise deutscher Turner, die hier ein eigenes Vereinshaus mit großer Turnhalle, Sitzungssaal, Bibliothek, Lesezimmer, Schank und Billardraum hatten. Ich glaubte mich seit langem wieder einmal in die liebe Heimat versetzt: deutsche Sprache, deutsche Lieder klangen harmonisch an mein Ohr! Erst spät verließ ich diese Insel deutscher Kultur und Sitte.

Am 11. machte ich Abschiedsbesuche und fuhr dann mit der Bahn zum Hafen, wo ich mich auf dem kleinen Dampfer „Tangaroa" einschiffte. Um 3 Uhr nachmittags ging's wieder, bei schlechtem Wetter, auf hohe See. Wind und Wetter peitschten die wild bewegten Wellen. Die meisten Fahrgäste litten unter der Seekrankheit, von der ich verschont blieb. Aber ich konnte auch nicht schlafen, weil das kleine Schiff erbärmlich hin und her rollte. Am 12. war das Wetter noch schlecht, Sturmschwalben strichen so nieder über die Wellen, daß sie mit ihren Flügelspitzen das Wasser berührten.

Am Abend fuhren wir durch die Banksstraße; in der Ferne tauchten die Gebirge von Tasmanien aus dem Meere auf. Am 13. morgens war klares Wetter; urwaldbewachsene Küsten kamen in Sicht. Nachmittags fuhren wir in den Golf von Hobart ein. Nun stieg die von Gärten umrahmte Stadt aus dem Meer, in deren Hintergrund der Mount Wellington mit seinen wie Orgelpfeifen geformten Felsen aufragt. Wir gingen an Land.

Am 14. frühmorgens machte ich mich auf, den Mount Wellington zu besteigen. Ich durchquerte die Stadt und die hübschen Villen- und

Gartenanlagen. Eine Stunde lang war der Pfad gut, dann ging's über Urwaldbrandstätten aufwärts in den Wald. Mächtige Farnbäume boten wie große Sonnenschirme Schutz vor der versengenden Sonnenglut. Auf den hohen Bäumen kletterten bunte Papageien und Grassittiche, Eidechsen und Schlangen huschten über die Steine, Känguruhs scheuten in tollen Sprüngen davon, und Beutelmarder lugten träge zwischen Astgabeln herab.

Gipfel des Mount Wellington bei Hobart.

Dunedin.

Museum in Christchurch.

Lyttleton, der Hafen von Christchurch.

Der Baumwuchs wurde immer niedriger, und ich erreichte schließlich die mächtigen Felssäulen des Gipfels. Eine prächtige Aussicht bot sich mir über ausgedehnte Urwälder und das weite Meer. Ich hatte nicht viel Zeit, da schon abends mein Schiff weiterfuhr.

Als wir nachts die hohe See erreicht hatten, sahen wir noch lange Zeit einen Urwaldbrand auf Tasmanien wie eine mächtige Fackel den Horizont erhellen.

Wir hatten wieder elendes Wetter. Auf Verdeck saßen einige Missionare, von Frauen und Mädchen umringt, und beteten laut. Plötzlich kam eine Sturzwelle und warf alle durcheinander an die Reling. Darauf verschwanden sie durchnäßt in ihre Kabinen. Gott Tangaroa[2] liebt keine Gebete.

Am 18. kam endlich Land in Sicht: kleine Inseln, im Hintergrund eine mächtige, gletscherbedeckte Gebirgskette. Die Südküste der Südinsel Neuseelands lag vor mir! Um 1 Uhr nachmittags passierten wir den Leuchtturm von Port Bluff. Am Strande lagen Walfischknochen, die Überreste einer alten Ansiedlung von Walfischfängern. Bald lagen wir im Hafen vor Anker. Der Ort bestand nur aus wenigen, roh gebauten Holzhäusern, deren größtes das Hotel war. Dieses bescheidene Bild kontrastierte mit dem mächtigen Hafen, in dem zahlreiche Handelsschiffe, Kutter und Schoner vor Anker lagen. Der Ort ist ein bedeutender Exporthafen für Wolle, Fleisch, Talg, Häute, Fische und Hölzer, die aus dem Innern des Landes kommen. Eingeborene von der Nuapukeinsel waren hierhergekommen, um gegen Fische Gebrauchsgegenstände einzutauschen.

Es waren die ersten Maori, die ich sah. Als sie erfuhren, daß ich gekommen sei, um das Land zu erforschen, wollten sie mich gleich auf ihre Insel mitnehmen. Der Häuptling erzählte mir in gebrochenem Englisch, sie hätten auf ihrer Insel einen deutschen Missionar, der sie unterrichte und den sie liebten. Ich sandte durch den Häuptling aus einer Karte Grüße an den Missionar.

Am 19. machte ich einen Ausflug auf die kleine, zunächstliegende Gebirgskette, von deren Höhe aus sich mir ein guter Überblick über die Umgebung bot. Nach Norden dehnte sich der Golf und eine ausgedehnte, mit Schlammflächen und Salzwasserlagunen bedeckte Ebene, nach Nordwesten über urwaldbedeckten Bergen aufragende, glet-

---

[2] Tangaroa ist der Meeresgott der heidnischen Maori und zugleich der Name des Schiffes, auf dem Reischek fuhr.

schergekrönte Hochgebirgszüge. Auf meinem Rückweg sah ich den Strand entlang auf Sandbanken Möwen (*Larus dominicanus* und *scopolinus*), Seeschwalben (*Sterna frontalis*) und auf Pflöcken hockende Scharben (*Phalacrocorax novaehollandiae*), die nach Fischen ausspähten oder ihre Beute verdauten. Austernfischer (*Haematopus longirostis*), Strandschnepfen (*Limosa novaezelandiae*) und Regenpfeifer (*Charadrius obscurus*) liefen hin und her und haschten nach Seespinnen, Schlammkrabben und Würmern. Abends kehrte ich zum Schiff zurück, das sich mit neuen Passagieren gefüllt hatte und kurz nach meiner Rückkehr den Hafen verließ.

Am 20. dampften wir in ziemlicher Entfernung von der Ostküste nordwärts. Um 9 Uhr erreichten wir Port Thalmers, dessen Golf sich 8 Kilometer zwischen Sandbänken und Felsenriffen bis Dunedin ins Land hineinschlängelt. Die Hafenstadt Port Thalmers ist romantisch in einer von bewaldeten Bergen umrahmten Bucht gelegen. Eine Eisenbahnlinie und eine Fahrstraße verbindet die Hafenstadt mit Dunedin, der Hauptstadt von Otago. Am Kai des Hafens erwarteten mich schon der deutsche Konsul v. Mendershausen und Professor Hutton, mit denen ich auf der Bahn bis Dunedin fuhr.

Ich staunte über die moderne Anlage der Stadt, die bereits eine Universität, Museum, Freibibliothek, Post und Telegraphenamt besaß und sehr hübsch am Abhange der die Bucht umgebenden Berge angelegt war. Hutton führte mich in das in der Einrichtung begriffene Museum, das reichhaltige Sammlungen aufwies. Ich wurde zum Speisen eingeladen und nachher in den Botanischen Garten begleitet, der zwar groß, aber, da er erst vor kurzem angelegt wurde, noch ganz leer war.

Am 21. Mai machte ich einen Ausflug auf eine im Nordwesten gelegene Anhöhe, von der aus sich mir ein prächtiger Überblick über die Gegend bot. Zwölf Kanonenschüsse vom Fort verkündeten die Ankunft des Gouverneurs, für die sich die Stadt schon festlich vorbereitet hatte. Ich ging zu Fuß zum Hafen. Um die Farmen herum zirpten Sperlinge, und Stare pfiffen von den Obstbäumen. Aus den Feldern stiegen Feldlerchen himmelan, Finken schlugen, und Rinder, Schafe und Pferde weideten auf den Wiesen. Ich hätte mich in die Heimat versetzt gefühlt, wenn nicht die fremdartigen Urwälder und die Papageien auf den Bäumen in diese europäische Landidylle eingefügt gewesen wären.

Ich erreichte das Schiff, kurz bevor es den Hafen verließ. Als wir aufs offene Meer kamen, blies ein kräftiger Wind, und die See ging hoch. Am 22. passierten wir bei schlechtem Wetter den Leuchtturm von Moeraki und die Stadt Oamaru und langten schließlich mittags in Lyttelton an. Hier erwartete mich bereits Sir Julius von Haast, mein künftiger Chef. Er lud mich zu Tisch ein. Es war Sonntag und alle Läden geschlossen. Im Hotel wurden uns erst dann Speisen verabreicht, als wir uns als Reisende auswiesen. Bei perlendem Champagner hieß mich Sir Julius in der neuen Heimat willkommen. Dann fuhren wir mit der Bahn zuerst durch einen langen, das Peninsulagebirge durchbohrenden Tunnel und hierauf über die ausgedehnte Canterbury-Ebene nach Christchurch[3].

Die Stadt besteht vorwiegend aus Holzbauten mit hübschen Vorgärten; breite, mit Baumalleen bepflanzte Straßen durchziehen sie. Am Avonflusse tummelten sich zahlreiche Kanus des Ruderklubs; ich bemerkte auch viele hübsche junge Mädchen unter den Sportsleuten, in eleganter Kleidung mit aufgelösten Haaren, die ihre Schultern umhüllten. Wir begaben uns gleich ins Museum, dessen neugebauter Flügel noch leer stand. Im alten Gebäude fand ich hervorragend gute Sammlungen, insbesondere eine schön ausgestellte Gruppe von Skeletten von Moas, ausgestorbenen Riesenstraußen von über 3 1/2 Meter Höhe. Auch die ethnographischen Sammlungen waren reichhaltig; unter anderem enthielten sie ein ganzes geschnitztes Maorihaus. Die Säugetier- und Vogelsammlung dagegen war klein, schlecht präpariert und von Insekten arg zerfressen. In den Magazinen aber waren Kisten auf Kisten gestapelt, gefüllt mit Bälgen und Rohskeletten, die meiner harrten.

Skelett eines Riesenstraußes. (Dinornis Moa).

Das war mein neues Arbeitsfeld; es galt, alle diese Bälge und Skelette zu präparieren und das ganze neue Museum einzurichten. Nach der Besichtigung des Museums gingen wir ins Haus Sir Julius von Haasts, wo mich seine Frau und seine fünf Kinder freundlich empfin-

---

[3] Christchurch, die zweitgrößte Stadt Neuseelands, am Avon gelegen, zählte 45000 Einwohner.

gen. Ich blieb bei ihnen über Nacht und suchte mir am nächsten Tage ein billiges Zimmer (etwa 8 Pfund im Monat samt Verpflegung).

Am 24. April fing ich an, im Museum zu arbeiten; am 10. Juni sollte die Eröffnung stattfinden, und dazu wollte Haast einige schöne Gruppen fertig haben. Ich machte zwei Gruppen: die eine stellte drei Grislybären bei ihrer Höhle dar, die eine Hirschantilope zerreißen; vom Felsen spähen ein Luchs und ein Kondor auf die Beute. Die zweite Gruppe zeigt zwei Gemsen, die auf einem Felsen erschreckt vor einem Adlerhorst fliehen. Auf dem anschließenden Stück Alpe tummeln sich Schneehasen, im Geklüft flitzen Murmeltiere, und aus einem Ast balzt ein Auerhahn, darunter sind Auerhennen versammelt. Ich hatte keine leichte Arbeit, denn die Häute waren sehr alt, und kein Schmied oder Schlosser verstand es, die Gerüste für die Tiere zu machen; ich mußte also auch bei dieser Arbeit mit Hand anlegen. Meine zwei Assistenten waren zwar sehr brav, verstanden aber gar nichts. Ich musste sie erst abrichten, was Mühe und Zeit erforderte. Instrumente waren hier nicht aufzutreiben; es war also gut, daß ich meine eigenen mitgenommen hatte. Anfangs kamen auch immer viele Leute auf Besuch, die meine Arbeit bewunderten und mich dadurch störten. Ich arbeitete täglich bis in die späte Nacht und auch an Sonntagen, natürlich geheim, für das Museum. Am 5. Juni waren beide Gruppen fertig; Dr. von Haast ließ sie photographieren. Schon am 9. abends kam der Gouverneur zu uns auf Besuch und gratulierte mir zu meinem Erfolg.

Die Eröffnung verlief feierlich. Alle Würdenträger der Stadt waren zum Empfang des Gouverneurs versammelt, eine Musikkapelle spielte die englische Volkshymne, und die Sänger sangen einen Choral. Das anschließende Festbankett dauerte bis Mitternacht. Beim Nachhausegehen sagte mir Haast, er befürchte einen Einbruch, um so mehr, als er vergessen habe, die Konstabler zu verständigen. Ich bot mich an, im Museum Nachtwache zu halten, holte meinen Revolver und

Farnbaum.

begab mich auf den Korridor des Museums, von wo aus ich alle Geräusche hören mußte. Ich war noch keine halbe Stunde gesessen, als ich Tritte und leise Stimmen vernahm. Ich schlich mich zum Seitentor und versuchte, es leise zu öffnen, aber das Schloß knarrte und warnte die Eindringlinge. Als ich in den Garten kam, hörte ich nur noch die Tritte der Davonlaufenden.

Am nächsten Morgen waren die Zeitungen voll des Lobes über das neue Museum und über meine Arbeit. Die ersten Tage nach der Eröffnung war das Museum von Besuchern überfüllt.

Nun konnte ich ohne Halt meine Arbeit weiterführen und hatte auch Zeit zu kleineren Jagd- und Beobachtungsausflügen in die Umgebung, die ich meist an Sonntagen ausführte. So verging mir die Zeit rasch, und auch die Arbeiten gediehen gut.

Den ersten größeren Ausflug unternahm ich mit einem meiner Assistenten am 8. September. Wir fuhren in einer alten Droschke nach Littleriver. Der Weg ging durch Wasser, über Halden und Steingeröll, so dass es uns die Knochen schüttelte. Abends erreichten wir den kleinen Ort, hinter dem zwei Pah oder Festungen der Maori aufragen.

Am nächsten Morgen um 4 Uhr brachen wir nach dem nächstgelegenen Urwalde auf. Majestätisch ragten riesige, von dichtem Lianengewirr umschlungene Buchen auf, deren Kronen so dicht aneinandergefügt waren, daß kein Sonnenstrahl in den stillen Waldesdom eindringen konnte. Den feuchten, von modernden Baumleichen bedeckten Boden überwucherten Farne, Flechten und Moose. Auch zahlreiche Farnbäume mit ihrer zartgefiederten schirmartigen Krone gediehen im feuchten Grunde und erreichten bis zu 12 Meter Höhe. Bei einem Wasserfall nahmen wir unser Mittagsbrot ein.

Es war mir wie in einem Märchenwald. Der von den mächtigen Pfeilern der Baumriesen umschlossene grünschimmernde Saal war von allen Stimmen der lebendigen Natur erfüllt; dumpf mischte sich ins Rauschen des Wasserfalles das Brausen der Meeresbrandung, und von allen Zweigen und aus allen Winkeln klang der Vogelsang. Sittiche schwätzten, Nestoren kreischten, Pastoren- und Glockenvögel ließen helle Rufe ertönen, Meisen zirpten, Tauben gurrten, Kehlchen sangen ihr melodisches Lied, Lappenstare pfiffen grell dazwischen, und aus Farnbüschen drang der melancholische Ruf des Maorihuhnes.

Ich konnte hier alle diese Vögel beobachten und erlegte auch dreißig Stück, die wir abends abbalgten. Ihr Fleisch diente uns als Nahrung. Jeder Tag brachte uns reiche Beute.

Als ich am 11. September Vögel beobachtete, kam ein Maori auf mich zu und fragte mich, was ich da mache. Auf meine Erklärung, daß ich die neuseeländische Tierwelt erforsche, lud er mich in den Pah ein.

Ich folgte ihm und wurde bei meiner Ankunft auf der Festung von Männern, Frauen und Kindern umringt, die recht erstaunt waren, als ich ihnen erzählte, dass ich kein Engländer, sondern ein Österreicher sei. Sie betrachteten mit großem Interesse mein Gewehr, Hirschfänger und Jagdanzug. Ich wurde zum Essen geladen, das aus Schweinefleisch mit Kartoffeln bestand.

Der Häuptling erkundigte sich nach allen Verhältnissen in meinem Heimatland und hörte meiner Erzählung mit größter Aufmerksamkeit zu. Er behielt meine Photographie, die ich ihm gezeigt hatte, mit dem Bemerken, er müsse sie seinen Brüdern zeigen. Beim Abschied gab er mir als Andenken eine schöne Nephritaxt.

Am 13. wollte ich mit einem Kanu auf dem Strandsee Waihora oder Ellesmere fahren, um Wasservögel zu jagen, aber der starke Wind und Regen vertrieben mich. Da das schlechte Wetter anhielt, machten wir uns auf den Rückmarsch. Im Gasthofe zu Lake Ellesmere hielten wir Mittagsrast und kamen abends ganz durchnäßt in Christchurch an. Ich packte gleich meine Sammlungen aus und schützte sie so vor dem Verderben.

Bis zum 30. arbeitete ich wieder im Museum und stellte einen Bison auf. Am 6. Oktober machte ich mit einem Bekannten einen Jagdausflug nach Newbrighton. Mein Begleiter wollte mich zu Sümpfen führen, wo ich seltene Vögel würde schießen können, doch verirrte er sich, und es kostete mehrere Stunden, bis wir, durch Wasser und Schlamm watend, wieder herauskamen. Bei Ebbe sind diese Lagunen und Sümpfe trocken, wenn aber die Flut hereinkommt, überschwemmt sie alles. Mein Begleiter feuerte zwanzig Schüsse ab, sie gingen alle fehl; zum Schluß explodierten ihm noch beide Schüsse auf einmal, so daß er zum Andenken ein aufgeschürftes Gesicht und zerkratzte Finger nach Hause brachte. Er blieb ermüdet im Gasthaus zu Newbrighton zurück. Ich schoß dreizehn verschiedenartige Sumpf- und Wasservögel.

Am 7. forschte ich in den Wäldern der Bankshalbinsel und erlegte sechzehn Vögel und mehrere Kaninchen. Von hier wandte ich mich nach Lyttelton, um mich zu restaurieren, aber unglücklicherweise war wieder einmal ein Sonntag und alles gesperrt. So mußte ich denn hungrig und durstig zurückgehen, dazu auch schwer tragen. An diesem Tage legte ich 61 Kilometer zurück.

Am 8. ging ich nach Sumner und schoß mehrere Möwen. Mein Hund, noch ein junges Tier, blieb bei einem Loch zwischen zwei großen Steinen stehen und wollte nicht weg. Ich zwängte mich zwischen die Felsen hinein und fand einen kleinen Pinguin; als ich zurückkriechen wollte, sah ich mich eingekeilt. Alle Versuche waren vergebens; ich wurde schon müde, Rufen half auch nichts, da in der Nähe keine Häuser waren und die Brandung des Meeres großes Getöse machte. So rief ich den Hund. Er fing zu graben an und erweiterte die Öffnung, so daß ich nach dreistündiger Gefangenschaft wieder befreit war. Der Hund tanzte und bellte vor Freude. Ich trat sogleich den Rückweg an und dankte meinem Retter.

Die nächste Zeit gab's abwechselnd Arbeit im Museum und Jagdexkursionen. Ein kleines Abenteuer erlebte ich, als ich am 4. November nach Tailors Mistake ging. Ich kam an den Strand zur Ebbezeit und kletterte, um näher an die Scharben heranzukommen, über die aus dem Meere ragenden Klippen hinaus. Die Zeit verging, und ehe ich es merkte, war die Flut hereingebrochen. Es erhob sich ein Sturm vom Meere her, und heftige Wellen rollten herein. Unter vielen Mühen trat ich den gefahrvollen Rückweg an. So oft eine Brandungswelle hereinbrauste, klammerte ich mich an einem Felsstück fest und sprang in dem hinter ihr entstehenden Wellental vorwärts über die nächsten Klippen, bis mich die nächste rollende Welle wieder einholte.

So ging's bis knapp vors Ufer; da übersah ich die Woge und im nächsten Augenblick schon trieb ich ins Meer hinaus! Zum Glück verhängte sich mein Gewehrriemen an einem Stein, was mich davor rettete, weiter hinausgetrieben zu werden. Mein Hund, der schon früher von den Wellen erfaßt worden war, kämpfte sich als guter Schwimmer bis zum Strand. Als ich glücklich die Küste erreicht hatte, fing ich ihn von einem Felsen aus auf, um ihn vor dem Zerschmettertwerden zu schützen. Mit durchnäßten Kleidern, aber heiler Haut wurde der Rückweg angetreten.

Bis zur Dezembermitte verging mir die Zeit rasch mit meiner Arbeit und mit den Vorbereitungen zu meiner ersten größeren Expedition. Ich wollte die herrliche Zeit der Jahreswende, den neuseelänschen Sommer, zur Durchquerung der Südinsel von Osten nach Westen nützen, beobachtend und jagend die Urwälder und Gebirge durchstreifen und Erfahrungen für spätere, größere und gefahrvollere Forschungsreisen sammeln. Es war keine bedeutende Sache, die ich vorhatte. Aber als ich mir ein Pferd auswählte, Zelt, Werkzeuge, Munition und Proviant einkaufte, packte mich die nach Abenteuern fiebernde Ungeduld des Forschers!

Viertes Kapitel

Meine erste Expedition

Am 18. Dezember frühmorgens verließ ich hoch zu Roß Christchurch. Bis Malvernhill dehnt sich die Canterbury-Ebene. Zu beiden Seiten der Straße liegen Farmen, deren Felder sich ins Endlose zu dehnen scheinen. Gummi- und Eukalyptusbäume, in deren Kronen Buchfinken und Kohlamseln musizieren, kühlen den Wanderer mit ihrem Schatten. Auf den Weizenfeldern tummeln sich Sperlingsschwärme. Diese aus Europa eingewanderten Vogelfremdlinge und die netten, hell angestrichenen Häuser mit ihren luftigen Veranden, von Efeu umrankt, in leuchtendem Blumenschmuck prangend, die Obst- und Gemüsegärten, die gackernden Hühner, die wiehernden Pferde, die blökenden Kälber und Schafe, die Wiesen und Getreidefelder, die munteren blond-und schwarzköpfigen Kinder, die vor den Häusern spielen, zaubern mir meine Heimat vor! Nur hie und da zerreißt der Anblick eines fremdländischen Vogels, einer Palme oder der Klang einer fremden Sprache den Schleier der Illusion. Hinter Malvernhill verändert sich mit einem Schlag das Landschaftsbild. Kahle, mit Tussokgras bewachsene Berge, dazwischen steinige Moränenhalden und in Tälern Reste versunkener Urwaldpracht, von rauschenden Bächen durchzogen, bilden hier den Übergang von pastoraler Anmut zur heroischen Erhabenheit der Hochgebirgswelt.

Ich blieb in dem kleinen Orte Malvern über Nacht, ließ in der Schmiede mein Pferd beschlagen und zog am 19. weiter über steinige Halden auf beschwerlichen Wegen. Da die Last meines Pferdes groß war, ging ich zu Fuß und führte es am Zügel. An einer Stelle des Weges sah ich Steinwälzer über die Halden laufen und, ohne daran zu denken, daß mein Pferd an das Gewehr noch nicht gewöhnt war, schoß ich einen. Als der Schuß krachte, riß sich mein Pferd los und jagte davon. Erst nach zwei Stunden konnte ich es einfangen und entdeckte zu meinem Ärger, daß einige fast unentbehrliche Sachen verlorengegangen waren. Auf der Suche nach dem Pferd war ich weit vom Wege abgekommen und mußte nun, da es bereits zu dunkeln begann, mühselig über Felsen klettern, bis ich endlich, ermüdet und mißmutig, den Pfad wiederfand. Ich saß auf und bemerkte nach einstündigem Ritt einen Lichtschein vor mir.

Ich ritt darauf zu und kam zu einer Schafstation. Erst nach langem Rufen wurde mir von einer Frau geöffnet. Als sie mich aber bewaffnet sah, hörte sie nicht mehr auf meine Bitte um Nachtquartier, sondern schlug mürrisch und ängstlich die Türe wieder zu. Ich mußte also weiter. Es begann zu regnen und wurde so stockfinster, daß ich keinen Schritt Wegs vor mir mehr sah. Ich durchritt, dem Instinkt meines Pferdes vertrauend, zwei angeschwollene Bäche und kam endlich um Mitternacht zum Gasthaus am Porterpaß.

Auch hier wurde mir erst nach halbstündigem Klopfen geöffnet. Zuerst sorgte ich für mein Pferd und meinen Hund, dann stärkte ich mich selbst mit einer Tasse Tee und kaltem Schafsfleisch (Besseres war hier nicht zu bekommen) und zahlte für Pferd und Hundequartier, Abendessen und Frühfutter fast ein Pfund! Ich schlief im Stall, da ich schon um 4 Uhr früh wieder weiterreisen wollte.

Von hier wand sich der Weg über den Paß in steilen Serpentinen aufwärts bis zu 1000 Meter Höhe. Es war ein prachtvoller Morgen; die erfrischende Gebirgsluft tat mir wohl nach der ermüdenden Hitze in der Ebene. Das Gebirge ist kahl, mit losem Steinschutt bedeckt, nur hie und da kämpft ein Manuka-, Akeake- oder anderes Gesträuch den harten Daseinskampf. Auf der Westseite am Fuße des Passes liegt ein kleiner See, der Lyndonsee. Auf seiner Fläche tummelten sich Paradiesenten, Grauenten, kleine Steißfüße und andere Wasserbewohner. Zwei über den See hinstreichende Falken verjagten die lustige Schar. An diesem idyllischen Ort hielt ich Mittagsrast und ließ mein Pferd grasen und trinken. Dann sattelte ich wieder das Pferd und ritt weiter.

Eine Packpferdkarawane kam mit entgegen, die von der Station Malvernhill Proviant für die Schafstationen abholte. Um 3 Uhr erreichte ich die Station des Herrn Enis, eines Gönners unseres Museums, dem ich einen Brief von meinem Freunde Sir Julius von Haast übergeben sollte. Ich traf Enis im Schurhause. Hierzulande werden die Schafe nie gewaschen und nur einmal im Jahr geschoren; die Wolle wird dann, wie sie ist, in Ballen gepresst und in diesem Zustand nach Europa verschickt. Das Scheren geht sehr schnell vor sich; es stehen im Schurhaus, einem langgestreckten Holzgebäude, oft über hundert Scherer in zwei Reihen. Herr Enis besaß über 20000 Schafe und war damit noch lange nicht der reichste Schafzüchter Neuseelands, denn es gibt Stationen, die 60000 Schafe beherbergen. Die Tiere leben das ganze Jahr im Freien und werden nur zur Musterung und Schur von den Weiden hereingetrieben.

Herr Enis nahm mich sehr freundlich auf; seine aus Wohngebäuden und Stallungen bestehende Station liegt malerisch, von hohen, schneebedeckten Gebirgen umgeben, auf einer waldumsäumten Anhöhe. Nach gutem Nachtmahle und erquickendem Schlaf fand ich mich am 21. frühmorgens schon wieder auf dem Weg. Wieder ein prachtvoller Tag! Der Weg zieht sich durch dichten Urwald; in den Niederungen liegen kleine, mit Schilf bewachsene Sümpfe, aus denen neugierig Maorihühner hervorgucken. Ich erlegte einige davon und schoß auf dem Rickerbornsee Tauchenten; eine davon wurde, ehe sie mein Hund apportieren konnte, von einem Aal in die Tiefe gezogen. Ein starkes Gewitter überraschte mich. Der Regen goß in Strömen, und mein Pferd scheute vor den Blitzen, die fast ununterbrochen vom Himmel zuckten.

Nach einer Stunde erreichte ich ein Gasthaus; hier ließ ich meine Kleider trocknen, nahm einen Abendimbiß und fütterte Pferd und Hund. Es war bereits finster, als ich das Gasthaus verließ, der Regen rann noch immer in Strömen und hatte den Weg an manchen Stellen schon so stark beschädigt, daß ich mein Pferd streckenweise führen mußte. An einer Biegung des Weges, wo er hoch über einem Abgrund führt, in dessen Tiefe der Waimakariri in rasender Schnelle dahinbraust, kam mir die mit vier Pferden bemannte Postkutsche unvermutet im Galopp entgegen. Mein Pferd scheute, und es hätte nicht viel gefehlt, daß wir beide in den Abgrund gestürzt wären.

Um 11 Uhr nachts erreichte ich die Station des Herrn Bruce, der mich sehr freundlich aufnahm. Ich war nicht wenig überrascht, in dieser Einsamkeit ein so bequem eingerichtetes Haus zu finden. Nachdem ich ein gutes Abendbrot eingenommen hatte, begab ich mich zu Bett; die Übermüdung versagte mir aber, trotz des bequemen Lagers, den Schlaf. Am 22. war das Wetter so miserabel, daß mich Herr Bruce nicht weiterziehen ließ. So balgte ich die erlegten Vögel ab, machte Patronen und durchstreifte am Nachmittag die Gegend. Vor der Station dehnt sich Tafelland, im Hintergrunde ragen bewaldete, schneebedeckte Berge auf. Am 23. früh dankte ich meinem freundlichen Wirt und verließ zeitig, von einem Burschen begleitet, die Station. Wir ritten zum Waimakaririfluß hinab, einem mächtigen Gletscherstrom, der in der Zentralkette der südlichen Alpen nahe dem Mount Greenlow entspringt und von mehreren Gletscherflüssen genährt wird. An vielen Stellen zwängt er sich zwischen schroff abfallenden Ufern durch, dann verbreitert er sich wieder, in mehrere Arme geteilt, über Kiesbänke. An einer solchen Stelle konnten wir, obwohl der Regen den Fluß bedeutend geschwellt hatte, seine beiden Arme durchreiten. Allerdings geschah es nicht ohne Gefahr, da das Wasser sehr trüb war; aber mein Begleiter kannte die Furt genau. Hier verabschiedete er sich, und ich ritt allein dem Bealey zu. Der Ort Bealey, nach dem Flusse benannt, liegt auf einem Tafelland, zwischen dem Waimakariri- und Bealeyfluß; gegen das Hochgebirge zu ziehen sich ausgedehnte Buchenurwälder hin. Da sich hier die letzte Post- und Telegraphenstation befindet, sandte ich Briefe und ein Telegramm an meinen Freund Dr. von Haast ab und ritt dann wieder weiter.

Der Weg führte anfangs am Fuße eines Berges entlang, dann längs des vom Regen angeschwollenen, breiten Bealey, den ich mehrmals überqueren mußte. Zu beiden Seiten stiegen hohe, bewaldete Gebirge an. Scharen von Papageien turnten in dem Geäst der mächtigen Bäume. Um 11 Uhr kam ich am Fuß des Arthurpasses an und begann zu Fuß, das Pferd am Zügel, führend, den Anstieg.

Die Landschaft wurde immer romantischer; im Tal zwängte sich der Fluß schäumend durch Felsschluchten, der mächtige Baumwuchs wich kriechendem Krummholz. Gegen Südwesten stürzten zahlreiche Wasserfälle über die Felshänge, und der schneeglänzende Mount Rolleston enthüllte sein majestätisches Haupt. Zahlreiche Ratabäume (*Metrosideros lucidia*, eine neuseeländische Schlingpflanze) mit ihren feuerroten Blüten leuchteten grell aus dem dunklen Urwaldgrün. Honigsauger umflatterten die Bäume und sogen den Honig aus deren Blüten. Der stahlgrüne Pastorenvogel mit seiner weißen Krawatte pfiff munter, und Glockenvögel läuteten ihr wunderbares Lied. Eine Lappenkrähe ließ ihren flötenden Gesang hören und spähte neugierig von einer Zwergbuche auf mich herab, und grüne Buschschlüpfer (*Xenicus*) hüpften leise wispernd um mich herum. Ich ließ mich auf einem Stein zu kurzer Rast nieder und genoß den Zauber dieses Märchenwaldes.

Dann ging's weiter bis zur Paßhöhe, wo ich Mittagsrast hielt und hierauf steil abwärts zur wildromantischen Otiraschlucht. Der Weg war an einigen Stellen von dem heftigen Regen ausgeschwemmt worden, überdies fing es an zu schneien, mitten im Sommer, so daß ich Mühe hatte, das Pferd weiterzubringen. Als ich gerade eine schwierige Stelle passieren wollte, hörte ich ein Gepolter. Im selben Augenblick sauste knapp vor mir ein Felsblock in die Tiefe; mein Pferd scheute und riß mich zurück.

Endlich erreichte ich die Schlucht. Zwischen hohen, fast senkrecht abfallenden Felswänden, auf denen Farne und Moose üppig wuchern, jagt schäumend und brausend der Otirawildbach in seinem steinigen Bette talwärts. Von den Felshöhen und in Buchten des Baches hängen in dichtem Gewirr Farnbäume, Lianen und üppige Urwaldvegetation. Auf kurzer Strecke passierte ich zehn Wasserfälle. Der strömende Regen aber beeinträchtigte den Genuß dieser schönsten und romantischsten Landschaft Neuseelands. Durchnäßt langte ich im Otiragasthaus an, das an der Mündung der Otira in den Teremakau gelegen ist.

Ich fand hier gute Aufnahme; ich wechselte meine Kleider, genoß mein Abendbrot, fütterte meine Tiere und begab mich dann zur Ruhe, nachdem ich noch die unterwegs erlegten Tiere präpariert hatte. Das schlechte Wetter hielt auch am 24. noch an. Ich durfte also, wollte ich vorwärtskommen, nicht säumen; denn je länger ich wartete, desto höher schwoll die wilde Otira, die ich durchreiten musste. Der Wirt hatte mir wohl abgeraten, aber ich wagte es. Vorsichtig ritt ich in die reißenden Fluten und kam bis zur Mitte. Da verlor das Pferd den Halt und knickte ein. Mit einem jähen Ruck gelang es mir, das Tier wieder auf die Beine zu bringen, und mit drei Sätzen war es glücklich am andern Ufer!

Ich befand mich jetzt im Teremakautal, das ein ganz anderes Naturbild bot. Ich ritt wieder durch dichten Urwald, der sich 700 Meter die Hochgebirgshänge hinaufzieht, deren Gletscherglanz an helleren Stellen durch die Baumkronen schimmerte. Mächtige Buchen- und Mirobäume wölbten ihre Dächer über den üppigen Unterwuchs von

Farnbäumen und Farnen; den Wegrand säumten Manuka- und Veronikabüsche. Zur Rechten schäumte der Teremakau. Eine vielgestaltige Vogelwelt belebte die düstere Wildnis und hielt mich in ihrem Bann. Ich beobachtete und erlegte einige interessante Arten.

Um 11 Uhr nachts erreichte ich eine primitive, mitten im Urwald gelegene Herberge. Ich dachte an das Holzhüttchen der Knusperhexe, als ich es sah, und meine Illusion verstärkte sich, als mir eine alte Frau öffnete. Sie versicherte mir, eine vorzügliche Köchin zu haben, und ich bestellte zur Feier des Christabends einen Weihnachtspudding. Aber das, was ich als Pudding serviert bekam, war fürchterlich! Er war hart wie Kiesel, und es blieb mir nichts übrig, als meinem Hund, der ja ein Raubtiergebiß hatte, die dauerhafte Mehlspeise zu überlassen und mich mit dem Tee zu begnügen. Auch das Nachtlager war elend, und ich bedauerte, daß ich nicht im Freien kampiert hatte. Die Fremde ließ mich fühlen, daß man das Christfest am häuslichen Herde feiern soll!

Um 4 Uhr morgens ritt ich weiter, durch herrlichen Urwald. Die bunten Vögel sangen, pfiffen und kreischten im Dickicht. Tausende von Diamanttropfen glitzerten von allen Zweigen. Ein sommerliches Farbenwunder um mich – doch in meinem Herzen die Sehnsucht nach dem Schnee des heimatlichen Christfestes, nach der bescheidenen Tanne und nach meinen Lieben. In melancholischer Stimmung kam ich zur Poststation am Taipo. Hier fand ich gute Unterkunft für mein Pferd, meinen Hund und für mich selbst. Eine kleine, blonde Wirtstochter brachte mir einen Blumenstrauß ins Zimmer.

Am Vormittag kamen aus der Umgebung Goldgräber und Schäfer angeritten, eine groteske Abenteurerschar; sie kamen Weihnachten feiern. Der große Tisch wurde gedeckt und ein Weihnachtsschmaus aufgetragen, wie man ihn in einer solchen Wildnis nicht erwarten würde. Es gab Schweine- und Schafbraten, Hühner und zum Schluß Pudding. Nach dem Essen brachte der Wirt eine alte Flinte, eine Schüssel Kugeln, Pulverflasche und Zündhüttchen und schlug der bunten Korona ein Bestschießen vor. Als Preis setzte er das alte Schießeisen aus. Die Gäste nahmen den Vorschlag mit Begeisterung an, denn die Goldgräber und Schäfer hier in der Wildnis sind durchwegs gute und leidenschaftliche Schützen und Jäger. Aber der Weihnachtsgrog war ihnen schon zu schwer in die Glieder geflossen, und so gewann den Preis der Wirt selbst, weil er der einzige Nüchterne war. Der pfiffige Schützenkönig wurde – natürlich wieder mit Grog – gefeiert; einige fingen zu tanzen an und rissen die andern mit sich, aber der Raum war klein, und als einer den Halt verlor, purzelten die andern der Reihe nach mit und hatten große Mühe, wieder auf die Beine zu kommen. So tranken, sangen und tanzten sie bis in den Morgen. Da ich im Trinken nicht mithalten wollte, fing einer mit mir zu stänkern an, und als ich mich über die Treppe in mein Zimmer zurückziehen wollte, sprang er mir nach, fiel aber der Länge nach hin und schlief auf der Stelle ein.

Das war also mein erstes Weihnachtsfest in der Wildnis! Mir war gar nicht festlich zumute unter diesen Abenteurern, die monatelang fleißig arbeiten und sparen, um dann an einem einzigen Festtag ihr ganzes Geld zu vertrinken. Wenn sie ihren Festrausch ausgeschlafen haben, fängt das Spiel wieder von vorne an: arbeiten, sparen bis zum nächsten Fest mit seinem großen Rausch!

Otiraschlucht.

Kea (Nestor notabilis).

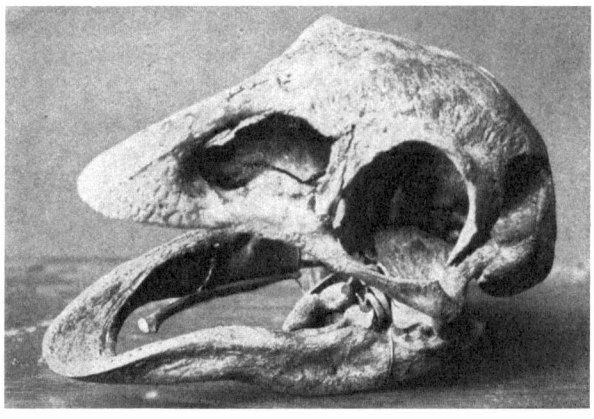

Moaschädel (Dinornis moa).

Auch am nächsten Morgen, dem 26. Dezember, fand ich die Leute noch saufend und lärmend beisammensitzen. Mittags kam der Wirtschafter Bruces von der Station Haihuna mit zwei Schäfern, um mich abzuholen, und brachte die Nachricht, der Teremakau sei stark angeschwollen, wir warteten also besser bis morgen. Ich nutzte die freie Zeit und bestieg das in der Nähe liegende Gebirge.

Der Unterwuchs in den Tälern war sehr dicht und das Vordringen beschwerlich, denn die Tafra mit ihrem Gewebe von Asien ist mit einem Laubwerk gepanzert, das an den Kanten so scharf ist, daß es auch Lederkleider durchschneidet; ebenso hindert der sogenannte Advokat, ein brombeerartiges Gesträuch mit Spitzen und Dornen, beim Vordringen. Weiter oben ging es schon besser, da hier der Boden nur noch mit Farngräsern bewachsen ist. In 600 Meter Höhe begann die Krummholzzone; hier wuchsen Manukabäume und *Lignum vitae*. Das Geäst des letztern Baumes ist durcheinander verwachsen und gleicht Tausenden von durcheinandergeworfenen Hirschgeweihen: es ist so hart und zähe, daß es viel Zeit in Anspruch nimmt, sich durchzuhauen. Endlich kam ich in offenes, mit Tussokgras bewachsenes Hügelland. Ich fand einige Alpenpflanzen, Liliazeen, Wollkräuter und Flach.

Unter Steinen und Gras hüpften Keas (Raubpapageien, *Nestor notabilis*) herum. Es sind schöne, kühne Vögel, olivgrün mit dunkler Bänderung. Auf dem Boden ist der Kea unbehilflich. Sein Gang ist hüpfend, wie der aller Papageien, aber wenn er sich in die Luft erhebt, schwebt er in Kreisen wie ein Falke, immer höher, bis man ihn nur noch als einen winzigen Punkt sieht. Sein Ruf klingt: „Kia, kiaaaa!" wie der des Steinadlers. Ich fand diese Vögel hier sehr zutraulich und erlegte einen davon.

Dieser Papagei gehört zu den seltsamen Tieren der neuseländischen Inselwelt. Es gibt drei Arten Nestoren auf Neuseeland, die sich äußerlich nur wenig voneinander unterscheiden: den *Nestor montanus, meridionalis* und *notabilis*. Während die beiden ersteren ihrer Papageienart treublieben und sich bescheiden und harmlos von Sämereien, Beeren und Honig nähren, hat sich der dritte, *Nestor notabilis*, zu einem gefährlichen, fleischfressenden Räuber entwickelt.

Auch er war ursprünglich Pflanzenfresser: er hauste im Hochgebirg auf hohen Felswänden und war bis in die Gletscherregion hinauf zu finden. Sein Geschmack wandelte sich erst, als die europäischen Ansiedler mit der Schafzucht begannen. Anfangs werden die Papageien die auf den Schafkadavern zahlreich lebenden Schmeißfliegenmaden weggepickt haben; dabei rissen sie ab und zu Fleischstücke mit und kamen so schließlich dazu, die Fleischnahrung ihrer früheren vegetarischen vorzuziehen. Sie wurden zu ausgesprochenen Raubvögeln, die in Mengen Schafe anfielen, ihnen Fleischstücke aus- dem Rücken rissen (meist in der Nierengegend) und sie so töteten. Ihr adlerartig scharf gebogener, kräftiger Schnabel, die spitzen, eleganten Flügel und ihr langgedehnter Schrei lassen sie auch äußerlich als Raubvogel erkennen. Dem Menschen gegenüber sind sie harmlos und zutraulich; lästig wurden sie mir nur durch ihre Neugierde, die sie oft – während meiner Abwesenheit – in mein Zelt führte. Ich fand dann zu meinem Ärger Schuhe und Kleider zerbissen.

Zwischen den Steinen schlüpften, nach der Art unserer Zaunkönige, die oliogrünbraunen Schlüpfer (*Xenicus longipes*) herum. Wenn ich sie verfolgte, spielten sie mit mir Verstecken, ohne davonzufliegen. Sie haschten Insekten und zerhackten sie mit ihren spitzen Schnäbeln, verzehrten sie und wisperten dabei leise. Außer diesen beiden Vogelarten bemerkte ich noch die braune Weihe (*Circus gouldi*), die langsam in eleganten Kreisen über die Alpen strich.

Ich mußte an die Umkehr gehen, wollte ich noch vor der Nacht das Gasthaus erreichen. Unten angekommen, fand ich die Zecher noch immer beisammen. Am 27. morgens war wieder schönes Wetter.

Herr Cameron brachte mir die Nachricht, der Fluß sei gefallen. Es wurden also die Pferde gesattelt und bepackt. Herr Jackson begleitete uns. Obwohl der Fluß gefallen war, reichte mir doch beim Furten das Wasser bis zum Sattel. Vom Fluß aus ging es über eine mit Gestrüpp, Farn und Gräsern bestandene Hochebene, die von bewaldeten Gebirgen umrahmt war. Um 8 Uhr erreichten wir die aus drei Gebäuden, zwei Ställen und zwei Scheunen bestehende Station; ringsum eingezäunte Wiesen für Pferde und Rinder, dann die Hürden, worin Rinder und Schafe vor der Musterung oder Schlachtung eingesperrt werden.

Hier befindet sich auch der sogenannte Galgen; dieser besteht aus zwei aufrechten Bäumen, die durch einen Querbalken verbunden sind. An letzterem ist in der Mitte eine Zugscheibe angebracht, mit einem daran befestigten Seil, das unten einen Holzprügel trägt; an diesen Marterpfahl werden die Tiere zur Schlachtung gebunden.

Es wurden mir zwei Zimmer angewiesen, die einfach eingerichtet, aber rein waren. Als ich mit dem Ordnen meiner Sachen fertig war, wurde mir sein kräftiges, aus Schafbraten, Kartoffeln und Tee bestehendes Mahl aufgetragen. Am 28. ritt ich mit dem Wirtschafter um den Paddock, eine Ebene, 13 Kilometer lang, 678 Kilometer breit, das ausgetrocknete Bett eines Sees, begrenzt im Norden vom Taipo, Rangapuku und Teremakau, von Süd nach West vom Brunner-, Poerua- und Ladisee, im Nordwesten vom Mount Alexander.

Ich ritt von hier weiter zu den vom Brunnersee ansteigenden Gebirgen. Als ich zum Rande des Urwaldes kam, aus dem mächtige Buchen und Koniferen ragten, band ich mein Pferd an eine Leine und betrat dann den Wald, in dem es von Nestoren, Pastorenvögeln und Glockenvögeln wimmelte. Graukehlchen und andere Sänger schmetterten ihre hellen Melodien, hüpften auf dem moosbedeckten Boden herum und pickten und scharrten unter den Baumwurzeln nach Insekten. Die Fliegenfänger (*Rhipidura flabellifera* und *fuliginosa*), diese lieblichen Fächerschwänze, flatterten herum wie Schmetterlinge und fingen in der Luft Mücken und Sandfliegen, die es hier zu Millionen gibt. Bei jedem Fang schnalzten sie mit dem Schnabel. Die Tauben gurrten, und Wekas (Maorihühner) trommelten und spähten neugierig aus ihren Verstecken unter Baumwurzeln hervor.

So oft mein Hund einem Huhn nahekam, stieß es einen schrillen Warnungspfiff aus und verschwand schnell. Plötzlich hörte ich Warnungs- und Angstrufe, die Vögel flüchteten in das Dickicht, denn ein Falke stieß unter sie. Mit einem Pastorenvogel in den Fängen strich er tiefer in den Wald hinein. Ich verfolgte den kühnen Räuber. Da ich ihm aber lange nicht auf Schußweite nahekommen konnte, folgte ich ihm weiter, ohne auf die Richtung zu achten. Erst nach zwei Stunden kam er in Schußweite, und ich erlegte ihn im Flug. Ich hatte im ganzen 4 Nestoren, 2 Pastorenvögel, 1 Taube und den Falken erbeutet und trat nun den Rückweg an.

Aber alle Bäume sahen gleich aus, ebenso die Bergkegel, so daß ich mich nicht zurechtfinden konnte. Pfad gab's keinen, und die Sonne stand schon bedenklich tief. Ich schlug eine östliche Richtung ein. Es wurde dunkel; Eulen (*Athene novaezelandiae*) huschten leise an mir vorbei; sie ließen sich auf Ästen nieder und riefen ihr monotones „Moapork". Nach meiner Uhr und Zeit sollte ich schon nahe dem Waldsaume sein. Ich rastete und ging langsam vor, da ich mit Händen und Füßen tasten mußte, um in keine Grube zu fallen. Ich war schon müde; plötzlich war mir, als hörte ich einen Ruf. Ich rief – mein Pferd antwortete mit freudigem Gewieher; es erkannte mich an der Stimme. Ich mußte also schon längere Zeit am Waldsaume im Kreise herumgeirrt sein. Als ich ins Freie hinauskam, galoppierte mir mein Pferd, das sich losgerissen hatte, freudig entgegen. Ich ritt nun zur Station, die ich erst um 2 Uhr morgens erreichte. Die Leute waren schon besorgt gewesen. Ich nahm noch Tee und ging dann zu Bett. Am 29. und 30. war schlechtes Wetter; ich blieb also zu Hause und balgte die Vögel ab.

Am 31. Dezember 1877 um 4 Uhr früh verließ ich, nur von meinem Hunde begleitet, die Station Haihuna, in westlicher Richtung, wo vom Waldrande aus ein Schafpfad aufwärts führte. Im Norden tagte der Mount Alexander empor, zur Linken dehnte sich die weite, mit Tussokgras und Farnkraut bewachsene Haihunaebene, auf der Tausende von Schafen weideten.

Das Wetter war herrlich. Der langschwänzige Kuckuck schrillte von den Baumkronen, und das Morgenkonzert der Glockenvögel klang, als wären die Bäume mit hellen, silbernen Glöckchen behangen. Pastorenvögel spielten in der Luft. Von den Bäumen glitzerten Millionen von Tautropfen. Kleine Eulen huschten durchs Dickicht; sie suchten ihre Verstecke auf, wo sie den Tag über ausruhen und verdauen. Aus den Farnbüschen lugten Maorihühner ängstlich hervor und warnten, als sie mich sahen, ihre Genossen durch Rufe.

Der Pfad wand sich durch mächtigen Koniferen- und Buchenurwald in Serpentinen aufwärts. Nahe einer Quelle machte ich halt, trug Holz zu einem Feuer zusammen und bereitete mir Tee. Das Feuer zog die gefiederten Waldbewohner an. Die gelbköpfigen Meisen und braunen Finken erhoben ein Zetergeschrei, die braunrückigen Stare pfiffen laut und guckten zwischen Astgabeln auf mich herab. Lappenkrähen kamen in tollen Sprüngen heran und begannen ihren flötenden Gesang, Papageien schwatzten, und Nestoren kreischten auf den Bäumen. Plötzlich ertönten wieder Warnungsrufe von allen Seiten, denn zwei Falken stießen unter die fröhliche Schar. Einem gelang es, eine gelbköpfige Meise zu haschen, aber im selben Augenblick hatte ihn meine Kugel erreicht. Er fiel mit seiner Beute zu Boden; in seinen Fängen, die das Herz der Meise durchgriffen hatten, zuckte das Tierchen noch.

Nach kurzer Rast ging's weiter aufwärts. Steine und Geröll machten das Steigen beschwerlich. Nahe der Alpe im Zwergholz standen verwilderte Schafe mit 30 Zentimeter langer Wolle; ihre Augen waren davon so verdeckt, daß sie mich erst bemerkten, als sie von mir Wind bekamen, worauf sie schnell flüchteten. Es fing zu dunkeln an, als ich die höhere Grasregion erreicht hatte. Ich suchte mir einen Lagerplatz bei einem Felsblock, trug Holz vom Walde herauf und entzündete ein Lagerfeuer.

Der Abend war wunderbar. Der Mond stieg aus dem Täler und Meer verdeckenden Nebel empor. Die tiefe Stille wurde nur durch den schrillen Pfiff des Kiwi und den melancholischen Ruf der Wekas unterbrochen.

Die erste, einsame Silvesterfeier in der Wildnis!

Ich lehnte mich an den Felsen und weilte in Gedanken bei meinen Lieben in der Heimat. Ich gedachte vergangener Silvesterabende, die ich in gemütlichem Freundeskreis bei gutem Schmaus und Trank verbracht hatte. Hier war ich allein bei schimmeligem Schiffszwieback und Tee.

Die Jahreswende 1878 begrüßte ich nach alter oberösterreichischer Sitte mit einigen Schüssen, deren Echo von den Bergen widerhallte. Mit einer Tasse Tee trank ich auf das Wohl meiner fernen Gattin und meiner Freunde. Ich war noch in Gedanken versunken, als mein Hund plötzlich zu knurren anfing. Durch den Feuerschein sah ich im Schneegras ein Tier schleichen. Ich schoß danach, und der Hund apportierte mir eine Riesenralle (*Ocydromus troglodytes*), eine sehr seltene Art. Das war das Neujahrsgeschenk des Urwaldes für den Ornithologen!

Nach Mitternacht türmten sich Wolken auf und verdunkelten den Mond. Eine scharfe Brise erhob sich, die bald zum Orkan ausartete; Bäume wurden entwurzelt und Steine losgelöst, die mit Krachen den Berg hinunterrollten. Ich mußte mein Lager und das Feuer in eine windstillere Lage bringen, um den Schneeflocken zu entgehen, die der Sturm vor sich herpeitschte. Obwohl hier im Januar Hochsommer ist, lag doch am Morgen des Neujahrstages hier oben 30 Zentimeter Schnee, und ich erwachte im Anblicke des heimischen Winterbildes.

Da sich das Wetter nicht bessern wollte, stieg ich ab, um ein andermal wieder hierherzukommen. Ich rutschte mehr, als ich ging; dabei kollerte ich über Steine und verlor die Richtung. Es wurde dunkel, in den Tälern regnete es in Strömen. Erst um 12 Uhr nachts erreichte ich die Station, konnte aber nicht über den angeschwollenen Fluß. Ich rief und feuerte fünf Schüsse ab; endlich kam ein Schäfer und fragte, was es gebe. Ich ließ mir mein Pferd bringen, um das Wasser leichter passieren zu können. Durchnäßt und müde begab ich mich endlich zur Ruhe.

Am 2. Januar bestieg ich frühmorgens mit Herrn Carrow, einem Fischer, der am Ufer des Brunnersees eine einsame Hütte bewohnte, ein kleines Boot. Wir fuhren den Rangapuku abwärts. Der Fluß ist schmal, aber tief. Er schlängelt sich durch dichten Urwald zum See. Die Äste der Riesenbäume, die schleierzarten Fächer der Baumfarne und die dichtgeflochtenen Ranken der Schlinggewächse bildeten über dem Wasser ein festgefügtes Dach, so daß wir oft nur mit Mühe, in liegender Stellung rudernd, weiterkommen konnten. Die Strahlen der Morgensonne entzündeten an den zarten Schleiern der Farnwedel Tausende blinkender Tautropfensterne. Der Wald erwachte. Die vielfältigen Stimmen der Vögel, des rauschenden Waldes und des murmelnden Wassers stimmten das ewige Lied der lebendigen Erde an. Blinkende Fische schnellten aus dem Wasser, und Enten und Taucher aller Art belebten die Fläche. Oft sperrten uns Baumleichen, die quer über den Fluß lagen, den Weg, und wir mußten den Kahn darüber heben.

Nach langer wunderbarer Fahrt lichtete sich der Urwald, und bald glitt unser Boot auf den weiten, von einer leichten Brise gekräuselten Brunnersee hinaus. Schwarze Schwäne, Entenvölker und Haubentaucher belebten seine Fläche. Ich erlegte einige interessante Arten. Gegen Abend landeten wir vor der Hütte des Fischers. Sie war aus rohen Holzblöcken gezimmert und sehr primitiv eingerichtet. In der Mitte ein aus Steinen errichteter Feuerplatz, darüber, an einer schweren Eisenkette befestigt, ein Teekessel.

Die Fischerhütte ist die einzige Wohnstätte am See; meilenweit ringsum Urwald. Am 3. und 4. Januar durchstreifte ich die Urwälder, beobachtete und erlegte mehrere Vogelarten, darunter den bisher angezweifelten braunen Star (*Creadion cincereus*).

Gegen Ende meiner Wanderung überraschte mich ein Regenguß, so daß ich ganz durchnäßt in der Hütte anlangte. Der Fischer lieh mir, was er an primitiver Garderobe hatte: eine Hose, die mir zu eng und um 20 Zentimeter zu kurz war, und einen Rock, den er wohl von seinem Urgroßvater geerbt hatte, denn er spielte alle Farben. Die Schöße schleifte ich als Schleppe nach, und der Kragen überdachte mein Hinterhaupt; als Knöpfe waren einfach Holzklötze angenäht, und die Knopflochschlingen waren aus Bindfaden. Den Abschluß nach oben und unten bildeten ein zylinderartiger, verschmierter Hut und ein Paar kanuartiger „zwiegenähter" Schuhe. In dieser „Mitleid und Furcht" erweckenden Einsiedlertracht ging ich zum See hinaus und wusch meine Kleider.

Am Abend, als wir beim Feuer saßen, kamen zwei Freunde des Fischers zu Besuch: eine große Wanderratte und ein Maorihuhn, die hier allabendlich die Gastfreundschaft des Einsiedlers genossen. Sie hatten immer friedlich ihr Mahl geteilt, aber heute sollte es zu einem tragischen Streit kommen. Die Ratte erschnappte ein Stück Fisch, das ihr der Fischer zuwarf; das Maorihuhn wollte es ihr entreißen: die Ratte floh, aber das Huhn war ebenso flink, holte die Ratte ein und zerschmetterte ihr mit einem Hieb seines festen Schnabels den Kopf.

Maorihuhn (Weka).

Am nächsten Tage balgte ich meine Sammlerbeute ab und verpackte sie. Am 6. fuhr mich der Fischer nach der Station zurück, die wir abends erreichten. Ich nahm von meinem einsamen Gastfreund herzlichen Abschied.

Am 7. früh verließ ich die Station, um den Mount Alexander von Südosten zu besteigen. Diesmal nahm ich Proviant, Munition, Zelt, Hacke, Decken und anderes Nötiges mit. Das Wetter war gut, und ich kam auf dem steinigen Schafpfade ziemlich schnell vorwärts. Beim Aufstieg beobachtete ich verschiedene Vogelarten.

Gegen Mittag erreichte ich eine Quelle im schattigen Urwald. Aus dem umherliegenden Holz hatte ich bald Feuer gemacht; Tee, Brot und etwas Schafffleisch waren mein Mittagmahl. Hiernach ging es wieder aufwärts; der Baumwuchs wurde immer dichter und zwerghafter, der Westwind wandelte sich in einen Ost. Erst gegen Abend erreichte ich das Grasland. Schneegras bedeckte die Almen, hie und da wuchsen Veronika und Umbelliferen; aus sonnigen Felsritzen lugte Edelweiß hervor, es war von kleinerem Format als das europäische und von gelblicher Färbung.

Vom Gipfel hatte ich eine hübsche Fernsicht über ausgedehnte Urwälder, das Teremakautal mit dem mächtigen Fluß, dann den Taipo und Rangapuku mit dem Brunner-, Poerua- und Ladisee; ferner den Ort Greymouth, das Goldfeld Kumara und zwei Maoripahs (Festungen). Die Sonne warf ihre letzten Strahlen auf die Bergkuppen, und als sie verschwunden war, lohten vom westlichen Himmel die Wolkenstreifen wie brennende Garben. Von den Tälern schlich grauer Nebel herauf, eine kühle Brise mahnte mich, Holz vom Walde herauszuholen. Es war bereits höchste Zeit, da es zu dunkeln begann und empfindlich kalt wurde. Das Zelt war bald ausgestellt, einige Äste vom Teebaum als Stützen, etwas Gras, ein wasserdichtes Tuch, und Decken – und das Lager war fertig. Vor dem Zelt knatterte lustig das Feuer, ringsum herrschte erhobene Wildnisstille. Müde von den Strapazen des Anstieges schlief ich bald ein.

Am 8. war schlechtes Wetter, Schnee lag auf den Höhen. Unter solchen Verhältnissen wollte ich nicht weiter und begann deshalb den Abstieg, der sich über die mit Neuschnee bedeckten steilen Hänge sehr schwierig gestaltete. Bei strömendem Regen kam ich um Mitternacht zur Station zurück.

Am 9. Januar regnete es noch immer; ich balgte die erlegten Vögel ab.

Am 10. grub ich in Maori-Middens. Es waren dies alte Maorikochplätze, die ich in der Haihuna öfters fand, Erdhügel, dann tiefe runde und längliche Gräben, um welche verbrannte Steine, zerbrochene Steinwerkzeuge und Splitter, dann auch große, flache Steine und längliche Schlagsteine lagen. Die ersten Tage hatte ich wenig Erfolg; ich fand nur einige Werkzeuge, Steinarte und kleine Nephritschmuckstücke. Als ich aber in der Nähe des Brunnersees eine jener kostbaren, großen Keulen aus Nephrit und eine Art aus dem gleichen, edlen Material ausgrub, da schlug mein Forscherherz in heller Freude!

Ich hatte nun die Gegend genügend nach allen Richtungen erforscht; überdies blieb das Wetter andauernd elend. Ich packte also meine Schätze und rüstete mich zur Rückreise. Aber es ging nicht gleich so, wie ich wollte. Denn als ich zum Teremakau kam, fand ich ihn so angeschwollen, daß ich ihn nicht überschreiten konnte. Ich kehrte also wieder um und wartete auf der Station bis zum 19. Januar. Bei klarem Wetter ritt ich, diesmal in Begleitung des Wirtschafters, zum Fluß, der zwar etwas gefallen, aber noch immer schlammig und tief war, so daß die Pferde nur schwimmend hinüberkamen.

Wellington.

Auckland (Nordufer).

Kaurifichte.
Am Fuße Andreas Reischek.

Rataliane.

Am jenseitigen User lagerten Hirten mit einer großen Schaf- und Rinderherde, die für den Markt in Hokitika bestimmt war. Sie wagten es nicht, den wilden Fluß zu passieren, und riefen mir zu, ich solle lagern und warten, bis das Wasser sinke. Ich aber vertraute auf meinen guten Tom, mein Pferd. Er suchte sich eine günstige Stelle; wohl riß es uns ein Stück flußabwärts, aber schließlich landeten wir unversehrt am andern Ufer.

Im Gasthaus zu Otira fütterte ich mein Pferd, dann ging's weiter, den Arthurpaß hinauf. Ich mußte das Pferd führen, denn an manchen Stellen waren Erdrutschungen ausgetürmt, über die ich es nur mit Mühe brachte. Auf der Paßhöhe schneite es. Als sich die Wolken verzogen, bot sich mir ein eigenartiges Bild: rings um mich starrer Winter und in Tälern und auf den Hängen volles Blühen und üppiges Grün! Als ich zum Bealeyfluß kam, war auch dieser ausgetreten, und ich mußte ihn an mehreren Stellen passieren.

Es war schon finster, als ich die Station Bealey erreichte. Nach langem Klopfen erhielt ich Bescheid, daß kein Nachtquartier für mich frei sei. Wegen des schlechten Wetters wollte ich nicht im Freien lagern, und ich entschloß mich deshalb zu dem Wagnis, den tückischen, reißenden Waimakariri, der schon viele Menschenopfer gefordert hatte, bei stockfinsterer Nacht zu durchfurten. Trotz der Ermüdung von Roß und Reiter gelang das gefahrvolle Unternehmen, und wir erreichten nach Mitternacht die Station Bruces, wo wir freundliche Ausnahme fanden.

Am 20. Januar war es wieder schön und heiß. Ich ritt bis zum Rickerdornsee und verweilte dort, um Strandvögel zu jagen. Am 21. regnete es wieder in Strömen, ich setzte aber meine Reise fort und kam durchnäßt am Abend nach Castlehill, wo mich Herr Enis gastlich aufnahm. Den nächsten Tag wollte ich dazu nützen, um, mit Schaufel und Meißel ausgerüstet, am jenseitigen Ufer des Flusses Fossilien auszugraben. Es gelang mir aber nicht, hinüberzukommen, und ich mußte mein Vorhaben aufgeben. In schnellem Ritt passierte ich den Lyndonsee; beim steilen Anstieg auf den Porterpaß mußte ich wieder absitzen. Auf der Höhe war es erbärmlich kalt, ich war also froh, als ich abends die Station Porterpaß erreichte und mich am offenen Feuer wärmen und trocknen konnte. Am 23. ritt ich bis Malvernhill, das ich mittags erreichte; von hier aus fuhr ich mit der Postkutsche nach Christchurch, wo mir von meinen Hauswirten ein festlicher Empfang bereitet wurde.

So endete glücklich und ohne besondere Zwischenfälle meine erste Expedition auf Neuseeland, von der ich reiche und interessante wissenschaftliche Beute heimbrachte.

Fünftes Kapitel

Neue Bergfahrten auf der Südinsel

Mit Eifer ging ich wieder an meine Arbeit im Museum. Die Rhinozeroshaut war schon weich, so daß ich mit dem Modell beginnen konnte. Nur selten machte ich kleine Jagdausflüge und auch an solchen Tagen arbeitete ich noch bis spät in die Nacht im Museum.

Eines Tags beobachtete ich eine originelle Straßenszene. Ein etwas angeheiterter Maori trat auf einen Chinesen zu, schnitt eine höhnische Grimasse und fragte ihn, indem er ihn beim Zopf faßte, was das sei. Der Chinese verzog keine Miene, deutete auf des Maori Tätowierungen und antwortete mit der Frage: „Und was ist das?" Es wäre zu einer Rauferei gekommen, wenn sich der Chinese nicht durch schleunige Flucht vor den Wutausbrüchen des in seinem Nationalstolz schwer gekränkten Maori gerettet hätte.

Sonderbar ist jedenfalls, daß auf der ganzen Erde die Dümmeren (in diesem Falle der Maori) anderer Völker Sitten verlachen und die eigenen für große Tugenden ansehen.

Bis zum 18. Februar 1878 stellte ich ein Nashorn und einen Elefanten auf. In diesen Tagen gab's eine große Sensation in Christchurch: Aus Amerika war ein großer Zirkus mit Menagerie angekommen, der unter anderem 7 Elefanten, 8 Kamele, 6 Löwen, 1 Tiger, Jaguare, Leoparden, Nashörner, Hyänen, Wölfe und 28 Pferde mitbrachte. Die Städter strömten in Scharen hin, obwohl die Eintrittspreise hoch waren.

Am 10. März ging ich, von Herrn Schratt, einem Deutschen, begleitet nach Newbrighton zur sogenannten 40-Meilen-Beach, einer Sandfläche mit Salzwasserlagunen von 40 Meilen (65 km) Länge. Bei Flut ist diese große Sand- und Schlammfläche unter Wasser, und auf dem seichten Tümpel tummeln sich dann Tausende von See- und Strandvögeln. Ich ersuchte Herrn Schratt, auf einer kleinen Sandinsel zu bleiben und von dort aus die vorüberziehenden Vögel zu schießen, während ich die Strandlinie umging.

Die Flut stieg langsam und überschwemmte die Ebene immer mehr; mein Freund schoß fleißig, aber fast immer daneben. Endlich, als Schratt schon vom Wasser umringt war, fiel eine Ente; ich rief ihn, aber infolge des Brandungslärms hörte er mich nicht. Mutig sprang er in die schäumende Flut. um die Ente zu holen, aber ehe er hinkam, stieß eine Rohrweihe auf die Beute los und trug sie ans Ufer. Es gelang mir, die Weihe rechtzeitig durch einen tödlichen Schuß von ihrem Vorhaben, die Beute zu verzehren, abzuhalten. Bis zur Brust naß kroch mein Freund an Land und versicherte mir, daß er mir nie mehr in eine solche Falle gehen werde. Er mußte sich entkleiden, die Wäsche auswinden und dann an sich trocknen lassen. Zum Glück war schönes Wetter.

Aber es war noch nicht genug des Pechs, das an diesem Tage Herrn Schratt vom Schicksal zugedacht war: beim Rückmarsch schoß er nach einem Austernfischer, der ins Meer fiel. Schratt lief ihm in die Brandung nach. Als er sich nach dem Vogel bückte, faßte ihn eine große Welle und schlug ihn zu Boden, während die Vogelleiche ins offene Meer hinausschwamm. Mein bedauernsverter Freund gelobte, schleunigst zurückzukehren, um nicht am Ende noch zu ertrinken.

Bis in den April arbeitete ich eifrig im Museum und ordnete zu Hause meine Sammlungen; nur selten machte ich kleinere Exkursionen an die Küste. Auf einer solchen, am 8. April, ritt ich ein junges Pferd; der Sohn des Besitzers begleitete mich. Wir fütterten in Sumner die Tiere und ritten dann am sandigen Ufer weiter. Das Pferd scheute vor der Brandung. Als wir etwa 20 Kilometer geritten waren, kamen wir zu einem gestrandeten Fischerboot; dort banden wir die Pferde an, nahmen ihnen die Sättel ab, und ich machte auf Strandvögel Jagd. Die erbeuteten Tiere verstaute ich in den Satteltaschen. Als wir wieder den Meeresstrand entlang zurückritten, schoß ich vom Pferd aus eine Möwe im Flug. Sie fiel auf den Kopf meines Pferdes nieder; das Pferd scheute, bäumte sich, machte Bogensprünge und suchte auf jede Weise, mich abzuschütteln. Der linke Steigbügel und der rechte Zügel rissen, und als beim nächsten Sprung des Pferdes auch noch der Sattelgurt platzte, flog ich richtig samt dem Sattel ins Meer! Mit den Satteltaschen, in denen sich meine Jagdbeute, mein Weidmesser und wertvolle Instrumente befanden, jagte der Wildfang davon. Ich sandte den Burschen mit dem zweiten Pferde nach, er konnte es aber nicht mehr einholen. Zerbeult und zerschunden trat ich zu Fuß den Rückmarsch nach Christchurch an. Erst drei Tage später wurde das Pferd eingefangen, aber meine Taschen waren verloren.

Am 14. hatte ich wieder ein ärgerliches Jagderlebnis. Ich fuhr mit einem Bekannten zum Ellesmeresee. Hunderte von schwarzen Schwänen, Paradiesenten, Sultanhühnern und den verschiedensten Strandvögeln tummelten sich auf der Wasserfläche, aber der Jagdhund meines Bekannten verjagte alle. Sein Herr wollte ihn festbinden und band die Leine am Knopfloch fest, aber im Nu hatte der Hund sich losgerissen; nun band der Herr sich die Leine um den Leib: der Erfolg war, daß der Hund ihn niederriß.

Meine Hauswirtin hatte mir mitgeteilt, daß sie in einen andern Ort übersiedeln und mir deshalb kündigen müsse. Es war mir sehr leid, daß ich mich von meinem guten, ruhigen Quartier und der liebenswürdigen Familie trennen mußte. Am 11. Mai fand die Übersiedlung statt. Ich fand wohl eine andere Wohnung, sie war aber teurer und schlecht.

Da Dr. von Haast die großen Säugetiere bald fertig haben wollte, verlängerte ich meine Arbeitszeit im Museum, indem ich von 6 Uhr früh bis 6 Uhr abends blieb. Zu Hause arbeitete ich dann noch oft bis Mitternacht für mich selbst. Ich lebte wie ein Einsiedler und kannte keinen der Hausbewohner.

Am 19. ging ich in den Maoribusch, und schoß einige Nestoren und andere Vögel. Als ich zum Maoripah Moeraki kam, saß die Tochter des Häuptlings wie ein Mann zu Pferd; wie sie mich erblickte, ritt sie wie der Wirbelwind davon. Eine große Hundemeute jagte hinter ihr drein und überfiel meinen Hund, den ich nur mit Mühe mit Hilfe meiner Hundepeitsche von ihnen befreien konnte. Von hier marschierte ich nach Lyttelton zurück. Alle mir begegnenden Leute maßen mich mit feindlichen Blicken, da ich es gewagt hatte, an einem Sonntag auf die Jagd zu gehen. In der Stadt selbst bekam ich die Sittenstrenge der Kolonisten noch empfindlicher zu fühlen: vergebens wanderte ich von Hotel zu Hotel; nirgends wurde mir geöffnet, weil man meine Jagdausrüstung sah; nach dem Gesetze hätte ich als Reisender Anspruch auf Verpflegung gehabt. Ich mußte also mit knurrendem Magen und trockenem Gaumen nach Christchurch heimwandern.

Bei meinem nächsten Jagdausflug nach Tailors Mistake sah ich zwischen den vulkanischen Felsen ein großes Tier herumklettern; ich erlegte es und bemerkte zu meinem Erstaunen, daß es eine außergewöhnlich große Wanderratte war, die hier – wie ich aus den angenagten Überresten konstatierte – von Seespinnen und gestrandeten Fischen lebte. Ich schoß noch einige Vögel und trat dann den Heimweg an.

Von der Westküste der Südinsel kamen einige Bälge von *Apteryx australis*, dem Alpenkiwi, den man schon für ausgestorben hielt, da seit fünf Jahren kein Exemplar mehr gefunden worden war. Ich kaufte 4 Paare für meine Sammlung um 40 Pfund und präparierte sie sorgfältig.

Bis zum 28. arbeitete ich an einem Tiger. Als ich gerade das Maul des Tieres malte, kam ein neugieriger Farmer in mein Laboratorium und fragte mich, warum ich diesem Tier so viele Streifen hinaufgemalt habe. Er war ganz erstaunt, als ich ihm erklärte, daß das natürliche Fell diese Streifung habe. Am 28. ließ ich die bisher fürs Museum von mit präparierten Gruppen photographieren.

Ein Farmer aus Newbrighton bot mir einen seltenen Wal (*Ziphedon*, Flaschennaswal) an, der dort an der Küste gestrandet war. Ich ging mit meinem Assistenten zur Küste und hatte acht Tage Arbeit, bis ich Speck und Fleisch von den Knochen abgelöst hatte. Da der Wal schon zu verwesen begonnen hatte und entsetzlich stank, fand sich niemand, der uns beiden bei der Arbeit geholfen hätte. Ich ließ das Skelett mittels Wagen heimtransportieren. Zu Hause mazerierte und verpackte ich es für den Versand nach Wien. Die ganze Geschichte kostete mich etwa 30 Pfund.

Es war, seit ich auf Neuseeland weilte, immer mein Bestreben gewesen, einen gut dressierten Hund zu bekommen, der allen Fährnissen des Forscherlebens gewachsen wäre. Ich hatte schon verschiedene Hunde ausprobiert, aber keiner erwies sich als tauglich. Nun gelang es mir, einen jungen Neufundländer zu erwerben, den ich „Cäsar" nannte. Er war zwei Monate alt und so häßlich, daß meine Freunde, als sie ihn sahen, mir dazu gratulierten, daß es mir gelungen sei, den häßlichsten Hund Neuseelands auszuforschen. Ich ließ mich aber nicht beirren und widmete mich eifrig seiner Erziehung, als deren Grundsatz ich Güte, gepaart mit Ernst – niemals aber launenhafte Verzärtelung oder Brutalität – anwandte. Ich führte die Dressur konsequent, doch ohne den Hund zu überanstrengen, durch und so erreichte ich in kurzer Zeit, daß Cäsar alle Fertigkeiten beherrschte, die ein Jagdhund besitzen soll. Bald aber entwickelte er jene außergewöhnlichen Fähigkeiten, durch die er mir zu einem Freund und Helfer auf allen meinen Forschungsreisen wurde, treuer und klüger, als ein Mensch es hätte sein können!

Elf Jahre lang diente mir Cäsar, und was er an Wundern von Klugheit, Treue und Opfermut vollbrachte, überstieg das Maß des Glaublichen. Ich habe diesem „unsterblichen" Neufundländer ein Buch gewidmet, das in Neuseeland in Druck erschienen ist und allen Menschen, die noch immer nicht glauben wollen, daß eine „Hundeseele" viel wertvoller sein kann als manche menschliche, die Herzen öffnen sollte.

Mein Chef und Freund Dr. von Haast, der bedeutende neuseeländische Geologe, der schon vor Jahren die Alpen Neuseelands besucht und durchforscht hatte, machte mir eines Tags den Vorschlag, eine gemeinsame Expedition in die Alpen zu ihrer weiteren Ausschließung zu unternehmen. Freudig schlug ich ein und begann ohne Verzug mit der Ausrüstung für diese zweite Expedition. Wir wollten zum Ursprung der Rakaia vordringen und die umliegende Gletscher- und Gebirgswelt erforschen.

Am 27. Februar um 7 Uhr früh brachen wir auf. Wir fuhren erst mit der Bahn bis Colgate: dort stiegen wir in einen zweirädrigen Karren, und nun ging's flott – allzu flott – über offenes Land, durch Bäche und Moräste, ohne Straße dahin. Wir mußten uns fest an den Seitenlehnen halten, um nicht hinausgeschleudert zu werden. Mit einem Seufzer der Erleichterung begrüßten wir das hoch über dem Rakaiafluß thronende Wirtshaus zur Windpfeife (Windwhistle). Es hat seinen Namen davon, daß durch alle seine Räume, auch wenn nur eine leichte Brise weht, der Wind in allen Tonarten pfeift.

Wir sprangen aus dem elenden Karren und dankten Gott, dass noch alle Knochen ganz waren. Ein kräftiges Mahl tat unserm leergebeutelten Magen wohl. Nach dem Essen vertrieben wir uns die Zeit mit Wettschießen nach Flaschenhälsen, bis Herr Gerhart mit seinem Wagen ankam, um uns nach seiner Station Snowden zu führen.

Gerhart, den Dr. von Haast vorher brieflich verständigt hatte, war ein reicher Farmer, der in dem wunderbaren Alpenmoorlande ein elegant und bequem eingerichtetes Herrenhaus bewohnte, inmitten seiner weitausgedehnten Ländereien, auf denen mächtige und wohlgepflegte Herden von Rindern, Pferden und Schafen weideten. Seine liebenswürdige Familie nahm uns mit größter Herzlichkeit auf.

Am nächsten Morgen war ich schon um 5 Uhr draußen, mit dem Feldstecher bewaffnet, um die prächtige Landschaft zu betrachten. Hier grenzte Kulturland an wilde, jungfräuliche Gebirgswelt. Von den

Rändern der weiten Ebene, die die Rakaia in tief eingeschnittenem Bette durchzieht, steigen grasbedeckte Terrassen und Bergkegel an; dahinter entfaltet sich, aus dunklem, undurchdringlichem Urwaldkranze aufragend, die im Morgenlicht schimmernde Kette der Südalpen. Auf den Grasbergen wurde es plötzlich lebendig; Tausende von Schafen, in Rudeln eng aneinandergepreßt, mit Mühe von Schäfern und ihren ausgezeichneten Colliehunden auseinandergehalten, kamen von den Bergen zur Musterung gewimmelt.

Mein Freund Cäsar.

Nach dem Frühstück wurden Pferde für uns gesattelt. Wir dankten unsern Gastgebern und verließen, von einem Schäfer begleitet, die Station. Bergauf, bergab ging's auf Serpentinenpfaden. Die Pferde erwiesen sich als geschickte Kletterer; nur das Packpferd hätte an einer schwierigen Stelle bald seine Last verloren. Um 3 Uhr nachmittags erreichten wir ein Tal, in dem mehrere Schäfer bei einem Wollwagen lagerten. Sie luden uns zu ihrem aus Schaffleisch, Tee und Brot bestehenden Mahl, das uns nach dem anstrengenden Ritt sehr gut mundete.

Nach dreistündiger Rast ging's wieder weiter. Wir passierten glücklich den Wilberfordfluß. Meinen Hund trug die Strömung so weit abwärts, daß er erst nach einer halben Stunde nachkam. Gegen Abend erreichten wir die Station des Herrn Reave, Rakaia Fork. Wir gaben die Pferde einem Schäfer und betraten dann das Haus, wo wir von Frau Reave freundlich empfangen wurden.

Gruß der Maori

Nikaupalmen (Areca sapida).

Ich war nicht wenig erstaunt, als ich von der Dame deutsch angesprochen wurde. Sie war eine Baronesse von Rosenberg und aus

Dresden gebürtig. Nach einem vorzüglichen Mahl überraschte uns die Dame des Hauses mit einem Klavierkonzert: deutsche Musik und deutsche Lieder klangen in die Urwaldstille hinaus. Es war mir wie im Traum: die nächste Rast lag schon tief in der Wildnis, aber heute schwelgten wir noch auf einer Insel, erfüllt von allen Zaubern und Genüssen der fernen Heimat.

Ein gefällter Urwaldriese.

Am 1. März 1879, 5 Uhr früh, verließ ich, von einem Schäfer begleitet, die Station, um die Gegend zu rekognoszieren. Zuerst bestiegen wir den nahegelegenen Goathill (Geisberg), an dessen Fuß ein Schafpfad durch Koniferen-, Laub- und Farnbaumurwald führte. Je höher wir kamen, desto schwächer und verkrüppelter wurde der Baumwuchs. Der Boden war mit verschiedenen Farngräsern, Flechten und Moosen bedeckt. Oberhalb der Waldgrenze, im Tussokgras, weideten zahllose Schafe. Noch höher hinauf kamen wir in Steingeröll; in den Felsenritzen pflückten wir Edelweiß. Von hier stiegen wir auf den Mount Alcides. Es ging steil aufwärts zu den schroffen Felsspitzen, von wo sich uns ein prachtvoller Fernblick bot: ein romantisches Panorama von Gletschern, Seen, Flüssen und Bächen, die sich in Kaskaden über die Felswände stürzten. Wir stiegen in ein Tal ab, wo wir zu einer Schäferhütte kamen; hier blieben wir über Nacht.

2. März. Bei Tagesgrauen wurde gefrühstückt, dann kletterten wir wieder bergaufwärts über einige Schneefelder. Um 2 Uhr nachmittags

erreichten wir die Spitze. Leider hatten wir diesmal wenig Aussicht, da ein starker Nebel von den Tälern herausschlug. Es fing auch zu schneien an, und so mußten wir den Rückweg antreten. Im. Nebel verloren wir die Richtung und hatten eine mühsame Kletterei über Abhänge längs Wildbachläufen und durch Urwald, bis wir endlich zu einer alten Schäferhütte kamen, die wir gleich in Beschlag nahmen. Obwohl ich sehr müde war, balgte ich noch die erbeuteten Nestoren, Schlüpfer und Lappenkrähen ab.

Als ich heute auf den Felshängen Schlüpfern nachgejagt war, um sie lebend zu fangen, überraschte mich Cäsar auf sonderbare Weise: Lebhaft mit dem Schweife wedelnd und das Maul vorsichtig geschlossen haltend, kam er zu mir; ich aber verstand nicht, was er wollte, und befahl ihm, das Maul zu öffnen. Zu meinem größten Erstaunen entflog dem Maule Cäsars ein kleiner Vogel! Vorwurfsvoll blickte der Hund bald nach der Richtung, in die der Vogel entschwunden war, bald nach mir, als wollte er sagen: „Hättest du mich verstanden, dann wäre die Beute nicht entkommen!" Er brachte es später so weit, daß er selbst lebende Schmetterlinge fing und fast unbeschädigt apportierte.

Nachts erhob sich ein fürchterlicher Schneesturm, der unsere Hütte rüttelte, als wäre sie von Papier. Am nächsten Morgen zwang uns das anhaltend schlechte Wetter zum endgültigen Rückzug; um 7 Uhr abends kamen wir wieder zur Station.

Am 4. März, 3 Uhr früh, wurden die Pferde gesattelt und bepackt. Unserer Expedition hatten sich noch drei Herren angeschlossen, so daß wir nun, fünf Mann hoch, aufs Gebirge losritten; ein Packpferd mit Proviant, Lagergeräten und Instrumenten trabte hinterher. Da es keine Wege gab, ritten wir auf offenen Stellen durch Gesträuch, über Gras- und ausgedehnte Schotterflächen, dann durch Bäche ein Tal aufwärts. Auf beiden Seiten zogen sich dichte Urwälder die Berge hinauf, von dunklen Felswänden unterbrochen, über die hie und da ein Wasserfall niederstürzte. Um 6 Uhr abends wurde haltgemacht; Zelte wurden aufgeschlagen, Holz gesammelt, und bald dampfte der Kessel über dem offenen Feuer. Das Abendessen bestand aus Schafbraten, Brot und Tee; zum Abschluß wurde der Nightcap (Schlafmütze) nicht vergessen, d. h. der mit heißem Wasser und Zucker vermischte Whisky. So saßen wir in der Runde und plauderten von unserer weiteren Expedition.

Ringsum herrschte Stille, nur das Grasen der zusammengekoppelten Pferde war zu hören. Maorihühner guckten nach dem Feuer, das ihnen fremd war, und ließen ihren trommelnden Ruf hören, der in einem melancholischen Pfeifen endet. Kleine Käuze huschten über das noch glimmende Feuer, um eine Ratte zu erhaschen, die an den weggeworfenen Knochen nagte. Wir verkrochen uns in die Zelte und schliefen bald ein. Es fing zu regnen an, und da unsere Zelte aus leichtem Kaliko gemacht waren, drang.das Wasser durch und weckte mich.

5. März. Zeitig früh wurden die Pferde eingefangen, dann wurde gefrühstückt und wieder weitergeritten. Es ging das breite Flußbett der Nakaia hinauf. Die Landschaft war dieselbe wie tags vorher, nur sahen wir jetzt schon die schneebedeckten Häupter der Berge. Kleine Rudel verwilderteter Rinder stoben davon, wenn sie von uns Wind bekamen, und brachen mit großem Getöse in den Urwald ein oder stürzten sich in die wildschäumende Rakaia und schwammen ans andere Ufer.

Gegen 3 Uhr nachmittags erreichten wir eine halbverfallene Hütte. Da hier ein guter Lagerplatz war, wo sich auch für Pferde Nahrung fand, wurden die Zelte aufgeschlagen. In weiter Entfernung sah ich am Fuße des Ramsongletschers kleine bewegliche Punkte. Das Fernglas zeigte mir etwa 30 wilde Rinder, die auf offenem Grasland weideten. Ich nahm meinen Karabiner und versuchte mich anzupirschen: sie mußten aber von mir Wind bekommen haben, denn sie wichen immer weiter zurück. Erst nach einigen Stunden kam ich dem Rudel, das von dem alten Bullen gedeckt wurde, so nahe, daß es mir nicht entgehen konnte. Im Anblick der Todesgefahr beugten die Tiere die Häupter zu Boden und brüllten so mitleiderregend, daß ich es nicht übers Herz brachte, einen Schuß abzufeuern.

Ein Herr der Expedition, der mir nachgeeilt war, erlegte ein junges Rind. Als der Schuß krachte, tob das Rudel nach allen Richtungen auseinander. Ein alter Kapitalbulle sprang in den Fluß; die Strömung riß ihn mit, aber meisterhaft arbeitete er sich am andern Ufer heraus und verschwand in den Urwald. Das geschossene Rind wurde abgehäutet und zerlegt: es war sehr fett, und bald briet der Lendenbraten über dem Lagerfeuer.

Schenkel und Rücken wurden in kleinere Stücke zerteilt, eingesalzen und zum Trocknen in der Luft aufgehängt, der Rest wurde für unsere Hunde aufbewahrt.

Unser Lager befand sich am Fuße des Whitcombepasses auf terrassenförmigen Grashügeln. Ringsum ein wundervolles Naturbild. Einige hundert Schritt vor uns entsprang aus der Eishöhle des Gletschers der

Rakaiafluß; der Whitcombefluß stürzte sich in Kaskaden durch sein steiniges Bett. Der Ramson- und der Lyellgletscher schoben ihre mächtigen Eismassen bis ins Tal. Mit Donnergetöse fuhren Lawinen ab, Alpenpapageien saßen auf den Bäumen und beguckten neugierig unser Lager. Jedem Herrn wurde seine Aufgabe zugeteilt: Herr Enis machte den Koch, Herr Reave brachte Holz und reinigte mit Dr. von Haast das Geschirr, Herr Bonn beaufsichtigte die Pferde, und ich jagte und sammelte Tiere und Pflanzen. Dr. von Haast ordnete abends die Sammlungen, dann wurde zur Ruhe gegangen.

Am 6. März früh wurden die Pferde gesattelt. Wir ritten zum Fluß, Herr Reave, der als einer der besten Flußfurter bebekannt war, voran, um eine Stelle ausfindig zu machen, die nicht zu tief und reißend war. Wir ritten dem Führer nach. Die Strömung trug uns wohl ein wenig hinunter, aber wir erreichten glücklich das andere Ufer. Es war zwischen einer Felswand und dem Flusse gerade so viel Platz, daß die Pferde Halt fanden. Wir kletterten vorbei, wobei ich Dr. von Haast, der nicht mehr jung und ziemlich korpulent war, mit einer Leine half. Nach einigen Stunden Kletterns kamen wir auf ein mit Schneegras bewachsenes Tafelland, auf dem kristallhelle Meeraugen zerstreut lagen, umgeben von drei Gletschern, dem Ramson-, Lyell- und dem von Dr. von Haast nach mir benannten Reischekgletscher.

Auf diesem Tafelland fanden wir außer Schneegras Eriken, Butterblumen und eine große Menge Schneebeeren, an denen wir uns labten. Wir bemerkten Vogelfährten. die Dr. von Haast anfangs für *notornos*- (Riesensumpfhuhn-) Fährten hielt; nach genauer Besichtigung erkannten wir sie aber als Kiwispuren. Sonst sahen wir weder Vögel noch Insekten, nur Herr Enis fand eine neue Schmetterlingsart. Dr. von Haast blieb, da er schon müde war, hier zurück. Ich stieg noch weiter über die Schnee- und Eisflächen des Reischekgletschers. Als ich zurückkam, hatte Dr. von Haast schon seine Pflanzen geordnet. Wir verpackten alles und rüsteten zum Abstieg. An vielen Stellen war das Gestrüpp so dicht, daß wir nicht durchkonnten, sondern drüberklettern mußten. Dabei wurde der schwere Körper Dr. von Haasts oft hart mitgenommen, und schließlich war seine Hose so zerrissen, daß sie eher einem Unterrock glich.

Endlich erreichten wir unsere Pferde. Während ich meine Sammlungen an den Sattel schnallte, passierten meine Gefährten den Fluß, ohne daß ich darauf achtete, wo sie hineingeritten waren. Ich kam zu weit unten in die Tiefe; die Strömung riß das Pferd mit und drückte es gegen einen großen Felsblock, unmittelbar vor einem Wasserfall. Mit knapper Mühe entrann ich dem Tod.

Abends spät kamen wir bei unsern Zelten an, die von Tausenden von großen Schmeißfliegen bedeckt waren, die alle Decken und Kleider mit Eiern besät hatten. Obwohl wir die Zelte abbrachen und die Plätze ausräucherten, war doch die ganze Nacht hindurch ein Summen, daß man nicht schlafen konnte. Herr Whitcombe, jener mutige Forscher, nach dem dieser Paß benannt wurde, hatte auf diese Art sein Leben verloren. Als er auf seiner Expedition vor Jahren bis zu diesem Punkte vorgedrungen war, hatten die Schmeißfliegen ihm alle Lebensmittel verdorben und seine Decken derart mit Eiern belegt, daß sie nicht mehr zu gebrauchen waren. Er verhungerte und erfror hier.

Am nächsten Morgen, 7. März, brachen die Mitglieder der Expedition nach verschiedenen Richtungen zu kleineren Exkursionen auf; nur Dr. von Haast blieb im Lager, um seine arg beschädigten Kleider auszubessern und die Pflanzen zu ordnen. Enis und Reave gingen auf Beobachtungen aus, Bonn mußte die Pferde suchen, da sie in der Nacht durchgegangen waren, und ich bestieg den Roßgletscher von der Südseite. Nach vierstündigem Klettern erreichte ich die Schneefelder, mußte aber vor einer großen Lawine umkehren. Ich sammelte Edelweiß, Liliazeen und andere Alpenpflanzen. Beim Abstieg brach ein Stein unter meinen Füßen, und ich rutschte über 10 Meter tief ab, konnte mich aber an einem Felsvorsprung aufhalten. Von einigen Schürfungen abgesehen, kam ich heil beim Lager an.

Nach dem Essen ging ich den Whitcombefluß auswärts. Auf den Felsspitzen saßen Nestoren; ich verfolgte sie, konnte mich aber nicht anpirschen. Im Flusse hörte ich Gebirgsenten (*Hymenolaima*); ich schoß eine davon, mein Hund hatte aber große Milde, sie aus dem reißenden Fluß zu holen. Es fing bald zu dämmern an, der Mond stieg herauf und beleuchtete die Umgebung mit seinem milden Licht. Vor mir lagen die ausgedehnten Gletscher mit ihrem flimmernden Eis und Schnee, zu beiden Seiten die schroffen Felsen, die ihre tiefen Schatten ins Tal warfen. Eine feierliche Stille herrschte ringsum, nur ab und zu gestört durch das Pfeifen der Gebirgsenten und den melancholischen Ruf der Steinenten.

Erst spät kam ich im Lager an. Es war schon alles tief im Schlaf; ich aß das für mich aufgehobene Nachtmahl und zündete mir dann in einiger Entfernung ein Feuer an, da es sehr kalt war. Ich hörte wieder den Ruf eines Vogels, den in der vorhergehenden Nacht auch die andern Herren schon vernommen hatten; er war dem des *Larus dominicanus* ähnlich (dieser Vogel hätte aber hier nicht vorkommen können). Ich wollte ihn ausforschen, aber da er mir bis 2 Uhr früh nicht zu Gesicht kam, begab ich mich zur Ruhe.

Am 8. März wurden die Zelte abgebrochen, die Pferde gesattelt und gepackt und die Rückreise angetreten. Das Wetter war schön, die Flüsse seicht und leicht zu passieren. So ging es denn schnell vorwärts, und wir erreichten noch am selben Abend die Station des Herrn Reave, wo wir von seiner Frau und den Kindern herzlich willkommen geheißen wurden. Wir aßen ein gutes Nachtmahl und plauderten noch über unsere Erlebnisse, dann begaben wir uns zur Ruhe.

Am 9. hatte ich viel Arbeit, da ich alle Bälge ordnen und die frischgeschossenen Tiere abbalgen und skelettieren wollte. Nachmittags rüstete ich mich zu einer selbständigen, viertägigen Forschungstour aus und verließ die Station. Der Weg, wenn man ihn so nennen darf, führte durch ein Tal. Da ich schwer zu tragen hatte, ging es nur langsam vorwärts. An der Berglehne weideten Schafe und auf der Ebene, gegen den Fluß zu, Rinder und Pferde, die zur Station gehörten. Ich mußte zwei Bäche durchwaten, ehe ich die alte Schäferhütte erreichte. Es war schon 10 Uhr nachts, als ich Feuer machte; Tee mit Brot war mein Nachtmahl. Die Nacht war stürmisch und kalt; da ich nur eine Decke mithatte, mußte ich beim Feuer sitzenbleiben. Der Erfolg war, daß die eine Hälfte meines Körpers geröstet war, die andere zu Eis wurde.

10. März. Nach frugalem Frühstück ließ ich Cäsar bei meinem Proviant zurück, weil er sich an den scharfkantigen Felsen die Pfoten zerschnitten hätte. Anfangs verfolgte ich die Schafspfade. Gegen Mittag kam ich zu Schutthalden mit größeren Steinblöcken. Hier hinderte mich ein Abhang am Weitersteigen, zurück aber wollte ich nicht. Aus grünem Lilienlachs (*Phormium tenax*) knüpfte ich eine Leine, versuchte ihre Festigkeit und band sie dann an einen Felsblock. Ich entlud das Gewehr und begann die Talfahrt. Als ich etwa 12 Meter abgeglitten war, ging der Knoten auf, und ich stürzte ab. Wie lange ich bewußtlos gelegen bin, weiß ich nicht. Als ich zu mir kam, verspürte ich in allen Gliedern Schmerzen; das Gesträuch den Wänden hatte meinen Fall abgeschwächt. Nachdem ich mich erholt hatte, kletterte ich an der entgegengesetzten Wand hinauf, wo ich einige schwierige Schuttstel-

len passieren mußte. Um 4 Uhr morgens erreichte ich endlich die gletscherumrahmte Spitze.

Die ersten Tagesstrahlen enthüllten mir ein weites Landschaftsbild mit zahlreichen Wasserfällen, fünf Flüssen, einem See und urwaldbewachsenen Tälern. Beim Abstieg erhob sich ein heftiger Sturm, so daß ich an ausgesetzten Stellen auf allen vieren Kriechen mußte, um nicht heruntergeweht zu werden. In einer Schlucht wollte ich Mittag machen; zu meinem Schmerz bemerkte ich, dass mein Rucksack aufgerissen und der größte Teil seines Inhalts vermutlich bei meinem Absturz verlorengegangen war. Ich trat den Rückweg an und erreichte nach Mitternacht mein Lager. Ich war zu müde, mir noch Abendbrot zu bereiten, und begab mich gleich zur Ruhe.

Als ich morgens erwachte, war ich vor Kälte erstarrt. Erst eine Tasse Tee erwärmte mich. Dann ging ich das Flussbett auswärts in einen Urwald, der wenig Unterwuchs und keine befiederten Bewohner hatte. Mehrere Bäche durchkreuzten diesen Wald. Ich kletterte über Steinschutt bergauf, bis mein Vordringen durch eine mit Schnee ausgefüllte Schlucht gehemmt wurde. Ich mußte wieder umkehren. Spät abends kam ich wieder ins Lager.

Am 11. März 5 Uhr früh trat ich den endgültigen Rückweg an, denn ich war bereits ohne Proviant. Um 6 Uhr abends erreichte ich die Station. Am 12. März balgte ich die geschossenen Vögel ab, dann ging ich in den nächsten Wald und schoß dort zwanzig verschiedene Vogelarten. Das Wetter war schlecht, ein warmer Wind mit Regen; der Fluß stieg rapid an, und ich wollte abreisen, ehe er noch über seine Ufer trat. Herr Reave ließ mich aber nicht fort. Am 18. März früh hörte ich den Fluß, der sich aus drei Betten in ein einziges verwandelt hatte, schon bis zum Haus heraufbrausen. Herr Reave ließ schnell die besten und schnellsten Pferde satteln, und wir ritten in raschestem Tempo weg. Als wir zur Furt kamen, konnten wir sie nicht finden, denn der Fluß war trübe und aus seinen Ufern getreten. Zweimal kehrten wir um, das drittemal aber gelang es uns durchzuschwimmen, allerdings wurden wir ganz durchnässt.

Ich trabte allein über die mit Gras bewachsenen Berge weiter. Auf einer Anhöhe angekommen, sah ich den Toleridgesee und die Station des Herrn Cotton, die ich in einer Stunde erreichte. Ich wurde dort gut aufgenommen und verbrachte einen fröhlichen Abend. Am 14. früh ging ich an den kleinen See, wo ich mehrere Tauchenten schoß; dann ließ ich mein Pferd satteln, und es ging nordwärts, so rasch als es das gebirgige Terrain erlaubte. Um 2 Uhr erreichte ich wieder das Gasthaus zur Windpfeife, wo ich Mittag machte, dann ging's eilends weiter bis zur Station Tolgate, wohin ich um 5 Uhr nach einem Ritt von 40 Kilometer kam. Ich wartete auf den nächsten Zug und langte nachts in Christchurch an.

Bis zum 12. April arbeitete ich wieder eifrig im Museum, um mir die Mittel für meine nächste Expedition zu verschaffen, die mich auch mit der Nordinsel bekannt machen sollte. Am 12. April fuhr ich mit einem Bekannten nach der Pigeonbai. Der kleine Küstendampfer rollte aus der hohen See bedenklich. Um 1 Uhr kamen wir in Pigeon an. Mein Freund führte mich in ein Privatboardinghaus, dann gingen wir durch den Ort, der aus wenigen, holzgebauten Farmhäusern besteht. Die Farmer betreiben hier Viehzucht und Käsefabrikation. Der Ort liegt zwischen urwaldbewachsenen Bergen. Ich ging an den Strand, wo ich einen Königsfischer und eine Möwe schoß.

Am 13. April verließ ich in aller Frühe das Boardinghaus und ging in den Wald; dichter Unterwuchs und schroffe Felspartien machten das Vordringen beschwerlich. Ich fand viele Wildschweinwechsel, konnte aber kein Tier zu Gesicht bekommen. Als ich meine neureparierte Büchsflinte erproben wollte, indem ich gegen einen Baum schoß, zerriß der Kugellauf bei der Pulverkammer, und das Feuer verbrannte mir Augenbrauen und Haut. Ich mußte also zurück und konstatierte zu Hause, daß der Buchsenmacher die Läufe zu lange im Feuer gelassen hatte, wodurch der Damast verbrannt war.

Am 14. April zeitig früh bestieg ich den Mount Fitzherbert. Ich hatte mir ein Perkussionsgewehr ausgeliehen, womit ich einige Vögel schoß. Nachmittags fand ich in einem Dickicht ein Rudel Wildschweine. Ich legte auf eines an, das Zündhütchen versagte aber, und bis ich ein zweites auslegte, waren sie bereits im Urwald verschwunden. Ich setzte den Hund an die Fährte und postierte mich auf einer Lichtung. Der Hund trieb sie heraus, ich schoß, das Schwein fiel, wurde aber wieder hoch – der zweite Schuß versagte; ich verfolgte die Schweißspur durch dick und dünn. Erst am Meeresufer fand ich das Wildschwein. Mein Hund fing es ein, und ich erlegte es. Dann kehrte ich mit meiner Beute beladen nach Pigeon zurück. Am 15. April, bei starkem Nordwest und peitschendem Regen, fuhren wir wieder nach Lyttelton-Christchurch zurück.

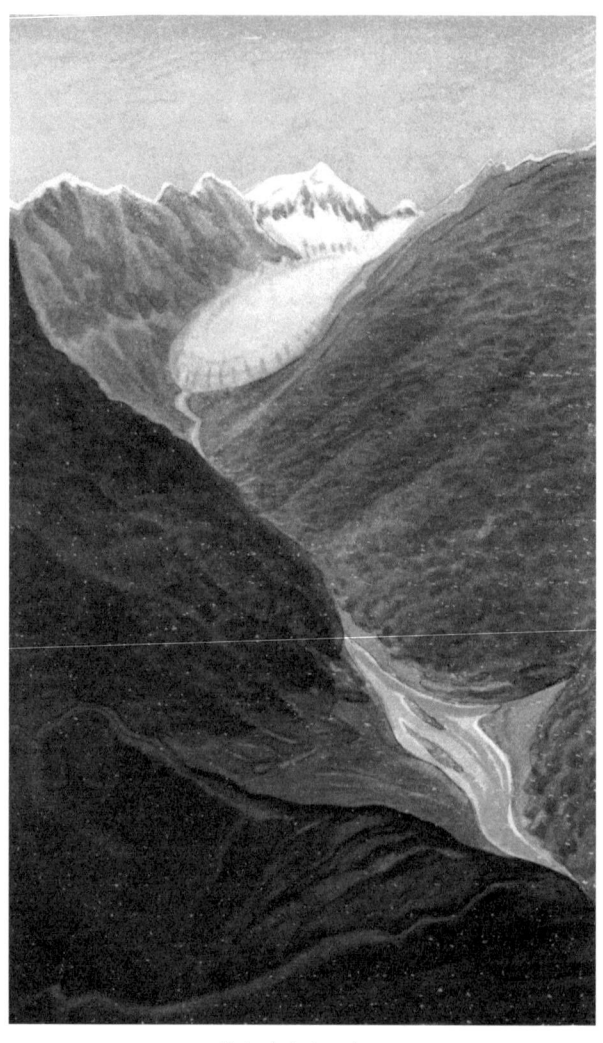

Reischekgletscher.
Nach einer Aquarellskizze von Sir Julius von Haast.

Sechstes Kapitel

Streifzüge auf der Nordinsel

Bis zum Juli wartete ich vergeblich darauf, daß meine Schuldner ihre Rechnungen beglichen. Da ich aber meine Abreise nach der Nordinsel nicht länger aufschieben wollte, ersuchte ich Dr. von Haast, die Schulden zur Eintreibung zu übernehmen, machte mich reisefertig und vereinbarte mit Kapitän Grundy den Tag der Abfahrt.

Am 17. Juli, um 3 Uhr nachmittags, lichtete der Schoner „Torea"[4] die Anker und eilte mit vollen Segeln bei einer guten Südwestbrise aus dem Hafen von Lyttelton. Um 4 Uhr waren wir bereits auf hoher See. Die „Torea" glitt über die Wogen wie ein Schwan. Die Nacht war ruhig. und das Meer flimmerte von unzähligen Millionen leuchtender Kleintiere; Mein Nachtlager war eine Bank, denn auf dem kleinen Schoner, der mit Waren vollbeladen war, gab's wenig freien Raum.

Am 18. Juli frischte der Wind auf, die See ging hoch; dem Schiffe folgten Albatrosse und andere Sturmvögel. Gegen Mitternacht passierten wir die Cookstraße. Am 19. erhob sich nachmittags ein Orkan von Südost. Wir sahen nur noch Wasserberge; die Segel wurden gerefft, alles sturmfest gemacht, zwei Mann standen am Steuerrad. Wie ein wildes Roß ritt die „Torea" einen Wasserberg hinauf, um dann wieder, fast senkrecht stehend pfeilschnell in eine Wasserschlucht zu stürzen: das Bugspriet bohrte sich in die nächste Welle ein, die klatschend übers Schiff wusch. Der Wind pfiff und heulte, das Schiff knarrte und ächzte, als wollte es aus den Fugen gehen, aber die klare Stimme des Kapitäns übertönte den Lärm, und seine Befehle wurden genau befolgt.

Am 20. Juli legte sich der Wind etwas, und die See wurde ruhiger. Wir waren aber noch 65 Kilometer von der Kaiparamündung entfernt. Am nächsten Tag hopften wir einlaufen zu können, aber starker Nordostwind trieb uns wieder von der Küste weg, weil wir das kleine Fahrzeug nicht der Gefahr des Scheiterns an einer der Küstensandbänke aussetzen wollten. Ich versuchte, vom Schiffe aus mit Angel und Köder Albatrosse zu fangen, hatte aber Mühe, das Gleichgewicht zu halten; das kleine Fahrzeug rollte fürchterlich, und eine Sturzwelle nach der andern wusch über Bord. Einmal warf mich eine Welle zu Boden.

---

[4] „Torea" ist der Mainame eines Seevogels (*Haematopus picatus*).

Hätte mich der Kapitän nicht bei den Füßen erwischt, ich wäre verloren gewesen. Dieser Unfall bestimmte den Kapitän, mich in eine Kabine einzuschließen, so daß ich nicht mehr auf Deck kommen konnte.

Auch am 22. und 23. war noch schlechtes Wetter. Wir mußten beilegen und lavierten in einer Entfernung von 220 Kilometer vom Lande auf hoher See herum. Am 24. früh näherten wir uns bis auf 18 Kilometer dem Lande. Die Kaiparaberge kamen in Sicht; wir näherten uns der Mündung des Kaiparaflußes, mußten, aber, der starken Brandung wegen, wieder auf die hohe See hinaus. Ein Südwestorkan wütete, das kleine Fahrzeug rollte, dass man glauben mußte, es werde jeden Augenblick kentern, Wellen schlugen über Deck, daß das Schiff krachte. In der kleinen Kajüte, in der man kaum aufrecht stehen konnte, war die Luft zum Ersticken, da alles wasserdicht verschlossen werden mußte.

Am 26. früh machten wir wieder einen Landungsversuch, aber nahe der Küste war so starker Nebel, daß wir abermals umkehren mußten. Erst in der Frühe des 28. Juli besserte sich das Wetter: nun wurde wieder dem Lande zugesteuert. Schon kam das Ufer der Kaipara in Sicht, aber ehe wir durch die vielen Sandbänke in den Fluß kamen, verfinsterte sich das Firmament. Der Kapitän gab Befehl zum Umlegen; es war auch höchste Zeit. Kaum dass wir das offene Meer erreichten, wütete das Wetter wie vorher. Es wurde auf dem Schiff immer unangenehmer, denn das Trinkwasser, Feuer, Holz und Kohlen gingen zu Ende. Der Kapitän und die Matrosen waren erschöpft. Gegen Abend wurde ein neuer Versuch gemacht, ich hatte aber schon keine Hoffnung mehr. Da ließ mich der Kapitän auf Deck rufen.

Es war ein überwältigender Anblick: Mit Donnergetöse wälzte sich die Brandung über die vielen Sandbänke, auf denen Wracks von gestrandeten Schiffen lagen. Für einen unkundigen Schiffer ist es gefährlich, hier zu landen, da sich die fahrbare Stromrinne in Serpentinen durch die Sandbänke windet. Zwei Matrosen standen am Vorderdeck beim Bugspriet, ein jeder mit einer schweren Axt in der Hand, um in dem Augenblick, in dem wir über die Barre segelten, wo eine Sturzwelle nach der andern auf Deck schlug, die Vorplanken auszuschlagen, damit das Wasser schneller ablaufen könne.

Wie ein Pfeil schoß die „Torea" in die schützende Mündung des Flusses. Die Kaipara ist über 110 Kilometer weit aufwärts schiffbar. Je weiter man den Fluß hinauffährt, desto schlammiger werden die Ufer, an denen Mangrovebäume wachsen. In diesem Schlamm kommen Flundern vor, die von den Eingeborenen mit Lanzen gestochen werden und ein vorzügliches Fleisch besitzen.

Auf den Bergkegeln, erloschenen Vulkanen, sah ich Überreste mächtiger Pahs und in den Tälern Kaingaz, offene Dörfer der Maori, vereinzelt auch Farmhäuser. Am rechten Ufer sind die Berge kahl, nur mit Farnen bewachsen, am linken Ufer sind sie mit dichtem Urwald bedeckt. In Whakahara, einer Schaf- und Rinderstation, ankerten wir. Unsere Güter wurden ausgeladen; abends wurden der Kapitän und ich von Herrn Clark, dem Eigentümer der Station, zu Tisch geladen. Der Abend verging mit Erzählungen über die früheren Ansiedlungen der Eingeborenen, denn Clark war einer der ersten Ansiedler und wußte sehr viel Interessantes über Sitten, Gebräuche, die Kriege und den Kannibalismus der Eingeborenen zu erzählen.

In der Frühe des 29. Juli wurden wieder die Anker gelichtet, und wir segelten den Fluß hinauf bis Kovuru, einem Orte, der aus einer Sägemühle, mehreren Arbeiterhäusern, einem Kaufladen und einem Gasthause besteht. Hier lagen Stämme von mächtigen Kaurifichten bis zu 3 1/2 Meter Durchmesser, aus denen Bretter, Pfosten, Latten und anderes geschnitten werden. Weiter den Fluß hinauf am rechten Ufer liegt eine zweite große Sägemühle, die der Union Cash and Doore Comp. gehört. Dort lud unser Schiff Bauholz sein. Ich fand hier einen Holsteiner, Herrn Harders, der mich freudig als Stammesbruder begrüßte. Er lud mich zum Tee ein, und der Abend verging heiter mit Erzählungen aus unserer Heimat.

Am 30. ging es wieder weiter flußaufwärts bis Mangawaro, wo mehrere Kanus der Eingeborenen, mit Kaurigummi beladen, des Tauschgeschäftes harrten. Die Weiber hatten in Matten ihre kleinen Kinder auf den Rücken gebunden und kümmerten sich wenig um diese; sie saßen ruhig und rauchten ihre Pfeifen. Schrie ein Kind gar zu arg, dann steckte man ihm die Pfeife in den Mund. Von den älteren Leuten waren die Männer im Gesichte, auf den Schultern und den Schenkeln tätowiert, die Weiber nur um die Lippen und am Kinn. Das Kaurigummi, auch Erd- oder Bernsteinharz genannt, ist fossil und wird hier in großen Mengen ausgegraben; es reicht bis zu 9 Meter Tiefe. Die Kanus wurden ausgeladen, das Gummi für Lebensmittel und Kattun eingetauscht.

Die meisten Eingeborenen waren kupferfarben und hatten schwarzes Haar; einige fand ich von dunklerer Farbe und gekraustem Haar.

Sie sind alle stark gebaut, von 1,65 bis 1,80 Meter Höhe. Sie unterhielten sich mit Singen und Tanzen und tranken dazu den scheußlichsten Fusel, der ihnen als Schnaps verabreicht wurde.

Als wir den Proviant ausgeladen hatten, segelten wir weiter hinauf bis Dargaville, einer englischen Kolonie, wo die Brüder Mitchelton große Magazine und Schiffe besitzen; auch unser Schiff, die „Torea", gehörte ihnen.

Dargaville ist der größte Ort dieses Distrikts; es besitzt zwei Hotels, eine Bank, eine Sparkasse, Post- und Telegraphenamt, englische Kirche, Schule und Volksbibliothek. Hier in der Umgebung gibt es große Urwälder mit mächtigen Kaurifichtenbeständen. Diese Bäume erreichen bis zu 4,8 Meter Durchmesser; sie werden für den Export gefällt. Auch beschäftigt das Kaurigummigraben viele Leute. Hinter diesem Orte liegt eine Kainga, wo der alte Maorihäuptling Parori residierte; er war im Gesichte so reich tätowiert, daß keine 3 Zentimeter Haut frei waren.

Am 1. August waren wir mit dem Ausladen fertig und segelten nach Aratapu zurück, wo das Schiff mit geschnittenem Holz für den Süden beladen wurde. Der Kapitän übergab das Schiff dem ersten Maat, und wir verließen mit der „Zino", einem kleinen Flußdampfer, den Ort, um nach Helensville zu fahren, wohin wir abends kamen. Am 3. August gelangten wir mit einer kleinspurigen Bahn nach einem andern kleinen englischen Ort, Riverhead; dort stiegen wir wieder in einen kleinen Dampfer und fuhren auf dem Waitematefluß nach Auckland.

Auckland ist eine mächtige Stadt mit 44 000 Einwohnern und großem Hafen, in dem mehrere Flotten bequem ankern können. Der Hafen ist umgeben von vielen Kegeln vulkanischen Ursprungs, auf denen noch Reste einstiger Maorifestungen (Erdwälle und Gräben) sichtbar sind, die, jetzt mit Gras überwachsen, eine friedliche Weide für Pferde, Rinder und Schafe bilden. Einstens wurden dort oben die blutigsten Kämpfe geschlagen und dem wildesten Kannibalismus gefrönt.

Wir gingen in ein kleines Gasthaus, denn in ein erstklassiges Hotel konnte sich ein armer Naturforscher nicht getrauen, da er seine Pfund Sterlinge für seine Forschungen reichlich gebrauchte. Den Wänden des Zimmers war schon arg mitgespielt, Waschgefäß und Kanne, sowie das andere Geschirr hatten manchen Sturm mitgemacht, wovon ihre abgestoßenen Ränder zeugten. Kaum hatte ich mich schlafen gelegt, hörte ich schwere Schritte sich der Türe nähern. Die Türe wurde aufgestoßen, ein schwerer Körper fiel auf mich. Es war ein Betrunkener, der sich verirrt hatte.

Ich entfernte mich, ging auf den Hof hinaus und sah den vielen Ratten zu, die sich dort herumtummelten. Als der Kaffeekoch aufgestanden war, trank ich einen starken schwarzen Kaffee und weckte meinen Freund, der auch nicht hatte schlafen können, da er von den Wanzen arg zerbissen wurde. Wir verließen dieses „gastliche" Haus auf Nimmerwiedersehen und gingen in die Hauptstadt, wo ich mir Briefe abholte. Dann fuhren wir nach Onehunga.

Die Bahn führt durch einen fruchtbaren Farmdistrikt auf vulkanischem Boden. Auf beiden Seiten liegen niedliche Wohnhäuser, meist aus Holz gebaut, mit schönen Obstgärten. Onehunga ist ein großer Ort, der hauptsächlich von Pensionisten und Seeleuten bewohnt wird. Kapitän Grundy führte mich in sein von einem Garten umgebenes Haus. Er stellte mich seiner Frau und seinen Kindern vor, die ihm freudig um den Hals fielen, denn sein langes Fernbleiben und das stürmische Wetter hatten sie um ihn besorgt gemacht.

Am 5. August ging ich nach Auckland, um mit Herrn Theeseman, dem Direktor des Museums, Tauschgeschäfte abzuschließen und mich für eine längere Expedition auszurüsten. Tags darauf verabschiedete ich mich von der Familie. Vom Kapitän begleitet, fuhren wir nach der Kaipara zurück. Der Dampfer erlitt eine Havarie, und es dauerte drei Stunden, bis wir weiter konnten. Erst 11 Uhr abends erreichten wir Kaihu. Ich wurde von mehreren Herren eingeladen und die Unterhaltung dauerte bis um 2 Uhr morgens. Wir gingen aufs Schiff, um die Zeit nicht zu verpassen, kamen aber unversehens in die Damenkabine, wo wir es uns bequem machten und bald einschliefen. Plötzlich hörte ich einige Frauenstimmen! Rasch weckte ich meine Schlafgenossen, und lautlos verschwanden wir, ehe es Ohnmachtsanfälle gab. Um 8 Uhr legten wir in Aratapu an.

Am 9. früh ging ich zu Herrn Basit, einem Farmer, der mir eine Ebene zeigte, auf der es Maoribegräbnisstätten geben soll. Diese Ebene ist mit Farngräsern überwachsen; hier und da fand ich einen Steinhügel mit Öffnungen zu den Höhlen, die man aber erst dann bemerkt, wenn man die Farngräser auseinanderschiebt. In der Umgebung liegen Reste von Maoripahs und mit Kapuschilf bewachsense Sümpfe. In der ersten Höhle, die ziemlich geräumig war, und in allen übrigen fand ich nur zerschlagene Knochen. Wie mir später gesagt wurde, haben dort Matrosen alles mutwillig zertrümmert. Ich sah Knochenreste von menschlichen Schädeln und andere menschliche Knochenteile, außerdem Seehundknochen, Knochen von der Maoriratte, ferner Reste des *Ocydromus* und der Kiwi. Spät abends kam ich heim; ich füllte noch Patronen und begab mich dann zur Ruhe.

10. August. Regen und Sturm. Ich ging etwa 5 Kilometer den Fluß hinab zu einer Farm, die Herrn Webb gehörte. Dort wurde ich sehr freundlich aufgenommen und bewirtet. Mit Kerzen, Laternen und Spaten ausgerüstet, verließen wir die Farm. Nachdem mir einer der Söhne das Terrain gezeigt hatte, kehrte er wieder um, um nicht von den Maori bemerkt zu werden, da sie diese Plätze tabu halten und jeden Frevler mit dem Tode bestrafen.

In die erste Höhle führte ein schmaler Eingang. Sie war geräumig, und viele zerstörte Knochen lagen darin. Ich fand vier ganze Schädel, jedoch ein ganzes Skelett konnte ich, soviel ich mir auch gab, nicht zusammenbringen. Ich grub dann nach und fand einen aus Bein geschnitzten Gegenstand, der auf der einen Seite ein Gesicht, auf der andern Seite einen Eidechsenkopf darstellte. In einer Höhle entdeckte ich eine aus Manukabäumchen zusammengebundene Tragbahre, halb vermodert, mit Resten von Matten und die Knochen auf einem Haufen beisammen.

Häuptling Rewi.

Häuptling Te Kuti.

Häuptling Te Witior.

Am 11. August besuchte ich noch mehrere Höhlen, in denen ich Schädel und Maoristeinwerkzeuge fand. Diese Höhlen liegen in einer Ebene, die früher Kulturfläche war, wovon die Überreste zahlreicher Abzugskanäle zeugen, die sich aber jetzt in Sumpf verwandelt hat. Beim Graben im Hauptkanal fand ich Holzspaten und Steinwerkzeuge, sowie Skelette kleiner Fische. Diese Kanäle müssen den Eingeborenen viel Arbeit gekostet haben, da sie mit Hilfe von primitiven Stein- und Holzwerkzeugen ausgeführt worden waren.

Ich fragte einige Maori, welcher Stamm hier früher gewohnt habe; sie sagten, keiner von den gegenwärtig hier Lebenden. Häuptling Pairama erzählte mir, es seien Männer gewesen, die wohl gut zu arbeiten, aber schlecht zu kämpfen verstanden hätten. Seine Vorfahren hätten sie besiegt, die Getöteten gegessen und die andern als Sklaven behalten. Von Pairama erhielt ich mit vieler Mühe und gegen gute Bezahlung ein prächtig geschnitztes Vorderteil eines Kanus (Tanihu) vom Uriohaustamm, das aus dem Sumpfe herausragte, und ein zweites, das der Häuptling selbst besaß, mit einem Hinterteil (Tauro). Beide sind jetzt im Besitz des Wiener Staatsmuseums. Am Kaipara- und Nordwairoafluß bot sich mir ein gutes Sammelterrain.

12. August. Regen. Ich ging in den Sumpf, um Sumpflerchen (*Sphenaeacus*, auf Maori Kotata) zu schießen. Ich erlegte vier Stück und fand außerdem eine Kaurischnecke (*Helix busby*), ein sehr seltenes, dem Aussterben nahes Tier, das nur in der Nähe von Kaurifichtenbeständen vorkommt. Durchnäßt kam ich nach Hause.

Ich fuhr dann mit dem Dampfer „Zino" nach Te Awamutu, das an der Einmündung der Wairoa in die Kaipata liegt. Der Fluß verengte sich; an beiden Ufern stand dichter Urwald, mächtige Kaurifichten breiteten ihre Kronen über den Fluß und spiegelten sich in dem tiefen Wasser. Lianen und Flechten hingen wie Girlanden von einem zum andern Baum. Wildenten und Scharben toben auseinander, als der Dampfer fauchend gegen die Strömung arbeitete. Dumpfe Schläge widerhallten in den Bergen, ein Zeichen, daß der Anfang zur Vernichtung dieser prächtigen Urwälder gemacht wurde. Denn wohin der Europäer kommt, dort stirbt die Natur.

In der Kabine ging's laut und lustig zu bei Whisky und andern Schnäpsen, die von den Maori und mitfahrenden Holzknechten wie Wasser getrunken wurden. Zum Schluß kam's zu Raufereien, deren Ergebnis blutige Nasen waren. Spät abends kamen wir in Te Awamutu an.

Zuerst wurde das Gepäck ans Land geschafft, dann sprang ich an Land, da vom Schiff aus keine Brücke ausgelegt worden war. In der Finsternis sprang ich zu kurz und stak bis zu den Hüften im Schlamme, so daß mich ein Herr herausziehen mußte. Ich suchte den Farmer, Herrn Wilson, auf, der mich gastlich empfing.

Am 13. früh zeigte mir Wilson die Farm, die inmitten eines großen Urwalds liegt und nur zu Wasser Verbindung mit der Welt hat. Unweit davon sind zwei Maoriansiedlungen.

14. August 1879. Nach dem Frühstück ging ich, von Herrn Wilson begleitet, den Wairoafluß abwärts und bog gegen Osten in den Urwald ein. Nach längerer, beschwerlicher Wanderung durch das Dickicht kamen wir zu einer Waldlichtung, auf der wir die Reste eines alten Maoripahs fanden. Mein Begleiter erklärte mir, diese Ruinenstätte gelte den Eingeborenen als Tabuplatz, als heilige unantastbare Örtlichkeit, und sie töteten jeden Fremden, den sie auf diesem Platz antreffen.

Nachdem wir uns überzeugt hatten, daß keine Maori in der Nähe waren, untersuchten wir den Ort. Ich fand Steinwerkzeuge und interessante Schnitzereien. Als ich einiges davon an mich nehmen wollte, lies es mein Begleiter nicht zu; die Maori dürften unter keinen Umständen merken, daß wir hier waren. Ich folgte zwar dem Rate, beschloß aber, einmal alleine, auf eigene Gefahr hierher zurückzukommen.

17.August. Um 4 Uhr früh verließ ich die Station, ausgerüstet mit Proviant, Gewehr, Säge und Laterne und begleitet von meinem treuen Freund Cäsar. Ich ging den Wairoafluß entlang. Auf den Bäumen saßen große Scharben, die ihr Frühstück verdauten. Durch eine unvorsichtige Bewegung scheuchte ich sie auf; geräuschvoll flatterten sie davon und verrieten mich den Bewohnern des Maoridorfs.

Schon nach kurzer Zeit kamen mir zwei Eingeborene entgegen und befragten mich, wohin ich gehe und was ich hier suche. Ich antwortete, ich wolle im Urwald jagen. Scheinbar zufriedengestellt gingen sie weiter; ich wusste aber, daß sie mir folgen würden.

Am Rande des Waldes schwang ich mich über eine felsige Stelle, an der sie meine Fußstapfen nicht verfolgen konnten, ins Dickicht. Ich kletterte den Berghang aufwärts und erklomm auf der Anhöhe einen Baum, nachdem ich Cäsar im Gestrüpp verborgen hatte.

Von meiner Warte aus konnte ich den ganzen verlassenen Pah Marikuru übersehen. Noch hatte ich nicht nach allen Seiten Ausschau gehalten, als mir schon Cäsar durch leises Knurren andeutete, daß jemand in der Nähe war. Und richtig! Bald sah ich die beiden Maori an den Pah heranschleichen. Da sie mich nicht fanden, machten sie vor dem Pah ein Lager und hielten Wache. Ich blieb ruhig auf meinem luftigen Posten.

Es war ein herrlicher Frühlingstag; Wildtauben stiegen hoch in den tiefblauen Himmel auf und übten in kühnen Purzelbäumen ihre Fliegerkünste, Raubpapageien (*Nestor*) kreisten in eleganten Kurven oder fielen kreischend in den höchsten Wipfeln ein, und die Glockenvögel läuteten melodisch im dichten Lianengewirr. Geduldig wartete ich; ich wußte, daß meine beiden Maori beim Einbruch der Dunkelheit vor den nächtlichen Dämonen des Pah Reißaus nehmen würden.

Ich hatte mich nicht geirrt: als sich die Sonne neigte, schlichen die Hüter des Heiligtums weg, zurück in ihr Dorf. Nun verließ ich mein Versteck und tastete mich im Dunkel vorsichtig vorwärts. In einer Mulde stieß ich mit der Hand an einen warmen, borstigen Körper. Der Körper schnellte auf: es war ein Keiler, der sich sofort bellend und die Hauer schleifend, zum Kampfe stellte. Ich legte mich platt auf den Boden und hielt den Hund: denn kein Geräusch durfte mich verraten.

Das Schwein blieb einige Zeit verwundert stehen. dann wandte es sich und trabte davon. Ich kroch nun mit dem Hunde weiter und erreichte endlich den Waldrand.

Vor mir lag eine verfallene Hütte: der einstige „Palast" des Königs Ngapui Tirorau, eines einst gefürchteten Kannibalen des Nordwairoadistriktes. Sein Sohn, heute ein alter Mann, residierte gegenwärtig als sein Nachfolger im Dorfe.

Ringsum herrschte tiefste Stille, die nur ab und zu durch das Grunzen der Wildschweine unterbrochen wurde. Ich wartete einige Zeit und horchte. Als ich sicher war, daß kein Maori in der Nähe weilte, entzündete ich die Blendlaterne. Kleine Nachtkäuzchen (*Athene novaezelandiae*) flatterten gegen das Licht, bäumten in der Nähe auf und stimmten ihr melancholisches Lied an. Ich ließ Cäsar wachen und kroch in die verfallene Hütte.

Drinnen lagen zwei morsche geschnitzte Särge. daneben standen Kasten mit Totengaben: Holzkeulen, Steinäxte, Tukituki usw. Die Stein- und Holzwerkzeuge nahm ich an mich; dann kroch ich wieder aus der Hütte heraus. Von der Hütte selbst nahm ich den Meter langen Mittelpfosten (Totara) mit, auf dem eine sehr 2 ½ Meter schöne Tekateka (geschnitzte Figur) war, die das Porträt des Häuptlings Tirorau mit allen seinen Tätowierungen darstellte. Vorsichtig schleifte ich den Pfosten bis zum Flusse und sägte dort den Kopf ab, aber so, daß die Sägespäne vom Wasser weggespült wurden und von meiner nächtlichen Arbeit keine Spuren zurückblieben. Dann packte ich den wertvollen Kopf und die Geräte in meinen Rucksack, löschte die Laterne aus und wandte mich heimwärts zur Station. Aber im Dunkel des Dickichts verlor ich die Orientierung; plötzlich fingen Hunde in der Nähe zu bellen an: ich war in der Nähe des Maoridorfes!

Rasch verbarg ich mich im Wald und wartete. Maoristimmen riefen nach den Hunden. Da ich mich mit Cäsar ruhig verhielt, hörten die Hunde wieder zu bellen auf. Nun führte mich mein treuer Cäsar durch den stockfinsteren, sumpfigen Wald zurück, der mit einem Netzwerk mächtiger Baumwurzeln verbarrikadiert war. Ich dachte nicht mehr daran, wie oft ich wohl gefallen und in Wasserlöcher eingesunken war, als ich schließlich gegen Morgen, zerkratzt und mit zerfetzten und durchnäßten Kleidern, die Wiesen der Station Wilson erreichte. Zunächst versteckte ich meine Beute und ging dann ins Haus, wo man schon mit Besorgnis auf mich gewartet hatte. Ich wechselte meine

Wäsche, trank einen heißen Tee und begab mich dann zur Ruhe.

18. August. Nach kurzem Schlaf ging ich, noch in der Dämmerung, auf die Wiese, holte meine gefährliche Beute, verpackte sie sorgfältig und übergab sie einem Freund zur Weiterbeförderung nach Aratapu. wo sie Kapitän Grundy übernehmen und nach Christchurch weiterschaffen sollte.

Beim Frühstück warnte mich Wilson davor, mich weiter weg von der Station zu entfernen. Gestern sei der Maoriprophet hier gewesen und habe angekündigt, es werde mir übel ergehen, wenn ich noch einmal in der Nähe des Pah gesehen werde. Ich schenkte der Warnung keine Beachtung und ging fort, um zu jagen und zu sammeln. Ich erlegte mehrere Vögel und sammelte verschiedene Insekten.

Am Rückweg suchte ich Wilson auf, der im Walde ein Boot zimmerte. Ich fand bei ihm den Maorihäuptling und den Propheten. Wilson stellte mich vor. Die beiden Wilden waren von ausgesucht scheinheiliger Freundlichkeit; sie verlangten mein Gewehr und den Inhalt meiner Tasche zu sehen. Solche Neugierde der Eingeborenen war mir oft schon recht unangenehm geworden, wenn ich Sammelgegenstände bei mir trug, die die Maori nicht sehen durften. Doch diesmal machte ich den beiden gern die Freude.

Ich hatte in den Buchsen Giftspinnen, Tausendfüßer und Eidechsen, vor denen die Maori große Angst haben. Ich öffnete also bereitwillig meine Sammelbüchsen und ließ sie dem Propheten, scheinbar unabsichtlich, vor die Füße fallen. Der lebendige Inhalt kroch dem geheiligten Mann über seine Beine aufwärts.

Von Angst und Schrecken gepackt, vergaßen beide ihre würdevolle Haltung; sie nahmen Reißaus und der Prophet schrie:

„Er hat den Teufel auf mich losgelassen!"

Von diesem Tag an war ich gefürchtet, und keinem Maori gelüstete mehr nach den Geheimnissen meiner Tasche.

Am 20. um 4 Uhr früh ging ich in das Gebirge, wo mir eine Höhle verraten wurde, in der sich Maorigebeine befinden sollten. Obwohl ich den ganzen Tag den Urwald kreuz und quer durchsuchte, konnte ich die Höhle nicht finden. Am 21. durchforschte ich das Mangamohugebirge.

Es war ein schöner Morgen; die Bäume waren mit Tausenden von Tautropfen behangen, die in der aufgehenden Sonne wie Edelsteine funkelten. Die Vögel sangen, als brachten sie dem Schöpfer dieser noch jungfräulichen Gegenden ein Ständchen. Je tiefer ich in den

Wald eindrang, desto ruhiger wurde es. Der Gesang der Vögel verstummte, nur das Gurren der Fruchttaube war noch zu hören. Der Wald war an manchen Stellen so dicht, daß ich mich durch Mangimangi, ein Schlinggewächs, durchschneiden mußte. Kaurifichten von über 3 ½ Meter Durchmesser standen majestätisch da; ich fand einige Stücke Kaurigummi und eisenhaltige Mineralien.

Am 25. besuchte ich den in einem Walde gelegenen Pah Titotowaka. Ich fand dort aber nur noch Laufgräben und vermoderte geschnitzte Palisadenpfosten und trug als bescheidene Beute eine Steinaxt heim.

Am 26. erforschte ich das Mangakaigebirge. Ich erlegte mehrere Vögel. Da es zu regnen anfing, kehrte ich um und kam zu einem Maoridorf. Der Häuptling begrüßte mich freundlich, und zeigte mir sein in europäischem Stile gebautes Haus. Er bewohnte aber eine daneben gelegene Maorihütte. Der gastfreundliche Mann wollte mich nicht weglassen. Als er aber sah, daß ich mich nicht aufhalten ließ, lieh er mir einen Regenmantel (Pureke) und gab mir einen Maori als Begleiter mit.

Bis zum 30. durchforschte ich noch die Umgebung, dann packte ich meine Sammlungen, bedankte mich bei meinen so guten und freundlichen Gastgebern und fuhr den Fluß hinunter bis Kaihu, von wo ich meine Sammlung nach Aratapu an Herrn Harders sandte.

Am 1. September morgens ruderten mich die Herren Mitchelson die Kaipara abwärts nach Mangamare, einer alten Maorifeste, von der nur noch Erdwälle und Gräben vorhanden waren; Die letzten Kämpfe auf diesem Pah fanden zwischen Tirorau vom Ngapuistamme und Paikeau vom Ngatiwhatuastamme statt.

Der Pah ist ziemlich groß. Wir gruben, und ich fand eine Steinwaffe, ein Feuersteinschloß und eine Pulverflasche. Ich dankte meinen freundlichen Begleitern, verabschiedete mich und schlug den Weg durch einen Überrest von Urwald gegen Westen nach der Küste ein, wo zahlreiche halbverfaulte Baumstümpfe von einstiger Urwaldpracht Zeugnis gaben.

Die Kaurifichte hat ein beschränktes Gebiet. Sie kommt nur auf der Nordinsel vor, im Westen bis Kawhia, im Osten bis gegen Tauranga. Dieser herrliche Baum, der mächtigste Neuseelands und einer der riesenhaftesten überhaupt, wird von Jahr zu Jahr rücksichtsloser ausgerottet. Die Kauriwaldungen, die ich sah, sind von monumentaler Pracht. Kerzengerade streben die Stämme auf, himmelstützenden

Säulen gleichend; sie erreichen Turmhöhe (60 Meter und mehr). Des Menschen Habgier schändet die großen Tempel der Natur und schafft eine neue Welt der Maschinen und Kasernen.

Kaurifichten.

Vor dem Fällen der Stämme wird das Unterholz verbrannt; dabei kommt es oft vor, daß der ganze Wald Feuer fängt und wochenlang, durch das reichliche Harz genährt, als Riesenfackel die Gegend erhellt.

Als ich den toten Wald passiert hatte, kam ich zu Sandebenen, die von Hügelketten und Sümpfen unterbrochen waren. Kreuz und quer liefen Pfade, die verwilderte Rinder ausgetreten hatten, durch das Terrain. Ich mußte mich auf meinen Kompaß verlassen. Die Sümpfe, die ich nicht umgehen konnte, überschritt ich, indem ich Äste von Manuka und Rapuschilf in zwei Bündel zusammenband; auf eines stieg ich, das zweite hob ich auf und warf es vor.

Nahe der Küste kam ich zu kleinen Seen. Bei einem solchen weideten verwilderte Rinder. Als sie mich gewahrten, sprangen sie ins Wasser und durchschwammen den See.

In dieser unkultivierten Gegend gab es im übrigen wenig Leben. Nur einige Sumpflerchen, Rohrdommeln und Sumpfhühner fand ich in den Sümpfen, Neuseelandlerchen auf den Farnen. In dem See schwammen Tauchenten und kleine Lappentaucher herum.

An der Küste kam ich zu Dünen, die von den vielen westlichen Stürmen angehäuft waren. Auf diesen Höhen fand ich verschiedene Formen von oxidiertem Eisen. Gegen das Meer fielen die Hänge steil ab. Ich schlug mein Zelt auf, sammelte Holz zum Lagerfeuer, dann röstete ich mir Tohiroa, eine Muschel, die unter dem Sand in Kolonien lebt und bei Ebbe leicht aus ihren Löchern gegraben werden kann. Anfangs war ich nicht wenig erstaunt, als mir die zuerst ausgegrabenen Muscheln fehlten, und ich verstand erst den Spuk, als ich die andern im harten Sand verschwinden sah. Das Tier streckte sich aus der Schale, leckte den Sand, bis er weich wurde, und zog dann die Schale in die Tiefe nach. Sie waren sehr schmackhaft und schmeckten wie hartgesottene Eier. Eine Decke auf dem Sande war mein Lager, das Brausen der Brandung wiegte mich ein.

Am 2. September sammelte ich eine Anzahl Muscheln und Meeresschnecken, die die Brandung in der Nacht an das Ufer geworfen hatte und schoß Austernfischer und Strandschnepfen. Tags darauf packte ich früh meine Sachen, verließ den Strand und ging über die Dünen zurück. Ich passierte wieder die kleinen Seen, dann ging es über Farnland und durch Urwald. Spät abends erreichte ich die Station des Herrn Webb in Aratapu. In den folgenden Tagen ordnete ich meine Sammlungen und suchte mehrere Stellen nahe Aratapu; hier fand ich Maorischädel, Steinwerkzeuge, sowie Waffen und Überreste von ihren Mahlzeiten. Am 8. ging ich bei Mitalai am linken Ufer des Kaiparaflusses in den Wald, wo ich Nestoren, Tauben, Kehlchen und Lerchen auf dem Farnland schoß. In den Gräben nahe der Kaipara sammelte ich Fische und Wasserinsekten, auch fand ich Maoristeinwerkzeuge.

Am 12. September besuchte ich den Häuptling Oprama, der in eine Decke gehüllt vor seiner Hütte lag und mich freundlich empfing. Er zeigte mir mehrere Matten, sehr schön aus Flachs mit Bordüren geflochtene Mäntel (Kaitaka, Parawai), dann eine prachtvolle seltene Matte aus den Federn des Kiwi, auch eine Patn Punamu (Nephritkeule). Ich wollte diese Gegenstände eintauschen, der Häuptling ging aber darauf nicht ein. Ich fragte ihn dann, ob er sie verkaufen wolle. Nach langem Hin und Her verlangte der Häuptling so phantastische Preise, daß ich gezwungen war, die Verhandlungen abzubrechen. Am nächsten Tag packte ich meine Kisten, die Kapitän Grundy für mich nach Süden mitnahm, von wo sie Dr. von Haast nach Wien sandte.

Am 14. fuhr ich mit einem Boot den Fluß hinunter bis Whakahara zu Herrn Clark, wo ich mein Hauptquartier aufschlug. Die Station liegt am linken Ufer des Kaiparaflusses auf einer Anhöhe und besteht aus einem bequemen Wohnhaus, Magazinen, Stallungen und Holzschuppen. Ringsherum ist Grasland, an das sich dichter Urwald anschließt. Hohe kegelförmige, teilweise mit Gras und Farn bewachsene Berge ziehen sich gegen Westen hin; gegen Osten dehnen sich Sümpfe. In einem sonnigen Tal lag der Obst- und Gemüsegarten, in dem ich einige Fasanen schoß, da sie Weintrauben verzehrten. Diese Fasanen wurden von China nach Neuseeland eingeführt; sie gediehen hier sehr gut und richteten in den Kulturstationen großen Schaden an. Auch verwilderte Schweine gab's hier in Mengen. Ich erbeutete viele seltene Vögel und schoß ein Sumpfhuhn, in dessen Magen ich Goldblättchen fand.

Am 19. wandte ich mich von hier nördlich durch dichte, sumpfige Urwälder. Es war ein prachtvoller Frühlingsmorgen. Laut pfiff der Tui, der Pastorenvogel, seine Melodien, die Nestoren kreischten in den mächtigen Kronen der Kaurifichten, im Dickicht grunzten Schweine, die sich im Schlamme wälzten und auseinanderstoben, als sie mich bemerkten. Ich passierte einige Farmen und Holzhauerhütten, dann verfolgte ich für eine lange Strecke eine Straße mit hölzernen Schienen, auf denen auf Tanks die gefüllten Stämme zum Flusse befördert werden. So traurig es stimmt, dem „Schlachten" der Urwaldsriesen zuzusehen, ist es doch auch wieder interessant, die Tätigkeit der Kauriwälder zu beobachten.

Ehe ein solcher Riese umgelegt wird, säubern die Fäller den Boden in weitem Umkreis vom Unterholz; sobald dieses ausgetrocknet ist, wird es in Brand gesteckt. Dann wird der Stamm auf der Seite, nach der man den Fall lenken will, bis zu 30 Zentimeter Tiefe eingeschnitten; hierauf wird mit Äxten ein Zwickel ausgehauen. Sind diese Vorbereitungen abgeschlossen, so beginnen auf der entgegengesetzten Seite zwei Füller mit einer mindestens 3 ½ Meter langen Säge zu arbeiten. In dem Augenblick, in dem der Baum zu schwanken beginnt, eilen die Fäller schnell davon, und im nächsten Augenblick schon fällt der Riese mit donnerähnlichem Knattern und Krachen zu Boden, alles mit sich reißend, was ihm im Wege ist. Ist auf diese Weise ein Waldkomplex umgelegt, kommen Ochsengespanne, die an langen Ketten, Seilen und Winden die Stämme talwärts schleifen.

In gebirgigem Gelände ist dieser Transport gefährlich, weil die riesigen Stämme, wenn sie einmal ins Kollern geraten, die Ochsen, obwohl meist zehn Paare vorgespannt werden, mit sich reißen und erschlagen. Auf normalem Boden begleiten ein solches Gespann zwei bis drei mit langen Peitschen ausgerüstete Knechte;

Ich habe noch niemals so fluchen hören, als es hier diese Ochsenführer taten. Als ich einen fragte, warum er auf die Tiere gar so arg losschimpfte, antwortete er:

Tui oder Pastorenvogel (Prosthemadera novaezelandiae).

„Versuchen Sie es doch, ob die Ochsen ohne Schelten folgen!"

Der Ochsentransport geht bis zum Fluß oder zu einer auf Holzschienen laufenden Feldbahn, die den Weitertransport zum Flusse besorgt. Flussabwärts flößt man sie bis zur Sägemühle, wo man sie verarbeitet. Von den Lagerplätzen der Sägen aus werden sie nach Australien, Amerika, Indien und Europa versandt.

Auf einer Anhöhe trat ich in eine geräumige Hütte, in der nur der Koch anwesend war. Die Holzhauer kamen aber bald zurück und luden mich zum Mahle sein.

In diesem Waldland blieb ich bis zum 20. September. Ich fand mehrere Kaurischnecken, meistens unter den herabgefallenen Büscheln einer Schmarotzerpflanze, die auf mächtigen Baumästen wächst.

In der Mitte eines solchen Büschels, in trockener Erde, entdeckte ich eine runde Höhlung in der Größe eines Finkennestes, in dem weiße Eier lagen. Als ich eins zerbrach, erblickte ich darin eine junge Schnecke. Auch die Aweta, die sogenannte Pflanzenraupe, fand ich hier.

Die Aweta-, besser Hotete- oder Pilzraupe (*Sphaeria Robertsi*) fand ich unter Rata- (*Metrosideros*) und andern Baumwurzeln. Die Raupe verkriecht sich zur Verpuppung unter die Erde, aber in vielen Fällen entwächst ihr statt eines Schmetterlings – ein Pilz! Ein 15 bis 25 Zentimeter hoher sporentragender Stengel ragt zwischen Kopf und erstem Leibesring der Raupe Empor, die Raupe selbst aber bleibt, nun zum Pilz geworden, trotzdem unverändert. Sie verwest nicht und schrumpft auch nicht ein. Wenn man die verpilzte Raupe der Länge nach durchschneidet, sieht man genau den Eingeweidekanal; Beine, Kopf und Kauwerkzeuge bleiben unverändert. Nimmt man den weichen Raupenpilz aus der Erde, so wird er bald ganz hart und holzig. Aus diesen getrockneten Awetaraupen bereiteten die Maori ein Tätowierpulver, das beim Austragen auf die Wunden einen stark animalischen Geruch verbreitete.

Ich erlegte verschiedene Vögel, unter anderem auch einen Langschwanz- und Bronzekuckuck. In Whakahara blieb ich bis zum November und schlug hier mein Hauptquartier auf, da mir Familie Clark ein Schlaf- und Arbeitszimmer zur Verfügung stellte. Von hier aus machte ich meine Ausflüge nach allen Richtungen. Ich unternahm auch eine Exkursion an die Westküste und kampierte dort eine Woche lang. Auf dem Hinmarsch ging's anfangs, trotz der schweren Last, die ich mittrug, über Farnhügel flott vorwärts. Erst als ich zu den Dünen kam, flogen mir Sandwolken mit solcher Wucht entgegen, daß mir die Augen verklebt und das Gesicht wundgeritzt wurde. Ich verband es mit mit einem Tuch, aber der feine Flugsand drang durch; auch mein armer Cäsar litt darunter und heulte kläglich

Schon von weitem hörte ich das Brüllen der Brandung, die sich, vom Weststurme gepeitscht, mit aller Macht ans Ufer wälzte. Nachdem ich mir einen halbwegs sicheren Platz für das Lager ausgesucht hatte, schlug ich mein Zelt auf, mußte es aber sehr nieder spannen und gut verpflocken, damit es mir der Wind nicht davontragen konnte. Drum sammelte ich Holz, machte Feuer und bereitete mein primitives Nachtmahl.

Die Nacht war stürmisch; das Geschrei der Seevögel und das Brüllen der Brandung ließen mich nicht schlafen. Am nächsten Tag, 24. September, ging ich den Strand entlang und fand einen gestrandeten Wal oder Kuhfisch, wie ihn die Kolonisten nennen. Ich fing gleich an, den Speck herunterzuschneiden, eine Arbeit, die sich sehr umständlich gestaltete, weil meine Messer immer gleich stumpf wurden. Nach vier Tagen hatte ich das Skelett ziemlich rein, aber —— wie es wegschaffen?

Ich ging nach der Station zurück und holte mir Packpferde; aber die Tiere scheuten vor dem starken Tran- und Aasgeruch. Niemand wollte die stinkenden Knochen anrühren. So nahm ich denn einen großen Sack und ging fünfmal, jedesmal 29 Kilometer weit, und brachte selbst den ganzen Fisch nach Whakahara, von wo ich ihn nach Wien weitersandte. Ich mußte aber die Kleider, die ich anhatte, verbrennen, da sie auch nach dem Waschen den Gestank nicht verloren.

Am 12. Oktober nahm ich von Herrn Clark ein Pony und ritt nach Woodlarn, wohin teilweise schon ein Weg angelegt war, der über Wald und mit Farnkraut bewachsenes Hügelland führte. Halbvermoderte Baumstümpfe gaben Zeugnis von der einstigen Urwaldpracht. Nahe der Kaipara ist der Boden lehmig, das Gestein Kalk. Auf den Farnfeldern, die mehr sandig waren, fand ich zerstreut in kleinen Häuflein glänzende abgeschliffene Steine, wie ich sie auch in den Magen der Schnepfenstrauße (Kiwi), Enten und Taucher als Verdauungssteine beobachtet hatte.

Bald breitete sich ein ausgedehnter Urwald vor mir aus, durch den ein Weg gehauen war. Zu beiden Seiten standen Stöcke von mächtigen Bäumen, die der Axt hatten weichen müssen. Der Weg führt nach Matakohe. Die Rinderfarm Woodlarn liegt in diesem Urwald und besteht aus einem Wohnhaus, einem Stall und Melkraum; daran schließen sich zwei ausgedehnte Holzschläge. Hier braucht man noch keinen Dünger, denn der fette Humus hat eine Tiefe von 30 bis 90 Zentimeter.

Das Pferd wurde abgesattelt und in einer Hürde freigelassen, in der nur Melkkühe, Kälber und Pferde weiden dürfen; das andere Vieh sucht sich im Freien seine Nahrung. Auf dieser Farm weilte ich eine Woche; ich botanisierte und sammelte einige Schnecken- (*Helix*-) Arten. Am 19. Oktober kehrte ich nach Whakahara zurück.

Bis 6. November setzte ich meine Forschungen in der Umgebung fort und fand schöne Steinwerkzeuge in verlassenen Maoripahs. Dann packte ich endgültig meine Sammlungen und sandte die Kisten am 15. November mit dem Schoner „Torea" nach Christchurch, von wo sie nach Wien weitergingen. Andern Tags dankte ich der Familie Clark für ihre Gastlichkeit und schenkte ihr als Andenken eine größere, von mir präparierte Vogelgruppe. Herr Thomson begleitete mich und lud mich ein, sein Heim in Paparoa aufzusuchen. Ich nahm an. Im Galopp ging es nach Woodlarn; abends ritten wir durch Matakohe und nachts erreichten wir Paparoa. Es ist ein großer, in einem Tal gelegener Ort, mit wesleyanischer Kirche, Schule, Geschäftsläden und Farmen. Das Haus Thomsons, eines Viehhändlers, lag auf einem Berg am Rande des Urwaldes. Das ältere Töchterchen erwartete uns schon; der älteste Sohn übernahm die Pferde. Bald begaben wir uns zur Ruhe, müde von dem starken Ritt.

Am 17. streifte ich durch die naheliegenden Wälder und fand viele Langschwanzkuckucke; es war aber schwer, ein Exemplar der scheuen Vögel zu erlegen. Dieser Kuckuck ist etwas größer als sein europäischer Stammesverwandter, rotbraun, licht gebändert und führt dasselbe Zigeunerleben. Er kommt im Oktober von Australien herüber und durchstreift die Wälder, nach Insekten jagend. Das Weibchen sucht ein geeignetes Nest eines andern, meist kleinen Vogels, der frisch gelegt hat; es vernichtet dessen Eier, wenn sie ihm im Wege sind, und legt sein Ei hinein. Wenn das Junge ausschlüpft, können die kleinen Zieheltern diesem Vielfraß nicht genug zutragen; und wenn es schon flügge ist, verfolgen es seine kleinen Eltern mit Besorgnis. Der junge Kuckuck kümmert sich wenig darum und verläßt im Februar seinen Geburtsort.

In den Wäldern pfiff lustig der braune Kuckuck, ein zierlicher Vogel von der Größe eines Buchfinken, bronzegrün, mit weißen Wellenlinien: er nährt sich von Insekten und legt sein Ei in das Nest des *Gerygone*, eines kleinen Vögelchens. Das Nest dieses Vogels ist ähnlich dem der Beutelmeise sackartig mit einer kleinen seitlichen Öffnung.

Als ich einst aus einem Baume das Gezirp eines jungen Vogels hörte, kletterte ich hinauf und gewahrte einen jungen Bronzekuckuck in einem Trillernnest[5], das so fest gebaut war, daß der Kuckuck weder aus noch ein konnte. In den Wäldern fand ich viele Taubennester, einige grüne Papageien, Tui, dann verwilderte Indiane, Schweine und Katzen. Auch in Paparoa entdeckte ich Überreste von Pah; aus ältester Zeit und erbeutete Holzwerkzeuge.

Am 18. November wurden vier Pferde gesattelt. Thomson, seine Tochter, deren Freundin und ich saßen auf. Es war ein prachtvoller Morgen. Zuerst ging es langsam über die Berge durch bebautes Land. Farmhäuser lagen zerstreut inmitten ihrer Gärten. Lerchen stiegen trillernd in die Höhe, und munter schlugen die Finken in den Obstgärten. Auf sanft ansteigendem Wege ging es in raschem Trab bis Maungaturoto, einem größeren Ort. Hier hielten wir Mittagsrast.

Hinter Maungaturoto hörte der Weg auf; recht beschwerlich ging es durch dichten Urwald zur Waipuschlucht. Düster ragen hier mächtige Felswände auf, über die sich Wasserfälle stürzen, und unterbrechen das bunte Gewirr der Farnbäume, blühenden Sträucher und der übrigen grünen Farbensymphonie des Urwaldes. Ich habe kein Land bereist, in dem Kultur und Wildnis so nahe aneinanderstießen wie hier auf Neuseeland.

Als wir zum Wald herauskamen, lag eine ausgebreitete Ebene vor uns mit Farmhäusern inmitten von Gärten, Weiden und Getreidefeldern. Waipu ist ein größerer Ort mit Kirche, Schule und Post. Die Ebene mißt etwa 30 Kilometer im Umfang und dehnt sich gegen Osten bis zum Meere aus. Die große Anzahl verfallener Pahs und verlassener Maorilagerplätze, die ich auf dieser Ebene fand, zeigten mir, daß hier einst mächtige Eingeborenenstämme gehaust hatten.

Nach kurzer Rast im Orte ging es im Galopp weiter über die Ebene, auf der Whangareistraße, die wiederum in Bergland führte. Je höher hinauf, desto steiniger wurde es. Interessante Kalksteinbildungen türmten sich zu beiden Seiten des Weges. Von ferne sahen sie aus wie Überreste mächtiger Mauern.

Im Walde kamen wir zu einer Höhle mit geräumigem Eingang, aus der ein Bach hervorsprudelte. Im Innern fanden wir große Stollen mit

---

[5] „Triller" dürfte eine lokale Bezeichnung für *Gerygone flaviventris* sein, die im Werke Bullers als „grey warbler" bezeichnet wird. „Warbler" kommt von „warble", auf deutsch: wirbeln, trillern.

Tropfsteinbildungen, die alle möglichen Formen und Figuren, Baumstämme, Kanzeln und anderes nachahmten. Ich kroch einige Stunden herum und war erstaunt, auf der Decke der Stollen eine Unmenge von leuchtenden Kleintieren zu finden, die das Innere der Gänge magisch erhellten.

Am 19. November untersuchte ich die Felsbildungen und einige Höhlen, in denen ich Steinwerkzeuge, Schmuckgegenstände und eine besonders schöne Nadel aus Nephrit zum Mattennähen, sowie Maorischädel fand. Nachmittags ging's zu Pferd wieder weiter.

Als wir aus dem Wald auf die Anhöhe kamen, breitete sich ein weites Panorama vor uns aus: die Waipu-Ebene umgeben von bewaldeten Bergen, das Meer mit den Inseln Moto-tiri, Taranga, der Little-Barrier-Insel und dem Sailrock. Abends erreichten wir das mitten in einem hübschen Garten gelegene Haus des Kapitän Smoll.

Der Kapitän, der lange Zeit das Missionsschiff „Southern Tross" der melanesischen Mission befehligt hatte, nahm uns freundlich auf. Mit Interesse besichtigte ich seine Waffen und Geräte aus der Südsee und bekam einige Stücke zum Geschenk.

Am 20. hielten wir einen Rasttag, dann ging es wieder zurück nach Paparoa, wo ich bis zum 12. Dezember verblieb. In dieser Zeit veranstaltete ich anläßlich eines Maorifestes in Matakui zugunsten der dortigen gemischten Schule ein Mundharmonika-Konzert. Als ich um 3 Uhr in Matakui ankam, hatte das Fest schon begonnen. Es war gerade Wettlaufen: ein Maori und ein Engländer gewannen. Inzwischen waren die Frauen aus der Umgebung im Schulhause mit Tischdecken und dem Zubereiten des Festmahls beschäftigt. Farmerfrauen servierten. Die Maori kamen in europäischer Kleidung, einige sogar mit Zylindern und farbigen Seidenbändchen. Die Maorimädchen wußten sich gut zu benehmen.

Ein eigenartiger Anblick war es, zwischen den elegant, aber einfach gekleideten Engländern die buntfarbigen, grotesk kostümierten Eingeborenen zu sehen. Den Vorsitz führte Pastor Gould. Nach dem Tee wurden Vorträge über Landwirtschaft gehalten, dann sangen die Maorikinder zwei englische Hymnen. Hierauf spielte ich auf meinem kleinen Instrument und wurde mit reichem Beifall belohnt; zum Schluß wurde von allen Anwesenden die englische Nationalhymne gesungen. Die meisten Europäer entfernten sich dann, nur einige blieben mit den Maori zusammen.

Der Tanz begann: Walzer, Schottisch und Galopp. Ein äußerst buntes Bild bot sich. Maorimädchen waren in weißen, schwarzen, grünen, blauen und rosa Kleidern mit breiten vielfarbigen Bandschleifen und weißen Handschuhen erschienen, grell stachen die kupferbraune Hautfarbe und das glänzend schwarze Haar ab. Die Maorischönen tanzten sehr gut.

Gegen Morgen wurden die Pferde gesattelt, und im Trab ging es zurück nach Paparoa.

Am 1. Januar 1880 ritt ich nach Matakohe, um dort einige Zeit zu verweilen und dem von den Maori als Revanche angekündigten Eingeborenenfest beizuwohnen.

Der Sohn meines Gastfreunds, ein junges Bürschchen, trug sich mir als Führer nach Oamaru an, wo sich in Kalksteinhöhlen Maorischädel und Werkzeuge finden sollten: es wurde mir sogar versichert, einer der Maorischädel besitze zwei Hörner. Als wir einige Meilen weit in den Wäldern ohne Pfad herumgeirrt waren – ich folgte vertrauensvoll meinem Führer –, kam mir die Richtung nach meinem Kompaß bedenklich vor. Ich fragte den Jungen also, ob er die Richtung nach Oamaru einhalte. Er erwiderte, er müsse erst sehen, ob er einen bekannten Baum, Felsen oder Hügel bemerke. Nach längerem Hin- und Herreiten fing er zu weinen an und sagte, er finde nicht mehr aus dem Wald.

Mit der Verzagtheit stellte sich bei ihm auch Müdigkeit und Schlaf ein. Es war schon Abend, als wir mit Hilfe meines Kompasses doch noch aus dem Wald kamen und bald darauf den richtigen Weg nach Oamaru fanden. Wir übernachteten in einer Farm; am nächsten Morgen sandte ich den Jungen nach Matakohe zurück.

Kahu, Maorispielzeug.

Hauhau-Häuptling.

Feuermachende Maori (Mann und Frau).

Häuptling Wahanui.

Ich durchstreifte die Wälder, erlegte eine Anzahl Vögel, sammelte mehrere *Helix*-Arten und fand auch tatsächlich Maorischädel, nur den mit den „Hörnern" nicht.

Beim Weiterwandern sah ich vor mir einen großen Waldbrand. Als ich näher kam, wurde ich von einer Meute halbwilder Maorihunde angegriffen. Eine Anzahl Maori, die nach dem fossilen Harz der Kaurifichte gruben, lagerten hier: ich war empört, als ich erfuhr, daß sie es waren, die den Wald angezündet hatten.

Der Häuptling lud mich zum Mahle und wollte unbedingt mein Gewehr haben. Da ich es ihm nicht gab, bat er mich um Pulver und Schrot. Als ich ihn fragte, was er damit wolle, antwortete er: „Vögel schießen!" Ich ging, um dem Häuptling gefällig zu sein, nach dem Mahl mit einigen Maorijungen in den Wald und schoß ihnen einige Vögel. Dann wandte ich mich wieder nach Matakohe zurück.

Bugverzierung eines Kriegskanus.

Am 7. Januar besichtigte ich eine Maorischule in Matakohe. Die Schulzimmer waren ganz nach europäischem Muster eingerichtet, auf den Bänken saßen Maorischüler im Alter von 8 bis 26 Jahren nebeneinander. Die Leistungen einzelner Schüler überraschten mich; sie zeugten von der außerordentlichen Auffassungsgabe der Maori. So konnte ein achtjähriger Knabe, der erst ein Jahr die Schule besuchte, bereits sehr gut schreiben, lesen und rechnen wie ein europäischer Schüler der dritten Volksschulklasse.

Nach der Schulzeit wurde das Gebäude von den Maorifrauen und Mädchen für ihr Fest geschmückt. Die Männer schlachteten Schweine, Rinder und Schafe, die Frauen gruben eine Kochgrube (Hangi) und flochten die Eßkörbchen. Als die Vorbereitungen abgeschlossen waren, wurden die europäischen Gäste von zwei Maori, Herren des Komitees, empfangen. Ich wurde vom Häuptling selbst in das mit Palmen, Baumfarn und Blütenpflanzen geschmückte Schulhaus geführt. Maorimädchen in ihrer Tracht servierten die Speisen in den kleinen Eßkörbchen, die die Stelle der Teller vertraten. Nach der Tafel spielte ein Maori auf der Konzertina; Gesänge und Tänze der Maori folgten. Die Gastgeber boten alles auf, um die Europäer zu unterhalten.

Der Häuptling wollte mich unbedingt zu längerem Verweilen bestimmen; es fiel mir schwer, mich loszumachen. Zum Abschied schenkte er mir einen mit geschnitzten Figuren bedeckten Stab, ich erwiderte die Gabe durch das Geschenk einer Tabakpfeife. Mein Pferd wurde gebracht, und zwei Maori halfen mir wie einem Fürsten in den Sattel; dann kehrte ich heim.

Eine Woche lang arbeitete ich daran, Fossilien aus dem harten Kalkstein zu meißeln, was nur langsam vonstatten ging. Um die Arbeit zu beschleunigen. legte ich eine Dynamitpatrone. Da aber ein regenreicher Tag war, ging die Lunte aus; ein zweites Mal angezündet, versagte sie abermals. Ich ersetzte sie deshalb durch eine neue und versteckte mich, nachdem ich diese angezündet hatte, hinter einem Felsen. Da die Lunte wieder versagt zu haben schien, ging ich vorsichtig näher; schon wollte ich nach der Lunte greifen, da hörte ich plötzlich ein Zischen: ich hatte gerade noch Zeit, einen Sprung nach rückwärts zu machen und mich platt auf den Boden zu werfen – da explodierte die Patrone, und die Felsstücke sausten und sangen über meinen Kopf hinweg. Ich sammelte sie; es waren sehr hübsche Versteinerungen darunter.

Am 14. Januar ritt ich zu Herrn Coats, einem Rinderfarmer. Ich wurde dort sehr freundlich aufgenommen und durchstreifte einige Tage die Umgebung. Nach drei Tagen kam ein Bote mit der Nachricht, mein Cäsar sei Herrn Aven, bei dem ich ihn zurückgelassen hatte, durchgegangen. Da der Verlust des Hundes für mich fürchterlich gewesen wäre, ließ ich mein Pferd satteln und ritt davon. Ich erkundigte mich in Matakohe, ob man Cäsar nicht gesehen habe, und fragte in allen Häusern nach ihm. Die Leute erzählten, Cäsar habe Haus für Haus abgesucht, aber nirgends das Futter, das ihm geboten wurde, angenommen. Wenn er sich überzeugt hatte, daß ich nicht anwesend war, wandte er sich weiter. Cäsar wurde gesehen, wie er die Flüsse durchschwamm und in der Richtung nach Paparoa lief.

Zu meiner größten Befriedigung fand ich ihn bei meinem dort zurückgelassenen Zelte liegen. Die Freude Cäsars, als er mich sah, läßt sich nicht beschreiben. Erst in Paproa hatte Cäsar, wie ich hörte, Nahrung angenommen, und zwar nur von Kindern gereicht.

Am 19. Januar begab ich mich wieder zu Herrn Coats zurück. Ein paar Tage darauf ritten Edward Coats und ein Bursche, der Proviant in den Satteltaschen trug, mit mir nach Waikomite Point. Es gab keinen ausgesprochenen Weg dahin. Rinder- und Schweinepfade führten kreuz und quer über das Hügelland. Wo es das Gelände erlaubte, trabten wir scharf vorwärts, bis wir wieder zu steilen Berglehnen kamen, auf denen die Pferde nur mit großer Mühe auf und ab klettern konnten. Dann ging es wieder durch Dickicht von Teebäumen, über tiefe Gräben und Bäche.

Nach fünfstündigem Ritt kamen wir endlich bei Regenwetter in Waikomite Point an. Hier lag eine Maoriansiedlung. Wir fanden Pfirsichbäume, deren Früchte wir uns schmecken ließen. Wie ich später erfuhr, war der Pfirsichgarten ein Tabu-Platz. Maori, die ahnungslos von den Früchten aßen, sollen, als sie von deren Tabu erfuhren, melancholisch geworden sein; sie sollen jede Nahrung verweigert haben und bald darauf gestorben sein; eine so stark suggestive Wirkung übt der Tabu-Glaube auf die Eingeborenen aus.

Herr Coats zeigte mir am steil abfallenden Ufer viele in hartem, sandigem Löß eingebettete Fossilien, von denen ich einige sammelte. Da es schon gegen Abend war, mußten wir rasch umkehren. Es war stockfinster und der Weg sehr schlecht, daher ging es nur langsam und mühselig vorwärts, wobei ich es vor allem meinem Pferde, einem guten Springer, zu danken hatte, daß ich heil davonkam. Spät nachts erreichten wir die Station, die schon im tiefen Schlafe lag.

Um 9 Uhr morgens wurde ich durch Hundegebell geweckt. Dorfhunde hatten im Tal ein starkes Wildschwein angepackt, das sie aber nicht bemeistern konnten. Ich sandte Cäsar hin, der es sogleich beim Ohr fing und hielt, bis es die Leute in den Zwinger brachten.

Am 25. verabschiedete ich mich von meinem lieben Gastgeber, der mir ein kostbares Geschenk überreichte: einen Balg des ausgestorbenen Maorihundes (*Canis maori*), von gelbroter Farbe, spitzen Ohren, buschiger Rute und der Größe eines Brackierhundes.

Es ist eine der vielen Seltsamkeiten Neuseelands, daß dieses Inselland vor der europäischen Einwanderung so gut wie keine Landsäugetiere besaß. Während in vorgeschichtlicher Zeit Urwälder und Gebirge von vielen Arten riesenhafter Vögel wimmelten und auch heute noch eine überaus vielgestaltige und eigenartige Vogelwelt die von der Zivilisation unberührten Teile der Inseln belebt, gab es nur drei Vertreter der Säuger am Lande. Auch von diesen dürften, nach den Maorimythen zu schließen, zwei Arten aus dem sagenhaften Stammlande der Maori, Hawaiki, eingeführt worden sein. Der einzige echte Neuseeländer ist eine kleine Fledermaus, von den Maori Pekapeka genannt. Die beiden andern sind: Maorihund (*Canis maori*) und Maoriratte (*Mus maori*) Der Hund, der, wie ich bereits erwähnte, zur Zeit meines Aufenthalts auf Neuseeland schon ausgestorben war, glich dem australischen Dingo; er hatte rötliches Fell und war ein gefährlicher Räuber. Schon von den Maori wurde er wegen seines Fleisches und des als größte Kostbarkeit geschätzten Felles viel gejagt, seine gänzliche Ausrottung gelang aber erst den Europäern, die in diesem Metier unübertrefflich sind.

Die Maoriratte war früher sehr verbreitet; ich fand sie nur noch an wenigen Orten. Bei den Maori galt sie als großer Leckerbissen, weil sie sehr fettreich ist, und sie wurde deshalb systematisch durch Jagd und Fallenfang ausgerottet. Die Hausgenossen des Europäers, Wanderratte, Katzen usw., trugen weiter zur Vernichtung der Maoriratte bei.

Von Seesäugern gab es dafür an der neuseeländischen Küste eine reiche Auswahl; ebenso an Walen und Delphinen im Ozean, der die Inseln umspült.

Ich ritt zur Farm eines Verwandten meines Gastgebers, zu Herrn Thomas Coats in Waikomite. Dort wurde ich freundlich aufgenommen; auch die zwei lieben kleinen Mädchen, die sich, wie mit ihre Mutter erzählte, bei Ankunft eines Fremden sonst immer versteckten, begrüßten mich und plauderten vertraulich mit mir, als wären wir alte Freunde. Nach dem Mahl ritt ich mit Coats weg, um seine ausgedehnte Farm zu besichtigen. Hier ging es mir sehr gut; bei Tag sammelte ich und abends saß ich mit der Familie Coats zusammen oder spielte mit den herzigen Kindern.

Am 2. Februar wurden die Pferde gesattelt; ein Diener begleitete mich. Es ging flott über die Farnhügel, dem Waikomite Point zu. Nachmittags erreichten wir unser Ziel, das Zelt wurde aufgeschlagen. Der Diener entfernte sich mit den Pferden, ich blieb mit Cäsar zurück. Der Abend verging mit dem Sammeln von dürrem Farnkraut und Ästen: ich zündete ein Feuer an, trank Tee und begab mich dann zur Ruhe. Am nächsten Morgen bestand mein Frühstück aus Pfirsichen und andern Früchten.

Unten an den Uferbänken sammelte ich Fossilien. Ich fand fossile Austern von 30 Zentimeter Länge, 25 Zentimeter Breite und 7 ½ Zentimeter Dicke, Pekten- und Venusmuscheln, Haifischzähne und vieles andere. Die Ufer waren bis 15 Meter hoch. Jeden Tag verließ ich früh das Zelt und ging nach meiner Arbeitsstätte.

Eines Tags bemerkte ich, dass jemand im Zelt gewesen sein musste; ich ließ also am nächsten Tag Cäsar im Zelt zurück. Als ich abends heimkehrte, wunderte ich mich, daß Cäsar mir nicht wie gewöhnlich entgegenlief. Ich fand ihn unter einem Baume sitzen und hinaufbellen. Seinen Blicken folgend, gewahrte ich einen Maori, der sich ängstlich an die Alte klammerte. Ich fragte den Mann, wie er da hinausgekommen sei, und erfuhr, der Maori habe in mein Zelt hineingeschaut, im selben Augenblick sei Cäsar herausgesprungen, und deshalb sei der Maori auf den Baum geflohen. Erst als ich Cäsar hielt, wagte es der Eindringling, herunterzuklettern. Von diesem Tage an kamen keine Besuche mehr.

Nach vierzehn Tagen holte mich Herr Thomas Coats ab; ich blieb noch einige Tage auf seiner Farm, um die gesammelten Gegenstände zu ordnen. Am 21. Februar verproviantierte ich mich und verließ die Station. Ich verfolgte das schlammige Ufer, aus dem ich an manchen Stellen Braunkohle herausragen sah. Nachdem ich eine Anzahl schlammiger Buchten passiert hatte, fand ich eine alte verlassene Maorihütte, die mir als Nachtquartier sehr gelegen kam. Ich freute mich, daß mir das Zeltaufschlagen und Bereiten des Lagers erspart bleiben sollte, kochte Tee und begab mich dann zur Ruhe.

Kaum war ich eingeschlafen, da träumte mir, ich läge auf einem Ameisenhügel; der Traum war so lebendig, dass ich erwachte und mich – von Tausenden von Flöhen angefallen fand, die die Eingeborenen und ihre Hunde zurückgelassen hatten. Ich sprang ins Wasser und lies mich von der Brandung überspülen. Am nächsten Morgen breitete ich meine von Flöhen übersäten Decken am Sand aus. Dann suchte ich wieder nach fossilienhaltigen Uferbänken.

Am 13. März verabschiedete ich mich endgültig von meinen Gastgebern. Auf meinem Rückritt, der mich über Woodlarn bis Whakahara führte, suchte ich noch einmal alle in diesem Distrikt erworbenen Freunde auf. In Whakahara wurde ich von den jungen Clarks eingeladen, mit ihrer Jacht den Kaiparafluß hinabzusegeln. Am 16. traten wir diese Fahrt an und fanden bei einer Rast am Ufer schöne Steinwerkzeuge und geschnitzte Kanuteile. Allein fuhr ich nach Auckland weiter. Bald kam die vulkanische Insel Rangitoto mit ihrem großen Bergkegel in Sicht. Im Hafen ging's sehr geschäftig zu.

Von Auckland aus machte ich nach wenigen Tagen eine Exkursion in das Waitakereigebirge, um Herrn Worsly, einen alten, als Kiwijäger bekannten Kolonisten, aufzusuchen. Er war früher Goldgräber in Australien und hat sich hier vor vielen Jahren angekauft. Auf der Hochebene besaß er einen hochwertigen Komplex von Kaurifichten. Er bewohnte im Walde ein bescheidenes Blockhaus, das ich für einige Zeit zu meinem Hauptquartier machte.

Ich war selten zu Hause, denn so oft ich bei Nacht den Ruf eines Kiwi hörte, ging ich bei Tag weg, um ihn aufzuspüren. In den dunklen, feuchten Schluchten und Tälern fand ich häufig bei Tag die Kiwi schlafend, den Kopf unter den Federn versteckt. Das kleinste Geräusch weckte sie, worauf sie sogleich in schnellem Laufe flohen, um sich in der nächsten Höhle zu verbergen. Als ich genügend beobachtet und erbeutet hatte, kehrte ich wieder nach Auckland zurück.

Dort ersuchte mich der Direktor des Museums, die zoologische Abteilung zu ordnen. Da keine Mittel vorhanden waren, ließ er an das Publikum einen Aufruf ergehen, und schnell waren einige hundert Pfund beisammen. Es wurde ein anständiges Honorar geboten, und ich arbeitete von Tagesgrauen bis spät in die Nacht.

Am 20. März kaufte ich mir ein Halbblutpferd, einen schönen dreijährigen Goldfuchs, der noch nicht dressiert und eben erst wild eingefangen worden war. Das Pferd war beim Beschlagen so wild, daß es angeseilt werden mußte. Als ich es sattelte und aufstieg, hatte ich Mühe, im Sitz zu bleiben; durch Güte machte ich es bald so zahm, daß es mir schließlich wie ein Hund folgte.

Am 1. April ritt ich nach Hendersonsmill, wohin eine gute Straße führt, um die Wasserfälle zu besuchen. Von der Höhe zweigt der Fahrweg nach Westen ab. In stiller Waldabgeschiedenheit liegen hier, von farnbewachsenen Grabhügeln bedeckt, einige Pioniere der Kultur; Waldvögel singen ihnen das Wiegenlied für die Ewigkeit. Ich verfolgte den Weg talwärts und passierte eine kleine Brücke, neben der das gastliche Farmhaus des Herrn Tantwell steht. Hier wohnt auch Russell, der Führer zu den Fällen.

Vom Farmhaus führt ein Waldweg in einer halben Stunde zu den Fällen. Von einem Felsvorsprung aus kann man das Wunder der über 100 Meter tief herabfallenden Wassermassen betrachten. Ich kletterte den gefährlichen nassen Fels bis zum Fuße des Falles hinab und hatte von dort ein noch überwältigenderes Bild. Mit betäubendem Getöse stürzt eine in weißen Schaum aufgelöste Wassersäule in das tiefgrüne Becken, aus dem die weißen Wolken des Wassergischts wie helle Fahnen aufsteigen. Hellgrüne Farnbäume umrahmen, von ewigem Tau besprüht, das majestätische Bild.

Nach der Heimkehr besuchte ich die dem Hafen von Auckland vorgelagerten Inseln; daran schloß ich den Besuch der Goldfelder an der Thames.

Die Stadt Thames (Grahamstown) liegt auf dem rechten Ufer des gleichnamigen Flusses in schöner Umgebung; sie weist hübsche Bauten, Kirchen, Schulen, Freibibliothek und andere Institute auf. JIm Hintergrund ziehen sich die Goldbergwerke hin.

Viele Menschen haben hier großen Reichtum erworben, andere ihre letzte Habe verloren. Das unselige Gold, dieser Tyrann über alle Tyrannen, spielt hier mit den gierigen Menschen; es lockt sie, berauscht und vernichtet sie. In den letzten Jahren hat sich die Goldgewinnung gehoben, auch die Maschinen wurden verbessert, die Quarzstampfen wurden erneuert, auch Öfen und anderes, so daß bei dem heutigen Verfahren wenig Gold verlorengeht. Einige der Minen reichen bis 250 Meter in die Tiefe.

Ich ließ mich in einem Korb einen Stollen hinunterseilen und besah die Quarzadern, aus denen man beim Laternenschein die Goldblättchen schimmern sah.

An Sonnabenden geht es in der Bank lebhaft zu; jeder Goldgräber bringt sein Gold in einem Säckchen, ein Chemiker untersucht und wiegt es, dann wird die Zahlungsanweisung ausgefolgt. Das Gold wird, in Barren gegossen, nach England gesandt.

Von Thames führt ein romantischer Weg etwa 47 Kilometer durch Urwald bis Coromandel, einem zweiten, am Meere gelegenen Golddistrikt. Diese kleinere Stadt in malerischer Lage besitzt einen geräumigen, durch mehrere vorgelagerte Inseln geschützten Hafen. Aus den umliegenden Gebirgen dehnen sich die Goldfelder aus.

Im Tokateagebirge lernte ich zwei österreichische Goldgräber kennen, die sich durch fleißige Arbeit bereits ein beträchtliches Vermögen erworben hatten. Während meiner Forschungen in diesen Gegenden blieb ich ihr Gast. Wir schlossen gute Freundschaft, und meine Gastgeber machten mir den Aufenthalt so angenehm, als sie nur konnten. Zum Abschied benannten sie einen reichhaltigen Stollen nach mir.

In diesem Gebiet fand ich den seltenen neuseeländischen Frosch in Bächen und tief in den Minen. Von hier aus besuchte ich auch auf kleinen Fahrzeugen die fast durchwegs unbewohnten kleinen Inseln nahe der Küste und beobachtete das Leben der Meeresvögel.

Auf den aus drei größeren und drei kleineren Inseln bestehenden

Broken Islands, die von Seevögeln wimmeln und die ich zu verschiedenen Jahreszeiten aufsuchte, fand ich im September buchstäblich kein Quadratmeter Boden, der nicht mit Eiern belegt gewesen wäre. In flachen, roh aus Algen und Zweigen hergestellten Nestern lagen die Eier, Nest an Nest. Die brütenden Tiere entfernten sich nicht und hieben von ihren Sitzen aus mit den Schnäbeln nach mir. In andern Nestern fand ich mit weißen Daunen bekleidete Junge, denen die Alten Nahrung brachten. Die ganze Insel war weiß von Eiern und Vögeln, und der Geruch der Exkremente war betäubend. Das Meer muß hier sehr fischreich sein, wenn es diese Kolonien ernähren soll. Interessant ist es, den Seevögeln beim Fischen zuzusehen; zu Hunderten kreisen sie hoch über dem Wasser und stoßen, sobald sie einen Fisch erspähen, pfeilschnell darauflos, daß das Wasser hoch aufspritzt.

Ende April kehrte ich nach Auckland zurück, um eine kleine Expedition auf die Moro-tiri-Inseln in Gesellschaft der Herren General Hollain, Cheeseman, Bond und Crombes zu machen. Auf einem kleinen Schiff verließen wir am 1. Mai Auckland und erreichten noch am selben Tag Whangarei Head. Wir suchten dort den bekannten Bootsmann Leod auf, der hier in der prächtigen Auckländer Sommerfrische eine Farm besitzt. Am nächsten Tag setzten die Fischer ihre Boote zum Auslaufen bereit, und mit einer leichten südwestlichen Brise und bei gutem Humor segelten wir der Moto-tiri-Gruppe zu, die wie eine Vorpostenkette 19 Kilometer östlich vor uns lag. Gegen Abend landeten wir auf der größeren Insel in einer Bucht an der Westseite. Das Zelt wurde aufgestellt, Feuer gemacht und das Abendessen, Bratfische mit Kartoffeln, bereitet. Nachts besuchten uns Brückenechsen.

Schon am nächsten Morgen kündeten uns zu unserm Ärger die Matrosen schlechtes Wetter an, und eiligst mußten wir die Inseln wieder verlassen, da sie für Schiffe keinen Schutz bieten. Meine Begleiter fuhren nach Auckland, ich blieb in Whangarei Head zurück. Nach allen Richtungen durchforschte ich die Umgebung und verließ sie erst Ende Mai, nachdem ich meinem freundlichen Gastgeber Herrn Leod versprochen hatte, bald wiederzukommen.

Da meine Kasse schon wieder starke Ebbe aufwies, musste ich ans Verdienen denken, um weitere Expeditionen ausrüsten zu können. Ich ging also zu Direktor Cheeseman ins Museum. Er empfing mich gleich mit der Frage, ob ich geneigt sei, im Museum an den zoologischen Sammlungen weiterzuarbeiten. Da ich selbst nicht anderes gewünscht hatte, sagte ich zu und arbeitete wieder vom Tagesgrauen bis spät in die Nacht. Ich hatte auch von Privatsammlern Aufträge bekommen, und es blieb mir daher nur wenig Zeit zu kleineren Exkursionen. Im Oktober veranstaltete ich eine Ausstellung in den Räumen des Museums und verfügte nun wieder über reichliche Geldmittel für neue Unternehmungen. Gern nahm ich den Vorschlag des Herrn Firth an, für den ich eine Sammlung hatte zusammenstellen müssen; ich sollte eine Reise nach den Inseln unternehmen.

Siebentes Kapitel

Die Suche nach dem Wundervogel

Das erste Forschungsziel der vierten Expedition war die Hauturu-Insel, in deren stillen, jungfräulichen Urwäldern ein seltener Vogel, *Pogonornis cincta*, hausen sollte, der auf Neuseeland längst ausgestorben war.

Ich habe alle meine Energie und Zähigkeit aufgewendet, um diesen fast ganz unbekannten und dem Aussterben nahen Vogel auszufinden und zu beobachten. Nach vielen gefahr- und mühevollen vergeblichen Versuchen erreichte ich mein Ziel: im tiefsten Urwaldversteck der Hauturu-Insel war er plötzlich vor mir – wie die blaue Blume der Romantik, die sich dem gläubig Suchenden als höchster Lohn erschließt.

Es wird vielen Lesern wunderlich erscheinen, daß ein Mensch, statt vernünftig Gewinn auf Gewinn zu legen, sein Leben und seine Arbeitskraft der Familie zu erhalten, einem seltenen Vogel nachläuft, daß er bereit ist, sein Leben dafür zu lassen und sein mühsam erworbenes Geld zu opfern. Um diese Narrheit recht anschaulich zu machen, will ich dem Tagebuch etwas Gewalt antun und alle Erlebnisse und Abenteuer, die mit der Suche nach dem *Pogonornis cincta*, dem wunderbaren Vogel, zusammenhängen, zu einer Erzählung zusammenfassen.

Das erste ausgestopfte Exemplar des *Pogonornis* sah ich im Museum in Christchurch. Ich interessierte mich sehr für das rare Tier und erfuhr von Sir Julius von Haast, daß noch einige wenige Exemplare in den unberührten Urwäldern auf der HauturuInsel leben sollten. Es war mein fester Entschluß, nach diesem Vogel überall zu suchen und ihn genau zu beobachten. Aber auf keiner meiner Expeditionen auf der Nord- und Südinsel fand ich ihn, und auch auf der Hauturu-Insel gelang es mit erst nach jahrelangem vergeblichen Suchen unter vielen Mühen und Gefahren, diese furchtsamen, menschenscheuen Bewohner der verborgensten Winkel der Wildnis zu finden.

Meine erste Expedition nach der Hauturu-Insel unternahm ich im Oktober 1880. Ich fuhr mit dem dem Häuptling Tinatahi gehörigen und von ihm selbst geführten Kutter „Rangotira" von Auckland ab. Als wir die Kawau-Inseln passiert hatten, erhob sich ein heftiger Sturm, der das kleine Fahrzeug wie eine Nußschale hin und her warf. Die Insassen mußten sich am Boden des Schiffes festklammern, um nicht fortgespült zu werden.

Als wir gegen Abend vor die Hauturu-Insel kamen, meldete der Häuptling, daß wir wegen der hohen Brandung nicht landen könnten, sondern in die Bucht von Little Omaha segeln und dort besseres Wetter abwarten müßten. Wir fuhren also nach Little Omaha, wo der Häuptling ein befestigtes Dorf besaß, und waren froh, als wir wieder festen Boden unter den Füßen hatten. Wir blieben hier zwei Tage.

Während dieser Zeit unterhielten sich die Eingeborenen mit Tauchen nach Hummern, die hier zahlreich vorkamen. Viele kamen mit zerschundenem Gesicht und von den Hummerscheren zerschnittenen Händen an die Oberfläche, ließen sich aber dadurch nicht abhalten, weiter zu tauchen. Ich durchforschte die nahegelegenen Urwälder und erlegte einige Vögel.

Am dritten Tag segelten wir wieder aus, aber die Brandung an der Südwestseite der Insel war noch zu stark; wir fuhren also nach Nordwesten, wo es uns mit vieler Mühe nach mehrmaligen vergeblichen Versuchen gelang, zu landen. Eine verfallene Maorihütte unweit des Strandes wählte ich als Lagerplatz. Proviant und Lagergeräte wurden ausgeschifft, dann segelte der Kutter wieder ab, da er noch vor der Nacht aus dem gefährlichen Bereich der Felsenriffe kommen mußte.

Ich breitete meine Decken über die alte Maorilagerstätte und wollte schlafen. Aber ein europäischer Kobold, der sich in der alten Hütte eingenistet hatte, ließ mich nicht zur Ruhe kommen. Das Lager war von Flöhen übersät! Es blieb mir nichts übrig, als ins Freie zu fliehen. Am nächsten Morgen reinigte ich die Hütte gründlich, so daß ich fortan ruhig schlafen konnte.

Ich hieb nun in westlicher und südlicher Richtung Pfade durch den

Urwald und begann mit meinen Forschungen. Dieser Teil der Insel war gebirgig und mit dichtem Urwald bewachsen, der vorwiegend aus riesenhaften, die Höhe mächtiger Kirchtürme erreichenden Kaurifichten (Dammara), aus Manukabäumen und Rikaupalmen bestand, aus deren dunkelgrünen Gewölben das zartgrüne Schleiergeriesel breiter Farnbaumwedel hell hervorleuchtete. Ich beobachtete viele Vogelarten, aber der Tiora[6] (so nennen die Maori den *Pogonornis*), den ich suchte, war weder zu sehen noch zu hören. Nach sechs Wochen vergeblichen Forschens gab ich für diesmal das Suchen auf.

Iin Jahre 1882 sandte ich meinen Assistenten Dobson nach der Hauturu-Insel mit Proviant und Lagergeräten voraus, mit dem Auftrag, die alten Hütten auszubessern und neue zu bauen. Im Juni verließ ich mit dem Kutter „Wasserlilie" Auckland. Wieder brach ein fürchterlicher Sturm aus, der noch heftiger war als das erstemal und der das Fahrzeug fünf Tage aus offener See herumrwarf, ohne daß es landen konnte. Schließlich kehrten wir unverrichteter Dinge nach Auckland zurück, da sich das Wetter nicht ändern wollte.

Im Juli versuchte ich wieder mit der „Rangotira" die Hauturu-Insel zu erreichen, aber auch diesmal vergeblich. Erst am 15. Oktober gelang es mir, mein Vorhaben auszuführen. Mein Assistent wartete am Strand. Wir packten Proviant und Geräte in ein kleines Boot und ruderten damit an die Südostseite der Insel. Dort schafften wir unsere Sachen an Land und zogen das Boot, so hoch wir konnten, auf Seilen auf, um es vor dem Zerschellen zu schützen. Am Fuße eines mächtigen Uferfelsens bereiteten wir unser Lager, nahmen unser primitives Abendmahl Schiffszwieback mit Wasser, ein und legten uns dann zur Ruhe. Eine herrliche Nacht überwölbte uns Einsame. Silbergrauer Nebel schlich über die Meeresfläche, ein tiefdunkelblauer Sternen-

---

[6] Der Tiora ist ein un ungemein schöner, farbenprächtiger Vogel. Er erreicht die Größe unseres Edelfinken; die Färbung des Männchens ist über Kopf und Hals samtschwarz, die seitlich ausstehenden Ohrfedern sind silberweiß; an den Achseln ist er goldgelb gefärbt, die Deckfedern sind weiß mit schwarzbraunen Spitzen. Flügel und Steuer sind schwarzbraun, olivengrün gesäumt; die Schwanzdeckfedern sind grün. Über Brust und Unterseite schlingt sich ein gelbes Band. Der Schnabel ist schwarz, die Augen sind dunkelbraun, die Füße hellbraun. Das Weibchen ist etwas kleiner als das Männchen, die Hauptfarbe seines Gefieders ist braun. Am Kopf, Rücken, den Flügeln und am Schwanz ist jede Feder olivengrün gezeichnet, die Achseln sind gelblichweiß, die Deckfedern weiß mit gelblichbrauner Zeichnung, die Unterseite ist graubraun. Die Ohrfedern sind beim Weibchen kaum bemerkbar.

himmel war über unsern Häuptern aufgetan. Wie eine Orgel brauste die Brandung einer unberührten Welt den Schlafgesang.

In solchen wunderbaren Wildniseinsamkeiten tat sich meine Seele auf, und ich fühlte mich mit allem Werdenden verwandt. Gottes wunderbarer Mantel Natur entfaltete sich, und ich schaute den Zusammenhang seiner tausendfältig verschlungenen Ornamente. Hier fühlte ich, was ich wohl vor denen verschweigen müßte, die auf Bildung und Zivilisation schwören, daß der zivilisierte Mensch das ärgste Ungeziefer dieses Erdballs ist; wohin er kommt, vernichtet er das wunderbare Gleichgewicht der Natur und ist, soviel er sich auch mit allen Künsten müht, nicht imstande, das Zerstörte zu ersetzen. Wie ein Zeichen der Zustimmung erschien um 3 Uhr morgens ein Komet am Himmel, dessen langer Schweif in blassem Scheine leuchtete.

Am Morgen begannen wir den Aufstieg über die Felswand; er ging sehr mühsam vonstatten. Zuerst kletterte ich ein Stück aufwärts, dann zog ich den Hund am Seil auf, hierauf das Bündel mit den Geräten und zum Schluß den Assistenten. Von der Höhe ging es durch dichten Urwald talwärts und dann wieder bergauf. Gegen Abend kamen wir zu einer aus Nikaupalmstämmen erbauten Hütte, die mein Assistent errichtet hatte. Hier wurde gerastet.

Am nächsten Morgen begann ich, einen Pfad ins Innere der Insel zu hauen. Bei dieser Arbeit hörte ich zum erstenmal zu meiner freudigsten Überraschung den Lockruf des Tiora! Der Ruf dieses Vogels täuscht; man glaubt, ihn aus nächster Nähe zu vernehmen, während der Vogel in Wirklichkeit weit weg ist.

Als ich am andern Tag wieder mitten bei meiner Arbeit war, gab Cäsar plötzlich laut. Ich blickte auf und sah im Dickicht, in allernächster Nähe, ein Tioramännchen aufgeregt hin und her hüpfen. Überrascht betrachtete ich den farbenprächtigen Sonderling, der sich so lange Jahre vor mir verborgen hatte. Nun sah ich wieder tagelang keinen Tiora mehr. Erst am 7. November erspähte ich bei Überschreitung eines Gebirgskammes ein Paar, am 8. fand ich wieder eines und entdeckte auch ihr Nest. Auf dieser Expedition erlegte ich vier Exemplare der seltenen Vogelart.

Als der Proviant zur Neige ging, kehrten wir auf dem Weg, den wir gekommen waren, zurück. An der Küste angelangt, vermißten wir unser Boot. Nach langem Suchen fanden wir zwischen Felsblöcken zerbrochene Planken und Ruder. Die Brandung hatte das Boot trotz seiner hohen Lage erreicht und zertrümmert. Es blieb uns also nichts übrig, als zu Fuß mit unsern schweren Lasten die Küste entlang zu klettern. Von Stein zu Stein springend und an den Stellen, an denen das Meer tief eindrang, an Felsgesimsen kletternd, erreichten wir erst spät abends die Ansiedlung der Eingeborenen. Hier blieben wir noch eine Woche; ich ordnete und verpackte meine Sammlungen und dann kehrten wir mit der „Rangotira" wieder nach Auckland zurück.

(Im Oktober 1883 begab ich mich nochmals auf die Hauturu-Insel und beobachtete bei dieser Expedition mit noch größerem Erfolge die seltenen Tiaras[7]).

Als ich mit dem Kutter „Nangotira" von meinem ersten Besuch im Oktober 1880 auf der Hauturu-Insel nach Auckland zurückgekehrt war, warteten meine neuen Aufträge für Museum und Privatsammler. Mitte November rüstete ich mich wieder aus, fuhr mit dem Küstendampfer „Argus" bis Whangarei Head und quartierte mich bei Herrn Leod ein. Am 18. wurde ein offenes Boot instand gesetzt und, da das Wetter günstig war, segelten wir tags darauf nach der Taranga-Insel, die 5 ½ Kilometer südlich der Moto-tiri-Inseln liegt. Sie hat ovale Form, ist 4 Kilometer lang, 1,6 Kilometer breit, 400 Meter hoch und, mit Ausnahme eines grasbewachsenen Plateaus, von Urwald bedeckt. Sie besitzt keinen Rasen, und infolge der vielen Klippen und der starken Brandung ist es auch für Boote gefährlich, zu landen.

Als wir mein Gepäck an Land gebracht hatten, kehrte Leod nach Whangarei Head zurück, und ich blieb mit Cäsar allein auf dieser nur von Vögeln bewohnten Insel. Nachdem ich mir eine kleine Hütte gebaut, Feuerholz gesammelt und Wasser geholt hatte, begab ich mich zur Ruhe. Auch hier wiegten mich die Schreie der Sturmvögel in Schlaf.

Am 20. bestieg ich nach dem Frühstück den die Insel krönenden Berg von Westen. In den Tälern war der Wald sehr dicht; die Vegetation war die gleiche wie auf der Hauturu-Insel. Zu meiner freudigen Überraschung fand ich hier den braunrückigen Star, nach dem ich auf dem Festland der Nordinsel vergeblich gesucht und den ich schon seit

---

[7] Reischek hat mit seiner großen Sammlung auch von diesen Seltenheiten der neuseeländischen Vogelwelt eine schöne Serie dem Wiener Staatsmuseum übergeben. Die Seltenheit des Tiora erhellt aus einer Bemerkung Bullers in seinem großen Werke über die Ornis Neuseelands; danach besitzen nur zwei neuseeländische und zwei europäische Museen ausgestopfte Exemplare des *Pogornis*.

1877 verfolgt hatte, um meine anfangs aus der Südinsel in den Teremakaubergen und in den Urwäldern am Brunnersee gemachten Beobachtungen vervollständigen zu können.

Tioramännchen.
Nach einem ausgestopften Exemplar.

In den südlichen Urwäldern beobachtete und schoß ich zwei verschiedene Arten Stare, einen samtschwarzen, braunrückigen mit zitronengelben Hautlappen an der Schnabelwurzel und einen braunen mit kleineren Lappen. Beim Abbalgen und Untersuchen stellte ich fest, daß beide Arten ausgewachsene Vögel waren.

Ich war damals sicher, eine neue Art gefunden zu haben, aber die Fachleute in Christchurch hielten den kleineren für das Jugendstadium des samtschwarzen Stars. Nun sah ich meine Annahme neuerdings bestätigt, daß ich auch hier zwei Arten erwachsener Stare fand.

Bugverzierung eines Kanus.

Holzschnitzereien.

Häuptling aus dem Königsland.   *Häuptling aus der Bay of Islands.*

Am 22. kletterte ich den südlichen Berghang hinauf, um auf das nur ab und zu mit niedrigen Manukasträuchern bewachsene Plateau zu gelangen. Ich fand dort ein Lappenstarnest mit Eiern. Abends kehrte ich zu meinem Lager zurück, in der Erwartung, daß Leod, wie wir vereinbart hatten, gekommen sei mich abzuholen. Ich wartete bis zum Einbruch der Dunkelheit am Strand, aber das Boot kam nicht. Am nächsten Tag blieb ich bei meiner Hütte und balgte meine Jagdbeute ab, aber wiederum wartete ich vergeblich auf das Boot! Mein Proviant ging schon zur Neige; allerdings boten mir tranige Seevögel Ersatz.

Am 24. früh stieg ich wieder, von Cäsar begleitet, von Süden auf. Zu meiner Überraschung fand ich zwischen Felsen kleine Alpenpapageien, die ich vorher nur auf den südlichen Alpen, niemals aber im Bereiche der Nordinsel gefunden hatte; auch in der Literatur war über ein solches Vorkommen nichts vermerkt. Voll Freude suchte ich noch weitere Paare und achtete nicht auf den starken Regen, der das Klettern an steilen Hängen erschwerte. Ein dichter Nebel fiel ein, so daß ich mich nicht mehr orientieren konnte.

Als ich über eine steile Berglehne hinabklettern wollte, glitt ich aus und sauste in die Tiefe. Knapp über dem Meere verfing sich der Riemen meines Gewehrs im Gesträuch, und nun schwebte ich zwischen Himmel und brandendem Meer in einer fürchterlichen Lage! Die Hähne des Gewehres hatten sich beim Sturze gespannt, und seine Läufe hatten sich gegen meine Brust gesenkt. Es blieb mir keine Wahl, als mit raschem Griff eine Wurzel zu fassen und mich auf einen vorspringenden Fels zu schwingen. In diesem Augenblick krachte ein Schuß, und die Kugel pfiff knapp an meiner Brust vorbei.

Ich konnte wieder festen Fuß fassen, entlud den zweiten Gewehrlauf und begann, weiter die Felsen entlang zu klettern. Der Sturz und die Aufregung hatten mich aber so geschwächt, daß ich neuerdings abrutschte. Ich wurde bewußtlos. Als ich wieder erwachte, spülte die Brandung über mich. Mit blutenden Händen und Füßen schleppte ich mich weiter und erreichte, halb ohnmächtig vor Schmerzen, gegen Mitternacht meine Hütte. – Das Boot war immer noch nicht da.

Das Wetter verschlechterte sich, und mit Donnergetöse warf sich die Brandung an die Felsen.

Am nächsten Morgen konnte ich mich vor Schmerzen im Rücken nicht erheben. Da ich niemand als Cäsar bei mir hatte, kroch ich auf allen Vieren mühsam zur Quelle, um Wasser zu holen. Vier Tage lang konnte ich nur kriechen und vor Schmerz nicht schlafen; mein treuer Cäsar heulte und lief alle Augenblicke auf einen Felsvorsprung, um das Meer zu beobachten, als wolle er ein Boot oder andere Hilfe herbeischaffen. Als ich am fünften Tag wieder aufrecht stehen konnte, sprang Cäsar um mich herum und bellte vor Freude.

Wieder eilte er zum Felsen. und nun wurde er fast toll. Sein Bellen klang wie ein Jauchzen, denn er sah – das Boot! Ich hatte Mühe, ihn zu halten; am liebsten wäre er ins Meer, dem Boote entgegengeschwommen. Als der Kapitän ankam, entschuldigte er sich damit, daß er des schlechten Wetters und der Stürme wegen nicht früher habe kommen können. Wir schafften meine Geräte und Sammlungen ins Boot und segelten nach Whangarei Head. Ich nahm mir aber vor, diese Insel später noch einmal aufzusuchen und genauer zu durchforschen. In Whangarei Head erholte ich mich rasch und ordnete meine Sammlungen.

Am 6. Dezember segelte ich mit Leod und Fred Consen in einem offenen Boot nach den Moto-tiri-Inseln. Wir hatten eine leichte Brise, das Wetter war schön, und die Erzählungen unseres Bootsmannes von seinen Abenteuern zur See ließen uns die Zeit nicht lang werden.

Die Moro-tiri-Inselgruppe umfaßt drei größere und drei kleinere Inseln und wird von den Engländern als „Hen and Chickens" bezeichnet. Sie sind von dichtem Urwalde bedeckt; zwei Quellen mit gutem Trinkwasser, eine in der südlichen und eine in der westlichen Bucht, ermöglichen einen längeren Aufenthalt. Auf der größeren Insel fand ich Überreste von Maoriansiedlungen, Kochplätze, auf denen ich gebrannte Steine, Muscheln, Schneckenschalen, Seehund- und Rattenknochen, Vogel- und Fischreste, Feuersteinmesser und anderes ausgrub. Auf einer Anhöhe in einem Wallgraben fand ich eine polierte Steinaxt.

Am Abend des nächsten Tages kam unser Bootsmann mit Fischen zurück, die er zwischen den Inseln gefangen hatte. Am 8. Dezember fand ich eine Merkwürdigkeit dieser Inseln, einen Baum, der, wie mir die Botaniker versicherten, nur hier auf diesem kleinen Eiland vorkommt. Er wird etwa 4 Meter hoch, hat 30 Zentimeter lange Blätter von dunkelgrüner Farbe und wird von den Kolonisten „Broadleaf tree" genannt. Die übrige Vegetation ist ähnlich der der umliegenden Inseln, vorherrschend Manuka und Pohutukawa.

Die Fauna ist reichhaltig; es kommen 20 verschiedene Vogelarten vor. Ich entdeckte hier eine neue Sturmvogelart, die ich *Puffinus assimilis* nannte.

Das Merkwürdigste an dieser Entdeckung war, daß ich diese Sturmvögel in Höhlen gemeinsam mit Tuataras, den seltenen und absonderlichen neuseeländischen Drachen, den Brückenechsen (*Hatteria punctata*), hausend fand.

Diese Echse ist ein letzter Sproß der Saurier; sie besitzt in ihrem Jugendstadium noch ein drittes Auge, das sogenannte Parietal- oder Scheitelauge (Zirbeldrüse). Sie baut mit dem Vogel gemeinsam eine Höhle, worin diese beiden ungleichen Kameraden in Frieden leben und ihre Jungen behüten. Ihre Freundschaft geht sogar so weit, daß einer den andern vor feindlichen Angriffen verteidigt. Ich mußte diese ritterliche Freundschaft am eigenen Leibe verspüren.

Cäsar verbellte die Öffnung einer 15 Zentimeter weiten Höhlung. Ich griff mit der Hand hinein und fühlte einen Vogel, konnte ihn aber nicht fassen. Ich zog also den Rock aus, um tiefer in die Höhle reichen zu können. Als ich wiederum in die Höhle hineintastete, biß mich etwas in den Daumen und ließ nicht los. Erst als ich mit der andern Hand mit Hilfe des Weidmessers die Öffnung erweiterte, konnte ich die Hand wieder herausziehen. An meinem Daumen hing eine große

Brückenechse; sie ließ erst los, als ich sie beim Genick drückte.

Tuatara (Hatteria punctata).
Nach einem Exemplar im Zoologischen Institut in Leipzig.

Ich grub der Höhle nach und untersuchte sie. Sie war folgendermaßen angelegt: Von außen führte eine 75 Zentimeter lange Röhre von der Mündung erst abwärts, dann wieder aufwärts in eine 45 Zentimeter lange, 30 Zentimeter breite und über 15 Zentimeter hohe Kammer. Darin fand ich in einer mit Laub und Gras ausgepolsterten Vertiefung links den auf einem Ei brütenden Sturmvogel, rechts das Lager der Echse. Ich untersuchte noch mehrere solche Höhlen und fand überall dieselben Verhältnisse vor.

Die Echse verbringt den ganzen Tag in der Höhle und kommt nur abends heraus, um Insekten zu jagen. Sie stößt dabei quakende Laute aus, ähnlich denen der Frösche. Da ihre Hautfarbe der Umgebung angepaßt ist, findet man sie nur schwer. Sie flieht auch nicht wie andere Echsen, sondern bleibt unbeweglich liegen. Nur wenn man auf sie tritt, verschwindet sie rasch in eine Höhle. Verhindert man sie daran, dann verteidigt sie sich durch Kratzen und Beißen.

Am 10. Dezember teilte mir der Bootsmann mit, wir müssten absegeln, schlechtes Wetter sei im Anzug. Nur schwer trennte ich mich von diesen einsamen Inseln, auf denen mir die Zeit nie lang geworden war.

Bei Tagesgrauen weckten mich die Glockenvögel mit ihrem herrlichen Gesang, mit dem sie auch abends ihrem Schöpfer für die Gaben der Natur dankten. Nach ihnen begann das Rufen der Sturmvögel, die aus ihren Höhlen herauskamen, um in Scharen aufs Meer hinaus nach Nahrung für sich und ihre Jungen zu fliegen. Wenn es zu dunkeln begann, leuchteten hie und da in der Brandung die weißen Brüste der Zwergpinguine auf, die ans Ufer kamen und sich wie kleine Kobolde hinsetzten, zusammen schrien und krächzten bis gegen Tagesgrauen, als wären sie dazu gedungen.

Neuseeländischer Flachs (Phormium tenax).

Ich brachte meine Sammlungen an Bord, und wir segelten Whangarei Head zu. Einige Tage widmete ich mich dort dem Ordnen meiner Beute.

Am 14. Dezember kletterte ich auf den Manaia, einen Felsen, der von weitem als Landmarke der Whangareibucht sichtbar ist und einer menschlichen Figur gleicht. Eine Maorifabel erzählt, daß hier ein Häuptling in Stein verwandelt worden sei.

Von der Felskanzel aus bietet sich ein prachtvolles Panorama: südöstlich der langgestreckte Isthmus, im Osten weite Urwälder, im Westen abwechselnd grünes Weideland und Gärten mit Holzhäusern; dann die helle Küstenlinie mit den vielen Einschnitten und Buchten, aus denen einzelne Bergkegel mit Resten von Maoripahs aufragen. Gegen Osten das freie Meer, dessen endlose Fläche nur durch die Moro-tiri- und Taranga-Inseln unterbrochen erscheint. Zwischen den Felsen des Manaia fand ich zerbrochene Maorischädel, Arm- und Fußknochen und einen ganzen Schädel mit Nephritohrgehängen. Abends kehrte ich zu Herrn Leod zurück.

Am 16. Dezember 1880 segelten wir zur Guanoinsel hinaus, einem kleinen, 1 ¼ Kilometer nordwestlich von Bream Head gelegenen Eiland. Die einzige Möglichkeit, hier zu landen, war, dass wir näher an die Südwestseite heranruderten und ich vom Boote aus auf einen Felsvorsprung sprang. Die Insel ist mit Guano der vielen hier brütenden Seevögel bedeckt; auf diesem Boden gedeiht neuseeländischer Flachs (*Phormium tenax*) üppig. Ich fand hier viele Vogelarten und eine flachköpfige Echse (Gecko).

Abends verließ ich die Insel wieder und kehrte nach Whangarei zurück. Am nächsten Tag ging ich zu Fuß über Land, nach Waikaraka, nordwestlich von Whangarei. Die Gegend ist gebirgig, vorwiegend Gras- und Farnland; in den Tälern liegen Rinderfarmen.

Auf einigen Bergen entdeckte ich noch Wälle und Gräben, auch Überreste von Schnitzereien, die Menschensignaturen, tätowierte Gesichter usw. darstellten; auch soll hier, wie mir ein Farmer sagte, eine Figur gewesen sein, die eine Frau mit einer Eidechse auf dem Rücken darstellte; leider ist diese interessante Figur zerschlagen und verbrannt werden. Ich fand zwei Särge, einige Steinwerkzeuge, in hohlen Bäumen Maoriknochenreste. Diese Gegend war einst dicht von Eingeborenen bevölkert, die aber durch die fortschreitende Zivilisation verdrängt wurden.

Es war schon gegen Abend, als ich auf einer Anhöhe mehrere mit Gras gedeckte Hütten, von einem Zaune umgeben, bemerkte. Das Gitter war versperrt. Ich rief; einige scharfe Köter begrüßten mich mit wütendem Gebell. Da sah ich durch Öffnungen im Dache Köpfe herausgucken, die rasch wieder verschwanden. Bald darauf kam ein wie ein Mann gekleidetes Mädchen heraus und fragte mich nach meinem Begehren. Sie entfernte die Hunde und ließ mich ein.

Ich war nicht wenig erstaunt, als mich drinnen ein alter Herr mit hohem weißem Stehkragen und Lackschuhen empfing; er begrüßte mich in gebrochenem Englisch und führte mich in die einfach, aber nett eingerichteten Räume. Er zeigte mir seine Waffen, vorwiegend indische, und erzählte mir, sie seien von Indien gekommen, wo er beim Militär gedient habe. Er wartete mir mit Wein und Brot auf und lud mich ein, zu bleiben. Ich lehnte aber ab, da ich noch Waikaraka erreichen wollte. Er gab mir eine seiner Töchter mit, damit sie mich auf den richtigen Pfad bringe.

Ein Farmer erzählte mir später, alle Leute der Umgebung scheuten sich, diesem Hause nahezukommen; der Inder halte sehr scharfe Hunde, damit ihm niemand seine Töchter behellige; er sei auch rasch bereit, seine Waffen zu gebrauchen. Ich hatte ihn allerdings von einer ganz andern Seite kennengelernt, als einen ruhigen, vertrauensvollen Mann, und bewunderte seine Töchter, die als Männer gekleidet, mit dem Karabiner auf dem Rücken und dem Weidmesser im Gürtel, ein echtes Amazonenleben führten. Das Mädchen geleitete mich bis zum Pfade und empfahl sich dann.

Es war bereits finster, als ich bei Edwards Farm ankam, wo man mich freundlich aufnahm. Vier Tage durchstreifte ich die Gegend. Als ich, mit reicher Beute beladen, wieder nach Whangarei zurückkehrte, kam mir Leod entgegen und erzählte mir eine schaurige Geschichte, deren unschuldiger Urheber ich gewesen war.

Während meiner Abwesenheit hatte Leod mein Zimmer einer englischen Dame zur Verfügung gestellt. Aber schon die erste Nacht war eine Schreckensnacht für sie. Gegen Mitternacht hörte man gellende Schreie aus meinem Zimmer dringen. Leod und alle Hausbewohner bewaffneten sich mit Gewehr, Pistole, Stock, Besen und was gerade zur Hand war und drangen in das Zimmer ein.

Drinnen stand, im Nachtgewand, zitternd die Dame und wies vor Schrecken starr, aufs Bett. Als die „sieben Schwaben" dorthin sahen, erblickten sie, in starrer philosophischer Ruhe, eine Eidechse auf dem Polster sitzen. Es war einer jener Geckos, die ich auf der Guanoinsel erbeutet und in einem Käfig verwahrt hatte. Der harmlose „Drache" war ausgebrochen und hatte solches Unheil angerichtet!

Als die Dame die Sprache wiederfand, sagte sie, sie bleibe um keinen Preis der Welt mehr in einem Zimmer, das im Bett solche Scheusale von Tieren beherberge und in dem unter dem Bette hervor Kannibalenschädel grinsten. Als ihr Leod sein Zimmer einräumte, beruhigte sie sich wieder.

Ich packte meine Sammlungen und kehrte nach Auckland zurück, um dort bei einer befreundeten Familie Weihnachten zu verbringen. Nach dem Feste begann ich wieder zu arbeiten, da meine Kasse zusammengeschrumpft war. Als ich genug verdient hatte, rüstete ich mich wieder aus, um für einige Zeit der zivilisierten Welt den Rücken zu kehren.

Ich ritt am 2. März in das Waitakereigebirge, um die dortigen Urwälder weiter zu durchforschen. Wieder schlug ich mein Quartier bei Herrn Worsly auf und lebte fast ständig im Walde, Kiwi und die vielen andern Vogelarten beobachtend.

Am 25. März kehrte ich nach Auckland zurück und arbeitete dort zur Gewinnung der Mittel für eine größere Expedition. Im August unterbrach ich diese Tätigkeit, um ind Kaiparagebiet zu Reisen; dort vervollständigte ich meine Kenntnis der Maorisprache und sammelte ethnographische Gegenstände. Ende August kehrte ich nach Auckland zurück und spannte mich wieder ins Joch.

Achtes Kapitel

Im Lande der Kannibalen.

Ein ganz besonders glücklicher Zufall verschaffte mir die Möglichkeit, das Urmaoriland, die King Country, „das Königsland" betreten zu dürfen, dessen Grenzen bis dahin den Europäern verschlossen waren. Der Maorikönig Tawhiao war nach dem Maorikrieg von Kuiti nach Hikurangi übersiedelt, einem auf einem Berge gelegenen Dorfe, von dem aus man weit ins Land sah, von der Ost- bis zur Westküste und im Norden bis zum hochaufragenden Vulkankegel Rangitoto, dem Wächter des Aucklandhafens.

Als erster unternahm es Sir George Grey, der hochangesehene Staatsmann und frühere Gouverneur Neuseelands, im Jahre 1878 Tawhiao aufzusuchen, um ihn und seine Hauhaus freundlicher gegen die Europäer zu stimmen. Dies gelang ihm auch insoweit, als König Tawhiao im Sommer 1882 der Einladung des Bürgermeisters von Auckland Folge leistete und mit großem Gefolge nach Auckland kam.

Er wurde mit großen Ehren aufgenommen, und viele Feste wurden aus Anlaß des Besuchs gegeben.

Diese Gelegenheit benutzte ich, mit Tawihao bekannt zu werden. Ein Bekannter, Herr George Brown, ein Halbmaori und Verwandter Wahanuis, des ersten Beraters Tawhiaos, stellte mich dem König und dessen Gefolge vor. Ich rüstete mich daraufhin für meine Expedition aus und verließ gleichzeitig mit dem König Auckland, um an die Maorigrenze zu reisen.

Die Reise bis zum Grenzstädtchen Alexandra war für mich ein großes Erlebnis.

Meine Reisefährten, die hochstehenden Häuptlinge Tawhiaos, erzählten mir von ihrem Volke, ihrem Kampfe um Land und Recht, während wir die Gegenden passierten, die den Schauplatz des heldenmütigen Kampfes der Maori gegen die Eindringlinge, die Pakehas (Europäer) bildeten.

Es war mir, als unternehme ich eine Fahrt in eine längst versunkene Vergangenheit. Aus dem Lärm und der banalen Geschäftigkeit der europäischen Stadt entführten mich Urväter des Menschengeschlechts in ein Zeitalter der Rechtlichkeit und der Zusammengehörigkeit mit Gott und Natur. Ehe sich die den Weißen streng verschlossenen Pforten des heiligen Maorilandes vor mir auftaten, ward ich eingeweiht in ihre Lehre.

Ich will deshalb auch den Leser, ehe ich ihn mit mir ins Königsland führe, durch die Vergangenheit, die Weltanschauung und die reine Seele eines Volkes geleiten und als ein *Tacitus redivicus* die ehernen Gesetze der Natur rechtfertigen und die zerstörende, lebensfeindliche Zivilisation anklagen.

Die Geschichte Neuseelands läßt sich nicht weit zurückverfolgen, da die Maori keine Schriftzeichen kannten; ihre Vergangenheit ist in das Dunkel sagenhafter Überlieferung gehüllt. Erst seit der ziemlich spät erfolgten Entdeckung durch die Europäer läßt sie sich genau beschreiben.

Der erste, der auf Neuseeland landete, war der Holländer Abel Jansen Tasman, der am 18. August 1642 in einer großen Bucht an der Nordspitze der Südinsel ankerte. Er wurde, bevor er das Land betreten konnte, von Eingeborenen überfallen und mußte sogleich wieder absegeln. Die Bucht nannte er nach seinem gefährlichen Erlebnis Murder Bay (Mörderbucht).

Das Ziel aller Seefahrer war damals die Entdeckung eines großen Kontinents, der *Terra australis*, des Südlandes, das man – gegen den Südpol hinziehend – in diesen Gegenden vermutete. Tasman hielt also auch die Mörderbucht für einen Teil der Küste jenes utopischen Festlandes.

Drei Monate nach Tasmans Fahrt entdeckte ein anderer Holländer, Hendrik Brouwer, daß die vorher als Teile eines Kontinents angesehenen Landteile nur Inseln waren; seitdem erhielt die Inselgruppe den Namen Neuseeland.

Am 4. Januar 1643 passierte Tasman das nordwestliche Ende der Nordinsel und benannte es Kap Maria von Diemen. Am 6. Januar, dem Tage der „heiligen drei Könige", ankerte er an der Nordseite einer Inselgruppe, die dem Kap Maria von Diemen vorgelagert ist. Er nannte sie nach dem Tag der Entdeckung Three Kings (Drei-Königs-) Inseln.

Lange Zeit blieb Neuseeland gemieden, da die bösen Erfahrungen Tasmans die Ureinwohner dieser Inseln als ein grausames Volk von Mördern erscheinen ließ. Erst im Jahr 1769 erfolgte die eigentliche Entdeckung Neuseelands durch James Cook.

Er landete mit seiner „Endeavour" an der Ostseite der Nordinsel und betrat als erster Europäer den Boden Neuseelands. Aber auch ihm traten die Eingeborenen feindlich entgegen, und er musste, ohne Lebensmittel eintauschen zu können, wieder weitersegeln. Aus diesem Grund nannte er die Bucht „Poverty Bay" (Bucht der Armut). Er segelte die Küste entlang nach Süden bis Kap Turnagain (Kap der Wiederkehr), von hier wieder nordöstlich. An mehreren Stellen des Landes legte er an und nahm durch Hilfen der britischen Flagge für England förmlichen Besitz von Neuseeland. Auch auf seinen späteren Reisen (1773–74 und 1777) besuchte er die Inseln und gelangte dabei auf die Westseite der Nordinsel, die schon Tasman gesehen hatte. Er segelte aber in entgegengesetzter Richtung. Auf der Weiterfahrt fand Cook, daß die von Tasman für eine Bucht gehaltene Einfahrt eine die

Nordinsel von der Südinsel trennende Meeresstraße war. Es ist dies die schon erwähnte, nach ihrem Entdecker benannte Cookstraße.

James Cook.

Als er nach Norden weitersegelte, kam er wieder zum Kap Turnagain (daher der Name) und hatte somit die ganze Nordinsel umschifft. Er umfuhr dann auch die Südinsel.

Cook war der erste, der mit den Eingeborenen Verbindungen anknüpfte und die Maori, entgegen den früheren Darstellungen, als ein Volk von hoher geistiger und sittlicher Entwicklung kennenlernte. Er brachte den Maori die ersten europäischen Haustiere und Nutzpflanzen und unterwies sie in Ackerbau und Viehzucht. Sein Bild und sein Wirken lebten auch in der Maoritradition als das eines den Maori wohlgesinnten Halbgottes weiter.

Zu einer regelrechten Kolonisation kam es erst im Jahr 1814, durch den Missionar Samuel Marsden und eine kleine Schar mutiger, in edlem Sinn christlicher Männer, die in dem Gebiete der Bay of Islands tätig waren.

Vorher waren wohl schon Europäer nach Neuseeland gekommen, die sich auch an verschiedenen Orten angesiedelt hatten. Es war dies aber der ärgste Auswurf des Europäertums: aus den australischen Gefängnissen entsprungene Verbrecher und wüste, tierische Abenteurer. Sie tauschten gegen Schnaps und Tabak von den Maori Weiber und Lebensmittel ein (auch „Kannibalenschädel", die sie nach den „Kultur"ländern verhandelten) und führten ein wildes, nur auf dem Faustrecht begründetes Zusammenleben, in dem Sauf- und Liebesorgien, Raub und Mord an der Tagesordnung waren.

Die Maori hatten so die Europäer von ihrer widerlichsten, abschreckendsten Seite kennengelernt, als eine habgierige, ihre geistige und zivilisatorische Überlegenheit nur zu Schlechtem nützende Rasse. Es war daher nicht verwunderlich, daß sie dem neuen europäischen Zuzug mit Mißtrauen und Feindseligkeit begegneten.

Die Kolonisatoren hatten auch mehr Mühe mit diesen ersten Ansiedlern als mit den Kannibalen. Der makellose Charakter Marsdens, sein freundliches Entgegenkommen gegen die Maori und seine Gerechtigkeit imponierten nach kurzer Zeit den Eingeborenen, und rasch gewann er eine wachsende Anhängerschaft. Als erste nahmen die Häuptlinge Te Ruatara und Rangaihu das Christentum an. Sie umzäunten ein Stück Land, hißten die britische Flagge und errichteten aus einem alten Kanu eine Art Kanzel, von der aus Marsden seine Predigten hielt.

Die Missionare lernten die Maorisprache und übersetzten die Bibel. Unter dem segensreichen Einfluß Marsdens nahmen die früher ständigen Streitigkeiten zwischen den einzelnen Stämmen und die kannibalischen Sitten ab. Die Missionare errichteten Schulen, die von den Maori fleißig besucht wurden. So schien die Kolonisation eine günstige und menschliche Entwicklung zu nehmen. Aber die Erfolge Marsdens zogen immer mehr Europäer nach Neuseeland, und der Geist der Habgier, der die vertrauensvollen Eigentümer des Landes ausbeuten und ihres Landbesitzes schonungslos berauben wollte, nahm überhand.

In gleicher Weise wuchs auch das Mißtrauen der Maori. Ihre scharfe Intelligenz durchschaute bald die Praktiken der Christen, die ihre Lehre von der Nächstenliebe recht einseitig auffaßten. Sie sahen, wie sich die Gäste in ihrem Lande breitmachten und sich bald als die unumschränkten Herren aufspielten.

Aber die Maori waren ebenso klug wie die Europäer. In recht origineller Weise veranschaulicht dies die Geschichte Hongis, eines hervorragenden Häuptlinges des Ngapuhistammes, der in Kerikeri, im nordöstlichen Teile der Nordinsel, residierte.

Anfangs war er ein eifriger Anhänger der Missionare und zeigte ein besonderes Bestreben, den Europäern alles nachzuahmen. Da er großen Einfluß auf die Maori ausübte und von außerordentlicher Intelligenz war, sandten ihn die Missionare nach Sydney in Australien, damit er dort verschiedene europäische Einrichtungen studiere und ganz für ihre Sache gewonnen werde.

Er blieb ein Jahr dort, lernte sehr fleißig und unterstützte tatsächlich nach seiner Rückkehr mit erneutem Eifer die Missionare. Diese waren von Hongis Fleiß so entzückt, daß sie beschlossen, den Häuptling für eine Reise nach Europa zu interessieren. Sie stießen auf keinen Widerstand; im Gegenteil, Hongi erklärte, es sei schon lange sein Wunsch gewesen, den großen König von England und die Menge seines Volkes kennenzulernen. Er versprach, in England gewerbliche Studien zu betreiben und dann mit Schmieden, Zimmerleuten und Bergarbeitern zurückzukehren, um die Maori ganz nach den Absichten der Missionare in friedlichen Gewerben auszubilden.

Im Jahr 1820 verließ er, begleitet von einem jungen Maorihäuptling und dem Engländer Kendall, Neuseeland und fuhr nach London. Er wurde bei Hof empfangen, und die ganze Gesellschaft Englands war von dem tätowierten Manne entzückt, der sich in Hofkreisen mit einer selbstbewußten Eleganz bewegte, als sei er von je eine solche Umgebung gewohnt gewesen. König Georg lV. beschenkte ihn mit einer vollständigen Ritterüstung und vielen andern Sachen. Die beiden Maori erwarben sich viele Freunde, von denen sie ebenfalls reich beschenkt wurden. Professor Lee in Cambridge verfaßte mit Hongis Hilfe eine Grammatik der Maorisprache.

Hongi betrieb wohl eifrig Studien, aber von ganz anderer Art, als die Missionare gewollt hatten. Er vertiefte sich in die Kriegskunst der Engländer, besuchte alle Kasernen und Manöver und las die Geschichte des großen Eroberers Napoleon I., der ihm mächtig imponierte. Die noch immer hoffende Regierung beschenkte Hongi vor seiner Abreise reichlich mit Ackergeräten, Geld und andern nützlichen Dingen.

Als er nach Sydney kam, vertauschte er bei einem tüchtigen Kriegslieferanten seine ganze Habe gegen Gewehre, Munition und anderes

Kriegsmaterial. In Neuseeland erklärte er den sehr überraschten Missionaren, er habe gesehen, daß in England, das von Engländern beherrscht werde, ein Engländer König sei; da Neuseeland von Maori bewohnt werde, sei es natürlich, daß nur ein Maori das Land beherrschen dürfe, und dieser König sei er selbst. Er habe in England ferner gesehen, daß die Missionare und übrigen Beamten Sklaven ihres Königs seien, die dessen Interessen vertreten müßten. Wenn also die Missionare aus Neuseeland seine Freunde bleiben wollten, müßten sie sich seinen Befehlen unterwerfen, andernfalls werde er sie vernichten.

Hongi exerzierte 3000 seiner Krieger nach europäischem Muster ein, ließ die Kriegskanus in Bereitschaft setzen und begann seinen Zug zur Unterwerfung aller Stämme unter seine Oberhoheit. Sein erster Sieg wurde in grauenhafter Weise gefeiert. Sie fuhren vom Whangaroahafen südlich nach der Thames und griffen den Pah des Häuptlings Hinaki an. Der Pah wurde nach hartnäckigem Kampf erobert, Hongi erschoß den Häuptling, stach ihm dann die Augen aus, durchschnitt ihm die Halsschlagader und trank sein warmes Blut. Der ganze feindliche Stamm, etwa 1000 Mann, wurde getötet; 300 der Erschlagenen wurden auf dem Kampfplatze gekocht und aufgegessen. Die Köpfe der Häuptlinge wurden als Trophäen aufbewahrt. Die übrigen Leichen der Feinde wurden zerstückelt und das Fleisch in Körben mitgeschleppt.

Sofort rüstete Hongi eine zweite Expedition nach der Mercury Bay aus und besiegte auch hier seine Gegner. Mordend zog er weiter nach Kaipara, von dort wieder an die Thames zum Totara-Pah. Da er sah, daß dieser Pah stark befestigt war, stellte er sich, als wolle er sich mit dessen Bewohnern verbinden. Arglos ließen sie ihn mit seinen Kriegern durch die Palisaden in die Festung. Nachts überfiel Hongi seine Gastgeber und tötete abermals mehr als tausend.

Er zog weiter, eroberte die Pahs Maninena und Mokoia, dann ließ er seine Kanus über Land ziehen und ruderte vom Manukaugolf in den Waiukufluß; von hier ging's wieder über Land bis Awaroa, dann den Waikato aufwärts in die Waipa, wo er den Matakitaki-Pah eroberte; hierauf fuhr er nach Wanganui.

Im Jahr 1823 unternahm er nach Rotorua im vulkanischen Seengebiet von Rotomahana einen Kriegszug, auf dem er ebenfalls siegreich war. Alljährlich führte er nun solche Raubzüge aus, jedesmal nach einer andern Richtung. Im Jahr 1827 brannte er die wesleyanische

Missionsstation in Wingaroa nieder und griff dann den Häuptling Tara an, dessen Krieger schon mit europäischen Waffen ausgerüstet waren. Trotz heftigster Gegenwehr konnten sie der Überlegenheit Hongis nicht standhalten. Dieser ließ Männer, Frauen und Kinder morden. Die wenigen, die fliehen konnten, verfolgte er bis ins Dorf Hunahuna. Hier ereilte ihn das Schicksal: eine Kugel durchbohrte Hongis Lunge. Bei jedem Atemzug entwich die Luft aus der Wunde; diese Erscheinung machte aber dem Kranken viel Spaß. Nach einjährigem Siechtum starb der gefürchtete Kannibale. Seine letzten, an seine Getreuen gerichteten Worten waren: „Kia toa, kia toa!" (Seid mutig, seid mutig!)

Hene Akineta, eine alte Häuptlingsfrau, bei der ich auf der Hauturu-Insel einmal wohnte, berichtete mir von den Grausamkeiten Hongis, den sie als Mädchen auf seinen Kriegszügen begleitet hatte; unter anderem erzählte sie, sie hätten einmal drei Wochen lang nur Menschenfleisch zu essen gehabt.

Wie im Norden Hongi, so schlachteten im Süden Rauparaha, der Häuptling des Ngatiraukawastammes, und sein Verbündeter Rangihaeata ihre Stammesbrüder. Auch sie hatten von den Europäern durch Tausch Waffen und Munition erhalten und vernichteten ganze Stämme.

Die folgende Schilderung der weiteren Geschichte Neuseelands stützt sich hauptsächliche auf die mündliche Darstellung, wie sie mir einerseits Häuptling Honana te Majoha, andererseits der englische Dolmetscher Hughes gegeben hatten.

Abgesehen von Hongis Kriegszügen gab es anfänglich nur wenig Streitigkeiten zwischen Maori und Europäern, die zumeist durch das Verschulden der letzteren entstanden waren, sei es, daß sie die Maori bei der Erwerbung von Landbesitz übervorteilt, sei es, daß sie deren Sitten und Gebräuche nicht respektiert hatten. Der Erfolg solcher Streitigkeiten war zumeist der, daß die Maori im Kampfe eine Anzahl Europäer töteten und dann verspeisten.

Im Jahr 1835 soll ein gewisser Charles Baron des Thierry, der sich „Govereign Chief" von Neuseeland und König von Nukuhiva, einer der Marquesasinseln, nannte, nach England, Frankreich und Amerika Proklamationen geschickt haben, in denen er seine Absicht kundtat, Neuseeland als einen selbständigen Staat unter seiner Herrschaft zu okkupieren. Er warte nur noch in Otahaiti auf ein Kriegsschiff aus Panama, das ihn nach der Bay of Islands bringen sollte, wo selbst er schon erwartet werde. Es seien ihm von mehreren hervorragenden Häuptlingen Einladungen zugekommen und Kendall habe an drei Orten am Hokiangaflusses für ihn von den Häuptlingen Land käuflich erworben.

Mag die ganze Geschichte erfunden oder wahr gewesen sein, jedenfalls waren die Engländer bestrebt, aus den Maori eine rechtsgültige Anerkennung der englischen Oberhoheit herauszupressen. Dazu war zweifellos ein solcher Fall am dienlichsten. Sie konnten unter dem Titel eines Schutzbundes gegen jeden Angriff von außen die Maori, ohne daß diese es recht merkten, zu englischen Untertanen machen. Die Gefahr eines solchen Angriffs brauchte nur in recht krassen Farben geschildert zu werden.

Busby, der damalige britische Resident, berief am 10. Oktober 1835 mit einer „Adress to his Countrymen" eine Versammlung der Europäer und hervorragenden Maorihäuptlinge der Nordinsel ein. Es wurde den Maori die Nützlichkeit eines Bundes auseinandergesetzt und ihnen angedroht, im Falle ihrer Weigerung werde jener „Govereign Chief" kommen und sie alle vernichten und verbrennen.

Die Engländer erreichten ihren Zweck. Die eingeschüchterten Maori unterzeichneten am 28. Oktober 1885 in Waitangi einen Vertrag, die sogenannte „Declaration of the Independence of New Zealand", die Unabhängigkeitserlärung und Vereinigung aller Stämme zu einem Staatenbund unter der Bezeichnung „The United Tribes of New Zealand".

Diese Erklärung wurde in Gegenwart des britischen Residenten von 35 Häuptlingen unterzeichnet[8] und trug weiter die Unterschriften von Rev. Henry Williams, George Clark und den Kaufleuten James C. Clendon und Gilbert Mair. Der engländerfreundlich gesinnte Häuptling Tamati Waka Nene soll es gewesen sein, der seinen ganzen Einfluß und seine Überredungskunst ausbot, um die übrigen Häuptlinge zum Unterzeichnen zu bewegen. Nun war praktisch die englische Oberhoheit begründet.

Im Jahr 1837 erhielt die New Zealand Company von der englischen Regierung eine Konzession zur Kolonisierung Neuseelands. Im Jahr 1840 gründete sie Wellington an der Cookstraße, die heutige Hauptstadt. Im Januar 1840 erschien Captain William Hobson als von der englischen Regierung entsandter Konsul und stellvertretender Gou-

---

[8] Die Häuptlinge, die nicht schreiben konnten, zeichneten an Stelle ihrer Namen ihre Tätowierungszeichen aufs Papier.

verneur von Neuseeland; er besaß eine Vollmacht, mit den Eingeborenen und ihren Häuptlingen über die Abtretung ihrer von der britischen Regierung bisher noch anerkannten landesherrlichen und Territorialrechte an die Königin von England zu verhandeln. Europa forderte also schon den Dank für den bisher geleisteten „Schutz".

Ein schöner Moko.

Häuptlingstochter.

Häuptlingsfrau mit Halsschmuck aus Nephrit.

Hobson ließ sich in dem damals noch sehr kleinen Auckland nieder. Seine Verhandlungen führten am 6. Februar 1840 zum Vertrag von Waitangi[9]. Dieser rasch ausgefertigte Vertrag wurde nicht nur von den meisten Häuptlingen der Nordinsel, sondern auch von vielen der Süd- und Stewart-Insel unterfertigt; insgesamt weist er 512 Unterschriften

---

[9] Waitangi heißt auf deutsch „Weinendes Wasser".

auf. Auch hier unterzeichneten die meisten Häuptlinge mit ihren Tätowierungszeichen. Ein Obelisk bezeichnet heute die Stelle, an der die Zusammenkunft stattgefunden hatte.

Die wichtigsten Bestimmungen dieses interessanten Vertrags lauteten:

1. Die Häuptlinge der verbündeten Stämme und die einzelnen unabhängigen Häuptlinge, die nicht Mitglieder des Bündnisses sind, treten der Königin von England unbedingt und vorbehaltlos alle ihre Rechte ab, die das Bündnis nennt oder die einzelne Häuptlinge besitzen oder ausüben.

2. Die Königin verbürgt den Stämmen und Häuptlingen ihren Familien und einzelnen Angehörigen den vollen, ausschließlichen und ungestörten Besitz ihrer Ländereien, Grundstücke, Wälder, Fischereien und sonstigen Besitzümer, solange es ihr Wunsch ist; der Königin wird jedoch das Vorkaufsrecht bezüglich solchen Landes eingeräumt, welches die Eigentümer veräußern wollen.

3. In Erwägung dieser Umstände dehnt die Königin ihren königlichen Besitz auf die Eingeborenen Neuseelands aus und verleiht ihnen alle Rechte und Privilegien britischer Untertanen.

Ein Faksimile dieses Vertrags übergab ich der Hof- (jetzt Staats-) Bibliothek in Wien; ein zweites befindet sich in meinem Privatbesitz.

Der Erfolg dieses Vertrags, die Ernüchterung der Maori und der Anfang einer Kette von Kriegsfehden, ließ nicht lange auf sich warten. Der Landverkauf war jetzt sanktioniert; der Vorteil war entschieden auf der Seite der geriebeneren Europäer.

Einer der ersten Maori, der sich gegen die Gültigkeit des Vertrags auflehnte, überdies eine bemerkenswerte Persönlichkeit, war Hone Heke, ebenfalls (wie Hongi) ein Ngapuhihäuptling und Schwiegersohn Hongis. Er hatte zwar das Christentum angenommen, bestritt aber die englische Autorität in Neuseeland.

Als die Engländer im Jahr 1844 in seinem Gebiete, aus einer Anhöhe bei Kororareka (jetzt Stadt Russell, an der Bay of Islands), einen Flaggenmast errichteten und die englische Flagge hißten, um einlaufenden Schiffen damit zu signalisieren, sah Hone Heke in dieser Handlung eine Herausforderung der Maori und ein Symbol für deren Untersuchung. Er geriet darüber in solche Raserei, daß er mit einer Axt die Flaggenstange fällte und nach vollbrachter Tat auf dem Platz einen Kriegstanz tanzte. Zu den andern Häuptlingen sagte er: „Nun habe ich der Schlange den Kopf abgeschlagen."

Diese revolutionäre Stellungnahme bestimmte den damaligen Gouverneur Fitzron, nach Sydney um Truppenhilfe zu schicken. Als diese in Kororareka eintrafen, trat zuerst der Gouverneur mit Hone Heke, Walker Nene und andern Häuptlingen zu einer Besprechung zusammen. Häuptling Nene und die übrigen verpflichteten sich, für Hekes Friedfertigkeit zu bürgen, wenn der Gouverneur die Truppen sofort wieder wegschicke.

Der Gouverneur folgte ihrem Rat und tatsächlich verhielt sich Heke eine Zeitlang ruhig. Als aber neuerdings die Flaggenstange ausgerichtet wurde, wiederholte sich der frühere Fall. Heke erwies sich wieder als guter Holzfäller, der Flaggenmast fiel zum zweitenmal unter seinen wütenden Hieben. Nun errichteten die Engländer einen dritten, mit Blech beschlagenen Mast und daneben erbauten sie ein mit Schießscharten versehenes Blockhaus, in dem eine Wachabteilung untergebracht war.

Die Häuptlinge Nene und Tawai versuchten von neuem, Heke zu beruhigen, und erklärten ihm, sie würden, wenn er seine Haltung nicht ändere, mit den englischen Truppen gegen ihn ziehen. Heke antwortete, er habe schon gehört, daß die Schlange, der er den Kopf abgeschlagen habe, zu einem vielrachigen Ungetüm angeschwollen sei (er meinte das Blockhaus mit den Schießscharten), und er sei begierig zu sehen, wie sich so ein Tier verteidige.

Er und Häuptling Kawiti sammelten einige hundert Krieger und lagerten in der Nähe von Kororareka. Anfänglich kam es nur zu kleineren Gefechten.

Von Hekes Noblesse und Witz zeugen zwei kleine Episoden: einem Leutnant, der in seine Gefangenschaft geraten und entwaffnet worden war, gab er die Waffen zurück und ließ ihn frei, mit dem Rat, er möge ein anderes Mal klüger sein.

Da die Engländer wußten, daß er ein gläubiger Christ war, sandten sie einen Missionar in sein Lager, den er auch freundlich aufnahm. Als der Missionar vor den versammelten Kriegern eine Predigt über die Nächstenliebe und gegen den Krieg hielt, ließ Heke ihn zu Ende sprechen und sagte dann zu ihm:

„Ich danke dir für deine erbaulichen Worte; nun bitte ich dich aber, geh zu den englischen Soldaten und sage ihnen dasselbe, denn ihnen tut's mehr not als mir und den Meinen." Mit diesen Worten entließ er den erstaunten Missionar.

Am 11. März 1845, gegen 4 Uhr früh, wurden die Ansiedler von Kororareka durch Schüsse aus dem Schlaf geschreckt. Hauptling Kawiti hatte die Truppen des Hauptmanns Robertson überfallen; gleichzeitig hatte Heke das Blockhaus angegriffen und erobert. Die Truppen Robertsons hielten sich tapfer, mußten aber schließlich der Übermacht weichen. Es gab auf beiden Seiten Tote und Verwundete, unter letzteren befand sich auch Robertson selbst.

Der siegreiche Heke gestattete den Ansiedlern, die in blinder Angst auf die im Hafen vor Anker liegenden Schiffe geflohen waren, ihre Habseligkeiten zu holen, und ließ eine Frau, die in der Eile der Flucht von den andern zurückgelassen worden war, durch seine Leute zu den Schiffen bringen. Als die Engländer in der Richtung nach Auckland abgesegelt waren, ließ Heke die ganze Ansiedlung bis auf die Missionsstation und die Kirche niederbrennen. Die zurückgebliebenen Missionare begruben die gefallenen Freunde und Feinde.

Heke begann nun einen Verteidigungskrieg, denn auch seine früheren Freunde, die Häuptlinge Nene und Tawai, verbündeten sich mit den Engländern und griffen ihn an. Er bezog eine befestigte Stellung und hielt allen Angriffen wacker stand. Nach mehreren vergeblichen Angriffen zogen sich die Engländerfreunde zurück. Heke verließ die Festung und verschanzte sich in der Bai. Als er auch hier alle Angriffe abgeschlagen hatte, zog er nach Taiamai.

Aus dieser Stellung konnte er nach einem heißen Kampfe nur durch das Eingreifen der Artillerie geworfen werden. Heke errichtete eine neue Festung, Ruapekapeka. Hier wurde er durch eine recht zweifelhafte List überrumpelt und gefangengenommen.

Als für alle Europäer beschämendes Beispiel mag Hone Hekes, des „Kannibalen" Edelmut der „Tüchtigkeit" der Europäer gegenübergestellt werden.

Hekes Art: Der neutrale Häuptling Ruhe, der die englischen Soldaten mit Proviant versorgte (man sieht, auch die kannibalischen Neutralen waren schon Kriegslieferanten), mußte, um zu den Engländern zu gelangen, durch Hekes Lager ziehen und fragte deshalb bei ihm an, ob er den Durchzug seiner Kolonnen gestatte. Heke gab seine Einwilligung mit den Worten: „Auch die feindlichen Soldaten müssen essen, wenn sie stark zum Kampfe sein wollen."

Der Europäer Art: Sie wußten, daß Heke ein frommer Christ war. Als nun eines Sonntags Heke seine Krieger zu einer Morgenandacht vor seiner Festung versammelte, in der festen Überzeugung, daß auch die christlichen Europäer den Sonntag heiligen und nicht angreifen werden, nahmen die Engländer, während die Maori beteten, den Pah ein und überrumpelten die Ahnungslosen.

Heke schloß im Jahr 1848 mit den Engländern Frieden und blieb fortan ruhig.

Die Unzufriedenheit der Maori hielt aber nicht nur an, sondern wuchs von Tag zu Tag, weil die Zwistigkeiten beim Landverkauf kein Ende nahmen. Vorausblickende, um ihre Nation besorgte Häuptlinge erkannten die Gefahren, die der freien Existenz ihrer Stammesbrüder durch diesen ständigen Länderraub und durch die Vergiftung des Urvolkes mit dem Gifte Zivilisation drohte.

So kam es zur mächtigen Königsbewegung.[10] Wahanui, der Ariki, erste Häuptling eines Stammes und Oberpriester, des großen Ngatimaniapotostammes, war in europäischen Schulen erzogen worden und genoß sowohl bei den Maori wie auch bei der Kolonialregierung großes Ansehen. Er bekleidete das Amt eines Maoripastors und Friedensrichters in Ahuahu Kawhia; er hatte die theologische Hochschule bei Auckland besucht und wurde später vom Gouverneur Brown zum Postmeister in Waikato ernannt. Wegen seiner Geschicklichkeit bei der Schlichtung von Landstreitigkeiten, wurde er von Maori und Engländern häufig zu Rate gezogen.

Als Witiora, der Onkel Tawhiaos, in Kawhia, jenem geheiligten Küstenstrich, an dem die Vorfahren der Maori, vom sagenhaften Stammland Hawaiki kommend, gelandet sein sollen, ebenfalls Land verkaufen wollte und Wahanui eine Einigung nicht erzielen konnte, sandte er mehrere Häuptlinge zu den verschiedenen Stämmen mit der Botschaft, sie sollten den Landverkauf gänzlich einstellen. Zu diesem entscheidenden Schritt, mit dem er seine bisher bewahrte Neutralität aufgab und sich zum Anwalt der Maoriinteressen machte, wurde er noch dadurch bestimmt, daß früher mehrere Häuptlinge, ohne daß er es verhindern konnte, ihr Land gegen Gewehre und Munition hergegeben hatten, um dann gegen ihre Stammesbrüder Raubkriege zu führen. Er befürchtete überdies, daß infolge dieser fortschreitenden Landenteignungen die Maori rasch aussterben würden. Mit jedem Schiff kamen neue „Pakeha", die Land erwerben wollten, und die unerfahre-

---

[10] Die folgende Darstellung der Königsbewegung habe ich aus Gesprächen mit Wahanui, der Hauptstütze dieser Bewegung, aufgezeichnet.

nen Maori verkauften ihnen für wertloses Zeug, Schnaps, Schmuck, Waffen ihr kostbares Eigentum. In kurzer Zeit waren sie dann dem Hunger preisgegeben.

Die meisten Stämme befolgten den Rat Wahanuis. Diese Entschließung bereitete den Gedanken vor, für alle Stämme einen König zu wählen, der die Rechte der Maori mit Nachdruck verteidigen und dem Länderverkauf und den ständigen Kriegen der Stämme untereinander Einhalt gebieten konnte. Wahanui begründete diesen Maoristandpunkt mit der Frage: „Die Pakeha haben für sich selbst Gesetze, warum haben sie nicht auch eines für die Maori zum Schutze gegen dieses Übel?"

Der erste, der die Königspropaganda betrieb, war Rauparaha, Häuptling des Ngatitoastammes, und Wiremu Tomehana Tarapipi. Letzterer ging an die Ostküste zum Ngatiraukawastamme und wollte dort den Häuptling Patera Pukuatua zum König ausrufen. Da aber mehrere Stämme gegen diese Wahl waren, wandte er sich nach Taupo zum berühmten Häuptling Te Heuheu.

Dieser sagte, als ihm die Königswürde angetragen wurde:

„Nein! In diesem See (er meinte damit den Tauposee) sind nur Forellen, Weißfische und Krebse; geh in die Waikato, dort birgt jede Biegung des Flusses eine Seeschlange!" (Er meinte damit, daß in der Waikato die besten und kriegstüchtigsten Häuptlinge leben.) Heuheu schlug Te Whero-Whero als König vor. Als dieser nach Haurua kam, wurde er von den Häuptlingen Patu Kotatu, Tarangi Kahuruhu, Tanirau, Hauwauru und 2000 versammelten Maori verschiedener Stämme zum Könige ausgerufen.

Te Whero-Whero wollte diese Wahl ablehnen und machte den Gegenvorschlag, die Maori sollten zwölf Söhne von Häuptlingen ersten Ranges auswählen und einen jeden von ihnen auf gemeinsame Kosten in ein anderes Land auf Studienreisen schicken. Wenn diese zwölf als gebildete und welterfahrene junge Männer zurückgekehrt seien, sollten sie den besten aus ihrer Mitte zum Maorikönig wählen. In der Zwischenzeit aber müßte Frieden zwischen Maori und Europäern herrschen.

Diesem originellen Vorschlag stimmten die Stämme nicht bei. Sie warteten schon ungeduldig auf ihren König, und darum mußte sich Te Where-Whero ihrem Wunsche fügen; als König führte er den Namen Potatau (1857). Er war der erste Maorikönig.

Die Flagge des neuen Reiches, weiß (als Zeichen der Friedensliebe) mit rotem Rande, durchquert von einem roten Kreuze und mit drei Sternen im rechten oberen Felde, wurde vor König Potataus Hütte gehißt. Die drei Sterne der Flagge, Symbole des neuen Reiches, bedeuteten Glaube, Liebe, Gesetz.

Potatau, man nannte ihn den Friedenskönig, strebte eine friedliche Verbrüderung aller Stämme zu gemeinsamer produktiver Arbeit und zur Pflege der drei Sternentugenden an.

Wahanui stand anfänglich dieser Bewegung ablehnend gegenüber; bald aber wurde er, mit gutem Grund, wie die nachfolgende Erzählung dartut, andern Sinnes.

Im Jahr 1859 begannen abermals Landstreitigkeiten, die zu einem langwierigen, für beide Teile verlustreichen Kampfe – dem sogenannten Maorikriege – führten.

Wiremu Kingi und Kirikumara, zwei Häuptlinge, hatten gemeinsam Besitzanteil an einem Landstrich in der Nähe von Waitara. Kirikumara verkaufte dieses Gebiet an die englische Regierung, ohne seinen Teilhaber Wiremu zu fragen. Der Gouverneur Brown sandte Geometer, aber Wiremu hinderte sie am Vermessen.

Als dies der Gouverneur erfuhr, wandte er sich an König Potatau mit dem Ersuchen, ihm zur Seite zu stehen, falls es zu Kämpfen kommen sollte. Potatau wollte aber kein Blutvergießen: er setzte ein Maorischiedsgericht ein und ersuchte den Gouverneur, ihn, den König, allein nach Waitara gehen zu lassen und nur dann zu kommen, wenn er ihn rufen lasse. Brown gab keine Antwort.

Potatau begab sich mit Gefolge nach Ngaruwahia, um eine Versammlung zum Zwecke der Wahl eines Friedenskomitees einzuberufen. Als die Maori versammelt waren, brachte ein Bote dem Könige Nachricht, der Gouverneur sei, entgegen den Bitten Potataus, mit regulären Truppen und Freischärlern nach Waitara gezogen, um, mit Kirikumara verbündet, gegen Wiremu zu skämpfen. Er habe wieder Geometer aufs Feld geschickt und als Wiremu ihnen die Maßstäbe zerbrach, sei eine Rauferei angezettelt worden; daraufhin hätten die englischen Truppen auf die wehrlosen Maori geschossen.

Wahanui hatte nun genug von seinen europäischen Freunden. Nach dieser „Heldentat" der englischen Truppen schrieb er an den Gouverneur einen Brief folgenden Inhaltes:

„Da du nicht warten wolltest und mit Soldaten kamst, anstatt in Frieden den Streit zu schlichten, sehe ich, daß du mit Gewalt unser

Land erobern willst. Es ist gut, daß ich das weiß; ich werde mich nun der Königspartei anschließen und für Maoriland und Maorirecht bis zu meinem letzten Atemzug kämpfen!"

Trotz dieser unzweifelhaften Kriegserklärung versuchte König Potatau noch einmal den Weg friedlicher Auseinandersetzung zu gehen. Er sandte den Häuptling Tomehana Tarapipi mit 200 Maori nach Waitara, um den Streit zu schlichten, Tarapipi hielt an die in Waitara Versammelten eine Ansprache, in der er erklärte:

„Ich begreife nicht, daß die Europäer noch kein Gesetz geschaffen haben, das eine Beilegung von Streitigkeiten um Landbesitz ohne Blutvergießen ermöglicht. Ich begreife es um so weniger, als schon genug traurige Fälle diesem vorangegangen sind, und ebensowenig, da der Gouverneur doch selbst zugegen ist, der sonst für jede Kleinigkeit Gesetze zu machen versteht. Da es aber einmal so ist, so sagen wir Waikato-Maori, Ngatimahuta, Ngatitauwa und Ngatimaniapoto, euch, die ihr unsere Stammesbrüder seid: Einigt euch und schlichtet den Streit ohne Kampf!"

Die Bemühungen des königlichen Unterhändlers hatten Erfolg. Es kam zu einem förmlichen Friedensschluß. Daraufhin verließ Tarapipi den Ort mit kleinem Gefolge, um Potatau von seinem Erfolge zu berichten. Als nach einigen Tagen der Rest des Friedenskomitees ebenfalls aufbrach, um nach Ngaruwahia zurückzukehren, stießen sie hinter Waitara mit englischen Freischärlern zusammen. Es fiel jener erste Schuß, von dem nachträglich niemand weiß, wer ihn abgefeuert hat, ob es Zufall oder Absicht war – und im Nu war der Kampf entbrannt.

Die Europäer wurden besiegt, in einen Sumpf gejagt und nahezu aufgerieben. Die Maori erlitten nur geringe Verluste. Nun konnten sie unbehelligt weiterziehen und ihrem König die Nachricht von dem Überfall bringen. Potatau, der Friedliebende, versammelte seine Häuptlinge und lud auch die Europäer ein. Als alle beisammen waren, trat wieder Tomehana Tarapipi als Sprecher vor. Er sagte den Europäern:

„Diese Versammlung wurde wegen der Streitigkeiten in Waitaru neuerdings einberufen, und ich frage wiederum: Gibt es keinen andern Ausweg als Mord, wenn Völker streiten? Ihr sagt, daß ihr nicht Macht habet, Gesetze zu unserm Schutze zu wählen. Und wir haben nicht das Recht, einen König aus unserer Mitte zu unserm Schutze zu wählen. Sagt nicht eure Bibel: Wählet einen König aus eurem Stamme? Wer hat nun recht: eure Bibel oder eure Kaufleute und Beamten? Und habt ihr nicht in eurem Stammlande eine englische Frau zur Königin, und wählen nicht auch andere Nationen die Könige aus ihrem Stamme?"

Bischof Lord Selwyn erwiderte:

„Zwei Flaggen (zweier Könige) vertragen sich selten in einem Lande. Darum soll König Potatau seine Flagge einziehen!"

Der Erfolg der Versammlung war, daß Sir George Grey zum Gouverneur Neuseelands ernannt wurde. Es war eine glückliche Wahl im gefährlichsten Augenblick. Sir Grey war ein edler Mensch, der, soweit es sein Amt erlaubte, mit Liebe und Verständnis den Maori entgegenkam. Ihm haben England, aber auch die Maori viel zu danken.

Der neue Gouverneur berief eine Versammlung ein, zu der Maori und Europäer geladen waren, und ernannte ein aus 20 jungen Maorihäuptlingen zusammengesetztes Komitee, das in allen Streitfällen als Richterkollegium fungieren sollte. Leider gelang es diesem nicht, eine Einigung herbeizuführen. Um die Anschauungen des Königs zu erfahren, wandte sich der Gouverneur an die Häuptlinge Manahiri und Tomate Ngapora in Mangari.

Er fragte Manahiri, ob er wisse, was Potatau denke. Der Befragte sah sich im Zimmer des Gouverneurs um, nahm dann einen Stock von der Wand und legte ihn zwischen zwei Teppiche. Sir George erkundigte sich, was diese seltsame Antwort bedeute. Der Häuptling erklärte:

„Hier ist dein Land, und hier das deines Freundes Potatau."

Als darauf der Gouverneur sagte, sie sollten nicht so halsstarrig auf ihrem Standpunkt verharren, verließen die Häuptlinge schweigend das Zimmer. Einige Zeit nachher erhielt Manahiri vom Gouverneur eine für den König bestimmte Verständigung, wonach allen jenen Eingeborenen, die bis zu einem bestimmten Zeitpunkte die englische Flagge nicht anerkennen würden, die Konfiskation ihres Landbesitzes angekündigt wurde. Manahiri insbesondere wurde aufgefordert, entweder sofort auf die englische Seite zu treten oder unverzüglich sein Land zu verlassen. Manahiri folgte: er verließ noch am selben Tage sein Land und marschierte nach Ngaruwahia, um seinem König die „Kriegserklärung" zu übergeben.

Potatau war 1860 gestorben; an seine Stelle war sein Sohn Matutaeres[11], der sich als König Tawhiao nannte, getreten. Nach Manahiris Ankunft berief König Tawhiao eine Versammlung seiner Häuptlinge

---

[11] Er wurde 1825 in Orongo Koekoea in Mokau geboren, besuchte europäische Schulen und wurde Matuaere (Methusalem) getauft.

ein, und es wurde der Beschluß gefaßt, alle Stämme zu mahnen, vor den Europäern auf der Hut zu sein, aber soweit als möglich Blutvergießen zu vermeiden.

Inzwischen hatte General Cameron bereits die Maorigrenze überschritten. Die Maori warfen Schanzen auf; doch Tawhiao gab Befehl, alle Maori sollten sich ohne Kampf in die Wälder zurückziehen. Die in ihren heiligsten Rechten angegriffenen Maori folgten aber diesem Befehle nicht. Hundert Eingeborene überfielen die Truppen Camerons, zweitausend wohlbewaffnete Europäer (Infanterie, Kavallerie, Artillerie und Pioniere), und hielten eine Stunde in heißem Ringen der Übermacht stand; dann zogen sie sich, mit nur geringen Verlusten, nach Merimeri zurück, wo sich schon dreitausend Maori gesammelt hatten. Die Eingeborenen standen in bezug auf Bewaffnung weit hinter den modem ausgerüsteten Europäern zurück: an Feuerwaffen besaßen sie meist nur alte Musketen und Jagdflinten, dann hatten sie eine alte, aus einem gestrandeten Schiff geholte Kanone, aus der sie mit Steinen und Kettengliedern schossen; viele Krieger besaßen nur ihre einheimischen alten Stein- und Holzwaffen. Aber der heilige Zorn verlieh ihnen Löwenmut.

General Cameron lagerte drei Monate, ohne die Maorifestung einnehmen zu können. Er wandte sich nach Sydney um ein gepanzertes Schiff, das weitere siebenhundert Mann bringen sollte. Das Schiff kam und fuhr 12 Kilometer den Waikatofluß aufwärts.

Als General Cameron den Pah neuerdings angreifen wollte, fand er ihn leer! Die Eingeborenen hatten sich weiter zurückgezogen, und eine kleine, siebzig Mann starke Schar überfiel die siebenhundert neuangekommenen Engländer während ihrer Ansschiffung. Sie wichen dann ohne große Verluste nach Rangariri, wo bereits tausend Eingeborene hinter Schanzen lagen.

Mit zweitausend Mann griff Cameron diese neue Festung an und eroberte sie nach einem heißen, von 10 Uhr vormittags bis zum nächsten Morgen währenden Gefecht. Die Verluste waren auf beiden Seiten erheblich. Zweihundert Maori gerieten in Gefangenschaft, der Rest zog sich nach Ngaruwahia zurück. Hierher waren von allen Seiten Maorikrieger zusammengeströmt, ihre Zahl wuchs binnen kurzem auf fünftausend an. Sie trennten sich in drei Abteilungen, deren größte sich auf Pah Paterangi verschanzte.

Cameron griff auch diesen Pah an, sah aber bald, daß er uneinnehmbar war. Er ersann nun eine List: Zuerst schnitt er den Verteidigern alle Lebensmittelzufuhren ab, dann sandte er einen Parlamentär in den Pah, der folgendes zu verkünden hatte: Der General werde den Pah angreifen; er gewähre aber den Maorifrauen und Kindern freien Abzug nach dem Maoridorfe Rangiawhia.

Die Maori freuten sich über die Noblesse des Feindes, sandten Frauen und Kinder weg und harrten des angekündigten Angriffes. Sie warteten zwei, drei Tage, aber Cameron griff nicht an. Da kamen eines Tages, von der Flucht und dem grauenvollen Erlebnis erschöpft, einige Maorifrauen in den Pah geschlichen und berichteten, die Engländer hätten schon vorher Rangiawhia erobert und als der Zug der Frauen und Kinder aus dem Pah kam, diesen überfallen und die Wehrlosen gefangengenommen. Einige Frauen seien dabei getötet worden, nur ihnen sei es gelungen, zu entfliehen. Empört über diesen Verrat verließen die Maori den Pah, um Rache zu üben und ihre Frauen und Kinder zu befreien.

Das war der Zweck, den Cameron mit seiner List erreichen wollte, die Maori aus ihrem uneinnehmbaren Pah auf offenes Gelände zu locken. Wie sagt die unchristliche Moral? „Der Zweck heiligt das Mittel!" Hier waren Mittel und Zweck einander ebenbürtig.

In Hauriri kam es zum Gefecht, das für die Europäer günstig entschieden wurde.

Wahanui, der schon lange auf Seite der Maori gekämpft hatte, war am Arm, an der Seite und an der Wade von Revolverkugeln schwer verletzt worden; zwei englische Kavalleristen verfolgten ihn. Er entkam aber, seiner Schmerzen nicht achtend, in ein hohes Maisfeld und schleppte sich von dort bis Orakau zu seinen Leuten. Er begab sich dann nach Mokau, wo sorgsame Pflege seine Wunden wieder heilte.

Die geschlagenen Maori zogen sich nach Tiki zurück und wurden dort nicht mehr angegriffen.

Der Krieg näherte sich seinem Ende: nur Rewi, der berühmte Maoriheld, verschanzte sich mit seinen paar hundert getreuen Kriegern in Orakau. Die Europäer griffen ihn mit großer Übermacht an und schnitten ihm alle Zufuhren ab.

Drei Tage hielt Rewi mit seinen Leuten stand. Der englische General Tarn), dem der Löwenmut der Maori imponierte, sandte einen Parlamentär zu ihnen, der ihnen Freiheit garantierte, wenn sie die Waffen freiwillig streckten. Rewi antwortete dem Offizier stolz:

„Wir wollen auf unserm Boden für unsere Freiheit kämpfen und sterben!"

Als die Maori dem Verhungern nahe waren, machten sie einen Ausfall und durchbrachen – unter großen Verlusten – den englischen Belagerungsring.

Nach dem Friedensschluß, im Jahr 1882, als ich im Maorikönigsland weilte, lebte Rewi friedlich in Kihikihi, wo die neuseeländische Regierung ihm in Anerkennung seines Heldenmutes ein Haus gebaut hatte. Gastfreundlich empfing der einst gefürchtete Feind der „Pakeha" jeden bedeutenderen Europäer in seinem Heim.

Nach jener Episode fanden nur noch einige kleinere Gefechte statt. Die Maori hatten sich nach Taranaki zurückgezogen. König Tawhiao begab sich zum Maoripropheten Ti Witi, forderte ihn auf, den Kampf gegen die Europäer einzustellen und den Stämmen zu verkünden:

„Legt eure Schwerter hin; seid vernünftig! – Ich gehe nach Hause, nach Kuiti, und weine über meine verlorenen Brüder. Wenn die Weißen auch den Stamm vertilgen, die Wurzeln können sie nicht austoben! Es werden wieder junge Zweige aufschießen! Haltet euch fern von Landverkauf und Verpachtung; keinem Europäer sei es erlaubt, die Grenzen unseres letzten, freien Maorilandes zu überschreiten. Wir brauchen keine Straßen und Schulen von ihnen; mögen sie in ihrem Lande tun, was sie wollen."

Beim Friedensschluß wurde ein Kriegsbeil eingegraben, zum Zeichen, daß der Streit zu Ende sei. Als Grenzen des unabhängigen Maorilandes wurden festgesetzt: im Norden der Waipafluß, im Westen das Meer (Hafen von Kawhia), im Süden die Whitecliffs und im Osten der Tauposee. Ferner wurde bestimmt, daß kein Europäer diese Grenzen überschreiten dürfe; wenn er, trotz Warnung, es doch unternehme, müsse er getötet werden. In der Folge widerfuhr dies auch mehreren Europäern.

Der König residierte nach dem Kriege anfangs (bis 1875) in Kuiti, übersiedelte dann nach Hikurangi (bis 1881) und. schließlich nach Whatiwhatihoi.

So endete, im Jahr 1864, der verzweifelte Kampf der Maori um ihr Land und ihre Unabhängigkeit damit, daß die eigentlichen Herren des Landes der Gewalt weichen und sich auf ein kleines Gebiet zurückziehen mußten, wo sie vor den Europäern und ihrer „Kultur" Ruhe hatten.

Eine spätere Kriegsepisode, deren Held der Häuptling Te Kuti war, wird noch geschildert werden. Ich möchte hier nur zwei Fälle aus der Kolonisationsgeschichte einfügen, die mir besonders originell und charakteristisch für die Art der Europäer und der Kannibalen scheinen. Die erste Geschichte handelt nur von Europäern und ist recht humorvoll:

Ein französischer Walfischfängerkapitän, ein gewisser Anglais, hatte im Jahr 1840 auf der Südinsel bei Akaroa von den Maori Land gekauft. Als unternehmungslustiger Mann und guter Patriot fuhr er bald in seine Heimat, nach Frankreich, um eine Kolonisationsgesellschaft ins Leben zu rufen. Er verstand es, Privatkapital und Regierung für seine Sache zu gewinnen, und Frankreich sandte, um der Angelegenheit politischen Nachdruck zu verleihen, ein Kriegsschiff unter Kommando des Kapitäns Lavand nach Neuseeland voraus, dessen Besatzung von dem Territorium der französischen Kompanie formell Besitz ergreifen sollte. Als im August 1840 Herr Anglais und seine zukunftsfrohen Kolonisten mit dem Schiffe „Graf von Paris" in den Hafen von Akaroa segelten, trauten sie ihren Augen nicht: am Land sahen sie eine Gruppe Männer um eine Flaggenstange versammelt, von der die britische Flagge wehte!

Wo war Herr Kapitän Lavand geblieben? War seine mutige Schar von Engländern oder gar von Kannibalen überfallen worden?

Die Geschichte hatte einen einfacheren Kern. Herr Kapitän Lavand war ein höflicher Franzose, der genau wußte, was sich schickt. Als er nach Neuseeland kam, warf er im Hafen von Auckland Anker und stattete dem Gouverneur Hobson einen Besuch ab. Hobson ließ sich nicht lumpen; er bewirtete den lieben Gast so vortrefflich, daß dieser gesprächig wurde und dem künftigen englischen Nachbar die ganze Geschichte seiner Sendung im „Vertrauen" mitteilte.

Eine solche Überraschung mußte erst recht gefeiert werden! Deshalb ließ; der gastfreundliche Engländer die Franzosen nicht los; es gab Fest auf Fest! Inzwischen war auf geheimen Befehl Hobsons das englische Kriegeschiff „Britomart" rasch nach Akaroa gefahren, und seine Besatzung hatte dort vorsichtshalber ebenso rasch die britische Flagge gehißt.

Ja, der Europäer Höflichkeit ist nicht immer wahre Freundschaft!

Die zweite Episode ist dafür um so trauriger. Auch sie handelt von den Leuten Hobsons und auch ihre Pointe ist: Sieg der Übervorteilungskunst, nur leider in blutigem Sinne.

Die New Zealand Company, deren Hauptbestreben es war, den

Maori möglichst viel Land abzukaufen und es zu Kolonisationszwecken auszunutzen, um letzten Endes die Europäerherrschaft zu errichten, war in vielen Fällen nicht ganz gerecht gegen die Maori vorgegangen, und in manchen Fällen lud sie blutige Schuld dem - Gott sei Dank recht tragfähigen - europäischen Kulturgewissen auf.

Aus der Wairau-Ebene hatten englische Landagenten von Maori ein Territorium gekauft, dessen Besitzer, der Häuptling Rangihaeata, abwesend war. Als dieser, der von dem Verkaufe nichts wußte, erfuhr, daß auf seinem Lande englische Geometer Vermessungen vornahmen, sagte er, aufs äußerste erbittert:

„Erst haben mir die Weißen eine Verwandte getötet, nun wollen sie mir auch noch mein Land nehmen! Sie suchen Streit mit mir!"

Der Europäer, der Rangihaeatas Verwandte ermordet hatte, war von der europäischen Behörde wegen Mangels an Beweisen freigesprochen worden; der Häuptling aber war überzeugt, daß der Freispruch nur deshalb erfolgt war, weil der Mörder eben ein Europäer war.

Er ging zum Häuptling Rauparaha und schlug ihm vor, die Geometer nach Nelson zu senden, wo die Europäer tatsächlich Land erworben hatten; er sagte:

„Dort mögen sie vermessen, Wairau aber gebe ich nicht her!"

Rauparaha und Rangihaeata fuhren mit ihren Kriegern über die Cookstraße in das Wairaugebiet und forderten die Geometer auf, das Land zu verlassen. Diese behaupteten, es sei ihr Land, sie hätten es rechtmäßig von Maori gekauft. Rangihaeata erwiderte:

„Rechtmäßig? Wenn ihr es rechtmäßig erworben hättet, hättet ihr erst fragen müssen, ob das Land denen gehört, die es euch verkauft haben!"

Die Geometer antworteten, das gehe sie nichts an; er möge sich darüber mit den Verkäufern auseinandersetzen; die Europäer hätten bezahlt und seien dadurch Besitzer des Landes geworden.

Empört über eine solche Geschäftsmoral befahl der Häuptling seinen Leuten, die Instrumente und Koffer der Geometer aus den Hütten zu schaffen und die Hütten niederzubrennen. Als der Befehl ausgeführt war, drohten die Geometer dem Häuptling mit der Anzeige, auf Grund deren er das Todesurteil zu gewärtigen habe.

König Tawhiao

Maori- Pah

Der Häuptling erstattete selbst die Anzeige bei der New Zealand Company. Daraufhin kamen der Oberbeamte, Kapitän Wakefield, der Landagent und mehrere englische Kolonisten und Polizisten nach Wairau, um die beiden Häuptlinge zur Rechenschaft zu ziehen. Die Maori saßen bei einer Beratung, als der Kapitän zu ihnen trat und sie fragte, warum sie die Hütten niedergebrannt hätten.

Rangihaeata antwortete: „Niemand hat das Recht, auf meinem Besitze zu bauen und zu vermessen, solange ich nicht verkauft habe! Was euer Besitz war, habe ich aus den Hütten schaffen lassen; es war nur mein Eigentum, das Holz meiner Wälder, das ich verbrannt habe! Hättest du wirklich Land von mir gekauft, dann hätte deine Anklage einen Sinn, so aber ist sie ein Unsinn!"

Der über die sachliche Antwort des Häuptlings wütende Kapitän drohte Rangihaeata mit dem Hängen. Darauf erwiderte der Häuptling gelassen:

„Gut! Meine Verwandte habt ihr ermordet; nun tötet noch mich in meinem eigenen Land, damit das Maß eurer Schande voll ist. Einst sagtest du, kein Europäer dürfe unser Eigentumsrecht verletzen; jetzt tust du es selbst. Ich sehe, ihr Europäer seid falsch! Weil du Land stiehlst, werde ich statt deiner gehängt!"

Diese Antwort des Häuptlings erwiderte der wutschäumende Kapitän damit, daß er seinen Truppen „Feuer!" kommandierte. Eine Frau Rangihaeatas wurde tödlich getroffen. Nun sprangen die Maori, die bisher ruhig dagesessen hatten, in wilder Raserei aus und töteten fast alle Europäer; nur wenige entkamen über den Fluß. So endete diese traurige Geschichte ausnahmsweise mit einem Sieg der gerechten Sache.

Zur Vervollständigung des geschichtlichen Bildes müssen ein paar Worte über den Einfluß des Christentums auf die Ureinwohner gesagt werden. Das Maorivolk, das wir bereits aus seiner Geschichte als trotz seiner kannibalischen Grausamkeiten sittlich und geistig hochstehend kennengelernt haben, war für die Lehre Christi sehr empfänglich. Seinem ritterlichen, rechtlichen Empfinden bedeutete das Wort Christus' ein Evangelium, eine frohe Botschaft im wahrsten Sinne.

Es ist aber auch verständlich, daß gerade aus diesem Grund die Erkenntnis von der antichristlichen Tendenz der materialistischen Zivilisation Europas die Maori zum Widerstand gegen diese Gefahr führen mußte, der in einem förmlichen Religionskrieg seinen Ausdruck fand. Mit wütendem Fanatismus und glaubensbesessener Grausamkeit bedankten sich die gottnahen Urmenschen für das Danaergeschenk der europäischen Zivilisation.

Wie oft haben es die Europäer mit den Urvölkern so gemacht wie die Hellenen vor Troja! Das erhobene Bild Christi wurde in fremdes Land getragen und, sobald die Urvölker dankbar vor ihm in die Knie sanken, entstiegen seinem Innern die mord- und beutegierigen Europäer, jene Christen, die den Mantel der christlichen Liebe vom Nächsten beanspruchen, um damit ihre eigene Schändlichkeit zudecken zu können. Gewehre, Schnaps und Syphilis haben geholfen, die Herrschaft Europas in fernen Erdteilen zu begründen. Doch wir wollten von den Maori sprechen.

Von dem edlen ersten Missionar auf Neuseeland, Samuel Marsden,. war bereits berichtet worden. Im weiteren Verfolg der Kolonisation wurde festgesetzt, daß die englische Hochkirche in der nördlichen, die wesleyanische Gemeinschaft in der südlichen Hälfte der Nordinsel ihre Tätigkeit entfalten sollte. Einige Jahre hindurch herrschte Frieden und Eintracht. Als aber ein fanatischer Bischof der Hochkirche, Lord Selwyn, gewählt worden war, begann es drunter und drüber zu gehen.

Selwyn sandte ins wesleyanische Gebiet Missionare, die den Maori erzählten, die wesleyanische Lehre sei eine Irrlehre, die wesleyanischen Missionare hätten nicht das Recht zu taufen und seien jene „gefräßigen Wölfe", von denen die Heilige Schrift erzähle.

Die wesleyanischen Maori hielten sich anfänglich für schmählichst hintergangen und bereits begannen Haß und Feindschaft in ihren Herzen zu gären. Die Verwirrung wurde ärger, als später noch andere Glaubensgemeinschaften, Protestanten und Katholiken, Missionare nach Neuseeland sandten. Die gebildeten Maori sahen, da sie die Bibel gut kannten, bald ein, daß sich die einzelnen christlichen Bekenntnisse nur durch verschiedenartige Auslegung des Bibelwortes gebildet hatten.

Von der urwüchsigen Klugheit der Maori zeugt eine kleine Geschichte, die mir Tawhiao erzählte; es ist dies die Geschichte vom wahren Gott.

Ich bemerkte in der King Country, dem von mir als erstem Europäer ausgesuchten Urmaorilande, Überreste europäischer Pflanzungen und fragte den König, wieso hier in einem den Europäern streng verschlossenen Lande solche Ruinen vorhanden sein könnten. Er erklärte mir dies folgendermaßen:

„Einst kam ein freundlicher Mann zu uns, ein Missionar, den mein Vater liebte, und wir alle liebten ihn, denn er machte bessere Menschen aus den schlechten. Wir lebten im Frieden mit ihm und erlernten vieles Nützliche von ihm. Nach einiger Zeit kam ein zweiter Missionar; der erzählte uns anderes von Gott als der erste und sagte, sein Gott sei besser als der Gott des ersten Priesters.

„Auch er fand Anhänger; die Maori teilten sich in zwei Parteien, lebten aber noch friedlich weiter. Als aber dann ein dritter Missionar kam, der wieder einen andern Gott predigte als die beiden ersten, denen wir gefolgt waren, da hielten wir Häuptlinge und Ältesten eine Versammlung ab und beschlossen:

„Alle Missionare sollen unser Land verlassen und dürfen erst wiederkommen, bis sie sich über Gott einig sind: denn recht kann nur einer haben, und der wahre Gott kann nur einer sein. Wenn sie dann geeinigt wiederkehren, wollen wir ihre Predigt hören und selber urteilen. Sollten aber die Missionare dem Beschluß der Häuptlinge und Ältesten nicht gehorchen, so sollen sie getötet werden.

„Da die beiden letzten nicht gingen, haben wir sie getötet, und was du sahst, sind die Reste ihrer Farmen."

So wie der nationale Widerstand der Maori zur Königsbewegung und zum Maorikriege führte, brachte der religiöse die Begründung einer neuen Lehre, der Pai Marire oder Hauhau-Religion, und einen Religionskrieg mit sich; es ist verständlich, daß beide Bewegungen fast gleichzeitig entstanden und eng ineinandergeflochten waren.

Als Begründer der neuen Religion „Pai Marire" (von pai = gut und marire = friedlich) gilt der „Prophet" Te Na. Es war dies ein als geistesschwach und friedfertig bekannter Maori.

Als bei Taranaki ein englisches Schiff, der "Lord Worsley", strandete, hatte Te Na ein Gesicht; in dem gestrandeten Schiffe seien Erzengel Gabriel und Michael als Fahrgäste, die zu ihm kommen werden.

Er begab sich an den Strand und beschwor die Maori, das Wrack und die Reisenden nicht auszuplündern. Als sein Befehl verlacht wurde, ging er in seine Hütte und erflehte Verzeihung für sie von seinem Gotte Pai Marire, dem Allgütigen, Friedfertigen.

Kurz nach diesem Vorfall überfiel Te Na ein Weib aus seinem Stamme, wurde aber von ihrem Gatten ertappt und in einer Hütte, an Händen und Füßen gefesselt, eingesperrt, damit er Muße habe, über sein Vergehen nachzudenken. Als er in der Hütte lag, geschah ein Wunder: Erzengel Gabriel und Michael standen plötzlich vor ihm und verliehen ihm die Kraft, seine Fesseln zu sprengen. Am nächsten Morgen fand der Ehemann den zukünftigen Propheten ungefesselt in der Hütte; er band ihn abermals, diesmal mit einer Kette; aber nachts kam wieder Gabriel, und Te Na riß mit übermenschlicher Kraft die Kette in Stücke.

Von diesem Zeitpunkt an war Te Na bei seinem Stamme ein berühmter und gefürchteter Mann. Die Visionen wiederholten sich. Einmal befahl der Engel dem Schlafenden, aufzustehen und seinen Sohn zu töten. Er befolgte den Befehl, stand auf und sah sich plötzlich umringt von allen Völkern der Erde, die die Opferung seines Sohnes von ihm forderten.

Te Na ging zu seinem Knaben, und als er ihn faßte, brach des Kindes Bein an mehreren Stellen. Da, als er eben die Keule schwang, fiel ihm der Erzengel in den Arm und wusch den Knaben mit Wasser. Im selben Augenblick war der Sohn wieder unversehrt. Te Na dankte dem Engel und wurde nun von seiner Sendung unterrichtet.

Eine an ihrem oberen Ende geschnitzte Stange (Niu) sollte als Versammlungssymbol der Gläubigen in die Erde gerammt werden und wenn alle Maori um sie versammelt seien, werde der Engel den Waiota, den Gesang von der Dreifaltigkeit, singen, und denjenigen, die des Glaubens voll sind, werde dann die Zunge gelöst werden, um zu den Völkern zu sprechen.

Te Na tat, wie ihm befohlen ward, und bei jeder Versammlung lauschten die Gläubigen dem Gesange des Erzengels, der im Wehen des Windes (Hauh) zu ihnen sprach.

Der Ursprung und die Bedeutung des Namens „Hauhau", mit dem hauptsächlich die Europäer die Pai Marire bezeichneten, ist stritig. Aus dem Vorhergehenden ließe er sich vom „Windhauch" ableiten; ich bin aber der Meinung, daß der Kriegsruf der Maori, ein wilder, dem Hundegebell ähnlicher tierischer Schrei „Hau! Hau!", die Europäer dazu geführt hat, die aufständischen Maori Hauhau zu nennen.

Die neue Religion fiel auf fruchtbaren Boden. Die nationalistischen Maori nahmen sie mit Begeisterung an. Als sein Einfluß schon weit verzweigt war, hatte Te Na eine neue Vision. Es war nach dem ersten Zusammenstoß zwischen den Hauhau und englischen Truppen in der Nähe von Taranaki, bei dem Hauptmann Lloyd fiel.

Der Erzengel erschien Te Na und befahl ihm, den Kopf des Hauptmanns auszugraben, nach Maoriart zu mumifizieren und ihn dann zu allen Stämmen zu schicken; der Kopf werde sprechen und weissagen. Te Na folgte den Weisungen des Engels und siehe: der Kopf sprach zu dem Propheten:

„Du bist der oberste Prophet der Pai Marire; als Jünger erwähle Matene und Hepanaia."

Der Kopf orakelte weiter, Legionen von Engeln harrten der Zeit, bis der Kopf zu allen Stämmen gewandert sei. Dann würden alle Maoristämme wider die Pakeha ausstehen und sie mit Hilfe der Engel vernichten. Alle Sprachkenntnisse, Künste und Wissenschaften der Weißen würden auf die Pai Marire übergehen.

Die Hauhau hielten sich für unverwundbar, denn der Prophet hatte gesagt:

„Wenn ein Feind auf einen von euch zielt, braucht ihr nur die flache Hand nach rückwärts zu drehen, sie rasch über den Kopf zu halten und zugleich Hauhau zu rufen, dann wird die Kugel über euren Kopf wegfliegen"

Nach dem erwähnten Siege der Hauhau bei Taranaki und der darauffolgenden Aussendung der „Apostel" Matene, Hepanaia, Keriopa und Patara zu andern Stämmen wuchs der Anhang der neuen Lehre bedeutend. Aber es kam auch hier so, wie es meistens geschieht, wenn eine Lehre ins Volk dringt: die Jünger sind anders als der Meister, und aus den großen Gedanken gebiert sich die gemeine Tat!

Hepanaia und den andern Jüngern war in erster Linie an der Vernichtung der Weißen gelegen; sie stachelten den Blutdurst der Maori auf und feierten grauenvolle Triumphe über die Weißen. Hepanaia wurde zwar bald abgekühlt, als er das Fort Sentry-Hill belagerte und von den Europäern vernichtend geschlagen wurde. Aber Patara und insbesondere Keriopa schwelgten in Blutorgien.

Aus der Fülle der Ereignisse sei nur die grauenvollste Tat hervorgehoben, die Ermordung des Missionars Völkner. Völkner war Pastor bei Whakatane und wegen seiner Güte und Gerechtigkeit allgemein geachtet. Er weilte gerade in Auckland, als der Aufruhr losbrach. Patara, der Völkner noch immer hochachtete, ließ ihm eine Botschaft zukommen, in der er dem Missionar mitteilte, seine Habe sei von den Hauhau konfisziert, und in der er ihn bat, nicht mehr wiederzukommen. Völkner fuhr trotz dieser Warnung, im vollen Vertrauen auf sein Ansehen, mit dem Schoner „Eclipse" nach Opotiki in der Bay of Plenty.

Keriopa hatte Völkners frühere Anhänger verhetzt, indem er ihnen erklärte, Völkner sei nur deshalb nach Auckland gefahren, um sie an das Militär zu verraten. Er werde nachts wiederkommen und die Maori überfallen. Als Keriopa genug Anhang hatte, predigte er:

„Wenn ihr meinen Worten nicht vertraut, wird euch mein Gott vernichten! Das sind die Worte meines Zornes! Bringet die weißen Missionare, auf daß ich sie vernichten kann!"

Nach der Ankunft Völkners wurde er sofort gefangengenommen; seine abtrünnigen Anhänger wagten nicht, mit ihm zu sprechen, und als das Gericht über ihn gehalten wurde, stimmten nur einige wenige gegen den Mord. Te Ranapia, einer dieser wenigen, verlangte, die Versammlung solle Völkner ihm ausliefern; aber Keriopa ließ es nicht zu.

Als das Todesurteil gefällt war, führte die wutberauschte Schar Völkner in die Kirche. Hier wurde er gefesselt, und ein Strick wurde ihm um den Hals gelegt; dann führte man ihn zu einem Baum. Te Nanapia wollte ihn im letzten Augenblick retten: er sprang unter die Henker, kam aber zu Fall, und im selben Augenblick wurde Völkner am Baume hochgezogen. Keriopa selbst erschoß den Hängenden.

Der Leichnam wurde wieder herabgelassen und in die Kirche geschleift. Hier hieb ihm Keriopa den Kopf ab und befahl den Hauhau, das Blut zu trinken, auf daß sie fest im Glauben würden. Keriopa selbst stach Völkner mit einem Instrument aus Nephrit die Augen aus und verschluckte sie. Die Maori tranken, wie ihnen geheißen, das Blut und bemalten sich damit das Gesicht.

Patara war während dieser Vorgänge auf einer Missionsreise. Als er von dem Morde erfuhr, berief er Keriopa zu sich, damit er sich rechtfertige; aber Keriopa folgte dem Befehle nicht.

So büßte ein Edler für Gemeine. Sein Tod war ein Symbol wie Christi Tod; freiwillig nahm er die große Last der Europäerschuld auf sich - er, der Schuldlose - und starb eines qualvollen, gemeinen Todes für die andern.

Keriopa ereilte ein gerechtes Schicksal; er wurde bald gefangengenommen und zum Tod verurteilt. Als er das Urteil vernahm, sagte er ruhig:

„Als ich Völkners Augen verschluckte, blieb mir eins im Halse stecken; dies war ein böses Zeichen. Ich wußte gleich, daß ich dafür sterben muß!"

Der Religionskriege verschmolz ganz mit dem Maorikriege. Nach seinem Ende waren nur noch die freien Stämme der King Country unter König Tawhiao Anhänger der Pai-Marire-Religion. Tawhiao selbst behauptete, vom Erzengel Gabriel zum König bestimmt worden zu sein.

Neuntes Kapitel

Aus dem Leben der Maori

Im vorigen Kapitel haben wir schon nähere Bekanntschaft mit den Maori gemacht und sie als einen eigenartigen Menschenschlag kennengelernt, der nach unsern Begriffen die gegensätzlichsten Charaktereigenschaften in sich vereinte: auf der einen Seite phantastische Grausamkeit und tierische Menschenfresserei; auf der andern Seite ritterlichen Sinn und höchste geistige und sittliche Entwicklungsfähigkeit.

Wir wollen uns nun näher mit diesem Volke beschäftigen, das ich noch in seinem Urzustand kennenlernen durfte. Die folgenden Ausführungen sollen lediglich eine Folge lebendiger Bilder sein, die dem Leser die bunte Vielfältigkeit eines versunkenen Lebens vor das geistige Auge zaubern. Ein versunkenes Leben: denn die wenigen Maori, die heute noch auf Neuseeland leben, sind keine Maori mehr; es sind durchwegs dunkelfarbige Europäer!

Die Maori waren der mächtigste aller polynesischen Stämme. Ihre Rassenzugehörigkeit läßt sich nicht sicher feststellen. Nach meinen Erfahrungen scheinen sie keinen einheitlichen Typus zu haben; nach langen und eingehenden Beobachtungen - ich versäumte keine Gelegenheit, im Urmaoriland größeren Versammlungen beizuwohnen - fand ich drei deutlich voneinander abweichende Typen.

1. Eine Anzahl Maori mit platten Nasen, wulstigen Lippen, schwarzem Kraushaar, dunkler Hautfarbe und kleiner Statur.

2. Dann – dies war der überwiegende Teil der Maori – Leute mit proportionierten, fast europäischen Gesichtsformen, straffem schwarzem Haar, hellerer Hautfarbe und etwa 1,8 Meter Körperhöhe, durchwegs muskulöse, edle Mannesgestalten und grazile, wohlgeformte Frauen.

3. Die Maori, die dem dritten Typus zugehören, sehen arabisch-semitisch aus; sie haben braunes bis rötliches Haar und sehr lichte Hautfarbe. Ich sah auch einen weiblichen Maori-Albino, der straffes, strohblondes Haar hatte.

Die Häuptlinge erzählten mir, die Maori seien eine Mischrasse. Nach ihrer sagenhaften Überlieferung kamen einst von Hawaiki auf 13 Dappelkanus die Vorfahren der Maori nach Neuseeland. Sie landeten an verschiedenen Stellen der Nordinsel und fanden sie von dunkelfarbigen Menschen bewohnt, die schwarzes Kraushaar hatten und von kleiner Statur waren. Diese eigentlichen Urbewohner – die Maori nannten sie Ngatimaimai – seien gute Ackerbauer und Jäger, aber schlechte Krieger gewesen. Die Urmaori besiegten das Urvolk, töteten die Männer und nahmen die Frauen in Besitz. Die aus dieser Verbindung entsprungenen Kinder hätten bereits ein anderes Aussehen gehabt.

Diese Überlieferung würde – wenn sie einen wahren Kern birgt – die Existenz der drei Typen erklären; allerdings bleibt die Frage offen, wo Hawaiki lag und woher die Ureinwohner stammten.

Die moderne Ethnographie zählt die Maori zu den protomorphen,

Hauptfrau des Königs Tawhiao.

d.h. erstgestaltigen oder ältesten Menschenrassen, und Fornanders Vermutung einer uralten genetischen Beziehung der polynesischen zur weißen Rasse wird von ihr für sehr wahrscheinlich gehalten. Aber die Stützen solcher Hypothesen sind schwankend; die Ausgrabungen und die Tradition führen nur einige Jahrhunderte zurück.

Bugverzierung eines Kriegskanus.

Am 7. Januar besichtigte ich eine Maorischule in Matakohe. Die Schulzimmer waren ganz nach europäischem Muster eingerichtet, auf den Bänken saßen Maorischüler im Alter von 8 bis 26 Jahren nebeneinander. Die Leistungen einzelner Schüler überraschten mich; sie zeugten von der außerordentlichen Auffassungsgabe der Maori. So konnte ein achtjähriger Knabe, der erst ein Jahr die Schule besuchte, bereits sehr gut schreiben, lesen und rechnen wie ein europäischer Schüler der dritten Volksschulklasse.

Nach der Schulzeit wurde das Gebäude von den Maorifrauen und Mädchen für ihr Fest geschmückt. Die Männer schlachteten Schweine, Rinder und Schafe, die Frauen gruben eine Kochgrube (Hangi) und flochten die Eßkörbchen. Als die Vorbereitungen abgeschlossen waren, wurden die europäischen Gäste von zwei Maori, Herren des Komitees, empfangen. Ich wurde vom Häuptling selbst in das mit Palmen, Baumfarn und Blütenpflanzen geschmückte Schulhaus geführt. Maorimädchen in ihrer Tracht servierten die Speisen in den kleinen Eßkörbchen, die die Stelle der Teller vertraten. Nach der Tafel spielte ein Maori auf der Konzertina; Gesänge und Tänze der Maori folgten. Die Gastgeber boten alles auf, um die Europäer zu unterhalten.

Der Häuptling wollte mich unbedingt zu längerem Verweilen bestimmen; es fiel mir schwer, mich loszumachen. Zum Abschied schenkte er mir einen mit geschnitzten Figuren bedeckten Stab, ich

Eines Tages fand ein Maori beim Entwurzeln eines Baumes in einer Höhle den kostbaren Vogel. Die Freude der Maori war allgemein. Als z. B. der Häuptling der Ngatimaniapoto den Korotangi sah, stellte er ihn vor sein Lager und weinte vor ihm jeden Morgen einen „Tangi" (Klagelied).

Eine Engländerin, Frau Wilson, erwarb schließlich die Reliquie, und ich erwirkte vom damaligen Besitzer des Vogels, Major John Wilson, die Erlaubnis, einen Gipsabguß vom Original herzustellen, der sich nunmehr im Wiener Naturhistorischen Staatsmuseum befindet. Das Alter dieses Vogels wird sich schwer bestimmen lassen.

Der heilige Vogel Korotangi

Ein etwas exakteres Hilfsmittel für die Zählung der Maorigenerationen sind die Priesterstäbe (He Rakau Papatupuna). Es waren Hartholzstäbe von 75 bis 105 Zentimeter Länge, von einem verdickten Ende nach dem andern spitz zulaufend, die mit dicht nebeneinanderliegenden Einkerbungen versehen waren, so daß sie einer Säge glichen. Die Priester (Tohunga) eines jeden Stammes hatten diesen Stab in Verwahrung. Wenn der Oberhäuptling starb, wurde eine Kerbe in den Stock geschnitzt. So läßt sich aus der Zahl der Kerben auf das Alter eines Stammes schließen. Nach diesem „Maßstabe" und nach der Tradition kann man die Maori 15 bis 20 Generationen zurückverfolgen, also nur bis ins 12. Jahrhundert.

Die Sprache der Maori ist wohlklingend, vokalreich und den übrigen polynesischen Dialekten verwandt. Charakteristisch ist die Silben- und Wortverdoppelung zur Bezeichnung der Menge, Fülle, Intensität; z. B. kino = schlecht, kikino = sehr schlecht.

Schriftzeichen waren den Maori unbekannt, dagegen kannten sie wohl primitive Verständigungszeichen, so z. B. Knotenzeichen, schriftartige Geheimzeichen einzelner Stämme.

Die Urreligion der Maori war nicht einheitlich; die einzelnen Stämme hatten ihre besonderen Kulte, doch ist interessant, daß alle den Begriff „Seele" kannten und an eine Präexistenz der Seele und an ein Fortleben nach dem Tode glaubten.

Aus der Fülle wunderbarer und tiefsinniger Mythen will ich nur die interessantesten als Beispiele anführen.

Eine Schöpfungssage berichtet, daß der Gott Kote Ema den Menschen vervollkomnen wollte; er schuf Kote Tahuhunui, damit er ihm helfe. Aber der Mensch blieb unvollkommen. Da schuf er noch einen Helfer, Ranginui, und wieder blieb das Werk, wie es war. Darüber wurde Kote Ema so zornig, daß er den guten Geist aus den Menschen vertrieb; nur der Körper (Aitua) blieb. Seither gab's Tod und Krankheiten unter den Menschen.

Nach einem andern Mythus zeugte Rangi, der Himmel, mit Papatuanuku, der Erde, sechs Söhne. Sie schwebten zwischen Himmel (Vater) und Erde (Mutter). Der Älteste, Aitua, verriet seinen Brüdern, er habe das Licht gesehen, das sein Vater vor ihnen verberge. Er schlug den Brüdern vor, den Vater zu töten. Aber die andern beschlossen, Vater und Mutter nur voneinander zu trennen. Und so stemmten sie ihre Häupter gegen die Erde und die Füße gegen den Himmel und schieben sie mit ihrer Kraft; aber die Erde öffnete sich, und die Söhne blieben an ihr haften. Es ward Licht.

Der Unsterblichkeitsmythus hat viel Ähnlichkeit mit unserm Glauben an Himmel, Fegfeuer und Hölle. Nach dem Tode, so glauben die Maori, gehen die Seelen in die Rainga, die Unterwelt, ein. Sie liegt nördlich von der Nordinsel. Die Seelen springen über einen Felsabgrund ins Meer, durch das sie in die Rainga gelangen, die aus drei Abteilungen besteht: die unterste ist finster. Dahin kommen die Seelen der Bösewichte; sie müssen verhungern und verweilen. Im mittleren Teil ist es auch noch finster, aber die Seelen erhalten Nahrung und können durch die Gebete der Priester in den obersten Teil erlöst werden, der von Licht erfüllt und eine Stätte ständiger Freudenfeste ist. In früheren Zeiten wurden nach dem Tode eines Häuptlings seine Witwen und mehrere Sklaven getötet, damit sie den Toten in der Kainga bedienen konnten.

Bei einem Stamm im Süden fand ich folgende originelle Kultzeremonie:

Der Priester steckte einen Stab, auf dessen oberem Ende die Figur eines Götzen geschnitzt war, mit dem spitzen unteren Ende in die Erde. Er band dann dem Gotte eine Flachsschnur um den Hals und hielt die Schnur in der Hand. Bevor der Priester zu beten begann, zog er an der Schnur, um den Gott aufmerksam zu machen, und nach jedem Gebete steckte er ein Stäbchen in die Erde, um zu wissen, wieviel Gebete er bereits absolviert habe. Manchmal gab der Gott auch Antwort, und zwar ganz vernehmlich; der Priester war nämlich, wie ich bemerkte, ein guter Bauchredner; des Gottes Weissagungen kamen also aus dem „Bauch" des Priesters.

Im allgemeinen beteten die Maori Elementargottheiten an, Sonne, Mond, Regenbogen usw., aber ihre Götterwelt war so groß und sinnlich wie die der alten Griechen. Ein jedes Tier, jede Pflanze hatte ihren eigenen Schöpfer, so z. B. war Pani der Gott der Süßkartoffel (Kumara), Papa der Gott des Schnepfenstraußes (Kiwi), Tangaroa der Gott der Fische und des Meeres. Auch die Seelen der Verstorbenen belebten nachts die Wohnstätten der Lebenden; die guten Ahnen schützten, die bösen stifteten Unheil.

So war es natürlich, daß die Maori – es gab so viele gute und böse Dämonen, mit denen man es nicht verderben durfte – sehr abergläubisch waren. Am meisten Respekt hatten die Maori vor den Eidechsen, besonders vor der Tuatara (*Hatteria*, Brückenechse). Eine ergötzliche Geschichte darüber haben wir S. 120 gelesen.

Wenn eine Eidechse auf einen Maori losspringt und er sie nicht sofort tötet, muß er selber sterben. Dieser Aberglauben, der, wie die Ausgrabungen von Eidechsenknochen aus alten Maorikochplätzen beweisen, sich erst spät entwickelt hat, wirkte in manchen Fällen so suggestiv, daß Maori durch Autosuggestion und aus Angst vor der Eidechse starben.

Der Abscheu vor diesen Tieren wird durch eine Legende erklärt.

Vor langer Zeit aßen die Maori große Eidechsen als Delikatesse. Eine schwangere Häuutlingsfrau bat eines Tages ihren Mann, ihr eine recht große Eidsechse vom Walde zu holen. Der Häuptling ging, befahl aber seiner Frau, nichts zu essen, bis er zurückkäme. Die Frau jedoch wurde hungrig und aß trotz des Verbotes. Als dann der Mann mit einer Anzahl Eidechsen nach Hause kam, entschlüpften sie ihrem Gefängnis und töteten den Häuptling.

Eine primitiv religiösen Vorstellungen entsprungene Einrichtung, die fast in ganz Polynesien (natürlich auch auf Neuseeland), im Staats- und Familienleben eine ganz bedeutende Rolle spielt, ist das „Tabu".

„Tabu" bedeutet unantastbar, heilig. Eine Person, ein Gegenstand, der tabu erklärt worden ist, darf von niemand berührt werden. Es ist anzunehmen, daß zum erstenmal gegenüber Toten der Tabubegriff aufgetaucht ist; die Scheu und der Widerwille vor dem Leichnam haben zweifellos dazu geführt, die Toten als „tabu" zu erklären.

Tatsächlich gilt als oberstes Tabu auch heute noch das der Toten und der Personen und Dinge, die mit ihnen zu tun haben. Aber der Begriff erweiterte sich zu einer wirtschaftlichen und privatrechtlichen Schutzeinrichtung von größter Bedeutung. Das Tabu war ursprünglich nur Personen, Häuptlingen, Priestern, eigen, aber sie übertrugen es auch auf Gegenstände. Drohte eine Hungersnot, so erklärte der Häuptling Getreidevorräte (Reserven) für tabu; unreife Früchte wurden als tabu bezeichnet (bis zur Reifezeit), Jagd- und Fischgebiete während der Schonzeit; zum Schutze der Autorität waren Häuptlinge und Priester tabu und hatten das Recht der Tabu-Erklärung. Mütter waren zur Zeit des Gebärens samt dem Säugling tabu, ebenso Infektionskranke und deren Pfleger. Auch mein Gepäck wurde, wie wir noch später hören werden, zum Schutz gegen Diebstahl tabu erklärt.

Wie tief die Achtung vor dem Tabu eingewurzelt ist, geht daraus hervor, daß Leute, die das Tabu unwissentlich verletzten, durch Autosuggestion starben; sie wurden melancholisch, verweigerten jede Nahrungsaufnahme und starben nach kurzer Zeit.

Die relativ hohe Entwicklung religiöser Vorstellungen und staatlicher Einrichtungen bei den Maori lassen vielleicht den Schluß zu, daß in ihnen eine verlorengegangene hohe Kultur schlummert, die Kultur des utopischen versunkenen Kontinents, als dessen letzte Berggipfel die Südseeinseln in unsere Zeit ragen. Dieser Gedanke gewinnt an Wahrscheinlichkeit, wenn man die Kunstwerke der Maori betrachtet und studiert.

Mit den primitivsten Steinwerkzeugen – Metalle waren den Maori vor dem Eindringen der Europäer gänzlich unbekannt – entlockten sie Hartholzklötzen und dem zähen, selbst mit modernen europäischen Schleifmitteln nur schwer zu bearbeitenden grünen balbedelstein Nephrit Formen und Gestalten von vollendeter Linie und bedeckten sie mit wunderbaren Ornamenten. Besonders bemerkenswert ist, daß die in Holz und Stein schwer ausführbare komplizierte Spirale das vorherrschende ornamentale Element war.

Fast alle Gegenstände des Gebrauchs wurden mit Schnitzerein verziert, am prächtigsten die Pfosten und Planken der Wohn- und Versammlungshäuser, der Magazine und die Zierteile der alten Kriegskanus, aber auch Waffen, Werkzeuge und Schmuckstücke waren reich ornamentiert. Einige Bilder geben eine ungefähre Vorstellung vom Reichtum und von der Höhe der Maorikunst.

Besonders möchte ich hier zwei von mir gesammelte Schnitzkunstwerke hervorheben, weil sie in ihrer Art seltsam und originell sind. Beide sind Maorispielzeug.

Das eine, im Besitze des Wiener Naturhistorischen Staatsmuseums, stellt zwei Personen, einen Mann und eine Frau, beim Feuermachen dar. Die alte Methode bestand darin, daß zwei Maori auf einem Weichholzbrett knieten, in das eine Längsrinne geschnitten wurde. Der eine Maori rieb einen zugespitzten Hartholzstab in dieser Rinne schnell hin und her, bis die Späne zu glimmen begannen. Dann wurde trockene Rinde zugelegt und das Feuer angefacht.

Das zweite ist der „Kahu" oder „Falke", ein Flugdrachen, dessen Flächen aus Flachsblättern hergestellt wurden. Er trägt einen reich geschnitzten Männerkopf und überrascht durch seine Form, die man als „Vorahnung" eines modernen Aeroplans bezeichnen könnte.

Es würde zu weit führen, die einzelnen Bauten und Schnitztechniken zu beschreiben; eine Schilderung nach dem Leben wird die systematische Darstellung besser ersetzen. Sie gilt dem Bau des letzten Maorikanus. Das Bild eines Kriegskanus aus der Zeit Cooks zeigt S. 165.

Der Bau der herrlichen, reichgeschnitzten Maorikanus war eine langwierige, mühevolle Arbeit. Mit ihren primitiven Steinwerkzeugen mußten die Eingeborenen jahrelang arbeiten, bis sie ein solches Kunstwerk vollendet hatten.

Zuerst wurde ein passender Baum, meist Totara (*Podocarpus totara*) ausgesucht, ringsherum Feuer angelegt und die sich bildende Kohle so oft mit der Steinaxt (Paneheke) beseitigt, bis der Stamm fiel. Auf gleiche Weise wurde das obere Ende des Baumes abgetrennt. Dann wurden mehrere Löcher der Länge nach in den Stamm gebrannt und dadurch das Kanu ausgehöhlt.

Die Muster der Schnitzerei wurden mit Kohle vorgezeichnet, dann wurden an verschiedenen Stellen mit einem Bohrer, an dessen unterem Ende ein Feuerstein wirkte, Löcher vorgebohrt und von diesen Punkten aus mit Obsidian- oder Feuersteinmessern die Zieraten ausgearbeitet. Kanukopf und -hinterteil, die am feinsten geschnitzt waren, wurden gesondert gearbeitet und mit Flachsschnüren am Schiffe befestigt. Meist trug der Kanukopf eine menschliche Figur oder einen Kopf, der die Zunge ausstreckte, was als Symbol der Kriegserklärung galt.

Kriegskanu der Maori. (Nach einer Abbildung in Cooks Reisewerk.)

Ich hatte das Glück, in der King Country den Bau und die Einweihung eines solchen Kanus beobachten zu können, des letzten, das noch mit primitiven Mitteln und nach altem Maoribrauch verfertigt wurde. Im Wald von Hikurangi fand ich den Häuptling Paingahuru, wie er ein großes Kanu für den Ariki (Oberhäuptling) Te Witiora zimmerte. Er bearbeitete den Totarastamm mit einer Paneheke, an deren Handhabe an Stelle des Steinbeiles ein Eisenstück befestigt war.

Als das Kanu fertig war, wurden große Vorbereitungen für das Fest seiner Einweihung getroffen. Auch ich war dazu geladen. Am Festmorgen kam der Ariki Te Witiora mit zahlreichem Gefolge in den Wald. An den Vorder- und Seitenteilen des Schiffes wurden feste Lianenseile (Torotoro) befestigt. Nun trat der Ariti vor das Kanu und sprach einen feierlichen Karakia (Gebet).

Als er geendet hatte, forderte er mich auf, mit ihm zugleich den ersten Zug an den Seilen zu tun, was mit als ganz besondere Auszeichnung gelten sollte. Nach uns trat eine Partie Eingeborener an die Seile, Te Witiora stellte sich an die Spitze des Zuges und schritt voran, seine Keule schwingend und im Takte singend. Die Eingeborenen sangen mit und schleiften im selben Rhythmus ruckweise das Kanu durch den Wald. Sobald eine Partie ermüdet war, trat eine andere an ihre Stelle. So ging's mehrere Kilometer weit bis zum Dorf Hikurangi.

Hier kamen uns schon, bunt mit Ocker bemalt und mit Blumen Geschmück, die Mädchen und Frauen singend und tanzend entgegen. Vor der Häuptlingshütte wurde Rast gemacht. Die Maori setzten sich im Kreis auf die Erde, und jeder bekam in einem viereckigen, aus dem Laub der Tafra geflochtenen Körbchen ein mit Süßkartoffeln (Kumara) garniertes Stück Wildschweinfleischs vorgesetzt; überdies noch ein Stuck rohes Fleisch in einem Flachskorb (Kit) zum Mitnehmen. Vor meinem Ehrenplatz stand als besondere Überraschung ein Korb voll herrlicher Äpfel!

Um mich für die Aufmerksamkeit erkenntlich zu erweisen, wartete ich den Häuptlingen davon auf; da sich aber keiner bediente, legte ich vor jeden einen Apfel hin. Ich war sehr überrascht, als alle schleunigst mit beleidigten Mienen die Früchte wieder in meinen Korb zurücklegten. Ich wußte nicht, daß es bei den Maori als schwere Beleidigung gilt, wenn man von einem Gastgeschenk an andere etwas abgibt. Die Häuptlinge beruhigten sich erst, als ich ihnen die europäische Höflichkeitssitte des Aufwartens erklärte. Aber sie nahmen trotzdem keinen Apfel an.

Nach dem Festmahl machte sich die Gesellschaft wieder auf den Weitermarsch. Das Kanu wurde mitgeschleift und bei jedem Dorfe (Kainga), das wir passierten, gab's wieder Empfang, Tanz und Festschmaus. So zogen wir bis zum Waipafluss, in dessen Fluten das Kanu seine erste Fahrt erlebte.

Wie wir sahen, kannten die Maori in einem einwandfrei künstlerischen Sinn und schon weit früher als die Europäer das Prinzip „Schmücke dein Heim!" Sie gingen aber darin noch weiter zum „Schmücke dein Antlitz!"

Die Tätowierungskunst hat auf Neuseeland wohl ihre höchste Stufe erreicht. Auch hier herrschte das Spiralornament vor. Die Männer waren am ganzen Gesicht, manche auch um die Hüften tätowiert, und ein schöner, reichverzierter „Moko" (tätowiertes Gesicht) brachte bei den alten Maori seinen Besitzer zu hohem Ansehen. Die Frauen waren nur um die Lippen und am Kinn, manche auch auf den Brüsten und um die Hüften tätowiert.

Mit der Tätowierung wurde meistens im 20. Lebensjahr begonnen. Operateur war der Priester des Stammes, der, nach eigenen Regeln, mit lanzettartigen Instrumenten aus Knochen die mit Kohle vorgezeichneten Ornamente einschnitt. Bei einer Sitzung wurden jedoch nur ein bis zwei Ornamente gemacht und dann wieder bis zur Verharschung gewartet. Zur Erweckung des Mutes sangen während der schmerzlichen Prozedur die versammelten Familienmitglieder Gesänge, so z. B.:

Tocher des Häuptlings Hemera te Rerehau.

Rangzweite Gemahlin des Königs Tawhiao.

„Wir sitzen beisammen und schauen die Linien; sie seien krumm wie ein Eidechsenfuß! Sei geduldig, die Mädchen werden dir Nahrung sammeln. Laß jede Linie kennbar sein für den Mann, der die Rache kennt; für den Mann, der keine Rache kennt, laß sie schön sein! Mache sie krumm und laß sie offen! Unser Gesang wird den Schmerz dir lindern!"

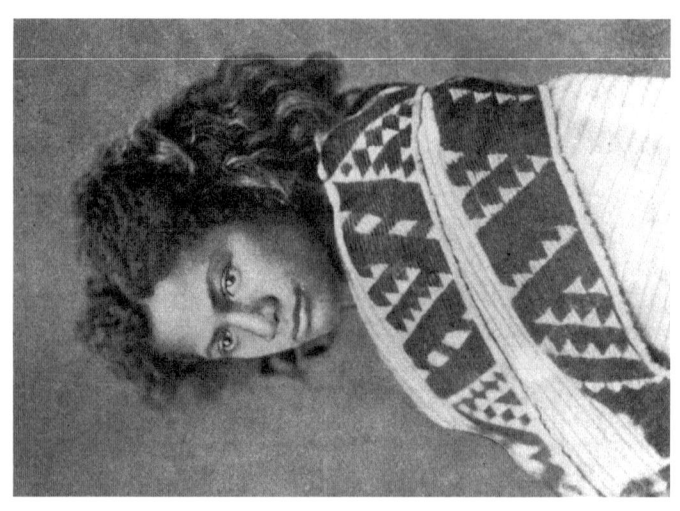

Nichte des Königs Tawhiao.

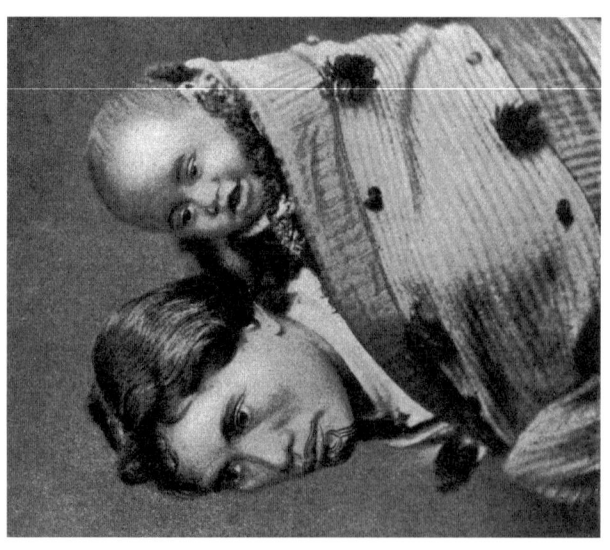

Mutter mit Kind.

Die offenen Wunden wurden mit Pulvern eingestreut; hierzu verwendeten die Maori entweder pulverisiertes Kaurihatz (von *Dammara australis*) oder pulverisierte Awetaraupen. Von dieser seltsamen Raupe, die Pflanze und Tier in einem ist, wurde bereits oben S. 94 gesprochen.

Barock und ornamental wie ihre Schnitzkunst war bei den Maori auch die Dichtkunst und die Kunst der Rhetorik. Auch hierin war ihnen Apollo hold. Eine große Anzahl von Liebes-, Klage- und Weihegesängen, zahlreiche Märchen und Legenden von wunderbarer Schönheit sind, aus alter Zeit überliefert, erhalten geblieben.

Dichterische Begabung wurde von den empfänglichen Maori hochgeschätzt; so war es eine der Pflichten jedes Häuptlings, dichterisch befähigt zu sein. Er mußte die ganze Tradition seines Stammes in gebundener Rede vortragen und bei den Debatten, von denen später die Rede sein wird, seine Ansichten in vollendeter Sprache vorbringen können.

Als Beispiel für ihre dichterische Art diene das Abschiedsgedicht, das mir König Tawhiao gewidmet hat. (Das Gedicht ist vom Herausgeber aus dem Original frei übertragen.)

Abschiedsbrief König Tawhiaos an Andreas Reischek

Ich grüße Dich! Ich habe Deinen Brief und Deine Freundschaftsgabe empfangen. Ich grüße Dich! Du sagst, daß Du heimkehren willst in Dein Heimatland; gut, Freund, ich billige Deinen Entschluß und ich billige auch Deine Worte, da Du sagst, Du wollest wieder zu mir kommen und mich noch einmal sehen, ehe Du diese Inseln verläßt. Ja! Es ist gut, daß Du kommst und daß wir uns noch einmal sehen; dann magst Du heimkehren in Dein Land! Das waren meine Worte, die ich Dir sagen wollte, doch nun höre noch meinen Gesang der Liebe an Dich!

> Aus schwerem Wolkendunkel bricht
> Von Norden her ein helles Licht,
> Und höher schürzt den Wolkensaum
> Die Sonne! Doch ich fühle kaum
> Den Tag, und schmerzliches Gewittern
> Des Leides läßt den Leib erzittern;

Ein Tränenregen sich ergießt,
Und meine Seele mit ihm fließt
Als wilden Bergstroms Rauschen hin.
Oh! Denkt nicht, daß ich ruhig bin!
Wie Liebenden in Liebesschmerzen,
Ist Ebbe – Einsamkeit in meinem Herzen!
Oh! Stört mich nicht aus meinem Traum,
Ihr Geister tiefer Mitternacht!
Die Sehnsucht, wär' ich aufgewacht,
Vertriebe mich aus Zeit und Raum!
Doch meine Liebe sendet aus
Den Nord und Süd dir zum Geleite,
Bis du erreicht hast Heim und Haus
Und meinem Aug' entrinnst ins Weite!

Dein König Tawhiao

Dem kunstfreudigen Maorivolk war das Leben ein Wechsel von Kampf und Bacchanal. Feste standen im Lebensprogramme der Maoristämme obenan: Beim Empfang von Gastfteunden, nach guter Jagd oder reichlichem Fischfang, bei Eröffnung von Versammlungshäusern, beim Stapellauf eines Kriegskanus, nach einem Siege und selbst bei Sterbefällen wurden Feste gefeiert. Wie bei den alten Germanen wurden für die Gäste – denn auch den Maori galt Gastfreundschaft als heilige Pflicht – Berge von Lebensmitteln aufgehäuft, und die Feste endeten erst, wenn der gastgebende Stamm kahlgefressen war. Oft zogen sie dann, ebenso wie die Germanen, zum Nachbarstamm und feierten dort auf gleiche Weise.

Tanz, Spiel und Sport spielten hierbei eine große Rolle. Das kriegerische Maorivolk liebte sportliche Spiele; Fechten nach genauem Komment, Springen, Schwimmen, Rudern und – nach der europäischen Einwanderung als beliebteter Sport Reiten wurden von Kindheit an mit Eifer gepflegt.

Die Maorifeste zeigten uns schon die einzelnen Stämme als eine große Familie: tatsächlich verkörperte ein jeder Stamm eine solche. Das Land gehörte dem ganzen Stamm; jeder einzelne war Mitbesitzer am Gesamteigentum.

Gleichsam als Vater leitete der Oberhäuptling (Ariki) den Stamm.

Er war zugleich der oberste Priester und hatte zu sorgen, daß die befestigten Plätze und die Pflanzungen in Ordnung gehalten, daß Jagd und Fischfang zur richtigen Zeit betrieben wurden. Er berief Versammlungen und veranstaltete Feste. Ihm oblag es, die jungen Männer in der Kriegskunst, im Jagen, Fischen, der Schiffahrt, Schnitz- und Redekunst auszubilden. Er mußte also selbst ein χαλὸς χάγαζός, ein körperlich und geistig tüchtiger Mann sein.

Er hatte unumschränkte Gewalt über seine Untertanen, sein Wort war Gesetz, und sein Körper, besonders sein Haupt, waren tabu. Die andern Häuptlinge des Stammes standen ihm als Berater und Helfer bei der Ausübung seines Amtes zur Seite.

Ich fand sie durchwegs liebevoll gegen ihren Stamm, als die ersten und tapfersten im Kampfe, gerecht und würdevoll; nirgends sah ich Schmarotzertum oder andern Mißbrauch der Macht.

In seinem Amt als Oberpriester wird der Häuptling von den berufsmäßigen Priestern zweiten und dritten Ranges, den Tohunga und Horomatua, unterstützt. Der Tohunga ist zugleich „Medizinmann" und Zauberer.

Zucht und Ordnung herrschten auch im Familienleben. Die Maori waren polygam; meist hatten aber nur die Häuptlinge eine größere Anzahl Frauen, die gewöhnlichen Stammesgenossen begnügten sich mit einer, höchstens zweien. König Tawhiao hatte sechs Frauen.

Die Hauptfrau eines Häuptlings muß von adeliger Geburt sein; nur ihr erstgeborenes Kind erbt den Rang eines Häuptlings, alle ihre andern Kinder und die der übrigen Frauen bleiben gewöhnliche Stammesangehörige. Interessant ist, daß auch einem Mädchen, wenn es das erstgeborene Kind ist, der Häuptlingsrang zufällt.

So wie der Ariki Vater, ist seine Hauptfrau Mutter des Stammes. Ihr Amt ist es, die Mädchen zu erziehen, sie im Mattenflechten, Kochen und allen häuslichen Arbeiten auszubilden und über alle andern Obliegenheiten der Frauen zu wachen. Die rangniedrigeren Frauen haben sie dabei zu unterstützen.

Bei der Heirat erhielt das Mädchen von ihrem Stamme ein Stück Land und Sklaven zugewiesen. Wollte also ein Mann von einem andern Stamme ein Mädchen heiraten, so mußte er zu dem Stamm, dem das Mädchen angehörte, ziehen, oder sie mußten beide auswandern, sich selbst freies Land suchen und einen neuen Stamm begründen.

Vielfach wurden Kinder von den Eltern einander verlobt. Wenn ein solches Mädchen dann im reifen Alter dem ihr zugedachten Manne mit einem andern durchging, hatte der rechtmäßige Mann das Recht, den Besitz des andern zu konfiszieren und das Mädchen zurückzuholen. In früheren Zeiten wurde der Verführer getötet. Wird aber ein Weib von ihrem Manne schlecht behandelt, so nimmt sie ihm der Stamm wieder weg.

Als Zeichen der Liebeswerbung wurde das Tihihihi, ein Stück Flachs mit offenem Knoten, verwendet. Wenn einem Maori ein Mädchen gefiel, so sah er ihr erst forschend in die Augen; lächelte sie ihn an, so nahm er ihre Hand und kratzte sie leicht auf der Handfläche; erwiderte sie dieses Zeichen, dann reichte er ihr den Flachsknoten. Wenn sie den lockeren Knoten zu einem festen zusammenzog, so bedeutete dies, daß sie bereit war, sein Weib zu werden; löste sie aber den Knoten auf und warf das Flachsstück weg, dann wußte der Bewerber, daß ihm ein „Korb" zuteil geworden war.

Auch Entführungen (mit Zustimmung des Mädchens) kamen vor, die vom Stamme gebilligt wurden, wenn der Entführer den Eltern des Mädchens eine Entschädigung in Form von Matten, Nahrungsmitteln und anderm zahlte. Die Stämme siedelten sich in Dörfern und Pahs an. Ein solches Dorf bestand aus zerstreut liegenden Hütten und Magazinen. In der Mitte lag immer das große, meist wunderbar geschnitzte Gemeinschafts- oder Versammlungshaus (Runanga oder Wharepuni), davor befand sich der Dorfplatz (Mare), rings um das Dorf, von hohen Zäunen umgeben, die Pflanzungen. Diese wurden mit besonderer Sorgfalt gepflegt und vor fremden Stämmen geheimgehalten. Es galt als Beleidigung, wenn man einen Häuptling nach dem Ertrag der Ernte fragte, denn er vermutete dahinter Überfallabsichten.

Bevor sie mit den Europäern in Fühlung traten, pflanzten die Maori hauptsächlich Kumara, die Süßkartoffel (*Ipomoea chrysorrhizia*), Taro (*Caladium esculentum*), Para (*Marathia salicina*), eine genießbare Farnknolle, und Hue (*Cucurbita*), eine Kürbisart, aus deren Schale sie auch Gefäße herstellten. Später pflanzten sie auch Kartoffeln, Mais, Tabak und andere von den Europäern eingeführte Nutzpflanzen.

Über die Anlage eines Pah ist unter Kriegführung Näheres gesagt.

Was die Nahrungs- und Genußmittel der Maori betrifft, war zur Zeit, als ich auf Neuseeland weilte, fast nirgends Mangel zu bemerken. In den Wäldern lebten zahlreiche verwilderte Rinder, Schweine, Schafe und einheimische Vögel, die Flüsse und das Meer boten reiche

Fischbeute, und in den Pflanzungen gediehen viele Getreide- und Gemüsearten.

In der Zubereitung hatten die Maori einen besonderen Geschmack; sie liebten vor allem Halbverfaultes. Faulende Kartoffeln, in Wasser bis zum Eintritt der Fäulnis eingeweichter Mais, der abscheulich stinkt, gelten gekocht als besondere Delikatesse. Wildtauben und andere Vögel werden samt den Eingeweiden gekocht und gegessen, und das ebenfalls als Delikatesse beliebte Haifisch- und Aalfleisch verbreitet vor den Hütten, wo es zum Trocknen aufgehängt wird, bestialischen Geruch.

Als Erklärung für diese Vorliebe erzählte mir Häuptling Te Witiora, die Maori hätten in früheren Zeiten, als sie untereinander fast ständig Krieg führten, ihre Pflanzungen vernachlässigt, so daß die Ernte oft verfaulte. Sie waren aber doch gezwungen, davon zu leben, und hatten sich schließlich so an den Geschmack verfaulter Nahrung gewöhnt, daß er ihnen zum Bedürfnis wurde.

Über den Genuß von Menschenfleisch und über Kochgruben findet man im Abschnitt Kannibalismus einiges.

Von berauschenden Getränken kannten die Maori vor der Einwanderung der Europäer, die ihnen den unheilvollen Alkohol bescherten, eines, das aus dem Safte der Tutubeere (*Coriaria sormentosa*) durch Vergären gewonnen wurde und süßlich schmeckte.

Die Maori waren ein kriegerisches und ritterliches Volk. Die männliche Jugend wurde von den Häuptlingen spartanisch erzogen. Die Handhabung von Keule und Speer wurde nach bestimmten Fechtregeln gelehrt, und persönlicher Mut galt als unbedingte Pflicht. So unmenschlich uns Europäern auch die Anlässe zu den zahlreichen Kriegszügen erscheinen, die von den Maoristämmen unternommen wurden – fast ausschließlich, um Menschsenfleisch als Nahrung zu bekommen –, so sehr verabscheuten die Maori doch jeden feigen Überfall auf Wehrlose.

Ein Maoristamm, der zum erstenmal gegen Europäer zu Feld zog, sandte zuerst nach altem Maoribrauch eine Deputation zu den Feinden, die ihnen Lebensmittel brachte und sie aufforderte, sich gut anzuessen, um im Kampfe widerstandsfähig zu sein. Als die Europäer mit Gewehren zu schießen begannen, sandten die Maori wieder eine Deputation, die die Weißen aufforderte, zum Zweikampfe anzutreten; die

Schußwaffen seien Waffen von Feiglingen, da sie es auch dem Schwächsten ermöglichen, aus der Ferne ohne Gefahr den Kräftigsten zu töten.

Ich war selber Zeuge eines Gefechtes im nördlichen Teile der Nordinsel und lernte überdies die Kampfesweise der Maori aus Kampfspielen und Erzählungen kennen.

Die Hauptursachen der Kämpfe waren außer dem Kannibalismus der Land- und der Frauenraub und die Rache wegen Beleidigung oder Tötung eines Stammesangehörigen.

In den letztgenannten Fällen ging der Kriegserklärung eine Debatte voraus. Kam es zu keiner Einigung, wurde der Krieg durch Worte und Zeichen erklärt. Die gewöhnliche Form bestand darin, daß der kriegansagende Häuptling vor seinen Gegner hintrat, das Gesicht zu einer Fratze verzog, die Augen verdrehte und die Zunge ausstreckte. Streckte auch der Gegner die Zunge aus, so war die Herausforderung angenommen. Eine geheime Form der Kriegserklärungsbestand darin, daß der Häuptling ein Stück Kot in Laube wickelte und es dem Gegner gab; verschluckte es dieser, so war die Herausforderung angenommen.

Auf dem Kriegszug ging der Häuptling ersten Ranges voran, bekleidet mit der Kaitaka, einer großen Flachsmatte mit hübscher Bordüre, die Haare mit einem aus Flachs geflochtenen Gürtel (Tatuapopara) hinaufgebunden und mit Huiafedern geschmückt. Das tätowierte Gesicht und der Oberkörper waren mit grellen Erdfarben bemalt. Im Lendengürtel stak die Nephritkeule (Patu Punamu); außerdem trug er die Taiaha, eine Lanze, deren geschnitzte Spitze eine herausgestreckte Zunge darstellte. Unter der Spitze war die Lanze mit Federn vom Raubpapagei und Haaren vom Maorihunde verziert. Das untere Ende der Lanze war flach und verbreitet. Besaß der Häuptling ein Gewehr, so trug er auch dieses.

Die Unterhäuptlinge, die die einzelnen Abteilungen anführten, trugen eine an der Außenseite mit gedrehten Flachsschnüren verzierte Matte, die Korowai, oder die bei jeder Körperbewegung rasselnde Kotikoti, eine Matte aus gedrehtem rohen Flachs. An Waffen führten sie Keulen aus Stein, Knochen oder Holz, dann die beilähnliche Tewatewa (aus Holz) oder kurze Lanzen aus hartem Holz (Toa). Auch die gewöhnlichen Krieger waren mit solchen Lanzen bewaffnet und grell bemalt.

Die Häuptlinge schritten ihren Abteilungen voraus, die Krieger folgten in einer Reihe. Am Ende des Zuges trugen Frauen und Sklaven

Proviant und andern Bedarf in Flachskörben, die mit Tragbändern am Rücken befestigt wurden.

Abends wurde gerastet, gewöhnlich in der Nähe eines Waldes, wo Wasser zu finden war. Bei schlechtem Wetter erbauten die Krieger Hütten (Ware). Es wurden zwei Bäumchen aufrecht in die Erde gesteckt, ein drittes querüber mit Flachsschnüren oder Lianen darangebunden; an diesem wurden drei schräge Stangen befestigt, darauf wieder drei Querstangen, und auf diese wurden Blätter der Nikaupalme, Flachsblätter und Manukazweige gebunden. Als Lager dienten Farnwedel oder zarte Zweige, die Matte wurde als Decke benutzt.

Die Frauen stellten die Kochgruben, Kapa Maori oder Hangi, her. Es sind dies runde, aus der Erde gehobene Gruben, die mit Steinen ausgelegt wurden. In diesen entfachte man ein Holzfeuer, bis die Steine glühten. Dann wurde die Asche mit Ästen herausgekehrt und die in nasse Matten gewickelte Nahrung hineingelegt. Zwei nasse Decken kamen darauf, dann wurde die ausgehobene Erde darauf geschüttet. Sobald Dampf aus der Erde steigt, ist es das Zeichen, daß die Speisen gargekocht sind. Die in den Kochgruben zubereiteten Speisen schmecken vorzüglich. War wenig Zeit vorhanden, so wurden die Speisen über offenem Feuer geröstet.

Sobald man dem feindlichen Dorfe (Kainga) näher kam, wurden Kundschafter ausgesendet. Brachten diese gute Nachrichten, ließ zum Beispiel die Sumpflerche (Kotata) ihren hellklingenden Ruf erschallen, und sagten auch die Priester und Zauberer (Tohunga) Erfolg voraus, so gingen die Angreifer in nächste Nähe vor. Die Tohunga sprachen Gebete (Karakia) zu Tu, dem Gott der Krieger, dann wurde ein Kriegstanz (Haka) aufgeführt, den auch die Feinde erwiderten, um zu zeigen, daß sie zum Kampf bereit seien.

Bei diesem Kriegstanz streckten alle die Zunge aus, verdrehten die Augen, schwangen die Waffen und stampften mit den Füßen auf den Boden. Hierauf teilten sie sich in Abteilungen und griffen, von den Häuptlingen geführt, an. Mit grossem Geschrei wurde zuerst, wenn sie Gewehre hatten, eine Salve abgefeuert, wobei sie selten zielten. Die Häuptlinge ermunterten ihre Krieger durch Gesänge, dann stürmten sie gegeneinander an, Mann gegen Mann; sie kämpften dabei hauptsächlich mit der Handkeule.

Häuptling Honana te Majoha.

Das Gefecht dauerte so lange, bis eine Partei überwältigt und teils niedergemetzelt, teils in Sklaverei weggeschleppt war. Das feindliche Dorf wurde geplündert und niedergebrannt.

In anderer Form erfolgte der Angriff auf einen Pah; einen befestigten Platz.

Die Maori errichteten, vornehmlich auf Bergkegeln vulkanischen Ursprungs, die inbesondere auf der Nordinsel häufig sind, gut gebaute Befestigungsanlagen. Sie wählten meist steil abfallende Berge, die an einem Flusse gelegen waren oder in deren Nähe sich Trinkwasser vorfand. Rings um den Berg wurden Palisaden aus Baumstämmen von mehr als 3 ½ Meter Höhe aufgeführt. Die Baumstämme wurden untereinander mit Flachsschnüren, Querbalken und Lianen befestigt. Die oberen Enden der meisten Stämme waren zuge-spitzt, einige trugen geschnitzte Köpfe (Tiki) oder geschnitzte Figuren (Tekateka). Die Eingänge waren im Zickzack angelegt und mit Schiebetüren versehen.

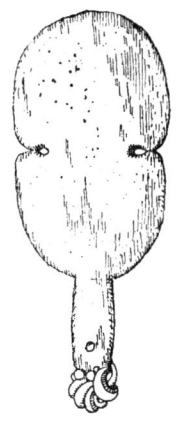

Keule (Mere).

Sobald die Palisaden fertig waren, wurden auf dem flachen obersten Raume Hütten errichtet, Pflanzungen angelegt und innerhalb der Palisaden ein Graben mit Erdwällen aufgeworfen. Rings um den Berg, von unten nach aufwärts, wurden Terrassen von 3 bis 5 Meter Breite und 6 bis 10 Meter Tiefe angelegt; längs deren Umfang wurden in gleichen Abständen Gruben von 1 ½ Meter Tiefe und 2 Meter Länge gegraben (Schützengräben), in denen sich die Verteidiger verbergen konnten. Je nach der Höhe des Berges wurden 3 bis 4 Terrassen hergestellt.

Ein solcher Pah bot einen ähnlichen Anblick wie der Tagbau eines Erzberges (etwa des bekannten steiermärkischen Eisenerzberges) mit seinen Terrassen.

Am Rande des eingeebneten Berggipfels. wurden ebenfalls Wälle und Gräben gezogen und außer den Hütten Nahrungsmittelspeicher, ähnlich Erdunterständen, angelegt. Hierzu wurden tiefe und geräumige Gruben gegraben, die mit Farnbaumstämmen ausgefüttert und mit Balken oben zugedeckt waren, die wieder mit Erde mastiert wurden. In den oberen Hütten fanden Greise, Frauen und Kinder, die am Kampfe nicht teilnahmen, Schutz.

Es ist klar, daß beim Angriff auf eine solche Festung viel vorsichtiger zu Werke gegangen werden mußte. Erst wurden durch Kundschafter die schwächsten Stellen ausgeforscht. Bei Tagesgrauen erfolgte dann der Angriff. Mit Flachsstöcken wurden Teile der Palisaden niedergerissen und hierauf gestürmt.

War der erste Wall und Graben genommen, so ging's Mann gegen Mann im hartnäckigsten Kampfe schrittweise weiter aufwärts, bis die letzte Terrasse erobert war. Die Häuptlinge stachen ihren getöteten

Gegnern die Augen aus und verschluckten sie; sie tranken deren warmes Blut aus der Halsschlagader und schnitten ihnen das Herz heraus. Dadurch vermeinten sie den in dem Feinde wohnenden Gott (Atua) auf sich übertragen zu können. Je mehr Feinde also ein Häuptling erschlagen hatte, für desto unüberwindlicher hielt er sich.

Die Köpfe der getöteten Feinde wurden abgeschlagen und auf Lanzen gesteckt. Hierauf wurde ein wilder Kriegstanz getanzt. Die Leichen der getöteten Gegner wurden zerschnitten; was nicht gleich verzehrt wurde, wurde in Körbe verpackt. Dann nahmen die Sieger alle Waffen, Schmuckgsegenstände, Matten, schöne Schnitzereien und traten mit den Gefangenen und den Leichnamen der eigenen gefallenen Häuptlinge den Rückweg an.

Sobald sie in die Nähe des eigenen Dorfes kamen, begannen die Priester zu singen und zu tanzen. Die Krieger sangen und tanzten mit, wobei sie mit den Handflächen gegen die Schenkel schlugen, um sich von Blut und Schmutz zu säubern. Der Ariki, Oberhäuptling und Oberpriester zugleich, empfing die Ankommenden am geheiligten Platze (Wahi Tabu) mit einer Ansprache, die mit der Frage nach dem Erfolge des Kriegszuges endete. Hierauf betete er ein Gebet zum Kriegsgotte Tu.

Die Krieger tanzten nun einen Tupeke genannten Tanz, wobei sie wieder mit den Händen gegen die Oberschenkel schlugen. Die Sklaven stellten drei Öfen her, in denen die Herzen der getöteten feindlichen Häuptlinge gekocht wurden. Sobald diese gar waren, opferte der Ariki ein Stück dem Kriegsgott, das übrige wurde aufgegessen. Nach dem Mahl hob der Ariki das Tabu, die Unantastbarkeit, von den Kriegern auf, und es begann das Tangi, die Klage um die Gefallenen.

Die Leichen der Häuptlinge wurden in sitzender Stellung aufgebahrt, mit der schönsten Matte bekleidet und mit allem Schmuck geziert. So blieben sie, bis die Verwesung eintrat.

Über Mumifizierung und das Knochenschabefest wird beim Totenkult etwas mitgeteilt.

Es kam vor, daß die Witwen der im Kampfe Gefallenen über die mitgebrachten Kriegsgefangenen herfielen und sie töteten.

Nicht immer waren die Angreifer siegreich. Die Verteidiger des Pahs hatten Wachen aufgestellt, und sobald diese Feinde herannahen sahen, verbarrikadierten sie die Palisadeneingänge, und die Krieger verteilten sich in den Gräben.

Ein Häuptling trat zum Pahu, einem aus dem höchsten Punkte des Pahs aufgestellten Alarmapparat, einem Stück Holz von der Form eines Kanus, das mit zwei Leinen an einem Balken befestigt war. Mit seiner Keule schlug er es im Takt des bei einem Überfall üblichen Gesanges. Der Schall drang so weit, daß die umliegenden Dörfer dadurch schnell alarmiert werden konnten. Diese rüsteten sich eilig zum Entsatz der Bedrängten und fielen den Angreifern in den Rücken. Siegten die Verteidiger, so verfolgten sie die Angreifer bis zu ihrem Dorf, beraubten und vernichteten es.

Fühlten sich die Verteidiger zu schwach, so verließen sie nachts heimlich den Pah. Vorher legten sie aus Holz und Flachs gefertigte Geheimzeichen an bestimmte Stellen, die ihren Verbündern, falls sie ihnen zu Hilfe kämen, ihre Rückzugslinie anzeigten. Ein jeder Stamm hatte seine eigenen Geheimzeichen.

Die seltsamen Gebräuche bei der Totenbestattung der Maori, insbesondere das Fest des Knochenschabens, lassen eine eingehendere Schilderung geboten erscheinen.

Zur Zeit meines Aufenthaltes bei den Maori ging die Bestattung folgendermaßen vor sich.

War ein Häuptling gestorben, so wurde er in sitzender Stellung aufgebahrt, mit schönen Flachsmatten bekleidet, seine Haare mit, Federn geschmückt und ihm die Steinkeule (Mere) in die Hand gegeben. Die andern Waffen und Schmuckstücke lagen an seiner Seite. In dieser Stellung und Kleidung blieb der Körper, bis die Verwesung eintrat. Während dieser Zeit wurde Tangi gehalten, das heißt getrauert; alle Freunde kamen, um dem Toten ihre Achtung zu bezeigen.

Die Witwe empfing die Ankommenden vor der Hütte mit Klagegesang, wobei sie mit den Armen und dem Oberkörper verschiedene Bewegungen ausführte, die den Schmerz versinnbildlichen sollten; in diesem Gesange verherrlichte sie alle guten Eigenschaften des Toten. Die Angekommenen setzten sich im Halbkreis in gebeugter Stellung weinend herum, wobei sie ein melancholisches Geheul ausstießen. Dann stand ein Häuptling oder eine alte Häuptlingsfrau auf, die ähnliche Bewegungen machte wie die Witwe bei der Begrüßung und mit Gesang antwortete.

Es folgte die eigentliche Begrüßung unter den Versammelten, das Nasenreiben. Hierauf wurde der Leichnam vom Tohunga mit allen

Gegenständen, die der Verstorbene während der Krankheit benutzt hatte, in eine Höhle geschafft oder in einen aus einem alten Kanu oder aus hohlen Baumstämmen verfertigten Sarg gelegt oder in einem hohlen Baumstamme verborgen.

Dort blieb die Leiche, bis das Fleisch verfault war. Wenn der Verwesungsprozess vorüber war, brachten die Priester die Knochen und die Geräte des Toten zurück, der Ariki löste mit einem Gebete das Tabu auf, und die Wertgegenstände wurden unter den Verwandten verteilt.

Dieser Akt wurde festlich begangen; es wurden hierzu alle Freunde eingeladen. Bei Ankunft der Gäste wurden wieder Tangi (Klagen) gehalten.

Hierauf begann das Knochenschaben, woran sich alle Geladenen beteiligten. Die Knochen wurden mit Messern aus Obsidian bearbeitet, dann in eine Matte gewickelt und vom Tohunga in einer Höhle oder in einem hohlen Baume verwahrt.

Die Totenstätten waren tabu, ebenso der Tohunga durch 4 – 6 Wochen, je nach dem Rang des Verstorbenen Häuptlings. Während dieser Zeit wurde den Tohunga die Nahrung von alten Frauen mittels Holzstäben oder Muschelschalen eingegeben. Das Dorf, in dem der Häuptling gestorben war. wurde verlassen, manchesmal auch niedergebrannt. Auch dieser Platz war tabu.

Die Eingeborenen erzählten mir, sie hätten öfters Leichen auch verbrannt oder in einem tätigen Vulkan geworfen. Die modernen Maori begraben ihre Toten nach europäischer Sitte am liebsten im Sand.

In früheren Zeiten wurden die Leichname der hervorragenden Häuptlinge mumifiziert. Schon 1879 erfuhr ich von alten Ansiedlern auf der Nordseite der Nordinsel, daß sie vor etwa fünfzig Jahren, als sie nach Neuseeland kamen, in Höhlen und auch auf Bäumen Mumien von Eingeborenen gefunden hatten, die in sitzender Stellung konserviert waren.

Diese Mitteilungen interessierten mich sehr, und ich suchte deshalb von den Maori etwas zu erfahren; aber diese verweigerten anfangs jede Auskunft. Erst später, als ich ihr Vertrauen und ihre Freundschaft gewonnen hatte, bestätigten sie mir, daß vorzeiten berühmte Häuptlinge auf folgende Art mumifiziert wurden.

Dem Toten wurden die Eingeweide herausgenommen und die Bauchhöhle mit getrockneten Seealgen ausgestopft. Dann wurde die Leiche in sitzender Stellung fest zusammengebunden, geräuchert und an der Sonne getrocknet. Bei Mumifizierung von Köpfen wurden zuerst Gehirn und einige Fleischteile entfernt, hierauf wurde der Kopf in der Kochgrube gedünstet, dann geräuchert und getrocknet.

Alle Wälder und Höhlen durchsuchte ich, hatte aber lange keinen Erfolg. Zum erstenmal fand ich in Aratapu in verborgenen Höhlen Überreste von Matten, vermoderte Tragbahren, Schmuckstücke, einzelne Schädel und Knochen – aber keine Mumien! Erst im Urmaoriland in der King Country gelang es mir, solche Seltenheiten zu erbeuten.

Zwei Maori, die schon europäisch genug waren, um für Geld ihre nationalen und religiösen Prinzipien zu verleugnen, führten mich nachts in eine Höhle bei Kawhia; dort fand ich vier Mumien, von denen zwei tadellos erhalten waren.

Das Unternehmen war sehr gewagt, denn seine Aufdeckung hätte mich unfehlbar das Leben gekostet. In der Nacht wurden die Mumien weiterbefördert, dann gut verborgen; in der nächsten Nacht wurden sie wieder weitergeschleppt, bis ich sie über die Grenze des Maorilandes gebracht hatte. Aber auch da hielt ich sie noch bis zu meiner Abreise vorsichtshalber versteckt. Nun zieren diese beiden Maori-Ahnherren die ethnographische Sammlung des Wiener Naturhistorischen Staatsmuseums.

Es ist noch von der seltsamen Tatsache zu sprechen, daß das geistig so hoch entwickelte Maorivolk dem Kannibalismus ergeben war.

Die Erklärung dafür ist darin zu suchen, daß die Maori in früherer Zeit, als noch die Riesenstrauße (*Dinornis*) auf den Inseln lebten, an reichlichen Fleischgenuß gewöhnt waren. Nach der Ausrottung dieser Tiere gab's nur noch kleine Vögel und Maoriratten, die für den Fleischbedarf nicht ausreichten. So kamen die Maori dazu, zuerst das Fleisch getöteter Feinde zu kosten; diese Ungeheuerlichkeit wurde ihnen schließlich so zur Gewohnheit, daß viele Stämme ständig Krieg führten, lediglich um Menschenfleisch als Nahrung zu bekommen. Erst als die Europäer ihre Haustiere einführten, begann der Kannibalismus der Maori abzunehmen.

Es wurden mir einige interessante Fälle von Kannibalismus geschildert.

Am Kaiparafluß residierte der Häuptling Kantatu Winga. Dieser erhielt eines Tags den Besuch eines befreundeten Häuptlings. Da zur Bewirtung des Gastes Fleisch nicht mehr vorhanden war, befahl er einer seiner Frauen, einen Hangi, eine Kochgrube, herzustellen.

Als die Frau den Hangi fertig hatte, befahl ihr der Gatte, ihr zwei Jahre altes Kind zu bringen. Weinend kam sie damit zum Häuptling. Dieser riß es aus ihren Armen, tötete es und befahl der Mutter, es in den Hangi zu geben.

Dann ließ er von ihr noch einen zweiten, größeren Hangi herstellen. Als sie die Arbeit beendigt hatte, gab er ihr mit seiner Nephritkeule einen Schlag aufs Hinterhaupt, der sie tot zu Boden streckte. Darauf stieß er sie mit dem Fuß in den Hangi und ließ diesen mit Erde bedecken. Als die Leichen gebraten waren, wurden sie von den Häuptlingen verspeist. Nach diesem fürchterlichen Mahle tanzten die Häuptlinge den Kriegstanz.

Ein anderer Fall ereignete sich in dem Dorfe, wo Missionar Baker wohnte. Dieser hatte ein zwölfjähriges Maorimädchen, die Tochter eines Häuptlings, als Kindermädchen in sein Haus genommen. Eines Tags kam ihr Vater und bat sie für einige Tage aus, da im Dorfe Feste gefeiert würden.

Sie erhielt Urlaub und kam nach einigen Tagen wieder zurück; sie war aber ganz verwandelt. Während sie früher scheu und ruhig war, blieb sie nun stets froher Laune. Der Missionar befragte sie nach der Ursache ihrer Wandlung. Da erzählte sie, vor Freude strahlend, sie habe sich noch nie so gut unterhalten wie bei dem Feste, da ihr von seiten ihres Vaters große Ehre zuteil geworden sei. Sie hatte nämlich selbst einen Sklaven töten dürfen.

Dem Armen waren die Hände zusammengebunden worden, er mußte sich dann auf den Boden setzen, dem Mädchen wurde feierlich die Steinart überreicht, mit der sie das Opfer durch einen Schlag auf das Hinterhaupt tötete. Nach dieser Tat bezeigten die Maori dem Mädchen große Achtung. Den Missionar aber bestimmte dieses seltsame Geständnis zu ihrer sofortigen Entlassung.

Häuptling Pairama erzählte mir, daß in Aratapu, wo heute noch die Reste einer großen Maorifestung zu sehen sind, einst die Bewohner des Pahs Besuch von einem befreundeten Stamm erhielten. Sogleich wurden die Kochplätze hergerichtet und Speisen bereitet. Als aber die Gäste sahen, daß sie kein Menschenfleisch vorgesetzt bekämen, fielen sie über ihre Gastgeber her, töteten die meisten und verspeisten sie dann.

Eine religiöse Form des Kannibalismus, das Augenausstechen und Trinken des Blutes, wurde schon bei der Kriegführung erwähnt.

Eine etwas andere Erklärung für die Ursache des Kannibalismus gab Häuptling Te Witiora. Er sagte, die sehr kriegerisch veranlagten Maoristämme hätten fast ununterbrochen gegeneinander Krieg geführt und dadurch seien ihre Pflanzungen, Jagd, und Fischerei ganz vernachlässigt worden. Die daraus entstandene Hungersnot habe sie dazu getrieben, das Fleisch der getöteten Feinde zu essen. Vom eigenen Stamm töteten sie nur die verbrecherischen und überflüssigen Leute. Schließlich wurde ihnen der Genuß von Menschenfleisch so zur Gewohnheit, daß sie es jeder andern Nahrung vorzogen.

Versammlungshaus (Runanga).

Aus den vielen Erzählungen der Maorihäuptlinge und aus meinen eigenen Beobachtungen und Erfahrungen, die ich über dieses bedeutsame Naturvolk gesammelt habe, gab ich nur einen kurzen Auszug. Es ließe sich ein umfangreiches Buch über die Maori schreiben, das zu einem Schwarzbuch für die „Schwarzen" und gegen die „Weißen" würde.

Maorihütte.

Inneres einer Runanga.

Zehntes Kapitel

Das Königsland öffnet sich mir

Als ich in Alexandra, dem Grenzstädtchen gegen das Maoriland, angekommen war, erklärten mir die Häuptlinge zu meinem größten Erstaunen, ich dürfe die Grenze nicht überschreiten. Nochmals erklärte ich ihnen, ich wollte nur als Forscher, nicht als politischer Spion ihr Land aufsuchen und sie könnten sich davon jederzeit überzeugen. Es würde mich sehr schmerzen, von dem hochintelligenten Maorivolke, das ich liebte und achtete, zurückgewiesen zu werden.

Darauf antwortete Wahanui:

„Taiho, Pakeha, Taiho!" (Warte, Fremdling, warte!)

Es wurde eine Maorioversammlung zur Besprechung einberufen, an der auch ich zum Teil teilnehmen durfte.

Solche Besprechungen wurden von den Maori häufig veranstaltet. Sie wurden immer festlich begangen und bildeten gewissermaßen das Parlament der Eingeborenen, deren Häuptlinge, als die Vertreter der einzelnen Stämme, hierbei in schwungvollen Reden ihre Rechte und Ansichten vertraten.

Auch diesmal begann die Debatte nach altem Maoribrauch. Erst wurden große Quantitäten Lebensmittel in Körben herbeigeschleppt, Kumara, Taro, Hire und Riwai, in Fett konservierte Vögel, getrocknete Aale, Haifischfleisch und eßbare Muscheln, schließlich ganze Schweine und Rinder. Die Körbe wurden mit Flachsschnüren zusammengebunden und in einzelnen, bis zu 5 Meter hohen Haufen auf dem freien Platze vor dem Versammlungshause (Runanga) aufgestapelt. Für die Gäste wurden Hütten errichtet und große Kochgruben gegraben.

Schon bei Tagesgrauen stand der Wächter (Karere) mit seinen Kriegern auf der Wache. Die ankommenden Stämme wurden mit dem Begrüßungsgesange: „Ehoa, Heremai tauwhaka!" und mit einem Kriegstanz (Haka) begrüßt.

Die Maori waren dabei nur mit der Kotikoti, einem Lendenschurze, bekleidet; im Gesicht und auf der Brust waren sie mit Ockerfarben grell bemalt.

Die Gäste wurden zum Dorfe geleitet, wo ihnen die Frauen und Mädchen, mit ausgestreckten Armen tanzend, entgegenkamen und sie zur Mare, dem Dorfplatz, führten. Hier begann die eigentliche Begrüßung, das Tangi (Nasenreiben). Die Tänzer setzten sich in einiger Entfernung mit gekreuzten Beinen auf den Boden.

Hierauf führte ein Häuptling die Ankömmlinge zu den für sie bereiteten Hütten. Waren alle Gäste versammelt, was einige Tage dauerte, so gingen sie auf den Mare, wo die Nahrungsmittel aufgestapelt lagen. Ein Häuptling schritt an der Spitze des Zuges; in der einen Hand trug er einen langen Stab, in der andern kurze Stöcke mit daran befestigten Bündeln von Wildtaubenfedern. Als sie den Platz erreichten, begann der Führer zu singen. So oft er beim Gesange mit dem Stabe eine Partie Nahrung berührte, übernahm sie einer der angekommenen Häuptlinge und verteilte sie unter seine Leute, die sie in ihre Hütten trugen.

Nach dieser Nahrungsverteilung begann die Debatte. Jedem Stamm wurde auf dem Versammlungsplatz ein eigener Raum zugewiesen, die Häuptlinge saßen vor dem Versammlungshause auf Flachsmatten. Alle andern Zuhörer hockten mit gekreuzten Beinen auf der Erde in den ihnen zugewiesenen Räumen. In der Mitte war ein länglicher Raum freigelassen, der für den Sprecher bestimmt war.

Dieser mußte beim Sprechen auf- und abgehen, und zwar den Hinweg in schnellem Schritt, gegen Ende seiner Rede auch in Sprüngen, wobei er mit der Keule Fechtübungen ausführte, den Rückweg in langsamem Schritt, wobei er sprach. Der Redner durfte, auch wenn er noch so lange sprach, nicht unterbrochen werden.

Als erster sprach der Rangälteste. Sobald er geendet hatte, sprang der nächste auf und brachte sein Anliegen vor. Die Debatte dauerte so lange, bis das Poahore, das Schlagholz, ertönte. Auf dieses Zeichen begaben sich die einzelnen Gruppen zu ihren Kochplätzen und nahmen das Mahl ein. Nach dem Mahl begann die Debatte von neuem. Nach ihrer Beendigung wurden Feste mit Tänzen und Gesängen noch so lange gefeiert, bis alle vorhandene Nahrung aufgezehrt war.

In meinem Fall dauerte die Debatte drei Tage. Meine Gegner sagten: „Er hat eine weiße Haut, wie kann er da unser Freund sein?"

Sie sahen, nicht ohne Grund, in jedem Europäer einen Feind. Erst als die einflussreichsten Häuptlinge, Wahanui, Te Witiora und Honana, für mich bürgten, wurde die Gegnerschaft überstimmt.

Ich hatte am Ende der Debatte nicht mehr teilgenommen, sondern war nach Alexandra zurückgekehrt. Man kann sich meine Freude vorstellen, als am vierten Tage Honana te Majoha mit drei Pferden und einem Mauriburschen zu mir kam und mich aufforderte, ihm zu folgen.

Nun lag das Maorikönigsland offen vor mir! Ich durfte die Wunder einer seltsamen alten Rassenkultur erleben und die Geheimnisse einer unberührten Natur und Tierwelt schauen und erforschen!

Ich und Honana galoppierten das rechte Waipa-Ufer aufwärts. Über eine farnbewachsene Ebene gelangten wir zu dem Maoridorf, in dem König Tawhiao und einige hundert Maori meine Ankunft erwarteten.

Hier waren bereits Vorkehrungen zu einem mir zu Ehren angesagten Feste getroffen. Honana und ich hielten vor der Hütte des Königs. Dieser, ein kräftiger, energischer Mann mit reich tätowiertem Gesicht, trat uns entgegen. Er trug einen Mantel aus Kiwifedern um die Schultern; seine Haare waren mit Huiafedern, dem Rangzeichen der Häuptlinge, geschmückt, seine Ohren mit Schmuck aus Haifischzähnen und Nephrit behangen. In der Hand trug er eine große, schön geformte Nephritkeule.

Er begrüßte mich in gebückter Haltung durch Nasenreiben, wobei er einen weinenden Laut ausstieß; es war der Willkommensgruß der Maori.

Die Königin, Tawhiaos Hauptfrau, kam nach ihm. Sie war wohlbeleibt; um die Lippen und am Kinn war sie tätowiert. Es fiel mir schwer, ernst zu bleiben, als ich ihr Festkleid sah. Sie war in einen Kalikomantel gehüllt, auf dem sonderbarerweise alle Kartenspiele aufgedruckt waren; ihren Kopfschmuck bildete ein Zylinderhut.

Einen erfreulichen Gegensatz zu dieser tragikomischen Karikatur europäischer Würde bildete die rangzweite Gemahlin des Königs, deren ebenmäßige Gestalt und hübsches Gesicht in reiner Maorikleidung harmonisch zur Geltung kam.

Die herkulischen Häuptlinge und Krieger saßen vor den Hütten in ihrer Qriginalkleidung in Gruppen beisammen. Sie waren im Gesicht, manche auch um die Hüften reich tätowiert und am Oberkörper bemalt. Das Haar schmückten Federn.

Ihre Kleidung bestand entweder nur aus einem Lendenschurz aus neuseeländischem Flachs mit farbigen Borten in schöner Ornamentierung, der Kaitaka, oder aus einem über die Schultern geworfenen, mit schwarzen Fransen verzierten Korowaimantel. Einige trugen auch nur einen kleinen Schutz aus rohem Flachs, die Kotikoti.

An Waffen führten die Häuptlinge die Taiaha, eine Lanze aus hartem Manukaholz, deren schön geschnitzte Spitze einen menschlichen Kopf darstellte, der die Zunge ausstreckte. Andere trugen spitze Holzlanzen oder lange, beilähnliche Waffen, Tewhatewha genannt. Die meisten Häuptlinge hatten in ihrem Gürtel auch Keulen von ziemlicher Größe, und zwar die ersten Häuptlinge solche aus Nephrit, zu deren Fertigstellung ein Arbeiter zwölf Jahre brauchte, die andern Keulen aus geschnitztem Holz, sogenannte Meremere, oder gewöhnliche Steinkeulen (Patu Kotato).

Die Frauen und Mädchen, die zum Teil von außerordentlicher Schönheit waren und fast europäische Gesichtsformen hatten, waren nur um die Lippen und am Kinn tätowiert, einige auch um die Hüften. Sie trugen in ihren wirren, meist schwarzen Haaren Federn oder wilde Blumen als Schmuck. Manche hatten auch eingefettete oder grell bemalte Gesichter.

Ihre Kleidung bildeten aus Flachs geflochtene Matten, Beschuhung trugen sie keine. Sie waren damit beschäftigt, mit Muschelschalen, die ihnen als Messer dienten, Süßkartoffeln zu schälen, was ihnen sehr flink von der Hand ging. Junge Mädchen flochten aus Schilf und Flachs kleine, viereckige Eßkörbchen, und Kinder spielten mit einem birnähnlich geformten Holz, das sie mit Stöcken oder kleinen Peitschen als Kreisel vor sich hertrieben; andere balgten sich.

Honana stellte mich den Maori vor. Einige neigten sich vor mir, andere betrachteten mich mit großem Staunen, da sie noch keinen Weißen gesehen hatten. Einige Häuptlinge sprachen mit mir.

Das Fest begann mit einem Pferderennen. Das Pferd, das die Europäer nach Neuseeland brachten, ist bei den Maori das am meisten geschätzte Tier, und der Rennsport wird von diesem kriegerischen und sportfreudigen Volke leidenschaftlich betrieben. Die Rennbahn bildete eine farnbewachsene Fläche, der Start war durch eine mit Flachsbusch behangene Stange bezeichnet. Die Jockeys ritten meist gute Pferde. Der erste war nur mit einem Leintuche bekleidet, der zweite mit einer europäischen Hose und einer Mütze; der dritte trug eine Kotikoti über den Lenden, seine Haare waren federngeschmückt. Den vierten zeichnete ein langes Hemd aus, der fünfte trug eine Frauenjacke und als Kopfbedeckung eine Teehaube. Einige hatten europäische Sättel, andere aus neuseeländischem Flachs geflochtene, mit Steigbügeln aus Flachs, worin sie sich mit der großen und zweiten Zehe festhielten.

Das Komitee bestand aus mehreren Häuptlingen; das Ganze war in fünf Rennen eingeteilt. Die Pferde liefen gut; zum Schluß wurden die aus Geld, Pfeifen und Tabak bestehenden Preise verteilt.

Nach beendetem Rennen erklang das monotone Poahore, das

Schlagholz, das oft stundenlang in gleichem Takte geschlagen wird. Es verkündete den Beginn des Mahles. Ich wurde in die aus Schilf verfertigte Königshütte geführt, in deren Innern auf den Boden über Farnkrautpolstern Matten gebreitet lagen, auf die wir uns setzten.

Nun wurde das Mahl aufgetragen, das aus gekochtem Aal und Süßkartoffeln bestand; diese Speisen wurden in hübsch geflochtenen, viereckigen Flachskörbchen gereicht. Die Königin bediente mich eigenhändig. Gegessen wurde mit den Fingern, da kein Besteck vorhanden war. Auch die übrigen Maori hatten sich zu ihren Kochplätzen begeben. Nach dem Mahl gab's noch Wettlaufen und -schwimmen. Dann entfernten sich die Maori gruppenweise nach ihren Dörfern.

Häuptling Honana und ich ritten nach Whatiwhatihoi, einem Maoridorf, wohin der Bursche mein Gepäck gebracht hatte. Es lag in einer Hütte. Als ich nähergehen und es nehmen wollte, zog mich der Häuptling zurück und sagte: „Taiho, nga tapu!" (Warte, es ist tabu!)

Er nahm das Tabuzeichen, eine schön geschnitzte Waffe aus Walfischknochen (Hoeroa), weg und löste das Tabu damit auf. Nun wurde alles neuerdings auf ein Pferd gepackt und einem Maorijungen anvertraut. Der Häuptling und ich folgten zu Fuß.

Es war eine wunderschöne mondhelle Nacht. Der schmale Pfad führte über farnkrautbestandenes Hügelland; im Westen schimmerte majestätisch das Pirongiagebirge. Über das Waipatal schlich ein grauer Nebel, und die Steinkäuzchen riefen durch die Stille in tiefem Baß ihr monotones Moapork! Moapork! Plötzlich hörten wir den lauten Ruf des Maorijungen und den Hufschlag des davongaloppierenden Pferdes. Das Pferd war dem Unachtsamen durchgegangen.

Ich sandte Cäsar nach. Aber da die Eingeborenenpfade äußerst schmal sind, konnte der Hund dem Pferde nicht vorspringen. Erst bei einem Flusse, Ngakiaokio, konnten wir es einfangen, aber Gepäck und Sattel hatte es abgestreift. Ich schickte Cäsar auf die Suche; er brachte auch alle kleineren Gegenstände meines Gepäcks herbei. Bei den größeren blieb er bellend stehen, bis wir sie zu holen kamen.

Als wir ihn einmal aus weiter Entfernung nicht bellen hörten, kam er zu uns, wedelte und sprang bellend voraus, bis wir ihm folgten und den Gegenstand holten. Nun hatten wir alles bis auf einen Schuh, den Cäsar schließlich auch nach langem Suchen brachte.

Der Häuptling war von Cäsars Klugheit so überrascht, dass er ausrief:

„Nahore te kuri, nga tangata, nga riri te kuri!" (Du bist kein Hund, sondern der Geist eines guten Menschen im Felle eines Hundes!)

Nach diesem kleinen Abenteuer setzten wir unsere Wanderung dort. Als wir zum Flusse Moakurarua kamen, wollte ich mich entkleiden. Der Häuptling ließ es aber nicht zu; er nahm mich auf seinen Rücken und trug mich hinüber. Er sagte hierauf:

„Du bist der erste Mann, den ich getragen habe. Ich tat es nur aus Liebe zu dir, denn du bist ein großer Häuptling."

Er erzählte mir auf unserer Wanderung viel von seinem Volk und von den Maorikriegen. Endlich erreichten wir Te Kopua, das Dorf meines Häuptlings. Hier wurden wir von seiner Frau begrüßt, einer schönen, großen Erscheinung mit tätowierten Lippen und Kinn und Narben im Gesicht und am Körper, die von dem Mute Zeugnis gaben, mit dem sie im Jahr 1864 an der Seite, ihres Mannes gegen die Europäer gekämpft hatte. Sie war über meine Ankunft sehr erfreut; sie bereitete sofort ein Mahl aus Porka (Wildschweinfleisch) und Kumara und machte ein Lager aus Farnkraut mit darübergebreiteten Matten für mich in einer Hütte zurecht. Mit meinem Maoridiener legte ich mich bald zur Ruhe, konnte aber der vielen Mücken und Sandfliegen wegen lange nicht einschlafen. Nach meiner Gewohnheit wollte ich bei Morgengrauen ins Freie hinaus und sagte dem Maoriburschen, er solle sich bereitmachen. Ich rief, ich schüttelte ihn, aber er rollte sich immer wieder in seine Decke ein.

Nun befahl ich Cäsar, ihn zu wecken. Er zog ihm zuerst die Matte weg. Aber da sich der Bursche zusammenrollte und weiterschlief, wurde es Cäsar zu toll: er packte den Burschen bei seinen langen Haaren und zog an. Das half. Schnell war der Junge auf den Beinen.

Am 6. Februar führte mich der Häuptling in sein Dorf und stellte mich seinen Maori als den großen Rangotira von Auturia vor, von wo sie den „Hokioi", die Handpresse, bekommen hätten, und als seinen und des Königs Tawhiao Freund.

Die Handpresse, der Hokioi, hatte folgende Geschichte: Als „Hokiteka", Professor Ferdinand von Hochstetter, der berühmte österreichische Geologe, der an der Weltreise der Fregatte „Novara" teilnahm, in Neuseeland war, schlossen sich ihm zwei Häuptlinge an. Wireama Toitoi und Hemera te Rerehau. Sie fuhren mit der „Novara" nach Europa und kamen nach Wien. Dort wurden sie bei Hof empfangen und unter anderm auch dem Erzherzog Maximilian vorgestellt. Dieser fragte sie, womit er ihnen eine Freude machen könne, und Wireama Toitoi antwortete, er möge ihnen eine Druckpresse schenken, damit sie eine Zeitung herausgeben könnten.

Sie bekamen eine Handpresse und lernten in der k. k. Staatsdruckerei setzen. Die Presse nahmen sie nach Neuseeland mit; dort gaben sie ein politisches Blatt, den „Hokioi", heraus. Der Häuptling Patora te Tui war Redakteur und Herausgeber.

Als der Maorikrieg gegen die Europäer ausbrach, schrieben sie revolutionäre Artikel gegen diese, und als sich die Maori vor den europäischen Truppen zurückziehen mussten, luden sie die Presse in ein Kanu, um sie über den Waipafluß zu schaffen. Das Kanu kippte um, und die Presse versank.

Honana erzählte mir, die mit Flinten bewaffneten Maori hätten in Ermanglung von Schrot zum Schluß mit den noch vorhandenen Lettern auf die Europäer geschossen. Mir gelang es, noch zwei Exemplare der hochinteressanten Zeitung zu bekommen; ihre Seltenheit erhellt daraus, daß nur noch in der Sammlung des ehemaligen Gouverneurs Sir George Grey, die sich in der Auckland Public Library befindet, einige Exemplare vorhanden sind. Ein Original gab ich der Wiener Hofbibliothek, das zweite blieb in meinem Besitz.

Häuptling Honana hielt einen Korero (Rede) vor seinen Maori über Cäsar. Der Erfolg war, daß Cäsar fortan von allen Maori mit Leckerbissen gefüttert wurde und daß sie große Scheu vor ihm hatten. So wagte nachts niemand, meinem Zelte nahe zu kommen, ohne vorher „Kui!" zu rufen.

Am 7. ritt ich, von einem Maoriburschen begleitet, von Te Kopua zum Moakuraruafuß. Wir durchfurteten ihn; dann ging's über Hügelland zum Ngakiaokiafluss und weiter in den Urwald. Am Rande des Waldes trafen wir in ihren Pflanzungen Poupatate und Te Reureu, die uns zum Mahle einluden. Sie hatten bestialisch stinkendes Haifischfleisch, eine Maoridelikatesse, Kartoffeln und Honig bereitgestellt; ich begnügte mich aber mit den Zuspeisen.

Nach dem Mahl drangen wir in den Urwald ein. Mein Hund spürte einen Kiwi in seiner Höhle auf, den wir nach langem Graben auch tatsächlich fanden. Am Abend bereiteten wir uns bei einer Quelle aus Ästen und Moos ein Nachtlager; mein Bursche entzündete zum Schutze gegen böse Dämonen ein großes Feuer.

Am andern Morgen ging's weiter ins Gebirge. Ich erbeutete viele interessante Vogelarten und blieb auch diese Nacht noch im Urwald.

Nach Te Kopua zurückgekehrt, erwartete mich Honana mit der Botschaft, ich müsse sofort nach Whatiwhatihoi zum König; dieser habe bereits einen Boten nach mir gesandt. In raschem Tempo ritt ich mit Honana zum König. Hier fand ich eine große Versammlung von Häuptlingen vor.

Neben der Königshütte war für mich ein elegant eingerichtetes Zelt aufgeschlagen. Ein Pferdewärter war mir zugewiesen, ein Häuptling saß beständig als Ehrenwache – in Wirklichkeit als Beobachter – vor meinem Zelt. Ein anderer Häuptling bereitete für mich die Speisen. Täglich besuchte mich nach ihren Gebeten der König mit seinen Häuptlingen, die ihm als Räte beistanden; oft blieben sie fünf Stunden bei mir, wobei lebhaft debattiert wurde.

Die Maori der King Country waren in zwei Parteien geteilt; die einen waren für die Anbahnung einer friedlichen Verbindung mit den Europäern und für die Öffnung der Landesgrenzen, die andern dagegen wollten alle Europäer vertrieben und vernichtet sehen. Diese radikale Partei glaubte ihres Sieges gewiß zu sein, da sie durch Gebete und Geheimzeichen den Körper kugelfest machen zu können glaubte.

Die erste Frage des Königs an mich war, wie mir das Maorivolk gefalle. Ich sagte, ich sehe es für ein intelligentes, tapferes Volk an, das leider oft irregeführt und betrogen worden sei und jetzt Haß und Mißtrauen gegen alle Europäer hege. Sie sollten aber nicht glauben, daß alle Europäer ihre Feinde seien.

Ich nahm zwei Kumara mit seiner Schale und mehrere mit grober, legte sie vor den König und die Häuptlinge und sagte:

„Die mit der feinen Schale sind weicher und haben ein angenehmeres Äußere als die mit der groben, aber das Fleisch der grobschaligen ist besser. So ist es auch bei den Europäern; die einen kommen euch süß entgegen, reden euch ein, sie seien eure Freunde, sie lauern dabei aber nur auf Gewinn und lachen über euch. Die andern, die euch ernst oder gar barsch erscheinen, werden euch nicht hintergehen und sie werden jede Gemeinheit verabscheuen."

Die zweite Frage des Königs war, was ich von seiner dunkeln Hautfarbe halte und ob ich mich vor den Hauhau fürchte. Ich sagte ihm, daß ich mein Urteil über einen Menschen nicht nach Rasse und Hautfarbe bildete, sondern nach dem Charakter des Betreffenden, daß ich Sitte und Glauben der Maori achtete und keinen Grund wüßte, weshalb ich vor jemand Furcht haben sollte.

Der König schien über meine Antworten befriedigt und fragte weiter, ob der Stamm, dem ich angehöre, einen König aus seinem eigenen oder aus einem fremden Stamm wähle. Ich erwiderte, es sei natürlich, daß die Weißen einen Weißen zum König wählen.

Darauf antwortete Tawbiao:

„Warum wollen uns dann die Engländer eine weiße Königin aufzwingen?"

Ich erwiderte, daß die Engländer die Rechte der Maori nicht schmälern würden, wenn sie friedlich mit ihnen lebten und nur jene Mörder auslieferten, denen sie jetzt noch Asyl in ihrem Gebiete gewähren.

Tawhiao sagte, er sei zwar zu friedlicher Gemeinschaft bereit, er werde aber die Mörder nicht ausliefern, da sie seine Stammesbrüder seien. Die Weißen seien nach Neuseeland gekommen, ohne daß die Maori sie gerufen hätten. Als sich später die Maori gegen die Ländergier und Herrschsucht der Weißen ausgelehnt hätten, seien sie von den Europäern bekriegt worden. Da diese bessere Waffen gehabt hätten, hätten die Maori naturgemäß unterliegen müssen. Nun gälten sie als die Schuldigen, weil sie die Schwächeren seien.

Aus den Fragen, die der König an mich gerichtet hatte, und aus der lauernden Haltung seiner Häuptlinge wurde mir bald klar, daß ein neuer Kriegsfall den Haß und das Mißtrauen der Maori geschürt haben mußte und daß meine Stellung hier, inmitten der Hauhau, eine recht gefährliche war.

Daß ich mich nicht geirrt hatte, davon überzeugte mich des Königs nächste Frage. Er teilte mir mit, der Prophet Ti Witi werde gegenwärtig von englischen Freischärlern belagert, und er wollte meinen Rat, wie sich die Maori im Falle eines Angriffs verhalten sollten. Ich sagte, das Militär dürfe nie angreifen, solange die Maori keinen Anlaß dazu gäben. Der König fragte zweifelnd:

„Wenn sie aber doch angreifen?"

„Nun, sagte ich, „dann werft alle Waffen weg und bereitet den Soldaten ein großes Festessen. Setzt euch auf die Erde und seht sie an, aber kämpft nicht! Ich bin überzeugt, daß die englischen Kolonialtruppen nicht so feige sind, eine wehrlose Macht zu überwältigen."

Die Häuptlinge waren von meiner Antwort verblüfft und verließen mit freundlichem Kopfnicken mein Zelt. Ich wurde weiter beobachtet, aber immer als Ehrengast behandelt. Diese Gefangenschaft war mir nur deshalb peinlich, weil ich keine Beobachtungen aufzeichnen konnte, wollte ich nicht das Mißtrauen der Maori gegen mich wecken. Daß sie mich als Geisel verwenden würden, befürchtete ich weniger, da ich das vornehme Wesen und die Anständigkeit der Maori kannte.

Ich will hier gleich vorausschicken, daß sich meine Lage bald in überraschender Weise änderte; diese Überraschung war eine sehr angenehme.

Am andern Morgen lud mich der König zu einer Kiwijagd ein. Große Vorbereitungen wurden hierzu getroffen, Fleisch und Gemüse wurden in Körbe gepackt, eine Hundemeute herbeigebracht und eine lange Kolonne in Bewegung gesetzt. Als aber die Jagdgesellschaft, die aus dem König mit seinen Häuptlingen und mir bestand, aufbrechen wollte, begann es zu regnen, und die Jagd wurde wieder abgesagt. So ging ich mit meinen beiden Wächtern allein in das Pirongiagebirge. Wir waren schon tief in die Urwälder eingedrungen, aber das Wetter wurde immer schlechter, und dichter Nebel fiel ein, so daß ich beschloß, umzukehren.

Ich fragte den einen Begleiter, ob er wisse, wo wir seien und in welcher Richtung Whatiwhatihoi liege. Er kletterte auf einen Baum und kam bald mit tiefernstem Gesicht wieder herunter. Er erklärte, er finde sich nicht zurecht und wir müßten hier zugrunde gehen, so wie es schon vielen andern ergangen sei, die sich, ohne auf den Pfad zu achten, in diese Urwälder gewagt hätten.

Ich beruhigte meine Begleiter und erklärte ihnen, ich besäße ein Instrument mit Hilfe dessen ich mich überall zurechtfinden könne. Die Häuptlinge waren zwar nicht überzeugt, errichteten aber doch meiner Weisung gemäß eine Hütte aus Rikaupalmen, da ich hier über Nacht bleiben und morgen nach Whatiwhatihoi zurückwandern wollte.

Am Morgen darauf waren meine Begleiter höchlich verwundert, als ich nach meinem Kompaß eine bestimmte Richtung durch den Wald einhielt, und sie waren geradezu starr, als wir mittags den Waldrand erreichten und Whatiwhatihoi vor uns liegen sahen. Sie bezeigten kindische Freude über ihre „Errettung" und bewunderten die „Uhr", die den richtigen Weg weise. Dieses Wunder wurde natürlich gleich dem König mitgeteilt, der sich sehr darüber belustigte, daß ich meine „Führer" hatte führen müssen. Tawhiao ließ sich von mir den Kompaß zeigen und erklären.

Am 14. erlebte ich die große Überraschung. Häuptling Te Witiora, des Königs Onkel, der Bruder des ersten Königs Potatau, kam mit

Gefolge vor mein Zelt und überreichte mir feierlich eine Kassette, Paparauparaha genannt, in der ein Huiaschweif lag, die höchste Auszeichnung, die der König oder Oberhäuptling verleihen kann. Sie bedeutet die Verleihung der Häuptlingswürde, die insoweit erblich ist, als sie auf das erstgeborene Kind der Hauptfrau, gleichgültig, ob Knabe oder Mädchen, übergeht. Sollte mir, nach glücklicher Heimkehr zu meiner lieben Frau, ein Sohn oder Töchterchen beschieden werden, dann wird Österreich um ein Fürstengeschlecht reicher sein!

Der Häuptling hielt folgende Ansprache an mich:

„Ich begrüße dich als unsern Freund. Der König sendet dir dies als Zeichen seiner Liebe. Er sah, daß du ein Freund der Maori bist und nicht ihr Gegner, wie er zuerst vermutet hatte. Von heute an kannst du in seinem Lande hingehen, wohin es dir beliebt; wer dich beleidigt, der beleidigt auch mich und den König. Dein Name sei von nun an: Jhaka Reiheke Te Kiwi, Rangotira te Auturia!" (Häuptling Reischek, der Kiwi, Fürst von Österreich.)

Ich dankte für die Ehrung und war sehr froh, daß ich von nun an meine Beobachter los wurde und ungehindert das Königsland durchforschen durfte.

Ich meldete mich beim König, der mich wie einen Bruder empfing. Als ich auch ihm für die Ehrung dankte, sprach er zu mir:

„Wir lieben dich, weil du ein Mann nach unserer Art bist. Wären alle Weißen so wie du, dann hätten wir nie die Keule und die Lanze gegen sie erhoben. Seit zwanzig Jahren haben wir unser letztes Stück Land gänzlich vor den Weißen abgesperrt. Du bist der erste, den wir einließen. Mögen es die Götter geben, daß der Sinn der Weißen sich ändere!"

Abends ritt ich mit Honana nach Te Kopua. Am nächsten Tage bereitete ich mich für eine mehrwöchige Expedition nach Hikurangi, Kawhia und Taranaki vor. Ich ritt über den Fluß, dann die Ebene und das Hügelland hinauf und sah bald Rauch aus einer Rapuhütte aufsteigen, was mir anzeigte, daß mich mein Freund Te Witiora bereits erwartete. Ala ich nahe kam, rief er: „Here mai, Hoa!" (Sei gegrüßt, Freund!). Ich mußte mit ihm Essen; es wäre die größte Beleidigung, die man einem Maori antun kann, wenn man das angebotene Mahl ablehnen würde.

Zusammen ritten wir weiter auf ansteigendem Gelände, über Bäche und Sümpfe nach Hikurangi, einem auf steiler Bergeshöhe gelegenen großen Maoripah. Das Dorf ist im Westen, Osten und Süden von dichtem, ausgedehntem Urwald umgeben. Jede Hütte hat ein Stück Land, worauf Pferde, Rinder und Schafe weiden. Als wir bei der Hütte des Häuptlings Paingahuru ankamen, wurden wir freundlich begrüßt und aufgenommen. Wir übernachteten hier.

Am 16. wurde ich mehreren Häuptlingen vorgestellt und neuerdings mit einem Huiaschweif, dann mit einer Taiaha (Häuptlingslanze) und mehreren andern Häuptlingsrangzeichen ausgezeichnet. Ich gab den Häuptlingen Tabakpfeifen, Tabak, Messer, Silber- und Goldohrgehänge, Bleistifte, Spiegel, Ringe usw. als Gegengeschenk.

Mit dem Häuptling Taniera ging ich in den naheliegenden Urwald, um Kiwi zu jagen, hatte aber leider keinen Erfolg; dagegen schoß ich einige Tauben, Nestoren und Pastorenvögel. Abends kehrten wir nach Hikurangi zurück.

Einst war dieses Dorf die blühende Residenz des Maorikönigs, seit aber Tawhiao nach Whatiwhatihoi übersiedelte, ist es nur noch schwach besiedelt. Ich stellte hier meinen Kompaß auf. Die Maori nennen den Norden Tonga, den Süden Horaro, den Westen Maraungau und den Osten Hauwaru. Für sie bedeutet, der Lage zum Südpol entsprechend, der Norden Süden und der Süden Norden.

Am nächsten Morgen genoß ich die prachtvolle Fernsicht: im Norden das Thamesgebirge, im Nordosten das Haurakigebirge, Wharepuhunga, Mangatautari, im Osten das Hangahangagebirge, hinter denen die europäische Ansiedlung Tauranga liegt; im Ostsüdosten der Rangitoto, im Südosten das Rotorua- und Taupogebirge, der Vulkan Tongariro, den die Maori auch Manu heißen, der mit ewigem Schnee bedeckte Vulkan Ruapehu und der Ngauruhoe, den die Maori die Frau des Tongariro nennen (sie behaupteten, der Tongariro fülle, wenn er in Tätigkeit sei, die Öffnung des Ngauruhoe aus); im Süden das Tihiotauwagebirge, im Südwesten Taranaki und Ngatiruanui, im Westen der Hafen König Tawhiaos mit dem Dorfe Kawhia; im Nordwesten das Pirongia- und Taurinigebirge. Und so weit man schaute – Urwald!

Am 18. ritt ich mit meinem Freunde Te Witiora in seine Ansiedlung Hauturu. Ein schmaler Pfad führte gegen Südosten durch den Urwald über steile Berghänge und einige Farnhügel. Die Kainga (Dorf) liegt in einem fruchtbaren Tal am Moakuraruafluß.

Ich wurde von den Maori freundlich aufgenommen; sie konnten mich nicht genug betrachten. In einer Hütte, in deren Mitte ein Feuer

brannte, saßen halbnackte muskulöse Männer und Frauen, die mich durch Kopfnicken begrüßten. Von hier gingen wir in eine andere Hütte, worin ein alter Häuptling saß, der eine schöne Flachsmatte über seinen Schultern trug. Auf meine Bemerkung, daß die Matte sehr schön sei, nahm er sie ab, warf sie mir um die Schultern und sagte:
„Nimm sie als Zeichen meiner Freundschaft!"
Da ich ihn nackt sitzen sah, fragte ich meinen Begleiter, ob der Häuptling keine zweite Matte habe; er verneinte. Ich bedauerte nun, sie angenommen zu haben, durfte aber, um den Geber nicht zu beleidigen, sie unter keiner Bedingung zurückgeben. So sandte ich als Gegengeschenk eine Decke.

Innenwand einer Runanga.

Wir gingen dann auf einen Platz, wo sich einst die Runanga (Versammlunghaus) erhoben hatte. Hohe Pfosten mit schöngeschnitzten Tiki (Köpfen) standen als ihre Überreste noch da. Ich bewunderte sie, und der Ariki Te Witiora fragte mich, ob ich sie haben möchte. Als ich bejahte, sagte er: „Taiho, nga tapu!" (Warte, es ist noch tabu!). Er löste das Tabu auf und am nächsten Tage sägte ich gemeinsam mit dem Häuptling die Köpfe ab.

Als Nachtlager wurde mit in der neuen Runanga eine Flachsmatte aufgebreitet, worauf ich mich legte. Die Eingeborenen saßen um mich herum und sangen ihre Gebete, worin sie auch verstorbene hervorragende Häuptlinge und König Tawhiao nannten. Abends um 6 Uhr und morgens um 7 Uhr wurde zum großen Geiste Tukonota gebetet.

Am nächsten Tag ritt ich mit Te Witiora nach Hikurangi zurück. Er ging mit seinen Leuten Pilze suchen. Da es regnete, setzte ich mich in eine Hütte zu einem jungen Häuptling und fing an, meine Tiki – die gestern abgesägten geschnitzten Köpfe – zu bearbeiten, die die Macht haben sollen, die Runanga oder das Dorf vor Feuer zu bewahren und das Feuer zu löschen. Da der eine geschnitzte Kopf schwer war, hackte ich das unnütze Holz weg und warf es ins Feuer. Als der Maori dies sah, nahm er schnell das Holz wieder aus dem Feuer heraus. Ich fragte, weshalb er das tue. Er antwortete, seine Frau sei schwanger und das Kind werde sterben und auch anderes Unheil über seine Familie werde kommen, da ich diese Gottheit verbrennen wolle.

Er wurde so aufgeregt, daß er auf mich losspringen wollte; aber in diesem kritischen Momente kam Te Witiora und erlöste mich aus der unangenehmen Situation, indem er dem rabiaten Maori erklärte, er selbst habe das Tabu aufgelöst und damit jede Gefahr abgewendet.

Mit Häuptling Taniera verließ ich Hikurangi, um nach Kawhia zu reiten. Der Reitpfad führte an Waldlichtungen mit eingefriedeten Maoripflanzungen vorbei, aus deren Umzäunung alle hundert Schritt ein hoher Pfosten aufragte, der oben einen geschnitzten Kopf trug. Der Pfad war infolge des Regens zwischen den Wurzeln der Bäume so schlammig, daß die Pferde stellenweise bis zu den Sattelgurten einsanken.

Wir ritten nur eine kurze Strecke und hielten bei einer kleinen Hütte, vor der eine große Anzahl junger Maorimänner versammelt waren. Sie kamen von Taranaki, wo sich der große Maoriprophet Ti Witi aufhielt, um König Tawhiao zu besuchen und ihn um Rat zu fragen, da sie von den freiwilligen europäischen Truppen belagert wurden. Sie waren sehr erstaunt, mich, einen Weißen, im Maorikönigslande zu sehen, und zeigten auch unverhohlen ihr Missfallen.

Da sich das Wetter verschlechterte, ritten wir nach Hikurangi zurück. Am nächsten Tag ging ich mit Te Witiota in der Richtung von Hauturu in den Wald, um der Einweihung eines Kriegskanus beizuwohnen.

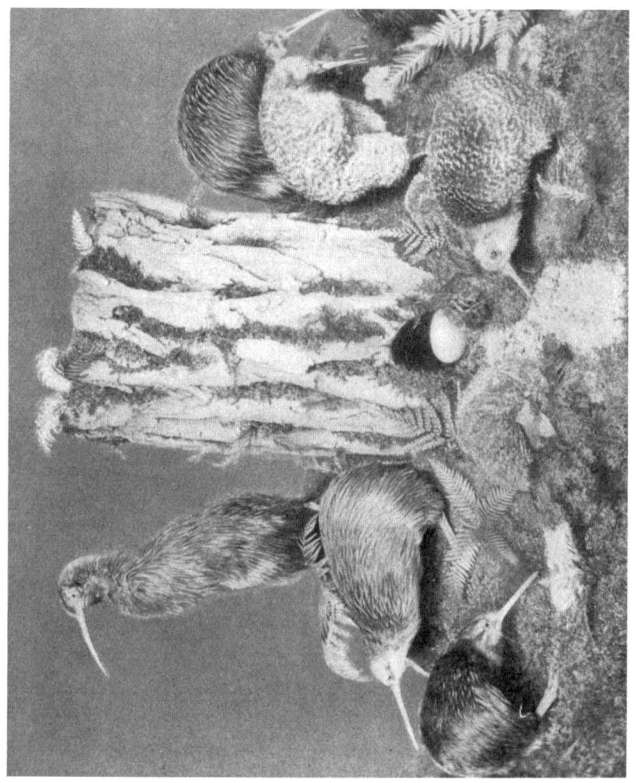

Kiwigruppe im Wiener Naturhistorischen Museum. Von Andreas Reischek präpariert.

Am 24. Februar rüstete ich mich für eine längere Expedition aus. Ein Maoribursche und Cäsar waren meine Begleiter. Wir überquerten zuerst das urwaldbewachsene Teraumeagebirge. Die vielen übereinanderliegenden Baumleichen, die ineinanderverflochtenen Wurzeln und die vielen tiefen Schlammpfützen erschwerten unser Vordringen. An einem Bach wurde abends Rast gemacht, eine Halbhütte (Hoka) aus Farngräsern aufgeschlagen, ein Lager bereitet und ein großes Feuer angezündet. Während mein Begleiter Tauben und Süßkartoffeln am Spieß röstete, balgte ich meine Vögel ab. Nach dem Essen begaben wir uns zur Ruhe, aber mein Maoribegleiter legte noch Holz auf das Feuer, um die bösen Geister zu verscheuchen. Die Nacht war kalt.

Bei Sonnenaufgang verließen wir unsern Lagerplatz, durchfurteten den Te-Kauri-Fluß, verfolgten den Kahakatoagebirgskamm und erreichten dort die gute Straße, die König Tawhiao von seinen Eingeborenen hatte bauen lassen. Die Gegend ist gebirgig und dicht bewaldet. Hie und da bietet sich zwischen den Bäumen ein Ausblick auf die wildromantische Gegend und auf das Meer im Westen. Wir zogen auf der Westseite talwärts und kamen in grasbewachsene Täler, über kleine Ebenen und Sümpfe.

Bald darauf erreichten wir den Hafen Kawhia, den einzigen guten Landungsplatz im Maorikönigsland, der von europäischen Schiffen nicht besucht werden durfte. Einzelne Hütten und eine größere Maoriansiedlung ziehen sich die Bucht entlang. Ein kleines dem Hafen vorgelagertes Felseiland wird von den Maori als versteinertes Doppelkanu aus der Urzeit, als die Vorfahren der Maori von Hawaiki kamen, bezeichnet.

In dieser Gegend gibt es in Kalksteinhöhlen alte Maorigrabstätten, die Mumien enthalten sollen. Das Tabu solcher Gräber ist unauflösbar; jeder, der es mißachtet, wird getötet.

Spät abends erreichten wir Pukekohe, die Ansiedlung des Häuptlings Te Kie Tanui, der uns freundlich aufnahm. Nach einem frugalen Nachtmahl legten wir uns im Gemeinschaftshause schlafen. Am 26. ging ich mit dem Häuptling in die Urwälder des Aoteagebirges. An manchen Stellen mußten wir mit der Axt einen Pfad hauen. Ich erlegte verschiedene Vögel, fand aber keine Kiwi. Wir durchfurteten den Oparaufluß und kletterten dann noch höher das Gebirge hinauf. Im Urwalddickicht wimmelte es von verwilderten Schweinen, wovon wir einige erlegten.

Am 1. März kehrten wir nach Pukekohe zurück. Ein paar Tage später kam eine Anzahl Maori auf Besuch, um einen verstorbenen Häuptling zu beweinen. Sie waren alle beritten, auch die Frauen saßen im Sattel, mit der Tabakpfeife im Munde.

Die Hauptfrau des Häuptlings Te Kie Tanui kam aus der Häuptlingshütte und begrüßte die Angekommenen, die sich im Halbkreis mit gekreuzten Beinen gesetzt hatten, mit einem Willkommgesang. Die Besucher verbargen ihre Gesichter in den Händen und weinten laut, in gesangähnlichem Rhythmus. Dies dauerte eine halbe Stunde; dann kam der Häuptling aus der Hütte, mit einer Parawaimatte bekleidet, und hieß die Gäste mit einem Gesang willkommen. Nach dieser Zeremonie rieben die Maori mit den Besuchern die Nasen gegeneinander, wobei sie weinende Laute ausstießen.

Andere Eingeborene hatten inzwischen Hangi (Kochgruben) hergestellt. Die Nahrung wurde, wie immer, in geflochtenen Körbchen serviert, die Finger als Besteck benutzt. Das Essen dauerte lange. Nachher setzten sich alle im Kreis auf die Erde, ein Häuptling stand auf und hielt eine Ansprache – man könnte sagen, einen Nachruf. Er brachte alle Taten und guten Eigenschaften des verstorbenen Häuptlings vor. Während er sprach, ging er gemessenen Schrittes mit ernstem Gesichte die eine Strecke, zurück ging er schnell oder auch in einigen Sprüngen, wobei er mit der Mere Gefechtsübungen ausführte. Diese Ansprachen und Gesänge, Pfeifen und Flötenspiel dauerten mehrere Tage, bis die aufgehäufte Nahrung aufgezehrt war, dann verließen die Besucher wieder das Dorf.

Am 7. März ließ ich meine Pferde einfangen, dankte meinen Gastgebern und verließ den Hafen von Kawhia, beladen mit reicher Beute an ethnographischen und zoologischen Gegenständen. Die nächste Nacht lagerten wir im Wald.

Tags darauf ließ ich die Pferde bei meinem Begleiter auf dem Pfade zurück und drang mit Cäsar tiefer in den Wald, um Kiwi zu suchen, leider ohne Erfolg. Abends machte ich mir ein Lager unter einem großen Ratabaum, verzehrte mein Abendessen und legte mich dann zur Ruhe. Kleine Eulen huschten ums Feuer herum, Ratten naschten an den Überresten der Mahlzeit und zankten sich. Am 9. verließ ich meinen Lagerplatz und pirschte bergab und bergauf durch das Urwalddickicht. Erst gegen Mittag fand ich den Maoripfad nach Hikurangi und ersah aus den Hufspuren der Pferde, daß mein Begleiter schon voran war.

Ich sandte Cäsar voraus, ihn aufzuhalten. Nach einer halben Stunde kam der Hund wieder zurück, und nach dreiviertel Stunden Marsch sah ich meinen Maori mit den Pferden neben dem Pfade lagern. Ich saß auf, wir kamen aber nur langsam durch die tiefen Schlammpfützen vorwärts.

Als wir eine Weile geritten waren, hörten wir Pferdegetrappel und Stimmen. Ein Trupp Eingeborener kam uns entgegen; es war das Gefolge der Königin, die nach Kawhia ritt. Sie machte bei uns halt, erkundigte sich nach meinem Befinden und danach, ob ich genug Proviant bei mir habe. Sie gab mir schöne Pfirsiche; ich dankte, und wir ritten weiter. Spät nachts erreichten wir Hikurangi.

Mein Freund Te Witiora war sehr erfreut, mich wiederzusehen. Er hatte mehrere Maoriwaffen, Geräte und Matten für mich zurechtgelegt, auch den Federaufputz eines alten Kriegskanus, dann Tätowierinstrumente und anderes.

Mit Witiora ritt ich zurück nach Whatiwhatihoi, wo ich vom König freundlich empfangen wurde. Er lud mich in seine Runanga ein, in der mehrere Häuptlinge versammelt waren, und befragte mich über meine Expeditionen.

Da es meine Absicht war, das ganze Urmaoriland kennenzulernen, wollte ich auch das Gebiet von Mokau aussuchen, wo Hemera te Rerehau residierte, jener Häuptling, der in Wien gewesen und ein treuer Freund Hochstetters war.

Ich wusste, daß ich, um zu ihm zu gelangen, die von den erbittertsten Europäerfeinden bewohnten Gebiete durchqueren mußte, und wandte mich deshalb vorerst an den König mit der Bitte, er möge mir die Reise nach Mokau erlauben. Zu meinem Ärger wies aber Tawhiao mein Ersuchen schroff ab.

Am Morgen ritt ich wieder nach Te Kopua zurück. Durch das schlechte Wetter waren die Flüsse so angeschwollen, daß ich Mühe hatte, sie zu durchfurten. Honana nahm mich freundlich auf. Am 12. ging ich, von Cäsar begleitet, die Ufer des Moakuraruaflusses entlang, bis zu den Sümpfen und Lagunen, in denen die Maori eine Aalzucht hatten. Der Aal galt ihnen als eine besondere Delikatesse.

Es ist dies ein ebenes Terrain mit vielen Wassergräben, von 1 bis über 2 Meter Breite, an einigen Stellen ziemlich tief, mit mehr stehendem als fließendem Wasser. Tausende von Aalen leben darin, die von den Maori mit langen, aus Lianenrispen geflochtenen, 2 ½ Meter langen Reusen gefangen werden. Eine andere Methode besteht darin, daß am Abend ein an einer Flachsschnur befestigtes Bündel Regenwürmer aus dem Kanu ins Wasser gelassen wird; ich selbst fing auf diese Weise oft an einem Abend bis zu 30 Stück. Die Aale werden abgezogen und in einer eigens dazu gebauten Hütte aus unzähligen Stangen in der Luft getrocknet. Auf allen Inseln fand ich diese Aalhütten; es sind hohe, langgestreckte Gebäude, deren Dächer auf Säulen aus Baumstämmen ruhen; querüber sind in drei Reihen übereinander Stangen befestigt, woran die Aale hängen. In einer solchen Trockenhütte haben, wie mir ein Maori versicherte, über 1000 Stück Platz.

Am 12. pirschte ich in den naheliegenden Sümpfen, wo sich viele Enten, Sumpfhühner und Sumpflerchen herumtummeln. Das Trillern der Sumpflerchen ermunterte auch die in der Nähe arbeitenden Maori zu einem Morgengesang; nach altem Maoriglauben verheißt der Lerchsensang Erfolg. Am 13. früh ritt ich nach Whatiwhatihoi, um König Tawhiao und Wahanui neuerlich zu bitten. Der Sohn des Königs war krank, und Tawhiao war deshalb schlechter Laune; er wies mein Ansuchen, nach Mokau zu gehen, kurz ab. Auch Wahanui und andere Häuptlinge waren dagegen, nur der alte Te Witiora nahm sich meiner an und sagte:

„Wenn ihr gegen Ihaka Reiheke seid, tut ihr unrecht. Ihr weist ihn zurück, nachdem ihr ihn eingeladen habt. Die alte Sitte der Maori ist Gastfreundschaft; er ist unser Freund, und wir müssen ihn auch als solchen behandeln."

Nachher lud mich Wahanui zum Essen ein. Ich zeigte ihm drei Briefe von Hemera te Rerehau, die dieser mit durch Boten gesandt hatte. Wahanui sagte:

„Ich kann es nicht zulassen, denn du mußt durch mehrere Ansiedlungen gehen, deren Einwohner nicht zu meinem Stamme gehören, und obwohl das Land mir gehört, kann ich für sie nicht haften, denn sie hassen die Europäer."

Er meinte damit hauptsächlich den Häuptling Te Kuti, der in die Poverty Bay eingefallen, gemordet und Kannibalismus getrieben hatte, und Winiato, der ebenfalls einen jungen Mann getötet hatte. Ich hatte diesen öfters gesehen, aber er verschwand immer gleich, wenn er mich sah. Ich sagte zu Wahanui, er solle mich nur gehen lassen, ich fürchtete mich nicht.

Wahanui, der die Verantwortung nicht tragen wollte, hieß mich zu Tawhiao gehen. Als ich wieder zum Könige kam, fand ich ihn schlafend an der Seite seines kranken Sohnes. Der Junge weckte ihn, und Tawhiao fragte nach meinem Begehren. Ich zeigte ihm die Briefe Hemera te Rerehaus und ersuchte ihn, er möge mit mir zu Wahanui kommen. Darauf fragte Tawhiao, ob das alles sei, was ich von ihm wolle. Als ich bejahte, versetzte er, er erlaube mir in seinem Lande überall hin zu gehen, nur dorthin nicht, denn ich hätte eine weiße Haut, und viele der Leute aus diesen Gegenden hätten noch nie einen Weißen gesehen, wohl aber viel Schlechtes über sie gehört. So mußte ich denn abermals unverrichteter Dinge nach Te Kopua zurückreiten.

Am 14. früh ging ich, vom Häuptling Ngaka Avia Popatato Begleitet, in das Pirongiagebirge. Wir verfolgten einen über Farnhügel führenden Pfad in den ausgedehnten Urwald. Schritt für Schritt arbeiteten wir uns durch den dichten Unterwuchs und über Felsen auf den Berg Putomumako; dann ging's wieder abwärts zum Flusse Wawarautauwa, den wir 6 ½ Kilometer aufwärts verfolgten. Felsblöcke, übereinanderliegende Bäume und Wasserfälle, die wir überklettern mußten, erschwerten unser Vordringen.

Wir erstiegen dann vom rechten Ufer aus den Koato Piko, der nach Westen fast senkrecht abfällt und von uns deshalb vom Osten aus erstiegen wurde. Dieser eigenartige Felsen hatte mich angelockt, seit ich eine alte Maorisage erzählen hörte, die sich mit ihm beschäftigt.

Es hat einst, so erzählten mir die Maori, ein Pfad von Waikato an diesem Felsen vorbei nach Kawhia geführt, aber kein Maori, der diesen Weg gegangen war, ist lebend ans Ziel gelangt. Unter dem Felsen Koato Piko hauste in einer großen Höhle eine Rieseneidechse (Ngarara), die den Wanderern auflauerte und jeden verschlang, der an ihrer Höhle vorbeikam.

Ein kühner und zugleich schlauer Häuptling befreite seine Stammesbrüder von der Landplage. Er stieg von der Ostseite mit seinen Leuten aus den Koato Piko, lockerte am Rande des Abgrundes, gerade über der Drachenhöhle, einen großen Felsblock und ließ an einer festen Flachsleine einen Maori als Köder den Felsen hinabgleiten. Das Ungeheuer witterte die Beute und fuhr schnaubend aus seiner Höhle.

In diesem Augenblick zog der Häuptling den Maori wieder hoch und ließ gleichzeitig den Felsblock aus das Untier fallen, das mit zerschmettertem Schädel vor seiner Höhle liegenblieb. Noch heute sollen die Knochen des Drachens dort liegen, aber ein Zauber töte jeden, der dorthin gelangen wolle.

Ich kletterte troß der Warnung meines Begleiters die steile Wand bis zur Höhle hinab, fand aber keine Knochen, dagegen eine schöne Gruppe von Drazänen (Drachenbäumen) – ein seltsames Zusammentreffen! Die Blätter dieser Drazänen, die von den Maori Tohipalmen genannt werden, besitzen elastische Fasern, aus denen die Maori ihre wasserdichten Regenmatten (Pureke) flechten. Ich selbst trug, solange ich unter den Maori weilte, eine solche Matte.

Am 15. ging ich mit zwei Maoriburschen in das Wangapopogebirge. Die Urwälder schließen sich dem Pirongiagebirge an und zeigen gleichen Baumwuchs und die übliche Vegetation. Ich erlegte einige Täubchen und fing einen jungen Kiwi (*Apteryx oweni*).

Von hier aus besuchte ich das Whangangakinogebirge. Als wir uns einen Berg hinaufpirschten und mit der Staudenhaue durch den dichten Unterwuchs einen Pfad bahnten, gaben die zwei Maorihunde im Dickicht Laut.

Ich hielt meinen Hund zurück und arbeitete mich, so gut es ging, in der Richtung durch; bald hörte ich Zähneknirschen. Die beiden Hunde verbellten einen Keiler. Dieser wurde flüchtig, und die halbwilden Hunde verfolgten ihn, heulende Laute ausstoßend. Wir gingen nach. Ich hatte nur Patronen mit Vogeldunst, ganz feines Schrot für Kleinvögel, mit.

In einer Grube bei einem entwurzelten Baum stellte sich der Eber, die Hunde verbellten ihn. Als wir hinzutraten, ging er uns an. Die zwei Maori kletterten rasch auf einen Baum, ich versuchte, ihm ins Auge zu schießen. Es gelang mir aber lange nicht, da der Keiler so heftig angriff, daß ich alle Augenblicke zur Seite springen mußte. Nach langem Hin- und Herhüpfen gelang es mir endlich, ihm auf zwei Schritt Entfernung einen Schuß ins Auge zu geben, der ihn sofort niederstreckte.

Daraufhin stieß der eine Maorihund ein fürchterliches Geheul aus, die Maori kamen von den Bäumen heruntergeklettert und begannen zu lamentieren: „Ngakuri, Ngakuri, Temato!" („Der Hund, der Hund ist tot!"). Im ersten Augenblick glaubte ich selbst, den Hund angeschossen zu haben. Als wir aber den starken Keiler bei den Laufen hervorzogen, kroch der Hund hinkend hervor, und ich sah, daß ihn der Eber beim Sturze gequetscht hatte.

Die Maori waren darüber so erfreut, daß sie um das Schwein herumtanzten und sangen. Ich weidete es aus und befahl den Maori, aus dem nächsten Orte Leute zu holen. Sie beteuerten aber, aus dem Walde nicht herauszufinden. Ich führte sie also bis zu einer Maorihütte. Beim Rückweg mußte Cäsar den Führer machen, da ich selber die Richtung nicht mehr genau wußte. Das kluge Tier sah mich an, nahm den Wind hoch und führte uns. Die Maori folgten ihm, ich ging als letzter. Der Hund gab schließlich Laut und ehe ich dorthin kam, kamen mit schon die Maori schreiend entgegen.

Sie erzählten, Cäsar sei, als sie das Schwein nehmen wollten, auf sie losgesprungen. Erst als ich nahe kam, wedelte er mit dem Schweif und ließ die Maori das Schwein wegtragen.

Am 16. ging ich mit Maori nach dem Ngakakau, einem Gebirgskamm, auf dem die Maori im Herbst viele Nestoren fangen. Zum Locken benutzen sie zahme Nestoren, die mit einer Leine und einem Ring an einem schräg gewachsenen Baum oder auf einer Stange befestigt und mit Blättern und Ästen so verdeckt werden, daß die wilden Nestoren sie nicht sehen können. Sobald ein Flug Nestoren einfällt, fangen die zahmen zu locken an; in ihrer Nähe wurden an den Ästen vorher Beeren befestigt. Die zwischen Ästen und Blättern gedeckten Maori verhalten sich ganz ruhig, bis die wilden Nestoren sicher sind, daß ihnen keine Gefahr droht, und zu den Beeren herunterklettern. In diesem Moment erfaßt ein Maori einen Papagei beim Kopf, zerquetscht ihn, bevor noch der Vogel einen Laut nur stoßen kann, und reicht ihn einem zweiten Maori, der den Vogel in den aus Flachs geflochtenen Korb gibt.

Auf diese Weise können ziemlich viele Nestoren gefangen werden, ohne daß die andern wegfliegen. Ich verließ bald die Maori und drang mit Cäsar weiter in den Wald vor, wo ich mehrere Vögel erlegte. Bei einem Bach machte ich mir abends eine Halbhütte aus Ästen, balgte die erlegten Vögel ab und wickelte mich dann in meine Decke.

Am 17. schlug ich die Richtung gegen Hikurangi ein, kam aber in den Tälern in solche Dickichte, daß ich darüberklettern mußte, da das Durchhauen zu lange Zeit in Anspruch genommen hätte. Erst gegen Abend erreichte ich die Waldlichtung von Hikurangi, wo mich mein guter Freund Te Witiora freudig begrüßte.

Er sagte, er habe Maori ausgesandt, um mich suchen zu lassen, da er befürchtet hatte, ich werde mich in den ausgedehnten Urwäldern ohne Pfad sicherlich verirren. Ich beruhigte ihn damit, daß ich mich nicht verirren könnte, solange ich einen Kompaß hätte, Sonne, Mond und Sterne sähe oder Bäche und Flüsse anträfe. Als die mich suchenden Maori zurückkehrten, waren sie nicht wenig überrascht, mich in der Hütte des Häuptlings Paingahuru im Gespräch mit Te Witiora anzutreffen. Die Maorifrauen bereiteten im Kapa Maori, in der Kochgrube, Schweinefleisch und Kumara, was mir nach den Strapazen der Wanderung ausgezeichnet schmeckte.

Am 18. ritt ich wieder nach Te Kopua. Honana erzählte mir, der Sohn Hemera te Rerehaus sei von Mokau mit zwei Pferden gekommen, um mich dorthin mitzunehmen. Er habe mich in den Wäldern gesucht und sei, da er mich nicht gefunden habe, wieder zurückgeritten. Mir war sehr leid, daß ich nun wieder eine Möglichkeit, meinen Reiseplan auszuführen, versäumt hatte.

Ich wurde aber dadurch angespornt, am 19. neuerdings den König zu ersuchen. Da er mich wieder abwies, ging ich zu Wahanui, der mir dasselbe sagte wie am 13., dass ich nicht gehen solle. Ich fragte ihn nun, was er und der König tun würden, wenn ich trotz des Verbotes ginge. Anstatt zu antworten, drehte sich Wahanui um, tauchte seine Hände in Wasser und wusch sie, wie es der selige Pontius Pilatus gemacht hatte. Er meinte also: „Mach', was du willst; ich weiß von nichts!"

Er trug aber doch seinem Neffen, einem kräftigen jungen Häuptling namens Patupatu, auf, mich zu begleiten, wenn ich die Reise wagen sollte. Auch riet er mir, keine Waffen mitzunehmen. Diesen gutgemeinten Rat konnte ich aber nicht befolgen, weil mir mein Gewehr für die Jagd unentbehrlich war.

Am 20. März bei Tagesgrauen wurden die Pferde gesattelt, und nun ging's auf gut Glück in den „Löwenrachen"! Meine lieben Freunde Honana und Wahanui verabschiedeten sich von mir, als ob es auf Nimmerwiedersehen gegolten hätte.

Wahanuis Neffe und ich ritten in südöstlicher Richtung den Waipafluß entlang, an dessen beiden Ufern sich Maoripflanzungen ausdehnen. Dann durchfurteten wir den Moakuraruafluß und ritten durch die Dörfer Te Tuahu und Parapara. In flottem Tempo ging's zur Waipa, die wir ebenfalls querten. Im Maoridorf Otorohanga hielten wir Rast, und der Häuptling Tananui bewirtete uns aufs freundlichste mit Schweinefleisch und Süßkartoffeln.

Ich wurde von den Eingeborenen bestaunt, da sie wußten, daß ein Weißer nicht eindringen dürfe; mein Begleiter beruhigte sie aber mit der Erklärung, ich sei ein Freund Tawhiaos. Nach dem Mahl wurden die Pferde wieder eingefangen und gesattelt; dann ging's weiter, am Dorf Arahiri und dem verlassenen Pah Haurua (bekannt aus dem Maorikriege 1865) vorbei. Wir erreichten den Mangapufluß, ein ruhig fließendes, ziemlich tiefes, schmutziges Wasser. Das Mangaputal ist nicht so breit wie das Waipatal, aber romantischer. Am Abend kamen wir nach Hangatiki, einem Maoridorf wo uns Häuptling Natanahiri gastlich aufnahm.

Wir schafften unser Gepäck in die Runanga und übergaben die Pferde einem Maorijungen zur Bewachung. Auch hier war alles erstaunt, einen Pakeha zu sehen, und ich wurde von einigen mißtrauisch gemustert. Das Fragen wollte kein Ende nehmen, wieso es möglich war, daß mich Tawhiao in das verbotene Land einließ.

Das Mahl bestand, wie gewöhnlich, aus Schweinefleisch und Süßkartoffeln, hernach brachten Frauen Farngräser und eine Matte für mich; auch meinem Cäsar bereiteten sie aus Farngräsern neben meiner Lagerstätte ein Bett. Von Müdigkeit übermannt, schlief ich bald ein.

Am 21. bei Tagesgrauen erhob sich mein Begleiter und fing unsere Pferde ein. Wir mußten noch am Frühstück teilnehmen und ritten dann in südwestlicher Richtung weiter. Von hier an beginnt das Gelände gebirgiger zu werden; ab und zu erschweren Sümpfe das Vorbringen. Wir passierten die Maoriansiedlungen Tahuahua und Te Mira und wollten auch durch Te Kumi, wurden hier aber von dem dort residierenden Häuptling Te Mahuki, einem alten Krieger und erbitterten Europäerfeind, angehalten.

Er fragte meinen Begleiter, warum er diesen Weißen hierherbringe. Auf die Antwort, daß ich von Tawhiao und Wahanui Erlaubnis habe, das Land zu erforschen, sagte er, es sei bedauerlich, daß gerade die, die als die ersten jeden Europäer von der Grenze weisen sollten, jenem Vertrage und Schwure zuwiderhandelten, der nach dem Maorikrieg von den freien Stämmen beschlossen worden war. So wie die Weißen den Maori keinen Schutz zuteil werden ließen, gebe es auch in seinem Lande keinen Schutz für einen Weißen.

Ich sprach zum Häuptling:

„Gut, ich bin ein Europäer, aber ein Freund der Maori, der ihre Gesetze achtet. Der König und seine Berater haben mich lange beobachtet und verhört, ehe sie mich als ihren Freund erkannt und zum Häuptlinge gemacht haben. Wenn du aber doch Mißtrauen gegen mich hegst, magst du mir einen deiner Leute als Begleiter mitgeben."

Darauf sah mich der Häuptling durchdringend an und sagte:

„Je schneller du von hier fortkommst, desto besser für dich!"

Wir ritten also weiter, passierten den Mangapufluß und kamen nach Kuiti, dem Dorfe des berühmten und noch mehr berüchtigten Häuptlings Te Kuti.

Ich will hier die Geschichte dieses merkwürdigen und trotz seiner Mordtaten bedeutenden Maori einflechten.

Te Kuti wurde im Maorikrieg mit 200 seiner Krieger von den Engländern gefangen und auf die Chathaminsel deportiert. Die Gefangenen erhielten gute Verpflegung und waren nur von einem kleinen Detachement bewacht. Die Maori legten so gute Manieren an den Tag, daß die kleine englische Besatzung nie eine Überrumplung befürchtete, selbst dann nicht, als sie gewarnt wurde.

Am 3. Juli 1868 ankerte der Schoner „Rifleman" mit Proviant vor der Chathaminsel. Auf ein von Te Kuti gegebenes Zeichen wurde die Wache überwältigt, und die Maori bemächtigten sich aller Waffen und Munition. Obwohl Te Kuti strengen Auftrag gegeben hatte, niemand etwas zuleide zu tun, wurde ein Engländer getötet.

Nun ruderten die Maori, gut bewaffnet, in einem stark bemannten Boote zum Schoner überwältigten die Bemannung des Schiffes und zwangen, als alle Maori an Bord waren, die englischen Offiziere und Matrosen, sie nach der Poverty Bay zu segeln.

Die ersten Tage herrschte stürmisches Wetter und Gegenwind. Deshalb gab Te Kuti Befehl, allen Nephritschmuck zu bringen; er warf ihn über Bord; um dadurch den Meeresgott Tangaroa zu besänftigen. Aber es half nichts. Te Kuti befahl daher, einen alten Maori zu binden und als Opfer ins Meer zu werfen.

Dem hierzu Bestimmten half all sein Jammern nicht – er wurde über Bord geworfen. Er soll sich aber gerettet und die Wache und Ansiedler der Bucht vor Te Kutis Absicht gewarnt haben.

Die Maori landeten schließlich in Whareongaonga, südlich von der Poverty Bay. Sie schifften alle Waffen, Munition und den ganzen Proviant aus; den Schoner mit der Besatzung ließen sie frei, ohne jemand etwas zu leide zu tun.

Major Biggs zog den Maori entgegen und forderte Te Kuti Auf, sich zu ergeben. Te Kuti antwortete:

„Gott hat mir Freiheit und Waffen geschenkt, ich führe nur seinen Willen aus, wenn ich nach Waikato ziehe und den König absetze. Ich werde euch nichts zuleide tun, wenn ihr mich an meinem Vorhaben nicht hindert."

Die englische Truppe und eine Schar engländerfreundlicher Maori verfolgten Te Kuti und seine Leute. Nun kannte Te Kuti keine Rücksicht mehr, und das Kriegsglück war ihm hold; in allen Gefechten, in Paparota, Te Konaki und Ruakitui, schlug er seine Gegner und sein Anhang wuchs.

Damit stieg auch seine Kühnheit; er schritt zur Offensive, tötete den Aravahäuptling Te Mutu und überfiel die Ansiedler in der Poverty Bay, wo er 33 Europäer, Männer, Frauen und Kinder, aufs grausamste ermordete. Auch 37 europäerfreundliche Eingeborene erschlug Te Kuti mit der Keule.

Später verlor er einige seiner besten Häuptlinge und mußte sich Zurückziehen, wobei er weiter mordete; so in Arai und Pipiwaka. Er erlitt große Verluste, entkam aber immer. In Mohaka ermordete er einige europäische Familien, in Araniki und Huka-Pah alle Eingeborenen.

Mit wechselndem Kriegsglück zog er nach Taupo, wo ihn die Häuptlinge freundlich empfingen. Mit diesen kam er nach Waikato, um die dortigen Stämme auf seine Seite zu bringen. In Takongamutu empfingen ihn die Häuptlinge des Ngatimaniapotostammes Rewi und Manga freundlich.

Rewi lud auch den Ngatimahutastamm zu einem Feste ein, um ihn für Te Kutis Sache zu gewinnen. 500 Maori folgten der Einladung. Als alle Gäste versammelt waren, ließ Te Kuti seine Krieger antreten, scharf laden und eine Salve über die Köpfe der Besucher abfeuern.

Dies beleidigte die Gäste so, daß sie von Te Kuti fernblieben. Er hatte also mit dieser allzu militärischen Demonstration seinen Plan, alle größeren Stämme gegen die Europäer zu deren Vernichtung zu vereinen, selbst zunichte gemacht. Er ging nun nach Tauranga am Taupo zurück, wo er von engländerfreundlichen Maori angegriffen wurde. Te Kuti zog sich weiter zurück und verschanzte sich schließlich auf der Anhöhe Te Poronga, doch der heftige Angriff warf ihn aus dieser festen Stellung, und er mußte unter Zurücklassung seiner Verwundeten und Toten fliehen.

Diese Niederlage war für ihn entscheidend. Die meisten Stämme fielen von ihm ab; er wurde weiter verfolgt und unterlag in allen Gefechten. Einmal wurde er wieder gefangen, es gelang ihm aber, zu entkommen. Schließlich flüchtete er nach Waikato, wo ihm Tawhiao im Urmaorilande zu bleiben erlaubte, wenn er sich friedlich verhalte. Seither lebte er hier, tiefsten Haß gegen alle Europäer hegend.

Die Ansiedlung Te Kutis lag links von unserm Pfad. Da die Maori sehr unfreundliche Mienen machten, ritten wir ohne Aufenthalt weiter und passierten die Dörfer Ototaika und Mangawhititau. Hier erwartete uns schon ein Häuptling, den Hemera te Rerehau gesandt hatte, mit einem schönen Braunen. Er übergab mir das Pferd und führte meines, das schwer bepackt war, an der Seite seines Trabers.

Im Maoridorf Te Piha rasteten wir einige Tage, da ich die von den Maori geschilderten Moahöhlen besuchen wollte. Leider hatte ich keinen Erfolg.

Der Häuptling Wirvini kam am 25. mit mehreren Maoripferden und mit Stricken zu unserm Zelt. Wir ritten zusammen über bergiges, mit Urwald bewachsenes Gelände mit vielen zerklüfteten Kalksteinfelsen und kamen nur langsam vorwärts. Nachmittags erreichten wir die verfallenen Höhlen. Ich kletterte hinunter und grub, fand aber nur einige Rinderknochen. Wahrscheinlich waren von den vielen verwilderten Rindern einige hineingefallen und hier zugrunde gegangen. Wir mußten also unverrichteter Dinge zurück.

Am 26. März früh ging es wieder weiter. Der Pfad führte durch einen Wald in bergiger Gegend. Die Vögel sangen wunderbar. Wir passierten den Mangatukurabach und die Kainga Mataruru und kamen nach Tihiotawa, Dörfern des Häuptlings Wahanui, wo ich herzlich aufgenommen wurde. Wahanui, der eigens hingeritten war, gab mir nach alter Maorisitte ein Fest. Maiskuchsen, in Laub eingewickelt und in heißer Asche gebacken, dann Tauben und Spottvögel, die nur gerupft mitsamt den Eingeweiden in der Kochgrube mit Schweinefleisch, Kartoffeln und Süßkartoffeln ungesalzen gedünstet wurden, wurden in zierlich geflochtenen Körbchen serviert. Zum Dessert kamen mehlige, süßschmeckende Farnwurzeln. Nach dem Essen wurde mir ein Hau, der Schweif eines Huia, überreicht – es war dies schon der dritte –, sowie einige schön geflochtene Körbe.

Wahanui ist der Ariki des Ngatimaniapotostammes, ein alter Krieger, ein Mann von festem Charakter, Mut und gerechter Gesinnung. Er wurde von seinem Volk wie ein Vater verehrt. Hier in Mokau hat er ausgedehnte Ländereien, worauf reinrassige Rinder und Pferde weiden.

Nachdem ich mich von meinen Freunden verabschiedet hatte, verließen wir diesen Ort. Am 27. März ritten wir über Hügelland, passierten den Mangakowhaibach und kamen nach Te Waiarue, der Kainga des Häuptlings Te Haere, der vor seiner Hütte, in eine Matte gehüllt, saß.

Mein Begleiter sagte, dieser sei ein hervorragender Krieger. Ich bemerkte: „Gewesen, jetzt ist er doch schon zu alt." Ich war aber nicht wenig überrascht, als der greise Häuptling in die Hütte ging und wieder herauskam, nur mit einer Matte um die Mitte bekleidet, die Haare mit Federn verziert, eine Taiaha in der Hand. Er trat auf mich zu und führte seine Fechtübungen gegen mich. So flink und sicher waren seine Stöße und Schläge mit der Waffe, daß ich den Wind davon verspürte, ohne berührt oder verletzt zu werden. Ich bewunderte die Schnelligkeit und Elastizität dieses alten Mannes, der dann noch mit andern Waffen kämpfte und zum Schluß einen Haka (Kriegstanz) aufführte, wobei er die Augen verdrehte und die Füße, Arme und den Körper mit großer Geschmeidigkeit verrenkte.

Wir blieben über Nacht und ritten am 28. weiter ins ausgedehnte, fruchtbare Mokautal hinab, wo mehrere Maorikriegerdörfer sichtbar wurden. In Kuratahi hielten wir an. Hier erwartete mich bereits der Häuptling Hemera te Rerehau und nahm mich freundlich auf.

Dieser Häuptling war, wie ich schon erwähnte, von Hofrat Ferdinand von Hochstetter mit einem zweiten Häuptling, Wireama Toitoi, eingeladen worden, mit der „Novara" nach Europa zu fahren. Den Häuptling, der mehrere Sprachen beherrschte und der sich in Europa mit Zylinder und Handschuhen in besten Gesellschaftskreisen bewegt hatte, fand ich in seiner Hütte, am Boden sitzend, nur mit einer Häuptlingsmatte bekleidet, als erbitterten Engländerfeind. Er sagte mir: „Ich liebte die Europäer; wir gaben ihnen Land, nahmen sie als Freunde auf, aber sie wollten immer mehr und wollten unsere Herren sein. Als wir ihnen kein Land mehr geben wollten, bekriegten sie uns und nahmen uns das Beste. Wir mußten uns in die Wälder und in diese verborgenen Täler zurückziehen, wo uns die Soldaten nicht folgen konnten. Ich bin entschlossen, wenn uns die Europäer auch noch diesen letzten Landbesitz streitig machen wollen, mit meinem Stamm bis auf den letzten Mann zu kämpfen, um wenigstens als freier Maori auf eigenem Boden zu sterben!"

Hemera te Rerehau stellte mich seinen Leuten vor, die über meine weiße Haut erstaunt waren. Sie sahen mir bei dem Rockärmel hinein, ob ich auch da weiß sei. Ein Maori brachte mir in einem aus Weidenruten geflochtenen Käfig einen Tuivogel, der mich zu meinem Erstaunen in deutscher Sprache mit „Guten Morgen, Herr!" begrüßte. Diesen Satz hatte ihn Hemera te Rerehau gelehrt. Dann wurde mir zu Ehren ein Fest veranstaltet: es gab Tänze, Wettschwimmen, Tauchen, Scheingefechte und Pferderennen.

Am 2. April ritt ich mit dem Sohne des Häuptlings, einem muskulösen, schön gebauten Burschen von 20 Jahren, das Tal entlang in das dicht bewaldete und von verwilderten Schweinen wimmelnde Harongigebirge. Der Boden ist von diesen Tieren so ausgewählt, als wäre er geackert.

Zurück ritten wir über das Maiiroagebirge. An manchen Stellen war der Pfad so steil und schlecht, daß wir die Pferde führen mußten. Gegen Abend kamen wir in das Maoridorf Miroahuau, das ebenfalls dem

Häuptling Hemera gehörte. Wir wurden freundlich aufgenommen. Am 8. ging es zurück nach Kuratahi, am 6. ritt ich mit Häuptling Hemera te Rerehau durch sein Gebiet; zuerst nach Wairamarsema, von hier nach Kotukotuko, einer auf einer Anhöhe gelegenen Ortschaft, von der aus man das ganze Hemera gehörige Land und noch weit darüber hinaus sieht. Rudel verwilderter Pferde galoppierten an uns vorbei auf die Anhöhe, von wo sie unsere weiteren Bewegungen beobachteten. Hier sagte Hemera zu mir:

„Bleibe bei uns; ich gebe dir so viel Land, als du brauchst und die schönsten Häuptlingstöchter gebe ich dir zu Frauen!"

Als ich dankend ablehnte, war er sehr ungehalten. Er sagte, ich könnte für die Maori den Vermittler mit den Engländern machen. Es tat mir im Herzen leid, daß ich diesem edlen Naturmenschen nicht zu Gefallen sein konnte.

Auch Hemera zeichnete mich mit einem Huiaschweif und einer kostbaren, mit den Haaren des wilden Hundes verzierten Häuptlingslanze (Taiaha) aus. Ich erhielt noch viele andere Geschenke und tauschte auch verschiedenes ein. Als ich am 8. früh meinen lieben Gastgebern dankte, war Hemera noch verstimmt. Es war ihm unfaßbar, daß ich sein verlockendes Angebot nicht annehmen konnte.

Ich verließ Kuratahi, vom Sohne des Häuptlings begleitet. Das erste Maoridorf, das wir erreichten, war Mangahanga. Der Häuptling Te Kahiki empfing uns freundlich. Dann passierten wir zwei verlassene Pahs, Kahuera und Maurangowa.

Wie mir mein Begleiter erzählte, haben sich hier die Ngatimaniapoto gegen die Ngatiawa und Ngapuhi verteidigt und in blutigen Kämpfen geschlagen. Abends kamen wir nach Korangi, dem Dorf des Häuptlings Te Haere, wo wir sehr gut aufgenommen wurden. Gesänge, Tänze und Fechtübungen füllten den Abend aus. Hier tauschte ich einen Holzkamm ein, wie ihn die Maori im Haar tragen, ein Tara (Nephritohrgehänge) und einen Korb aus rohem Flachs.

Am nächsten Morgen ritten wir weiter. Als wir nach Tihiotawa kamen, ließ uns der Häuptling Wiwini nicht weiterreiten. Wir jagten auf Tauben und bereiteten uns aus der Beute ein Abendmahl. Andern Tags führte mich der Häuptling zu seiner Tabakpflanzung, die von alten Leuten sorgfältig gepflegt wurde. Die Blätter waren 45 Zentimeter lang; sobald sie reif zum Pflücken sind, werden sie getrocknet, zusammengerollt, dann, mit einem Stricke fest umwickelt, aufgehängt

*Kakapogruppe im Wiener Naturhistorischen Museum.
Von Andreas Reischek präpariert.*

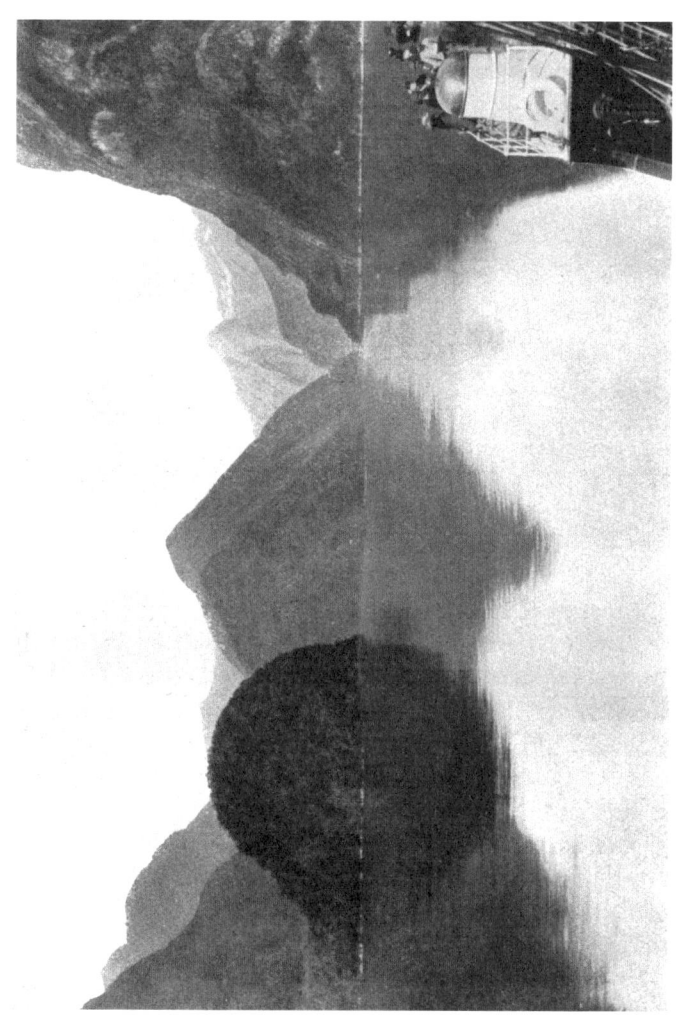

Doubtfulsund.

Vorrattshütte (Pataka)

und in der Pataka aufbewahrt. Die Pataka ist eine auf Pfählen ruhende Vorratshütte, die meist mit reicher Schnitzerei verziert ist. Der Pfahlbau hat den Zweck, die Vorräte vor Ratten und andern Schädlingen zu schützen.

Am 11. erreichten wir Otorohanga und kamen endlich am 12. wieder nach Te Kopua, zu meinem besorgten Freunde Honana, der große Freude zeigte, als er mich wohlbehalten wiedersah.

Er überreichte mir eine stattliche Anzahl von Geschenken, Maoriwaffen und -werkzeugen. Darunter befand sich auch eine Serie von Fischgeräten.

Die ältesten Angeln der Maori waren aus Holz, meist Manuka- oder Wurzelholz. Da das Fleisch der Haifische den Maori eine besondere Delikatesse bedeutet, hatten sie auch große Haifischangeln. An diese wurde eine Scharbe (Kormoran, Strandvogel) befestigt und vom Kanu aus mit einer starken Leine ins Meer gelassen.

Die Haifische beißen rasch an und verschwinden, wenn sie sich gefangen fühlen, zuerst schnell in die Tiefe. Die Leine muß also nachgelassen werden; dann wird abgewartet, bis der Fisch müde ist; er kommt wieder an die Oberfläche, wird ans Kanu herangezogen und mit Keulen erschlagen, was eine gefährliche Sache ist, weil sich die Haifische mit Beißen und Schlagen mit der Schwanzflosse zur Wehr setzen.

Ich selbst hatte einmal einen Haifisch auf diese Art gefangen und, als ich ihn für tot hielt, ins Boot gezogen. Er kam aber wieder zu sich, schnappte nach allem, was er erreichen konnte, und bewegte sich sogar nach Seehundart vorwärts, um mich anzugreifen.

Die erbeuteten Haie wurden ans Land gebracht, in längliche Stücke geschnitten und am Strande getrocknet. Bei Festen sah ich Pyramiden solcher Haifischschinken bis zu 9 Meter Höhe aufgestapelt; sie stanken erbärmlich. Öl und Galle des Hais verwendeten die Maori zum Anreiben von Farben.

Am 14. besuchte ich wieder das Pirongiagebirgse. Wir stiegen längs eines Bergrückens durch den dichten Urwald auf und kamen auf das Plateau Rangimarama in 600 Meter Höhe, das ganz versumpft war, so daß wir keinen günstigen Platz fürs Lagern fanden. Wir mußten aber doch lagern; nach längerem Suchen fanden wir einen hohlen, rataumschlungenen Baum, aus dem wir trockene Holzstücke für das Lagerfeuer brachen, und bereiteten uns aus Farngräsern eine allerdings feuchte Ruhestätte. Die erlegten Tauben brieten wir über dem Feuer an Holzspießen.

Am nächsten Morgen röstete mein Begleiter das Fleisch der erlegten Kiwi, doch es war so zäh, daß sogar Cäsar es verschmähte. Beim Weiterwandern hörte ich plötzlich Cäsar Laut geben; mühselig arbeitete ich mich durch die übereinanderliegenden Baumstämme und die dichten Schlinggewächse zu ihm hin und fand ihn unter einem Ratabaume graben. Ich grub mit der Axt und der Hand nach und fand einen großen Kiwi in seiner Höhle; kratzend suchte er sich meines Angriffes zu erwehren.

Wir durchwateten hierauf zwei Wildbäche und stiegen das Terapegebirge hinan, wo wir bei einem Bach unser Nachtlager aufschlugen. Hier hatten wir gutes Wasser genug, auch trockenes Holz und Vögel zu einem frugalen Mahle. Die Nacht war kalt, aber mein Begleiter zündete zwei Feuer an, die das Lager wärmten; Riesenfarnbäume bildeten das Dach unserer Laubbetten.

Am 16. früh wanderten wir in das Mangapapagebirge, wo ich reiche Jagdbeute machte. Dann verließen wir diese herrlichen, ausgedehnten Urwälder, die sich viele Meilen im Umkreis erstreckten, und kehrten nach Te Kopua zurück. Mein Freund Häuptling Honana empfing mich wie immer herzlich.

Einige Tage später ritt ich nach Whatiwhatihoi, um den über die schwere Erkrankung seines Sohnes tiefbetrübten König aufzusuchen. Dann wandte ich mich, von zwei Maori begleitet, nach Alexandra, dem englischen Grenzort, und lud dort meine Begleiter ins Gasthaus ein. Wir aßen etwas zähe Kotelette. Aufmerksam sahen mir die Maori zu, wie ich mit Messer und Gabel hantierte, und sie versuchten, es mir nachzumachen. Da es ihnen aber nicht gelingen wollte, sagten sie, es sei viel schicklicher, nach Maorisitte mit den Fingern zu essen, und nahmen die Stücke in die Hand. Auch Senf nahm der eine und steckte gleich einen ganzen Löffel voll in den Mund. Er verzog keine Miene, obwohl es ihn wie Feuer brennen mußte; er sagte nur gelassen: „Diese Sauce ist stärker als Waipiro (Schnaps)." In Alexandra ergänzte ich meine Ausrüstung und kehrte dann wieder nach Te Kopua zurück.

Am 21. ritt ich nach Hikurangi, zu meinem lieben Freunde Te Witiora, der für mich manches Interessante gesammelt hatte, z. B. seine Kaitaka (Flachsmatte mit schöner Bordüre) von der Tante des Königs, Hokaira (Flachstasche), Upake (Körbe), dann Flachs, wie ihn die Maori verarbeiten, in sechs verschiedenen Farben, angefangene geflochtene Körbe, Hihiwhakatauwa (Federschmuck eines Kriegskanus), die Taiaha des ersten Maorikönigs Potatau, Tewhatewha und Keulen, Hemahoe, Uhitauwa (Tätowierinstrumente), Steinäxte usw. Ich machte Gegengeschenke und ließ die Sachen einstweilen bei meinem Freunde.

Am 23. machte ich mich reisefertig zu einer Expedition in die ausgedehnten Urwälder im Südwesten längs des Marapukuflusses.

Diese Wälder sind großartig; tiefe, wunderbare Stille herrscht in ihrem Innern. Nur wenn hier und da ein Wildschwein flieht oder Nestoren aufflattern, die auf den beerentragenden Bäumen herumklettern, kommt Leben in das stille Paradies. Aber nachts, wenn es windstill ist, ist es lautlos in diesen Wäldern wie auf dem tiefsten Grunde des Meeres. Nur wenn ich Feuer machte, kamen, vom Licht angezogen, die kleinen Moaporks (Eulen) auf Besuch und glotzten den Fremdling verwundert mit ihren hellgelben Augen an, als wollten sie sagen: „Wer gibt dir das Recht, in unsere Geheimnisse einzudringen?" An manchen Stellen ist der Wald so dicht, daß auch am hellsten Tage die Sonne nicht durch die dichten, schlingpflanzenbeladenen Baumkronen dringen kann.

In der ersten Nacht, die ich in diesem Urwald verbrachte, bereitete ich mein Lager unter einem Pungafarnbaum, dessen Blätter mir als Dach dienten. Ich kochte mir Tee und briet mir einige Tauben am Spies. Ein Geräusch unterbrach die Stille – ich sah einen Kiwi wie einen kleinen Waldkobold mit gebücktem Rücken, den Schnabel auf den Boden stützend, um das Feuer schleichen.

Bei meiner ersten Bewegung horchte er auf und war im nächsten Moment im Walde verschwunden.

Bis am andern Morgen das Frühstück fertig war, balgte ich die am Vortag erbeuteten Vögel ab und verpackte sie; dann ging's weiter, tiefer in den Urwald hinein.

Bald nahm Cäsar eine Fährte auf, er verfolgte sie und blieb bei einem mächtigen, umgestürzten Baumstamm stehen. Ich fand eine Kiwihöhle, doch war das Rohr so lang, daß ich den Vogel nicht erreichen konnte. Ich verstopfte also das Loch und machte weiter im Stamm eine Öffnung mit der Axt; ich mußte aber fünf Löcher bohren und mit einer Stange den Vogel ans Ende der Höhle treiben, bis ich seiner habhaft wurde. Es war ein männlicher *Apteryx bulleri*. Diese Arbeit hatte so viel Zeit in Anspruch genommen, daß es schon 2 Uhr nachmittags geworden war; ich machte deshalb Mittag.

Da bald schlechtes Wetter eintrat, mußte ich meine Forschungen unterbrechen. Manche Berglehnen waren so steil und schlüpfrig, daß ich mehr rückwärts rutschte als vorwärts kam. Meine Wäsche und Kleider waren ganz durchnäßt; ich hatte nichts Trockenes mehr am Leibe. Meine Beute war überdies so reichlich, daß ich die Last kaum mehr schleppen konnte; deshalb war ich über die Unterbrechung gar nicht böse.

Am 2. Mai erreichte ich Hauturu, sand aber meinen Freund Te Witiora nicht hier; daher ging ich weiter nach Hikurangi. Dort sah ich ihn und blieb, um meine Sammlungen besser zu packen.

Am 4. ritt ich nach Kawhia, das ich nach drei Tagen verließ. Am 9. kam ich wieder in Hikurangi an. Von hier ging eine kleine Karawane unter Führung meines Freundes Te Witiora, beladen mit den von mir gesammelten Gegenständen, mit mir über Whatiwhatihoi nach Alexandra, wo ich Kisten besorgte, einpackte und die Weiterbeförderung der Sachen in die Wege leitete.

Wenige Tage später war ich wieder bei Honana in Te Kopua. Am 15. ging ich mit Häuptling Poupatato in das Pirongiagebirge, um Para zu suchen, eine Farnart, die von den Maori in den Wäldern gepflanzt wird. Wenn die Knollen reif sind, werden sie ausgegraben und im Hangi gedünstet. Sie schmecken wie Trüffeln.

Der Häuptling schenkte mir später Musikinstrumente der Maori, Kawauwau (Flöte), Porutu (Flöte), Putorino (Pfeife) und Poakoiko (Schlagholz).

Am 16. kehrten wir nach Te Kopua zurück, wo ich zu packen begann. Meine Forschungen in diesen Gegenden und meine Studien des Maorivolkes waren beendet. Ich hatte von diesen Kindern der Natur einen viel besseren Eindruck gewonnen, als ich ihn mir früher, vom Hörensagen und durch Lektüre, gebildet hatte.

Vor diesen Maori empfand ich die Beschämung, die wohl jeder fühlende Mensch erlebt, der an die Geheimnisse der Natur herantritt, angefüllt und gottähnlich angeschwellt von Schulweisheitsdunkel. Sobald er aber die Geheimnisse auf sich wirken lässt, schmilzt sein Wissen vor ihnen zu einem Nichts, und es bleibt ihm nur tiefe Ehrfurcht vor der lebendigen Ewigkeit der Natur und Ekel vor jener Geistesrichtung, die „zwar vieles weiß, doch gerne alles wissen möchte".

Jenes Europäertum, das die ganze Welt „unterworfen" hat und das die gottnahen Urmenschen „Wilde" nennt, empfand ich als einen Aussatz, von dem mich die „Wilden" und die „wilden Tiere" hatten heilen wollen. Ich fühlte mich mitschuldig an dem großen Verbrechen, das Europa an diesen „Wilden, die wahrhaft bessere Menschen" waren, begangen hatte, indem es sie ihres Landes, ihrer Sitten und ihrer Freiheit beraubte. Ich hörte die Sägen in den Kauriforsten klingen, die den Riesenbaum, der Jahrhunderten Trotz geboten hatte, in einer Stunde mähen; ich sah im Geiste dieses letzte freie Maoriland der Maschine Europa unterliegen. Was der Kannibalismus in Jahrhunderten nicht hatte vernichten können, das gelang der europäischen Zivilisation fast in einem Menschenalter.

Schwer, sehr schwer, wurde mir der Abschied von diesen schlichten Freunden. Alle Dorfbewohner saßen im Kreise um mich und weinten. Es war ein ehrliches, kein konventionelles „Tangi" (Totenklage).

Elftes Kapitel

Neuseeländische Sonderlinge

Der Aufenthalt im Urmaoriland war mein tiefstes Erlebnis auf Neuseeland. Ich hatte hier nicht nur Einblick in eine dem Untergange geweihte, edle Rassenkultur eines Naturvolkes gewonnen, sondern auch die heimische Tierwelt, die hier noch in paradiesischer Sorglosigkeit in ausgedehnten Urwäldern hauste, so genau studieren können, wie dies vor und nach mir wohl wenigen beschieden gewesen ist. Ich will nur von den seltsamsten Tieren das Merkwürdigste erzählen.

Ein Sonderling unter den Vögeln Neuseelands ist der Kiwi, von dem mir vier Arten bekannt sind. Ein Strauß von der Größe eines großen Haushuhns, von gedrungenem Körperbau, mit kräftigen, krallenbewehrten Füßen, einem langen, säbelartig gekrümmten Schnabel, an dessen Ende vorzüglich entwickelte Riechorgane sitzen, mit ganz verkümmerten, kaum sichtbaren Flügelrudimenten und bedeckt mit haarähnlichen braunen oder graubraunen Federn.

Als ich nach Neuseeland kam, wußte man die Geschlechter dieses seltenen Vogels noch nicht mit Gewißheit zu unterscheiden und hatte noch wenig Kenntnis von seiner Lebensweise. Meine langjährigen Beobachtungen dieser Tiere, an die ich viel Zeit und Geld gewendet habe, lassen eine lückenlose Beschreibung aller Arten zu. So fand ich, daß der Ruf des Weibchens ein ganz anderer ist als der des Männchens; dieser gleicht einem schrillen Pfiff, etwa wie „Kiwii", jener dagegen dem Quaken eines Frosches.

Als Einsiedler, ungesellig, streift der Kiwi fast das ganze Jahr durch die Wälder. Bei Tag schläft er in Höhlen, die meist unter Bäumen angelegt sind; nach Sonnenuntergang kommt er heraus, um Nahrung zu suchen. Bedächtig schreitet er im Dunkel auf ausgetretenen Pfaden, den Kopf zur Erde gebeugt, so daß sein Riechorgan knapp über die Erde hinstreift.

Diese Pfade werden von den Kiwi mit großer Sorgfalt angelegt und täglich von Ästen, Steinen usw. gesäubert; sie sind etwa 26 Zentimeter breit. Die Wälder, in denen Kiwi hausen, sehen wie von Miniaturstraßensystemen geädert aus. Zur Regenzeit und zur Zeit der Reife der Mirobeeren (*Podocarpus ferraginea*) wandern die Kiwi weite Strecken.

Nur für die kurze Zeit der Paarung wird der Sonderling gesellig. In einer kalten, mondhellen Nacht beobachtete ich von einem gut gedeckten Platze aus den Zweikampf und das Liebesspiel dieser Nachtwandler.

Nach dreistündigem Warten hörte ich den schrillen Pfiff eines Männchens. Quakend erwiderte in der Nähe das Weibchen. Bald trat das Männchen auf den vor mir gelegenen freien Platz. Da ertönte der Pfiff eines zweiten Männchens. Erregt antwortete das vor mir hochaufgerichtet stehende, und nun folgte Pfiff auf Pfiff, bis auch der Rivale den Platz betrat. In gebückter Stellung musterten sich die Feinde, wobei sie schnalzende Laute ausstießen, dann sprangen sie gegeneinander an. Der Kampf war eine Kombination aus Säbelduell und Boxmatch. Bald fuhren sie mit den Schnäbeln gegeneinander, daß ihnen die Federn von der Brust toben, bald hieben sie, auf einem Bein stehend, mit den scharfbekrallten Füßen gegeneinander los. In ihrer Erregung stampften sie den Boden und stießen grunzende Laute aus. Der zuerst gekommene Kiwi war der stärkere; bald benutzte der andere einen günstigen Moment und lief davon.

Der Sieger ließ einen triumphierenden Pfiff ertönen, und das Weibchen, das den Kampf beobachtet hatte, zollte ihm nun seine Bewunderung durch hingebende Liebe. Die Liebkosungen begannen damit, daß sich die Liebenden mit ihren Schnäbeln das Gefieder ordneten, dann abwechselnd zum Scheine im Moose nach Nahrung bohrten und mit den Füßen scharrten.

Die Flitterwochen werden gemeinsam in einer Höhle verbracht und Nacht für Nacht geht das Paar gemeinsam auf Nahrungssuche. Ich beobachtete stets, daß sich alte Weibchen junge Männchen und alte Männchen junge Weibchen zu Liebesgespielen suchten.

Wenn das Weibchen sein Ei gelegt hat, übernimmt das Männchen das Geschäft des Brütens, während das Weibchen allein in einer benachbarten Höhle schläft. Die Jungen sind bald selbständig, und die Eltern kümmern sich wenig um sie; ich sah niemals Kiwi ihre Jungen verteidigen.

Ich hielt drei Arten in Gefangenschaft; alle wurden zahm, und die Männchen fraßen mir sogar aus der Hand. Eines dieser Männchen pflegte, wenn ich ihm nicht zur gewohnten Zeit das Futter gab, mit dem Schnabel zu schnalzen, auf mich loszuspringen und mich mit den Füßen zu schlagen. Es kämpfte auch häufig mit meinem Cäsar.

Bei den Maori gilt der Kiwi als edles Jagdwild. Seine Federn werden in Häuptlingsmatten eingeflochten, die an Kostbarkeit gleich nach den Maorihundmatten geschätzt werden. Der arme Sonderling, der weder schnell laufen noch gegen Menschen sich erfolgreich verteidigen kann und nur in der heiligen Einsamkeit der Urwälder zu Hause ist, stirbt aus. Die Europäer und ihre Begleiter, Hunde und Katzen, vernichten ihn und nehmen ihm die Wälder, die sie mit dem Lärm ihrer Maschinen erfüllen.

Ein in seinen Lebensgewohnheiten dem Kiwi ähnlicher, ebenso absonderlicher echter Neuseeländer ist der große grüne Erd- oder Eulenpapagei (*Stringops habrotilus*), der Kakapo der Maori. Diese Vögel haben ein mehr eulen- als papageiähnliches Aussehen, sie sind etwas größer als der Kiwi und auch sie können nicht fliegen; ihr Brustkorb ist flach, und die Flügel sind verkümmert. Sie leben noch einsamer als die Schnepfenstrauße, sie sind unter allen Vögeln die ungeselligsten.

Begegnen sich zwei Kakapo auf ihren Pfaden, so gibt's einen Kampf auf Leben und Tod, der ebenfalls mit Schnäbeln und Füssen ausgefochten wird. Selbst zur Paarungszeit beschränkt sich die Zärtlichkeit bloß darauf, daß das Männchen das Weibchen nicht totbeißt. Ein Liebeswerben oder Zusammenleben kennt er auch da nicht.

Die Maori behaupten, der Kakapo brüte nur alle fünf Jahre einmal, wenn die Früchte der Tafra (*Freycinetta*) reifen. Ich selbst hielt diese Anschauung für nicht unbegründet, da ich z. B. im Jahr 1884 Eier und Junge in verschiedenen Entwicklungsstadien, in den folgenden drei Jahren aber in derselben Gegend keine Zeichen der Fortpflanzung fand.

Auch der Kakapo legt Pfade durch die Wälder an. Ich verbarg mich etliche Male in der Nähe eines solchen Pfades so, daß ich jeden des Weges kommenden Vogel sehen konnte. Es war ein belustigender Anblick, den Wanderer zu beobachten, wie er, bedächtig schreitend, jede Wurzel abzwickte, die den Pfad querte, und jeden Ast oder Stein mit dem Schnabel zur Seite warf. In Winter sah ich sie ihre durch die Schneedecke unkenntlich gewordenen Straßen systematisch austreten. Die Pfade glichen in ihrer Anlage denen der Eingeborenen.

Die Kakapo sind sehr gefräßig. Oft plünderten sie meine Gemüsegärten, die ich neben meinen einsamen Lagerplätzen angelegt hatte. Einmal fand ich am Morgen einen Kakapo unter einem Krautkopf schlafend. Er hatte sich nachts so vollgefressen, daß er nicht mehr weiter konnte und an Ort und Stelle einschlief.

Wie die Kiwi sind auch die Kakapo Nachtwandler. Tagsüber schlafen sie in Höhlen, und „der Mond ist ihre Sonne!"

Der dritte im Bunde der Skurrilen ist das Maorihuhn (*Ocydromus*) oder Weka der Maori. Ich beobachtete sechs bereits bekannte Arten und entdeckte eine siebente bisher unbekannte auf der Stewartinsel.

Diese Rallen sind Halbnachtvögel. Wehrhafter und schlauer als Kiwi und Kakapo, ist das Maorihuhn auch geselliger. In Größe und Aussehen ist die Riesenralle (*Ocydromus australis*) dem Kiwi ähnlich, sie kann aber fliegen und bevorzugt Sümpfe, Seen und Flußauen als Aufenthaltsort. Sie nährt sich von kleinen Vögeln, Ratten, Fischen, Vogeleiern, Eidechsen und Krebsen.

Ihre Zutraulichkeit, ja Zudringlichkeit und ihre diebische Veranlagung habe ich oft in wenig erfreulicher Weise erfahren.

In den Sunden beobachtete ich viel die Maorihühner, die so zutraulich waren, daß sie ohne weiteres in meine Hütte kamen und sich von mir Futter geben ließen oder es stahlen. Im Duskysund besuchte mich jeden Morgen und Abend eine Weka und holte ihr Futterdeputat. Als ich diesen Lagerplatz auf einer zweiten Expedition wieder aufsuchte, kam zu meinem größten Erstaunen meine alte Freundin wieder zu mit betteln. Bei schlechtem Wetter besuchten oft Maorihühner meine Hütte und blieben, ohne Scheu, bis die Sonne wieder schien.

Weniger erfreulich waren mir ihre diebischen Eigenschaften. Als ich einmal im Freien auf einem Baumstrunk mein Mittagsmahl ausgebreitet hatte, sah ich einen schönen Falken vorbeifliegen und verfolgte ihn. Bei meiner Rückkehr fand ich den „Tisch" leer; Butterbrot und Messer hatte mir eine Weka gestohlen.

Ein andermal, beim Ausholzen im Urwald, hatte ich meine Weste weggelegt. Ich hörte ein Geräusch und fand eine Weka, die meine Uhr aus der Weste gezogen hatte; da aber die Uhr an einem festen Riemen hing, der sich an einem Ast verwickelt hatte, mühte sich die Weka vergebens. Ich sah ihr eine Zeitlang belustigt zu; dann verjagte ich den Dieb. Die Maorihühner stahlen mir alles mögliche und waren bei ihren Diebstählen von erstaunlicher Frechheit; wenn ich meinen Kopf wandte, hatten sie schon ihre Beute und verschwanden pfeilgeschwind. Schlüssel, Eßbestecke, Zündhölzer, Teller, kurz alles stahlen diese flinken Tiere.

Wenn sie sich verfolgt wußten, waren sie von unglaublicher Schlauheit: meinen Cäsar foppten sie oft stundenlang durch Wälder, indem sie in einer Höhle verschwanden, und während der Hund grub, bei einer andern Öffnung herauskrochen. Setzte dann Cäsar die Verfolgung fort, so liefen sie im Zickzack und um Baumstämme wie beim Fangenspielen.

Ein absonderlicher Vogel ist auch der heilige Huia der Maori (*Heteralocha acutirostris*), dessen schwarze, am Rande weiß gebänderte Schwanzfedern als höchstes Häuptlingsrangzeichen von den Maori im Haare getragen wurden. Der Vogel stand bei den Maori so in Ehren, daß sich ein Stamm, Ngatihuia, nach ihm benannte.

Das Sonderbare am diesem Vogel ist, daß die Natur Männchen und Weibchen unzertrennbar aneinandergekettet hat. Das Männchen nämlich hat einen kräftigen, kurzen, keilförmigen Schnabel, mit dem es, wie ein Specht, Löcher in Rinde und Baumstamm hackt; der Schnabel des Weibchens dagegen ist lang, dünn und gebogen und befähigt es, die Würmer aus den vorgebohrten Löchern wie mit einer Pinzette herauszuziehen. Die gefundene Nahrung wird ehrlich geteilt. Beide Gatten sind also gezwungen, in glücklicher Ehe zu leben, wenn sie nicht verhungern wollen; ein Weiberfeind allerdings würde behaupten, daß auch in diesem Falle der Mann die Plage und die Frau das Vergnügen habe.

Auch die prächtige neuseeländische Paradiesente (*Casarca varjegata*) hat ihre Eigenheiten. Das Männchen versteht es, während das Weibchen ihre Jungen im Neste behütet, mit großer Klugheit Eindringlinge wegzulocken und zu täuschen, um so die Familie zu schützen.

Einmal fand ich ein Männchen bewegungslos ausgestreckt liegen, als ob es tot wäre. Als ich hinzukam, schnellte die Ente auf und entfloh. Wie ich mich in der Umgebung umsah, fand ich das verlassene Nest. Der Enterich hatte sich totgestellt, um mich zu bannen, und in dieser Zeit brachte die Entenmutter ihre Jungen in Sicherheit.

Der zarteste und wundersamste unter den Sängern der neuseeländischen Vogelwelt ist der Glockenvogel (*Anthornis mela nura*), der schon sehr selten und nur mehr auf kleineren Inseln zu finden war.

Auf der Hauturu-Insel beobachtete ich eingehend diesen süßesten Sänger des Urwaldes. Nahe meiner Rikaupalmenhütte inmitten der einsamen Insel konzertierten jeden Morgen und Abend 10 bis 20 dieser bunten Vögel. Es war ein regelrechtes Konzert. Ein auf dem höchsten Aste sitzender Vogel gab durch einen schnalzenden Schlag mit seinem Schnabel das Zeichen zum Beginn, dann setzte unisono der Chor ein, der wieder durch einen Schlag des Kapellmeisters zum Pausieren gebracht wurde.

Das Morgen- und Abendlied besteht aus drei verschiedenen Lauten, deren Zusammenklang dem hellen Läuten kleiner silberner Glocken gleicht. Anders ist das Lied der Glockenvögel bei Tag, da ist es wirbelnd, dem „Kugeln" unserer Goldamsel ähnlich.

Von der Suche nach einem der seltensten neuseeländischen Vögel, dem Tiora (*Pogonornis cincta*), habe ich bereits berichtet.

Auch die stille Pracht der Urwaldpflanzenwelt Neuseelands tat sich mir im Urmaoriland am wunderbarsten auf.

Von den mächtigen Domen der Kauriwälder unterbrochen, breitet sich, einem riesigen Teppich gleich, endloser Urwald, aus Palmen, Laub- und Nadelbäumen gewebt, über das Maoriland. Drazänen, Cordylinen und Rikaupalmen herrschen vor.

Die letztere (*Areca sapida*) ist für den Forscher der nützlichste Baum. Der Stamm liefert das beste Material für den Hüttenbau, die Blätter für das Dach der Hütte, und das Mark gibt eine gute Nahrung.

An sumpfigen Stellen und längs Bächen breiten die wunderbaren Baumfarne ihre hellgrünen, schleierzarten Schirme aus. Rotfichten und der rote Beeren tragende Nadelbaum Miro (*Podocarpus ferruginea*) bilden einen Großteil des Waldbestandes.

Wegen seines außerordentlich harten Holzes ist der Manukaoder Teebaum (*Leptospermum scopoirum*) bei den Maori als beliebtes Material zur Herstellung von Waffen benutzt worden. Seine jungen Schößlinge werden als Tee verwendet, weshalb er auch den Namen Teebaum führt.

Von krautigen Pflanzen ist die wichtigste der Lilienflachs (*Phormium tenax*), das Rohmaterial für alle wunderbaren Flechtarbeiten (Matten usw.) der Maori. Er ist eine mächtige Pflanze mit robusten, dunkelgrünen Blättern und dunkelroten Blüten, die sehr viel Honig enthalten, weshalb sie von Vögeln und Insekten lebhaft umschwärmt werden.

Zwölftes Kapitel

Ein Naturschutzgebiet

Ich ließ alle meine Sachen nach Te Awamutu schaffen und wandte mich nach Auckland. Als ich am 21. Mai dort ankam, sandte ich sogleich meinen früheren Assistenten Dobson nach der Hauturu-Insel, damit er dort unsere alten Hütten ausbessere, weiter im Innern neue baue und Proviant in sie verteile.

Während dieses Aufenthalts auf der Hauturu-Insel, die mir den heißerkämpften Erfolg brachte, den Tiora (*Pogonornis*) zu finden, erfuhr ich von den Eingeborenen, daß sie im Gebirge das Nest einer seltenen Nestorenart mit Jungen darin gesehen haben. Am 16. Juni gingen wir auf die Suche nach dem kostbaren Nest. Da gerade Ebbe war, konnten wir rascher vorwärts kommen, bis wir eine Wildschweinfährte fanden, die in Serpentinen über die steilen Konglomeratfelsen aufwärts führte. Höher hinauf kamen wir in Manukawald.

Als mein Assistent sah, daß es Abend wurde und wir noch immer nicht die Nestorenbrutplätze erreicht hatten, fragte er mich, ob wir hier oben lagern wollten. Da ich verneinte, kehrte er um, mit der Bemerkung, er wolle sich nicht in der Nacht in den Felswänden den Hals brechen.

Ich ging weiter und traf Maori, die hier Kauriharz gruben. Sie zeigten mir in einer Höhle die jungen Nestoren, die aber leider alle vier tot waren. Wahrscheinlich hatten die Maori sie vor einigen Tagen gestört, worauf die Alten ihre Brut verließen. Sie waren erst einige Tage alt, mit weißen Daunen bedeckt. Ich mußte sie also noch heute abbalgen, sonst wären sie verdorben.

Die Maori wollten mich nicht zum Lager zurückgehen lassen, da es über die Wände, die zu dem Meere abfallen, zu gefährlich sei. Ich ließ mich aber nicht abhalten, denn meine Beute mußte gerettet werden. Die Maori machten für mich aus einem hohlen Nikaustamm und Kauriharz eine Fackel, die prächtig leuchtete, aber leider schon verlöschte, als ich den Wald durchquert hatte und zu den Felswänden kam. Nun hieß es, in stockfinsterer Nacht klettern.

Ich ließ Cäsar vorangehen und kroch auf allen vieren nach. Als ich ihn einmal vermißte, rief ich ihn; da.kam er, nach rückwärts kriechend (denn umdrehen konnte er sich auf dem schmalen Felsbande nicht), bis sein Schweif mein Gesicht berührte. Er führte mich so bis ans Ufer.

Die Brandung rollte schon ziemlich weit herein, und ich mußte mich beeilen, um nicht von der Flut eingeschlossen zu werden, da dann das Wasser bis zu den Felsen herauskommt. Wir kamen ziemlich rasch vorwärts, aber bei manchem Felsvorsprung mußte ich warten, bis die dritte Welle hereinrollte, und mußte dann rasch durch die Brandung laufen, um nicht hinausgespült zu werden.

Wir gelangten zu einem Felsvorsprung, an dem es nicht mehr möglich war, durch das Wasser zu kommen. Zurück konnte ich nicht mehr, da unweit von mir das Wasser schon an der Felswand brandete.

In diesem kritischen Augenblick verließ mich auch Cäsar.

Ich überlegte einen Moment, wie ich mich retten könnte. Der trockene Raum wurde immer kleiner, da bemerkte ich durch das Leuchten der Brandung in der Nähe einen Schiffsbalken; ich zog ihn rasch zu mir und lehnte ihn über den Felsvorsprung. Das Wasser reichte schon zu meinen Füßen herauf. Ich kletterte über den Balken und den vorspringenden Felsblock.

Von hier an war das Ufer nicht mehr steil, da der Wald bis herunter reichte. Als ich bereits auf dem gesicherten Heimweg war, kam mir Cäsar entgegengelaufen. Er war wie toll vor Freude.

Als ich heimkam, fragte ich meinen Assistenten, ob Cäsar schon bei ihm gewesen sei.

„Ja," antwortete dieser, „er kam und bellte, dann lief er fort, kam dann wieder, bellte wieder und lief neuerdings weg, aber ich verstand nicht, was er wollte."

Ich erklärte ihm, daß er die Aufforderung des Hundes wohl hätte verstehen können, nämlich, mir zu Hilfe zu kommen, und daß er in Zukunft, wenn der Hund ohne mich kommen sollte, dies als ein von mir gegebenes Notsignal ansehen solle.

Während dieses Aufenthalts auf der Hauturu-Insel legte ich Pfade quer durch die Insel nach verschiedenen Richtungen an, eine Arbeit, die die Eingeborenen des gebirgigen Terrains wegen für unausführbar gehalten hatten. Als ich meine Arbeiten und Forschungen abgeschlossen hatte, mußte ich lange auf die Ankunft des Schiffes warten, das mich wieder nach Auckland befördern sollte.

Am 10. Dezember kam endlich die „Rangotira" in Sicht. Da das Wetter unruhig war, trugen wir alles ans Ufer, um schnell ins Boot zu kommen. Der Wind frischte weiter auf, und mit knapper Not kamen wir an Bord. Wir hatten hohe See, aber eine gute Brise, so daß wir schon abends in Auckland anlangten. Hier wurde ich bei der Familie Dobson freundlich aufgenommen.

Am 12. Dezember arbeitete ich an meinen Sammlungen, und Freund Dobson ging zu Herrn Kaar, Bootbauer in Auckland, um ein Boot nach meinen Angaben in Form eines schwedischen „Dingi" zu bestellen, Bugspriet und Sternteil scharf zugespitzt, 1,8 Meter breit, 6,3 Meter lang, 1,2 Meter tief, klinkergebaut, (d. h. eine Planke überlappt die andere), mit falschem Kiel; eine starke, längliche Eisenplatte ist mitten im Kiel senkrecht eingelassen und mit Holz so eingeschlossen, daß kein Wasser durchdringen kann; dieser Teil ist mit einem Auszug verbunden, damit er bei guter Brise hinuntergelassen und beim Landen wieder aufgezogen werden kann. Oben ist das Boot oval gedeckt, ohne Rand, damit die Sturzwellen leicht darüberwalchen können; der Steuersitz hat erhöhten Rand, woran eine in Öl getränkte Segelleinwand befestigt ist, die der Steuermann überschnallen kann, um nicht über Bord gespült zu werden.

Das Boot hat ferner einen Mast, ein viereckiges Großsegel, zwei Klüver mit den dazugehörigen Tauen, zwei eiserne Anker, mit Ketten und Walzen am Bugspriet; einfache und doppelte Flaschenzüge, vier starke, große Ruder, einen dreieckigen Bootshaken, Reservesegel und Taue, Schiffskarten, Kompaß, Schiffslaterne, Ofen. Unter Deck war ein Raum für Proviant und Sammlungskisten.

Während dieses Schiff gebaut wurde, arbeitete ich an meinen Doubletten für die Museumssammlung in Auckland.

Am 1. Januar 1883 kaufte ich Geschirr, Proviant für sechs Monate, dann wurde Ballast aus Sandsäcken, Proviant usw. ins Boot geschafft, das Boot bei der Hafenpolizei registriert, und „Naturalist" (Naturforscher) getauft. Ich besorgte drei Flaggen, eine österreichische, eine neuseeländische und eine blaue oder Notflagge; die österreichische wurde gehißt.

Am 2. Januar wurde eine Probefahrt gemacht, die gut ausfiel. Von einigen Freunden begleitet, ging ich am nächsten Tag in den Hafen. Als sie unser Boot sahen, sagten sie:

„Lebe wohl, Lieber! Wenn du mit diesem Waschtrog auf die hohe See gehst, wirst du nie wiederkehren."

Das war zwar nicht aufmunternd, aber ich wußte, daß sich unser wetterfestes Boot, wenn es auch kein Preissegler war, im Sturm doch gut halten würde. Da wir keine Brise hatten, griffen ich und mein Freund Dobson zu den Rudern, um aus dem Hafen zu kommen. Unsere Freunde riefen uns noch ein letztes „*Good bye*" nach.

Als wir zum Leuchtturm kamen, sprang eine leichte Brise auf. Die Ruder wurden eingezogen, die Segel klargemacht, und es ging im Fluge vorwärts. Im Westen tauchte ein Gewitter auf, das rasch näher kam; der Nordwestwind wurde immer stärker. Wir refften die Segel hoch, und nun bekam der „Naturalist" seine Taufe.

Rast im Urwald.

Reischeks Hütte um Dustysund.

Dustysund.

Die Nacht brach herein, und wir mußten trachten, daß wir aus dem Bereich der Dampferlinien kamen. Als wir in die Nähe der „Mehlsack"-Insel kamen, so genannt wegen ihrer länglichen Form, hatten wir ruhiges Wasser. Ich warf das Senkblei aus, bei 9 Meter ließen wir die Anker in die Tiefe. Meinen Freund ließ ich ausruhen, während ich Wache hielt, damit wir nicht etwa überrascht würden, wenn sich der Wind drehen sollte.

Am 4. um 3 Uhr früh wurden die Anker wieder gelichtet, und wir lavierten hinaus. Draußen wütete der Sturm ungeschwächt weiter, und unser Boot tanzte wie eine Nußschale über die hochgehenden Wellen. Ich nahm den Kurs nach der Kawau-Insel und segelte in den südlichen Hafen bis vor die Meierei Sir George Greys, dem diese Wunderinsel gehört.

Sir George Grey, dessen Bedeutung für Neuseeland schon im achten Kapitel gewürdigt wurde, hatte mich bereits mehrmals eingeladen, sein Refugium aufzusuchen. In einer reizenden Bucht im Südwesten steht das Herrenhaus in einem herrlichen Garten einheimischer und fremdländischer Gewächse. Das Haus sieht von außen schlicht aus, aber im Innern ist alles auf das Luxuriöseste und Bequemste hergerichtet. Wertvolle Gemälde zieren die Wände; eine hervorragende ethnographische Sammlung, deren Prunkstück ein Götze aus rötlichem Stein bildet, den die Urmaori von Hawaiki mitgebracht haben sollen, ist in mächtigen Sälen untergebracht. Die wunderbare Bibliothek, die damals noch auf seinem Landsitz eingerichtet war, schenkte Sir George später der Stadt Auckland.

Götze aus Hawaiki.

Da unser Boot sturmsicher vor Anker lag und wir beide müde waren, schliefen wir rasch ein; Cäsars Bellen und der Klang näherkommender Ruderschläge weckten uns aber bald. Es war der Meier Sir Greys, der uns, als er die „Eindringlinge" erkannte, freundlich begrüßte und an Land brachte.

Am nächsten Morgen stattete ich Sir George meinen Besuch ab und erhielt Erlaubnis, auf seiner Insel zu jagen. Die Opossums (Beutelmarder) und Wallabies (Känguruhs) hatten sich so rasch vermehrt, daß sie im Garten und auf den Weiden großen Schaden anrichteten. Am ersten Tag erlegte ich 16 Stück. Die Beutelmarder konnte ich nur abends, zeitig früh oder bei Mondlicht schießen, da sie sich am Tag in hohlen Bäumen, Löchern und zwischen Felsen verbergen. Die Insel war reich an eingeführtem Wild; außer den Känguruhs und andern Beuteltieren gab es Hirsche, Pfauen, Maorihühner, Wachteln und viele Strand- und Seevögel.

Am 16. ging ich in aller Frühe mit Cäsar in südwestlicher Richtung. Ich setzte mich unter einen Strauch, um zu frühstücken. Unweit von mir äste ein Rudel Hirsche, worunter sich ein hübscher Albino mit starkem Geweih befand; wilde Indiane standen in einer Waldlichtung, und Känguruhs sonnten sich auf einer Berglehne; die Jungen hüpften und spielten. Auf der Wiese waren über 20 Pfauen mit mehreren Männchen, die ihre Räder in der Morgensonne funkeln ließen.

Ich kam mit vor wie im Paradiese. Ich pirschte weiter gegen Norden und erlegte einige Baumkänguruhs; sie klettern auf die Bäume und springen von Ast zu Ast wie Eichhörnchen. Wenn sie einen Feind wittern, verbergen sie sich zwischen zwei dichten Ästen in einer Gabelung. Ihr Pelz, der braun wie die Baumrinde ist, macht sie für ein ungeübtes Auge unsichtbar. Bei dieser Kletterei schleppen sie sogar ziemlich große Junge in ihrem Beutel mit sich.

Als ich längs einer steilen Uferwand fortpirschte, sprang ein starkes Känguruhmännchen auf; ich schoß, und das Tier überschlug sich. Cäsar wollte es abfangen, das Känguruh aber verteidigte sich, und beide rollten die Berglehne hinunter zum Meeresstrand. Ich eilte dem Hunde zu Hilfe und sah, als ich den Strand erreicht hatte, das Känguruh in der Brandung sitzen und Cäsar um das Tier herumhüpfen. Cäsars wegen konnte ich nicht schießen, wußte aber sehr gut, daß der Hund verloren war, wenn ihn das Känguruh mit seinen Vorderläufen erwischte. Das Wasser um das Tier wurde immer tiefer, so daß der Hund schon schwamm.

Mein Assistent kam mir nach und rief mir. Das Känguruh wurde dadurch abgelenkt und äugte nach mir. Diesen Augenblick erfaßte Cäsar; er packte das Tier beim Nacken, stieß dessen Kopf unter Wasser, ertränkte es und zog es dann ans Land. Wir hatten eine ziemliche Last zu tragen, ich war deshalb froh, als wir unser Quartier erreichten.

Am 7. balgten wir ab. Im Hafen hatte sich eine Flotte schutzsuchender kleiner Fahrzeuge eingestellt. Wir waren nun schon vier Tage hier, ohne daß das Wetter sich gebessert hätte.

Am 9. pirschte ich wiederum, als ich unweit von mir ein Gepolter hörte. Wie ich näher kam, sah ich Cäsar und ein Känguruh ineinander verbissen. Das Känguruh hatte mit seinen Zähnen Cäsar an der Oberlippe gefaßt und bearbeitete ihn mit seinen Läufen. Ich zog es beim Schwanz; es ließ, als es sich berührt fühlte, den Hund los und wollte auf mich losspringen, aber ein Hieb mit dem Gewehrkolben machte ihm den Garaus. Leider war aber auch der Gewehrkolben zerbrochen.

Am 10. wurde das Boot reisefertig gemacht. Ich dankte dem liebenswürdigen Hausherrn, dann verließen wir den kleinen Hafen, um nach Norden zu segeln. Wir hatten eine steife Gegenbrise, aber nach einigen vergeblichen Versuchen erreichten wir doch Takahu-Point-Riff.

Beim Passieren des Riffes war uns die hochgehende See sehr gefährlich, und ich wollte schon im Hafen von Qmahu Schutz suchen. Aber mein Freund meinte, wir sollten doch nach der Taranga-Insel steuern, es werde uns schon gelingen, zu landen. Ich gab nach, obwohl ich am Gelingen zweifelte – der Wind wechselte von Nord nach Südost –, denn ich wollte selbst endlich am Ziele sein.

Als wir uns endlich dem Sail-Rock näherten, einem Felsen, der von der Ferne wie ein Schiff aussieht, sah ich, daß heute eine Landung unmöglich sei, da die Brandung hoch an die Felsen schlug. Ich legte also um und versuchte in Mangawai, einem kleinen Hafen, zu landen; da wir aber schlechten Wind und hohe See hatten, mußten wir lavieren.

Als es Nacht wurde, befestigte ich, da wir in der Linie der an der Küste fahrenden Australien-Amerika-Dampfer waren, unsere Laternen am Mast, um von den Schiffen bemerkt und nicht in den Grund gestoßen zu werden. Durch den Wind und das Rollen des Bootes verlöschte immer wieder das Licht.

Es wurde dunkler und dunkler, ich hörte schon die Brandung an der Küste, aber an ein Einlaufen war nicht mehr zu denken. Ich sondierte also mit dem Blei und ließ bei 4 Faden den Anker aus. Da aber durch den hohen Seegang das Boot zu stark an der Ankerkette riß, ließen wir den zweiten Anker vom Stern aus in die Tiefe. Während mein Assistent schlief, übernahm ich die Wache, um schnell hinauszulavieren, wenn der Wind wechseln oder gar von See kommen sollte. Gelang mir dies nicht, so wäre nur das Anlaufen an das sandige Ufer übriggeblieben, was gewöhnlich ein Opfern des Bootes, wenn nicht des Lebens bedeutet. Regenschauer wechselten die ganze Nacht hindurch mit Windstößen ab, und das Boot riß unaufhörlich an den Ankerketten. Ich war froh, als der Tag zu grauen anfing.

Ich weckte meinen Freund, und wir lavierten bei ungünstigem Nordwestwind hinaus. Der Wind nahm ab, aber die See ging noch hoch und, obwohl ich vom Sail-Rock wegsteuerte, trieb uns die Strömung immer näher gegen den Felsen. Rasch zogen wir die Segel ein und griffen zu den Rudern. Eine Stunde mußten wir mit Anstrengung aller Kräfte arbeiten, bis wir die Strömung, die uns den Klippen näherzog, überwunden hatten.

Nun setzten wir wieder, obwohl die Brise schwach war, Segel und steuerten der Taranga-Insel zu. Wir erreichten sie erst so spät abends, daß wir die Landung nicht mehr wagen konnten. Ich legte also wieder um und lavierte. Meinen Freund ließ ich wieder schlafen, und ich schnallte mich auf meinem Steuersitze an, da ich bei Tagesgrauen, wenn möglich, landen wollte.

Die Nacht war günstiger als die vorhergehende; der Wind hatte nachgelassen, auch die See hatte sich beruhigt. Das einzig Unangenehme auf dem Schiff war der Gestank, den meine Känguruhs ausströmmten. Nach Mitternacht bemerkte ich im Wasser neben mir ein starkes phosphoreszierendes Leuchten, und bald sah ich neben dem Boote die Rückenflosse eines großen Haies herausragen. Ich weckte meinen Assistenten und befahl ihm, ein Känguruh über Bord zu lassen. Bald darauf war der Hai verschwunden; er hatte eine Länge von mindestens 9 Meter.

Das Geschrei der Sturmvögel am 18. zeigte mir an, daß ich mich der Insel nahe befand. Bei Tagesanbruch bereitete ich alles zum Landen vor. Ich steuerte so weit heran, als ich konnte, zog dann die Segel ein und benutzte die Ruder. Als wir nahe genug waren, warf ich den Fanganker aus, und mein Freund ließ im selben Moment den zweiten Anker vom Stern nieder, damit das Boot nicht an die vielen Risse schlagen konnte, über die sich die Brandung schäumend wälzte.

Ich entkleidete mich, und während mein Freund die Sandballastsäcke ausleerte, erwartete ich, mit einem Seil um die Hüften und einer Axt in der Hand, den Augenblick, in dem die Brandung zurückging. Dann sprang ich aus, lief ans Ufer und befestigte das Seil an einem Baum. Ich hackte kleine Bäumchen ab, worauf das Boot aufgezogen wurde. Nun trug ich auf dem Kopf Lebensmittel und Werkzeug durch die Brandung an Land. Cäsar sprang auch aus dem Boote. Jetzt, da es leer war, konnte es, nachdem die Anker gehoben und Flaschenzüge angebracht worden waren, auf die provisorisch hergestellte Holzwerft gehoben werden. Wir durften das Boot aber dort nicht lassen, da ich am Felsen die Merkmale der Brandung sah; es mußte also noch höher hinaufgebracht werden.

Obwohl wir mit doppelten Flaschenzügen arbeiteten, ging es nur langsam vorwärts. Der Wind frischte wieder von Südwest auf, und die steigende Flut schlug die Brandungswellen schon zum Kiele des Bootes hinauf. Wir arbeiteten mit größter Anstrengung, denn das Boot auf dieser verlassenen Insel, an der kein Schiff landet, verlieren wäre gleichbedeutend mit Verhungern gewesen. Welle auf Welle wälzte sich höher herein und schlug an unser Boot, das sich nur ruckweise hob. Schon fing es an zu dämmern, als eine Riesenwelle unser Boot, während wir mit aller Kraft zogen, so hoch hob, daß es auf den von uns vorbereiteten Stützen hängenblieb.

Damit war unser Werk vollbracht. Aber mein Assistent machte erst Feuer, als wir das Boot noch stärker gesichert hatten. Wir schnitten uns vom Schlegel eines Känguruhs einige Schnitten ab und brieten sie auf dem Holzspieße.

Nachts nahm der Wind zu; im Walde krachte es, als wenn die wilde Jagd los wäre. Mein Freund schnarchte, aber ich konnte nicht schlafen. Als ich endlich doch einschlief, weckte mich plötzlich ein fürchterliches Getöse, ich hörte Steine an unsere Bootswand schlagen. Cäsar fing zu bellen an. Mein Freund und ich sprangen auf und hielten mit den Laternen Nachschau. Da sahen wir unterhalb unseres Bootes einen großen Baumstamm, den der Wind niedergerissen hatte, von Erde und Steinen bedeckt, liegen. Hätten wir das Boot tiefer unten gelassen, so wäre es vom Baum zertrümmert worden. Den Rest der Nacht wachten wir abwechselnd beim Boote.

Am 14. früh fing mein Freund zu arbeiten an, um einen besser gesicherten Platz für unser Boot vorzubereiten. Ich ging in nordöstlicher Richtung; alles war mit dichtem Urwald bewachsen und sehr steil.

Ich schoß einige Tiere und war sehr erfreut, zu bemerken, daß sich diese Stare seit meinem letzten Besuch (1880) vermehrt hatten. Als ich mich, schon ziemlich hoch oben, durch dichtes Gestrüpp durcharbeitete, hörte ich Vogellaute. Ich näherte mich vorsichtig und sah fünf *Creadion carunculatus*, zwei Alte, die drei eben dem Nest entschlüpfte Jungen fütterten. Die Jungen hatten dieselbe Färbung wie die Alten, nur matter und mit kaum sichtbaren Lappen. Ich schoß sie, um weitere Beweise zu bekommen, daß es auf Neuseeland zwei Arten von Staren gibt, wie ich schon 1877 nach meiner ersten Expedition an der Westküste der Südinsel behauptet und beschrieben hatte.

Am 15. arbeitete Dobson beim Lager. Ich ging nach Südosten, wo ich auf Steinen weißhalsige und weißbrüstige Scharben und einige Starfamilien sitzen sah, von denen ich einige erlegte.

Am andern Tag half ich meinem Freund, unser Boot an den definitiv hergerichteten Platz zu schaffen. Er blieb zurück, um im Lager alles zu ordnen und Hütten zu bauen, während ich über die steile Berglehne nach Norden ging. Je höher, um so dichter wurde der Wald.

Ich fand die verschiedensten Vogelarten und auf dem Hochplateau in selbstgegrabenen Höhlen Brückenechsen, jene seltenen Saurier, die ich schon aus der Hauturu- und den Moro-tiri-Inseln gefunden hatte. Hier lebten sie nicht in Gemeinschaft mit Sturmvögeln.

Am 19. herrschte starker Sturm und Nordostwind. Die Brandung schlug fast bis an unser Boot hinaus, und ich befürchtete, daß wir, wenn der Wind nach Südost oder Süd umschlüge, unser Boot verlieren würden. Wir fingen gleich zu arbeiten an, um das Boot noch 4 Meter höher zu bringen.

Der Wind wandte sich immer mehr nach Süden, und die Brandung stieg andauernd. Wir arbeiteten so schnell wir konnten, und das Wasser, Schweiß und Regen gemischt, rann uns vom Körper. Da es sehr schlüpfrig war, konnten wir auf der steilen Berglehne nirgends festen Halt finden. Darum ging es nur langsam und ruckweise vorwärts, während die Brandung schon an unser Boot schlug.

Unsere Hände waren aufgerissen, und unsere Kräfte ließen bereits nach. Erst um 9 Uhr abends hatten wir mit Aufbietung der letzten Kräfte das Boot endlich in Sicherheit gebracht.

Nun begriff ich erst, wie es möglich war, daß unser früheres Boot auf der Hauturu-Insel zertrümmert wurde. Wir hatten unser Boot jetzt 1,8 Meter über Springfluthöhe, und dennoch schlug der Gischt der Brandung noch bis zum Boot hinauf.

Der Sturm wütete fort, und der Regen fiel in Strömen. Er riß uns die Hütte nieder, so daß wir rasch unsern Proviant, von dem ein Teil vernichtet wurde, im Boot unterbringen mußten.

Auch meine Sammlung litt. Wir arbeiteten bei Laternenlicht. Dort, wo unser Kochplatz war, kam ein Wildbach herunter, der alles fortriß. Wir waren zu müde zum Essen, und ich lud meinen Freund ein, mit mir zusammen im Boote zu schlafen. Er sagte mir aber, er habe einen viel sicheren Platz in seiner Höhle, und verließ mich.

Am 20. kam mein Assistent zeitig früh, ganz durchnäßt, zu mir. Auf meine Frage, was ihm denn passiert sei, behauptete er, er habe zwar gut geschlafen, aber ein Bächlein, das in seine Höhle morgens hineinrann und sie ausschwemmte, habe ihn geweckt.

Wir machten uns mit vieler Mühe ein Dach aus Nikaublättern, das wir mit Bäumchen an Pfosten befestigten und gegen die Windseite mit Alten verkleideten, denn unsere Feuerfliege (ein viereckiges Stück Zeltleinwand) hatte uns der Sturm weggetragen.

Wir zündeten ein großes Feuer an, trockneten alles und setzten dann unsere alte Hütte wieder instand. Das Trinkwasser, das jetzt wie eine Lehmsuppe den Berg herunterkam, mußten wir durch Tücher filtrieren. Sturm und Regen dauerten an, Bäume krachten, Steine und große Felsblöcke gingen ab und sausten ins Meer.

21. Februar. Ich versuchte, den Berg hinaufzusteigen, mußte aber umkehren, da es zu schlüpfrig war und zu viele Steine abgingen. Ich arbeitete deshalb beim Lager.

Von der vielen Anstrengung und dem schlechten und geringen Essen waren wir beide schlapp geworden. Ich ging also, um Tauben zu schießen, damit wir uns eine stärkende Suppe bereiten konnten. Der Sturm hatte noch nicht nachgelassen, und ich hatte Mühe, den herabfallenden Ästen auszuweichen.

Auf der steilen Berglehne war es so schlüpfrig, daß ich mich von einem Baum zum andern hinaufziehen mußte. Plötzlich blieb Cäsar unter einem Baume stehen; nach langem Spähen sah ich in einer Astgabel eine Taube sitzen, die ich schoß. Ich kletterte wieder weiter, glitt aber aus und fing mich beim Fallen an einem Bäumchen. Im selben Augenblick fühlte ich einen Schlag auf das Hinterhaupt, der mich zu Boden warf.

Als ich wieder zu mir kam, spürte ich Wärme in meinem Gesicht und hörte das Wimmern Cäsars, der mein Gesicht ableckte. Ich hatte starke Schmerzen am Hinterhaupt, und in den Hals rieselte mir Blut. Ich suchte mein Gewehr, das höher oben lag; neben mir lag der Wipfel des Baumes, an dem ich mich aufgefangen hatte. Er war morsch gewesen und durch den jähen Ruck abgebrochen. Langsam kletterte ich zum Lager zurück, wo mir mein Assistent die Wunde auswusch und verband. Ich hatte einen Knochenbruch am Schädel erlitten; die Schmerzen stellten sich auch später wiederholt ein, so daß ich mich mehrmals Operationen unterziehen mußte, das letztemal in Linz, wobei immer noch Knochensplitter zutage gefördert werden.

Vom 23. bis 26. dauerte der Sturm an. Ich hatte solche Schmerzen, daß ich nicht schlafen konnte. Das Wetter war aber zu schlecht, als daß wir es hätten wagen können, das Boot in die wild anstürmende Brandung abzulassen. Am 26. fühlte ich mich etwas besser und ich machte einen kleinen Spaziergang. Dobson begleitete mich, für den Fall, daß mir schlecht werden sollte. Wir gingen gegen Nordosten, da aber der Boden schlüpfrig war, kamen wir nur langsam vorwärts. Ich schoß Vögel und grub einige Tuatara aus.

Am 28. ließen wir um 2 Uhr unser Boot auf einem provisorischen Holzgestell ab. Da Ebbe war, wurde der Anker mit der 20 Faden langen Kette hinausgetragen, dann alles ins Boot gepackt. Auch Cäsar sprang hinein.

Als der Wind wieder auffrischte, zogen wir uns an der Ankerkette hinaus. Die See wurde immer unruhiger, die Ankerkette fing zu schleifen an, ich nahm den Bootshaken und hielt das Boot, damit es nicht an den Felsen zurückgeworfen wurde. Mein Freund warf den Fanganker und zog den großen herein; der Fanganker hielt gut. Nun zog Dobson an der Leine, ich nahm die Ruder zur Hand, um hinter den großen Felsen, wo ruhiges Wasser war, zu kommen.

Als wir den Fanganker hereinziehen wollten, spürten wir, daß er sich zwischen Steinen verbissen hatte; wir mußten also wieder den großen Anker an kurzer Kette ablassen, da wir den Fanganker nicht entbehren konnten. Dobson entkleidete sich, schlang eine Leine um die Mitte, nahm die zweite in den Mund und tauchte unter Wasser. Er befestigte die eine Leine an den Ankerflügel, und ich zog den Anker ein.

Mein Freund schwamm zum Boot zurück. Da sah ich, knapp neben meinem Freund, einen Hai auftauchen. Rasch griff ich nach dem Gewehre und schoß dem Hai eine Ladung hinauf, dann zog ich meinen Assistenten an Bord.

Wir hatten keine Zeit mehr, Ballast einzunehmen, da der Wind immer stärker wurde. Ich ließ alles klarmachen, und als ich so weit gerudert war, daß wir felsenfreie Bahn hatten, ließ ich das Kieleisen, so tief es ging, hinunter und setzte die Segel. Wir dankten Gott und segelten die 29 Kilometer bis Whangarei Head, in 1 ½ Stunden. Bei Bream Head hatten wir hohe See. Wir ankerten in der Aubery Bay. Nachdem wir alles in Ordnung hatten, machte ich dem Ortsvorsteher Herrn Aubery einen Besuch und wurde sehr gut aufgenommen.

Am 2. März segelten wir nach Whangarei. Es ist dies eine kleine, von Farmen umgebene, hübsche Stadt, ausgezeichnet durch Obstkulturen; Orangen und Zitronen gedeihen hier sehr gut. Eine Eisenbahn führt vom Hafen nach dem Kohlenbergwerk Kamo, 13 Kilometer weit.

22 ½ Kilometer von Whangarei liegt der interessante Wairuafall, der 45 Meter hoch ist.

Von Whangarei führen Reitpfade durch interessante Waldpartien über schöne Aussichtspunkte und durch Farmdistrikte, die ich schon früher durchritten hatte, südlich nach Auckland, nördlich nach der Bay of Islands, nordwestlich nach der Ahipara Bay.

Wir legten an, Miss Aubery und Miss Gibbs, die mit uns gefahren waren, stiegen aus, Dobson blieb an Bord. Ich begleitete die Ladies in die Stadt und wurde von Frau Gibbs zum Tee geladen. Den Abend verbrachte ich mit Herrn Thomson, einem alten Kolonisten, den ich von früher her kannte.

Am 4. ritt ich mit der Familie Aubery an die Ostküste, nach Whitesand, wo wir auf Herrn Robinsons Farm freundlich aufgenommen wurden. Robinson ging mit mir an die Küste, wo ich unter Dünen gebrannte Steine, Muschelschalen und Obsidiansplitter fand. Abends ritten wir zurück.

Am 5. segelten Dobson und ich aus dem Hafen nach Norden und ankerten in Eckertsbay, wo nahe dem Meer eine Anzahl Dünen liegen. Im Hintergrund waren einst Maoripahs, die aber nur noch aus der Form des Bodens erkennbar waren. Ich grub unter den Dünen und fand zwei Schädel, einen mit Grünsteinohrring, dann Knochen vom Seehund, Fischen und Kiwi.

Bei Nordwestwind segelten wir am 9. zurück. Als wir die Limestone-Insel passierten, wechselte der Wind und artete in heftigen Sturm aus. Da der Wind gegen uns war, segelte ich nach Waikaraka in die Edwardsbucht, wo wir ankerten. Herr Edwards lud uns auf seine Farm ein. Dobson schlief nach dem Abendessen auf dem Boot, ich blieb auf der Farm.

Da sich das Wetter am 11. günstig zeigte, segelten wir hinaus. Kaum waren wir bei Bream Head, als es wieder zu stürmen und zu regnen anfing. Wir suchten Schutz in Eckertsbay. Dobson ließ ich beim Boot, und ich ging zu den Frischwasserseen, um Schwäne, Enten, Kormorane und andere Strandvögel zu schießen. Abends kam ich zu unserm Boot, und wir kochten uns Enten und Strandschnepfen. Am 13. war schlechtes Wetter. Ich ging nach Smugglers Bay, wo ich zwei Maoristeinäxte fand. Da der Sturm nicht nachließ, segelten wir hinaus. Es ging eine hohe See; ich steuerte und hielt die Leine vom Großsegel. Als ich eine Wellentalschlucht passierte, erhob sich ein Windstoß; ich ließ schnell das Segel auslaufen, wobei das Bugspriet wie ein

Zündhölzchen zerbrach. Das Vorsegel zerriß und wurde nun schnell hereingezogen, auch das Großsegel, und wir ruderten bis in die Aubery Bay, wo wir ankerten.

Kapitän Cacops vom „Habicht" sandte ein Boot für mich. Er lud mich auf eine Kreuzfahrt zu den außenliegenden Inseln ein. Meinen Assistenten ließ ich bei unserm Boot, ich selbst rüstete mich mit dem Nötigen aus und fuhr an Bord des „Habicht".

Die Anker wurden gelichtet, und wir segelten nach den Mokohinou-Inseln, etwa in 55 Kilometer Ostnordost von hier, einer Gruppe von Inseln und Felsen, von denen die größte 1,6 Kilometer lang und 0,8 Kilometer breit ist, mit Gebüsch, Farn und Flachs bewachsen. Auf dieser Insel steht ein Leuchtturm mit Blinkfeuer. 8,2 Kilometer südöstlich von hier liegt die Fanalinsel, 1,2 Kilometer lang, 0,8 Kilometer breit; sie ist mit Wald überwachsen.

Alle diese Inseln, mit Ausnahme derjenigen, auf der der Leuchtturm steht, sind unbesiedelt; sie sind dafür aber die Brutplätze zahlloser Seevögel. Abends liefen wir in Port Fitzroy, auf der Great-Barrier-Insel, ein. Es war der Tag St. Patricks, des Schutzpatrons der Irländer; da hier irländische Farmer wohnten, wurde der Tag festlich begangen.

Am 16. wurden die Anker gelichtet. Mit einer steifen Ostbrise erreichten wir in fünf Stunden Whangarei Head, wo ich Dobson wiederfand.

Am Nachmittag des 18. verließ ich Whangarei Head und ging nach Paroa Bay. Hier borgte ich mir ein Boot und ruderte 11 Kilometer weit den Padomfluß hinauf. Spät abends kam ich zu Herrn Cay, der hier eine Sägemühle hat. Bei ihm blieb ich über Nacht.

Am 19. früh nahm ich Haue und Schaufel und grub in alten Maorilagerplätzen unter Dünen an der Meeresküste. Ich fand runde gebrannte Steine, Knochen von Maori, Seehunden, Ratten, Moa, Kiwi, Maorihuhn, Tuatara, Fischen, Gierschalen von Moa, ja sogar ein ganzes Moa-Ei, das schon allenthalben Sprünge zeigte. Vorsichtig grub ich mit dem Weidmesser herum, und gerade als ich mein Taschentuch unterschieben wollte, fiel das Ei auseinander. Auch fand ich eine Steinsaxt, sowie Obsidian- und Feuersteinmesser.

Padom liegt an der Ostküste; am Ufer sind Dünen, teilweise mit Gras überwachsen, unter denen die Katapo, eine kleine, schwarze Spinne, vorkommt. Die Maori liefen alle davon, als sie mich diese Tiere fangen sahen.

Am 20. nachmittags packte ich die gesammelten Sachen in mein Boot und ruderte nach Paroa zurück, von wo ich nach Whangarei ging und bei Herrn Aubery über Nacht blieb.

Am 21. ging ich nach Waipu. Nahe der See sind Dünen, zwischen denen sich alte Maorilagerplätze befinden. Gegen Westen und Süden ist diese Ebene kultiviert, so auch ein Teil des angrenzenden Hügellandes. Die Farmer sind vorwiegend Schotten. Die höherliegenden Berge sind mit dichtem Urwald bewachsen.

In den Dünen grub ich Maorischädel aus, die Keulenhiebe aufwiesen. Bei einem fand ich ein Stück Mere, bei einem andern eine verrostete Axt. Dann ging ich über den Nuakakafluß, wo ich wieder Maorilagerplätze fand, mit Maorigebeinen; aber bei aller Mühe, die ich mir gab, konnte ich kein vollständiges Skelett zusammensetzen.

Zum Abendmahl schoß ich einige Strandschnepfen, dann fing ich Mullet, sehr gute Fische, die mit der Flut in die Flüsse hineinkommen und mit der Ebbe wieder ins Meer hinausgehen. Ein Sandhügel als Matratze, eine Feuerfliege darüber, damit ich von dem starken Tau, der hier fällt, nicht naß wurde, vervollständigte mein Nachtlager. Das Brüllen der Brandung sang mir das Schlummerlied, und ich schlief sehr gut.

Am 30. packte ich meine Sammlungen, nahm mir ein Boot und kehrte nach Aubery Bay zurück. Tags draus arbeitete ich an den gesammelten Sachen, die ich bei Aubery zurückließ.

Am 1. April wurde mein Boot instand gesetzt. Um 2 Uhr früh verließen wir am 2. April diese schöne Bucht mit ihren freundlichen Bewohnern und segelten nach den Moro-tiri-Inseln. Der Wind war Südwest. Als wir auf der größeren Insel an der Westseite näher steuerten, um zu landen, rollte eine so starke See herein, daß wir die Landung nicht wagen konnten. Wir segelten an die Südseite. Kaum waren wir in der kleinen Bucht, als sich der Wind nach Süden wandte, eine hohe See hereinspülte und uns einsperrte. Schnell wurden die Anker gelassen, die Segel eingezogen, der Ballast ausgeworfen und das Boot langsam hineingezogen.

So rasch ich auch den Proviant durch die Brandung trug, um das Boot zu erleichtern, schlug es doch an einen Felsen und bekam ein Leck. Jetzt wurden die Anker gelichtet, und wir mußten das Boot an das sandige Ufer anlaufen lassen, konnten es aber mit den Rudern nicht bremsen, so daß es sich auf die Seite legte und so schnell eingesandet wurde, daß wir es ausgraben mußten, als die Flut zurückging.

Nun wurde eine Hütte gebaut. Ich untersuchte das Boot und fand unweit vom Kiel an beiden Seiten Sprünge, die ich, so gut ich konnte, mit Teer und Lappen verstopfte.

Bis zum 6. April durchforschte ich nach verschiedenen Richtungen die Insel. Um 2 Uhr früh trugen wir bei Ebbe die großen Anker hinaus, vergruben sie im Sand, schoben das Boot auf Holzrollen seewärts, packten alle Gegenstände hinein und warteten, bis die Flut hereinkam. Die See war ziemlich ruhig, die Brise Westsüdwest.

Um 4 Uhr hatten wir genug Wasser; wir ruderten aus der Bucht, die Segel wurden gerefft. Als wir über die Insel hinauskamen, ging der Wind Südwest. Ich konnte nicht begreifen, daß unser Boot so tief im Wasser war, und fragte meinen Assistenten, ob er zuviel Ballast eingeladen habe.

Als wir nachsahen, fanden wir Wasser im Boot. Nun hieß es, schnell ausschöpfen. Ich steuerte, mein Freund schöpfte; wenn er müde war, löste ich ihn ab. Soviel wir auch Wasser ausschöpften, floß es doch immer wieder durch ein übersehenes Leck herein.

Ich sah einen Flug seltener Seetauben, auf die ich zusteuern wollte, um einige zu schießen. Aber mein Freund, der sonst nie Furcht zeigte, ließ es nicht zu und sagte:

„Sehen wir nur, daß wir den Hafen erreichen, bevor wir sinken."

Er hatte recht. Um 8 Uhr nachmittags erreichten wir Aubery Bay, wo wir ankerten und ausluden. Der Proviant und auch ein Teil der Sammlungen waren verdorben. Nachdem wir alles gesichert hatten, gingen wir, da auch unser Bettzeug naß war, zu Herrn Aubery, um bei ihm zu übernachten. Am nächsten Morgen, als wir zum Boot kamen, sah nur noch der Mast aus dem Wasser; das Boot war gesunken. Bei Ebbe schöpften wir es aus, nahmen den Mast heraus, drehten das Boot um und fanden eine zerbrochene Planke. Nun wurde ein Lappen in Teer getaucht und daraufgenagelt. Als der Teer trocken war, segelten wir am 7. April zu Herrn Edwards, um das Boot reparieren zu lassen. Vom 8. bis zum 13. forschte ich an der Ostküste und schoß an den dortigen Frischwasserseen verschiedene Strandvögel. Am 13. kehrte ich nach Whangarei Head zurück und ordnete die Sammlungen.

Am 14. ging ich mit Dobson an der Ostküste entlang, wo wir unter Sandhügeln einige Maorischädel ausgruben; wir fanden auch eine Steinaxt und Obsidianmesser, sowie gebrannte Steine, Knochen und Muscheln.

Als wir bei Taohururu den Fluß erreichten, konnten wir ihn des hohen Wasserstandes wegen nicht passieren. Ich machte darum den Vorschlag, ins Maoridorf zu gehen und uns ein Kanu auszuborgen. Dobson war dagegen, weil er fürchtete, die Maori könnten die ausgegrabenen Schädel, die wir im Rucksack trugen, bemerken. Um ihn zu beruhigen, packte ich die Beute in meinen Rucksack; dann gingen wir zum Dorf, wo wir nur zwei alte Frauen fanden, die uns sagten, die Dorfbewohner seien zum Flusse gegangen.

Wir marschierten das linke Flussufer aufwärts, bis ich am rechten Ufer ein Kanu bemerkte. Dobson entkleidete sich, um hinüberzuschwimmen und das Kanu zu holen. Da hörte ich vom jenseitigen Ufer Maorimädchen und Burschen lachen; sie hatten sich hinter den Flachsbüschen versteckt, um uns zu beobachten. Ich rief ihnen zu, sie sollten das Kanu bringen, ich würde ihnen Tabak dafür geben. Bevor sich Dobson wieder angekleidet hatte, waren sie schon mit dem Kanu bei uns und setzten uns über den Fluß. Ich schenkte ihnen Tabak und eine Pfeife, womit sie sehr zufrieden waren, und wir setzten unsern Weg nach Padom fort. Von hier sandte ich Dobson mit den gesammelten Sachen nach Whangarei Head und forschte allein weiter.

Am 15. wandte ich mich nach Norden gegen das Nordkap. An der Küste dehnen sich Dünen, die gegen Westen ansteigen. Im Hintergrund liegen dichte Urwälder, eine Anzahl kleiner Flüsse münden in das Meer, was das Vorwärtskommen ohne Pferd erschwert, da es nirgends Brücken gibt. An der ganzen Küste fand ich Überreste von Maoripahs, aber wenige Ansiedlungen von Eingeborenen. Die wenigen gehören Ngapui, die durchwegs europäisch gekleidet waren und von Viehzucht, Ackerbau und Fischfang lebten. An der Küste unweit des Nguguruflusses fand ich an einigen Stellen Braunkohle.

6 ½ Kilometer von hier im Norden liegt der Waitangifluß, „das weinende Wasser", der einst in Neuseelands Geschichte eine große und verhängnisvolle Rolle gespielt hat. Heute ist dort eine blühende Kolonie mit Kohlenbergbau und Großfischerei. Die vielen Buchten sichern einen reichen Ertrag; die Fische werden in Zinkbüchsen konserviert und versandt.

Die prachtvolle Landschaft, das herrliche Klima haben diese Gegend zu einer beliebten Sommerfrische gemacht. Ich durchforschte hier einen Monat lang die Küstengegend und die zahlreichen kleinen, nur von Vögeln bewohnten Inseln und kehrte am 18. Mai nach Whangarei Head zurück. Am 20. früh segelten wir, nachdem ich von allen alten Freunden Abschied genommen, nach Auckland, wo wir abends ankamen und in der Familie Dobsons freundlich aufgenommen wurden.

Landschaft im Milfordsund (Mt. Pembroke).

Nun hatte ich viel Arbeit, um die Sammlungen zu ordnen. Am 27. Juni unternahm ich eine kleine, auf 14 Tage berechnete Exkursion ins Gebiet von Pokekohe, um Vögel zu beobachten und Ausgrabungen auf den alten Maorilagerplätzen vorzunehmen. Der Winter machte sich recht unangenehm fühlbar, es regnete fast unaufhörlich. Am 10. Juli kehrte ich nach Auckland zurück. Einige Tage darauf ritt ich in das Waitakereigebirge, da die Brutzeit der Kiwi war, und ließ das Pferd bei meinem alten Bekannten Worsly. Ich durchforschte mit meinem Cäsar nach allen Richtungen die Waldschluchten, in denen sich die Kiwi gerne aufhalten und ihre Nester in hohlen Bäumen oder unter Baumwurzeln anlegen, und erbeutete 8 Kiwi und 2 Eier. Dann schoß ich noch einige andere Vögel und kehrte wieder nach Auckland zurück, um fleißig im Museum zu arbeiten.

Im Dezember wurde unser Boot wieder ausgerüstet, wir provian-

Bowenfall im Milfordsund.

tierten uns und am 6. Dezember segelten wir von Auckland mit einer südlichen Brise ab. Als wir der Hauturu-Insel nahe kamen, versuchten wir an der Westküste zu landen, aber wegen zu starker Brandung gelang es uns nicht. Im Süden war es noch schlechter. So segelten wir nach der Great-Barrier-Insel und ankerten in Port Fitzroy.

Am 8. versuchten wir abermals, nach der Hauturu-Insel zu segeln. Als wir auf hohe See kamen, wütete der Sturm so stark, daß wir wieder zurück in den Hafen mußten. Nach zwei Tagen wurde das Wetter besser, aber wir warteten noch zu und segelten erst am 11. zum dritten Male zur Hauturu-Insel. Diesmal gelang es uns endlich, zu landen.

Dobson segelte nach Whangarei Head zurück. Ich packte für eine Woche Proviant ein, Munition, Gewehr, Kompaß usw. und von Cäsar begleitet, verließ ich das Lager, um in das Innere vorzudringen. Bei meiner letzten Hütte im Innern der Insel machte ich halt und besserte das Dach aus, das seit meiner Abwesenheit gelitten hatte. Die Matratzen wurden mit neuem Mangimangi oder Moospolster gefüllt. Nachdem alles in Ordnung war, nahm ich mein Abendessen ein und begab mich zur Ruhe.

Am 12. ging ich um 4 Uhr früh bei Regen zu den Felsabhängen, wo ich früher den Tiora beobachtet hatte. Zu meiner Freude fand ich, daß sich die seltenen Vögel seit meinem letzten Besuch vermehrt hatten, was ich dadurch erreicht hatte, daß ich damals verwilderte Katzen und alte Tioramännchen abschoß. Jetzt konnte ich ganze Familien beobachten und fand auch, daß die jungen Vögel ein Übergangskleid besaßen; das war bei den Männchen besonders auffällig. Die jüngsten waren wie die Weibchen gefärbt, Kopf, Rücken, Flügel und Schwanz braun mit olivgrüner Zeichnung, die Achseln gelblichweiß, die Deckfedern waren weiß mit gelblichbrauner Zeichnung, Unterseite graubraun, die Ohrenfeder kaum bemerkbar, Schnabel schwarzbraun, Füße hellbraun, Augen dunkelbraun; nur bei den jungen Männchen fand ich die Achselfedern heller gelb. Ältere Exemplare zeigten auf dem Kopf, Hals, Oberkörper schon schwarze Federn zwischen den graubraunen, über der Brust ein schwaches gelbes Band. Die weißen Ohrenfedern waren schon deutlich sichtbar.

Am 16. kletterte ich auf den höchsten Berggipfel. Kaum war ich oben, überraschte mich ein Gewitter. Blitz auf Blitz zuckte nieder, und in den Felswänden rollte der Donner ununterbrochen. Der Wind peitschte den Regen, der sich in den Schluchten zu reißenden Wildbächen sammelte. Mit Mühe erreichte ich meine Hütte; alle Augenblicke duckte ich mich vor niederstürzenden Bäumen und Felsblöcken.

Nahe meiner Hütte hörte ich zwei Miro rufen; ich ging hin und sah sie ängstlich um einen Manukastrauch flattern. Als ich nachschaute, fand ich ihr Nest mit 3 Eiern, voll mit Wasser. Das Nest ist so fest gebaut, daß es kein Wasser durchläßt.

Am 19. schoß ich noch einige Vögel, sammelte Farne und ging dann in die Maoriansiedlung, wo mir der Häuptling Tinatahi erzählte, er habe seinen Kutter „Rangotira" verloren, mit dem er schon mehrere Preise in der Aucklandregatta erworben hatte.

Tinatahi war nach der Cathrine Bay gesegelt, um Kessel und Werkzeuge zum Aussieden eines Walfisches zu holen, den die Eingeborenen gefangen hatten. Er ankerte in dieser Bucht. Es begann zu stürmen, er setzte Segel und wollte hinauslavieren, aber der Anker ließ sich nicht heben. Hätte er die Ankerkette abgehakt, so wäre es noch möglich gewesen, sich zu retten, so aber wurde das Boot ans Ufer getrieben und zerschellte. Mit großer Mühe konnten sie nur ihr Leben retten. Die angeschwemmten Sachen wurden von andern Eingeborenen weggetragen.

Tinatahi, seine Frau Rahni, zwei Männer und ein Knabe nahmen ein Walfängerboot und wollten damit nach Tiharea auf der Hauturu-Insel, ihrer Ansiedlung, segeln. Als sie einige Meilen von der Great-Barrier-Insel entfernt waren, wurde es wiederum stürmisch, das Boot füllte sich mit Wasser, die Ruder riß der Sturm weg. Tinatahi befahl den Männern, sich am Boot anzuhalten, bis er es ausgeschöpft habe, und Rahni, die eine gute Schwimmerin war, schwamm, um die Ruder zu holen. Als sie zum Boot kam, war schon ein Mann von der hohen See weggeschwemmt worden. Sie bemühten sich, den zweiten Mann und den Knaben ins Boot zu bringen.

Der Knabe starb bald an der Überanstrengung und Kälte. Der Mann wurde dadurch gerettet, dass sie ihn rudern ließen, wodurch er sich erwärmte. Dreimal füllte sich das Boot mit Wasser, und hätte nicht Rahni so mutig gehandelt, sie wären alle verloren gewesen. Rahni ist 1,8 Meter hoch, von muskulöser, aber hübscher Gestalt. Sie war vierzehn Stunden im Wasser bei hochgehender See, ohne zu essen und zu trinken. Als alle landeten, war sie so erschöpft, daß sie weder gehen noch stehen konnte.

Am 20. segelte ich nach Auckland. Hier hatte ich einige Zeit mit dem Ordnen meiner Sammlungen zu tun. Dann arbeitete ich wieder im Museum, stellte mehrere Tiergruppen fertig, ordnete sie in die Kasten und klassifizierte sie.

Dreizehntes Kapitel

Abschied fürs Leben

Im März 1884 rüstete ich mich für eine längere Expedition aus, die mich wieder nach dem Süden führen sollte. Der Küstendampfer, den ich benutzte, hielt in allen größeren Orten, und ich hatte Muße, die Küsten, Gebirge und Inseln, die ich in den vergangenen Jahren durchforscht und durchwandert hatte, zu betrachten, so wie man sich eine Landkarte ansieht, um auf ihr in der Erinnerung noch einmal alte Reiseerlebnisse durchzuleben.

Mein einstweiliges Ziel war Wellington, aber ich hegte große Reisepläne. Ich wollte die Fjorde an der Westküste der großen Mittel- (oder besser Süd-) Insel genau durchforschen, die damals zum größten Teil noch jungfräuliches, von keinem Menschen – nicht einmal von Maori – betretenes Land waren. Ich erwartete, dort interessante ornithologische Entdeckungen zu machen. Waren diese Forschungen abgeschlossen, wollte ich hinaus auf die offene See nach dem Süden und auf die gegen die Antarktis gelegenen, vogelbevölkerten Inseln.

Aber das waren einstweilen Luftschlösser. Zu ihrer Verwirklichung gehörte viel Geld, viel mehr, als ich hätte erarbeiten können; denn ich mußte ein Schiff mieten, das – nach meinem Wunsche – die gefährlichsten und verlassensten Küsten und Eilande aufsuchte, mich dort für Monate – vielleicht für ein ganzes Jahr – mit dem nötigen Proviant usw. aussetzte und dann pünktlich zu der von mir angegebenen Zeit wiederkam, um mich und meine Sammlungen abzuholen.

Solche „Millionärslaunen" hätte sich ein Kapitän wohl nur gegen sehr gute, in die Tausende gehende Bezahlung gefallen lassen und mit Recht; denn er riskierte sein Schiff, wenn er gerade die Gestade anlaufen sollte, die sonst von allen Schiffen gemieden wurden.

Aber ich wußte doch eine Macht, die meine Wünsche erfüllen konnte, und diese war es, die mich nach Wellington, der Hauptstadt Neuseelands, dem Sitz des Gouverneurs und Parlaments, führte. Dort war Sir James Hector Direktor des Kolonialmuseums; in ihm fand ich einen edlen Freund und Gönner. Er hatte von meinen früheren Expeditionen gehört und in uneigennützigster Weise meine Verdienste um die Wissenschaft und die Lokalmuseen in Vorträgen und Publikationen beim Publikum und bei der Regierung als so bedeutsam hervorzuheben gewußt, daß sich allgemeines Interesse für meine Arbeiten in Neuseeland zu zeigen begann.

Sir James habe ich es zu danken, daß mir die Reise nach Wellington Erfüllung meiner kühnsten Wünsche brachte. Die neuseeländische Regierung stellte mir zwei Regierungsdampfer abwechselnd zu freier Verfügung, die „Stella" und die „Hinemoa". Ich hatte das Recht, mit heben gewußt, daß sich allgemeines Interesse für meine Arbeiten in Neuseeland zu zeigen begann.

Sir James habe ich es zu danken, daß mir die Reise nach Wellington Erfüllung meiner kühnsten Wünsche brachte. Die neuseeländische Regierung stellte mir zwei Regierungsdampfer abwechselnd zu freier Verfügung, die „Stella" und die „Hinemoa". Ich hatte das Recht, mit meinem Gepäck diese Schiffe zu Fahrten nach von mir bestimmten Orten zu benutzen und die Zeit zu bestimmen, wann ich wieder abgeholt zu werden wünschte. Wie bedeutsam dieses Entgegenkommen der Regierung für mich war, geht ganz besonders daraus hervor, daß diese Regierungsdampfer mit den bestgeschulten Offizieren und Matrosen bemannt waren, sich also besser als jedes andere Schiff für meine Zwecke eigneten.

Ich besah mir die schöne Stadt Wellington und besuchte einige bedeutende Gelehrte. Der Direktor des Botanischen Gartens, Herr Kirk, führte mich ins Parlament, über dessen moderne Einrichtung ich erstaunt war. Der Sitzungssaal war in Halbmondform gebaut und hatte eine eigene Galerie für die Reporter und eine für das Publikum. Ein mächtiger Speisesaal, Büfett, Lese- und Klubzimmer ermöglichten den Abgeordneten alle Bequemlichkeiten.

Dobson, mein alter Gefährte, hatte mich begleitet, da er an meinen weiteren Expeditionen teilnehmen wollte. Ich schätzte ihn als einen treuen, mutigen Freund, der immer bereit war, Freud und Leid mit mir zu teilen; darum nahm ich es ihm nicht übel, wenn er manchmal Sonderlingsschrullen zeigte.

So war er auch diesmal in Napier verschwunden und bis Wellington nirgends auf dem Schiffe zu finden gewesen. Als ich eines Tages wieder an Bord der „Wairarapa" ging, die uns hierher gebracht hatte, erzählte mir die Schiffsmannschaft, Dobson sei auf Deck erschienen und habe mich gesucht. Während ich noch mit den Matrosen sprach, kam er schon, ganz voll Ruß, auf mich zu. Ich half ihm beim Umziehen und Reinigen, ließ dann unsere Sachen ins Quartier an Land schaffen und nahm Dobson mit. Am nächsten Tag machte ich mit ihm, der mir gemütskrank schien, eine Wanderung rings um die Stadt, die ihn erfrischte und wieder fröhlich machte.

Am 25. ging ich zum Marineminister Leed, der mich aufs freundlichste empfing und mir mitteilte, ich könne schon am 28. mit der „Stella" in See gehen. Ich dankte für das große Entgegenkommen der Regierung und ging dann zu Sir James Hector, um auch ihm zu danken.

Bei ihm traf ich den großen Ornithologen Sir Walter L. Buller. Er lud mich für den Abend ein. In seiner prächtigen, palaisartigen Villa zeigte er mir seine ornithologischen Sammlungen, in denen schon eine Anzahl sehr seltener Vögel Neuseelands aufgestellt waren, die ich ihm gesandt hatte, und dann seine einzigartige ethnographische Kollektion, von der die Keulen- und Mattensammlung wohl die vollständigste sein dürfte, die es gibt. Nach dem Diner sprachen wir viel über meine Forschungen und über Neuseelands Ornis. Ich wurde in der Folge ständiger Mitarbeiter an Bullers großem Werk über Neuseelands Vogelwelt, und ein großer Teil meiner Beobachtungen ist in diesem Standardwerk enthalten. Erst spät nachts verließ ich das gastliche Haus.

Am 26. führte ich Dobson durch den Botanischen Garten und auf den Mount Victoria, von dem aus wir einen prächtigen Rundblick über Stadt und Hafen genossen, der meinen Freund in Entzücken versetzte. Nachher fuhr ich zum Wairarapasee, auf dessen Fläche sich zahlloses Wassergeflügel tummelte. Es war mir leid, daß ich nur so kurze Zeit in dieser anmutigen Gegend verweilen konnte.

Nach einigen Tagen ging ich nochmals ins Ministerium, um mich von meinen Gönnern zu verabschieden, und brachte dann mein Gepäck auf die „Stella". Um 1 Uhr nachmittags verließen wir am 28. März Wellington, durchquerten die 21 Kilometer breite Cookstraße und erreichten abends Kap Campbell, das von einem Leuchtturm gekrönt ist. Wir hatten stürmisches Wetter und konnten deshalb nicht landen. So dampften wir weiter nach der Cloudy Bay und ankerten dort. Von der Cloudy Bay erstreckt sich die Wairau-Ebene. Unweit von hier liegt die hübsche Stadt Blenheim, von Farmen und auf den umliegenden Bergen verstreut liegenden Schafstationen umgeben. Straßen und eine Eisenbahnlinie führen von hier nördlich nach Picton, einer Stadt im Queen-Charlotte Sund. Eine zweite Straße im Nordwesten, die an Naturschönheiten so leicht nicht ihresgleichen finden dürfte, ist nach Nelson gerichtet und eine im Südwesten durch die Insel nach Westport, eine nach Süden an der Ostküste bis Amuri Bluff und dann landeinwärts nach Waikari und bis Christchurch, wohin auch die Bahn führt.

Am 29. März hatte sich das Wetter gebessert, und wir konnten vor

Kap Campbell landen. Es ist zu bemerken, daß der mir zur Verfügung gestellte Regierungsdampfer seiner ständigen, eigentlichen Aufgabe, die Küsten- und Inselleuchttürme mit Petroleum und Proviant zu versorgen, auch bei meinen Touren unterwegs gerecht wurde.

Unsere zweite Station war 14 ½ Kilometer südlich von hier das Kap Flaxbourne. Zwischen diesen Felsen können nur kleine Schiffe ankern. Die Gegend ist gebirgig. 37 Kilometer weiter südlich kamen wir zur Mündung des Waiautoaflusses, der durch gutes Weideland fließt. An der Küste liegen Fischereistationen. Der schneebedeckte Kaikouraberg (2900 Meter hoch) kam in Sicht. Wir kamen nach Cast Head und zur Stadt Kaikoura, deren anmutiges Bild mich fesselte. Auf den Grasbergen weiden Schafe, im Hintergrunde türmen sich schneebedeckte Gebirge auf. Immer nach Süden steuernd, erreichten wir Amuri Bluff und den Waiauuafluß, dann den Hurunui und den reißenden Waimakariri, dessen gletscherumsäumtes Quellgebiet ich schon im ersten Jahre meines Aufenthalts auf Neuseeland besucht hatte. Hier an der Mündung war er ein breiter, trägfließender Strom. Schließlich passierten wir die blühende Stadt Kaiapoi, deren ganz europäisches Landschaftsbild nicht vermuten ließ, daß hier blutige Maorikämpfe und greulicher Kannibalismus gewütet hatten.

Wie mir die Maori erzählten, kamen in früheren Jahren die Stämme vom Norden häufig hierher nach dem Süden, um Punamu (Nephrit) einzutauschen. Dabei kam es oft zu Kämpfen, ja sogar zur Vernichtung einiger Stämme. Auch hier wurde der Pah überfallen, die Mehrzahl der Maori getötet, gekocht und aufgegessen.

Die Gegend weckte Erinnerungen an meine ersten Ausflüge und Expeditionen. Je näher wir Christchurch kamen, desto heftiger schlug mein Herz vor Freude, als wäre ich auf der Reise in meine Heimat. Von Lyttelton ging ich über den Gebirgskamm zu Fuß nach Christchurch. Die Sonne war eben aufgegangen und hob allmählich den Nebelvorhang auf, der über der Weite lag. So enthüllte sich mir immer mehr das liebe Bild der Stadt, des Meeres und der Ebene. Meine erste Arbeitsstätte, der Ausgangspunkt meiner ersten Expeditionen, grüßte mich im Morgenlicht.

Mein einstiger Assistent, Herr Sparkes, machte große Augen, als ich um ½ 6 Uhr früh in seinem Hause am Ferry Road vorsprach. Nach dem Frühstück gingen wir ins Museum, wo ich zu meiner

Freude feststellen konnte, daß nach meinem System weitergearbeitet wurde. Sir Dr. Julius von Haast war sehr erfreut über meine Ankunft; Er lud mich zum Diner und versprach mir, zwei *Dinornis*- (Riesenstrauß-) Skelette in Tausch zu geben. Hierauf fuhr ich nach Lyttelton, um nachzusehen, wie es meinem Freunde Dobson und Cäsar gehe.

Mit Besuchen und Wiedersehensfesten verging mir die Zeit so rasch, daß ich die Abfahrtszeit der „Stella" verpaßte. Als ich am 2. April nach Lyttelton fuhr, hatte die „Stella" den Hafen schon verlassen; ich mußte also zurück und mit der Bahn nachfahren.

Ich fuhr bis Dunedin, der Hauptstadt von Otago. Sie zählte bereits 45 000 Einwohner, hat schön angelegte Straßen, hübsche Gebäude und auf den umliegenden Bergen anmutige Villenanlagen. Dunedin entwickelte sich erst in den sechziger Jahren, als in Gabrielstal Gold gefunden wurde. Die Stadt erweiterte sich rasch. Jetzt hat sie Universität, Museum, Theater, Bibliothek, elegante Hotels, Wasserleitung, große Papierfabriken, Spinnereien, Mühlen usw. Vom Flaggenberg aus hat man einen schönen Überblick über Stadt und Umgebung.

Ich begab mich nach Port Chalmers, dem Hafen von Dunedin, und suchte sogleich die „Stella" auf. Zu meinem Bedauern fand ich meinen Assistenten Dobson nicht wohl. Cäsar zeigte große Freude, als er mich wiedersah. Der Kapitän und die Schiffsoffiziere sagten, sie hätten mit Dobson viel Mühe gehabt. Er wollte nichts essen, über Bord springen, und sie erklärten, keine Verantwortung für ihn übernehmen zu wollen.

Am nächsten Morgen fuhr ich auf der Bahn mit Dobson nach Dunedin; wir besuchten das Museum, das Dobson sehr gut gefiel. Mit dem letzten Zug kehrten wir nach Port Chalmers zurück. Am andern Morgen ging ich an Land, um den restlichen Proviant zu besorgen. Dobson blieb zurück. Ich fuhr in die Stadt, ging zu Professor Parker, dem Direktor des Museums, der mir ein Gefäß mit Spiritus zum Hafen sandte, damit ich für ihn Embryos seltener Vögel sammeln könne.

Nachdem ich mich von meinen Freunden verabschiedet hatte, verließ ich Dunedin und ging zu Fuß den 16 Kilometer langen Weg nach Port Chalmers. Der Weg ist romantisch, führt an Farmen vorbei und durch Wälder. Im Hafen angekommen, sah ich nach meinen

Sachen und hatte bis abends zu tun. Als ich auf die „Stella" kam, war Dobson verschwunden. Man hatte ihn zum Essen nötigen wollen, was ihn so beleidigte, daß er seine Tasche nahm und das Schiff verließ. Nach langem Suchen fand ich ihn auf einem Holzstoß sitzend. Auf meine Frage, was er hier mache, gab er keine Antwort. Ich brachte ihn an Bord in seine Kabine und ging wieder an Land, um meine Laterne zu holen.

Als ich zurückkam, war Dobson wiederum verschwunden. Schließlich fand ich ihn an der Straße auf einem Steine. Da mir sein Aussehen bedenklich vorkam, schlug ich ihm vor, in Port Thalmers zu bleiben und dann nach Auckland zurückzufahren. Er wollte davon nichts wissen. So nahm ich ihn denn wieder an Bord, brachte ihn zu Bett und wachte bei ihm, bis mich der Schlaf übermannte.

Ich ersuchte die Schiffswache, mich zu rufen, wenn Dobson wieder das Schiff verlassen sollte. Um 3 Uhr früh rief mich die Wache und sagte mir, Dobson sei fort. Ich suchte ihn; auch ein Polizist, der ihn für einen Dieb hielt, war hinter ihm her. Dobson versteckte sich in einem Lastwagen, wo ich ihn festnehmen konnte.

Nun hatte ich Mühe zu verhindern, daß wir nicht beide arretiert wurden. Überdies war es schon höchste Zeit, aufs Schiff zu kommen, die Trossen wurden schon gelockert, und der Kapitän stand auf der Kommandobrücke.

Ich war froh, als ich Dobson in der Kajüte hatte und wir aus dem Hafen dampften. Wir fuhren am Kap Saunders vorbei längs der Küste zum Leuchtturm von Nugget Point. Hier ankerten wir, ein Boot wurde klargemacht, Proviant usw. für die Leuchthausaufseher an Land geschafft.

Auf der Fahrt bis hierher wollte mir Dobson dreimal über Bord springen. Ich übergab ihn hier dem Koch, um an Land gehen zu können. Als ich wieder an Bord kam, übernahm ich die weitere Bewachung meines armen Freundes. Wir fuhren weiter nach Waipapa Point, wo wir ebenfalls hätten landen sollen. Des hohen Seegangs wegen mußten wir aber weiterdampfen und fuhren nach Port Bluff, um dort, im schützenden Hafen, besseres Wetter abzuwarten.

Am 6. April, es war ein Sonntag, kamen wir an. Ich traf Herrn Dougherty, der an der Westküste Bergwerke besaß, im Sommer in den Sunden weilte und sich im Winter meistens in Dunedin aufhielt, von wo er auch jetzt gekommen war. Er bot mir seine Hütte im

Duskysund, mit Proviant, Boot und Kanu, zur Benutzung und als Hauptquartier während meiner Forschungen im Gebiete des Duskysundes an. Dann stellte er mich Herrn Bertram vor, dem Finanzverwalter in

Mount Cook (Aorangi).

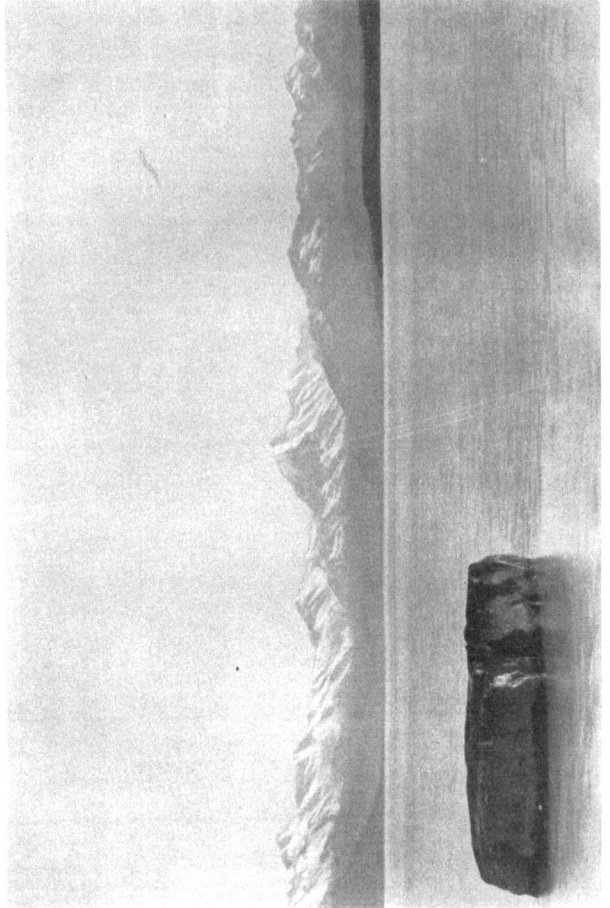

Mount Cook (Aorangi). Im Vordergrund der Pukakisee

Bluff, der mich einlud, in seinem Hause als Gast zu bleiben, solange ich in Bluff blieb, was ich gerne annahm.

Um 7 Uhr früh ging ich an Bord, aber die „Stella" fuhr aus dem Hafen, um den Leuchtturmwärtern in Waipapa Proviant zu bringen. Ich ließ Dobson auf dem Schiffe zurück und ging wieder nach Bluff. Dort schrieb ich Briefe und sandte Telegramme ab, da Bluff der letzte zivilisierte Ort auf meiner Route war. Nachmittags kam die „Stella" zurück. Mein Freund fühlte sich besser, worüber ich sehr erfreut war.

Am 8. zeitig früh machte ich einen Spaziergang und wollte Dobson mitnehmen; er sprach aber kein Wort mit mir. Ich ging auf die Post, kaufte noch einiges ein und frühstückte dann. Nach dem Essen bei Bertram kam ein Matrose, mich abzuholen, und sagte, wenn ich Dobson nicht vom Schiffe nähme, werde ihn der Kapitän der Polizei übergeben, da er einen Narren auf seinem Schiff nicht brauchen könne. Es dürfe ihm niemand nahekommen; er behaupte, Christus zu sein, und alle müßten vor ihm auf die Knie fallen. Seine Kleider habe er zerrissen und angespien.

Als ich in die Kabine trat, in die sie ihn gesperrt hatten, stand er nackt da und sagte, ich möge ihn allein lassen, denn er habe eben eine Konferenz mit den Geistern. Ich zog ihn an und redete ihm zu, mit mir zu gehen. Nach langem Hin und Her leistete er mir Folge.

Nachdem ich ihn aus dem Schiffe gebracht hatte, wollte er ins Wasser springen. Ich hielt ihn fest; auf der Straße riß er sich los, lief in einen Kaufladen und verlangte eine Frau. Ich holte ihn heraus, er lief mir aber wieder davon und versteckte sich hinter einem Haus. Als er mich nahekommen sah, lief er mit Windeseile zur Bahnstrecke, einem in voller Fahrt begriffenen Zuge entgegen. Beim Damm erreichte ich ihn und konnte den sich verzweifelt Wehrenden im letzten Augenblick noch zurückreißen. Er jammerte, er müsse mitfahren. Als der Zug vorüber war, ließ ich ihn wieder los. Er lief nun in die Wachtstube und bat, man möge ihn einsperren, denn er wisse, er werde tobsüchtig und könne für nichts stehen.

Ich ließ ihn dort, holte seine Sachen und telegraphierte seinem Schwager Hemus nach Auckland, man solle ihn abholen und für ihn sorgen. Dann ging ich wieder zum Wachtkommandanten, bezahlte für die gegenwärtigen Auslagen und ersuchte ihn, er solle Sorge tragen, daß für meinen armen Freund alles, was nur möglich sei, getan werde, damit ihm seine unglückliche Lage nicht zum Bewußtsein komme. Ich wollte ihn noch einmal sehen; der Wachtkommandant rief ihn, er gab keine Antwort. Als er aber meine Stimme hörte, kam er sogleich, drückte mir die Hand und sagte, er sei jetzt bereit – alles sei vorüber – er wolle mit mir fahren.

Ich erklärte ihm, ich dürfe ihn nicht mitnehmen, da morgen ein Arzt zu ihm kommen werde. Er antwortete:

„Wir waren doch immer gute Freunde, nimm mich mit!"

Ich sagte:

„Es ist nicht meine Schuld. Ich habe mein möglichstes getan, um dich zur Vernunft zu bringen, aber du folgtest nicht. Ich selber leide am schwersten, da ich in den unbewohnten Wildnissen, in die wir zusammen gehen wollten, nun ein ganzes Jahr allein mit Cäsar werde bleiben müssen."

Er sah schließlich ein, daß er zurückbleiben müsse. Ich tröstete ihn, indem ich ihm erklärte, daß er, wenn ich von meiner Expedition zurückkommen werde, wieder gesund sein und mit mir weiter Forschungsreisen machen werde. Er reichte mir die Hand, seufzte tief auf, drehte mir dann den Rücken und weinte.

Ich glaubte, mein Herz müsse brechen, als ich meinen Freund, den ich nie vorher hatte weinen sehen, der mutig und stark mit mir schon oft dem Tode und allen Gefahren getrotzt hatte, schluchzen hörte. Den Abschied werde ich mein Leben lang nicht vergessen.

Vierzehntes Kapitel

Wieder in den neuseeländischen Alpen

Ich ging an Bord der „Stella", die um 3 Uhr früh in See stach, und fand Herrn Dougherty auf Deck. Wir fuhren zur Dog-Insel, um den Wärtern des dortigen Leuchtturmes Proviant und Petroleum zu bringen. Die Insel liegt 9 ½ Kilometer vom Lande, ist 1,2 Kilometer lang, 0,4 Kilometer breit. Ich schoß einige Scharben. Es ging weiter an der Oretimündung und den Escaperiffs vorbei zu der grasbewachsenen Centre-Insel. Sie hat einen Leuchtturm mit fixem Licht. Da hohe See ging, war das Landen schwierig. Wir waren hier an der Südspitze der Südinsel und bald sahen wir den „Black Point" der Stewartinsel, der südlichsten der drei großen Inseln, aus denen Neuseeland besteht.

Die Stewartinsel ist zum größten Teil mit dichtem Urwald bedeckt; sie hat geräumige Buchten und Häfen, aber nur wenige Europäer und Maori, meist Walfischfänger und Seehundjäger, bewohnen die Insel.

Vor dem Leuchtturm von Puysegur Point wurde gehalten. Ich war froh, wieder in ruhigem Wasser zu liegen, denn die Aufregungen der letzten Zeit und der Verlust meines lieben Freundes Dobson hatten mich zermürbt. Die Boote wurden mit Proviant und Petroleum beladen und zum Magazin gerudert.

Von diesem führt ein 5 Kilometer langer Fahrweg zum Leuchtturm.

Dort begrüßte mich der Oberaufseher Herr Cunningham und sagte mir, er habe vom Marineminister Herrn Leed einen Brief erhalten mit dem Auftrag, mich soweit es möglich sei in allem zu unterstützen. Ich dankte dem Aufseher und sagte, daß ich schon zu ihm kommen werde, wenn ich einmal im Dusty- oder Chalkysund in Verlegenheit sein sollte.

Ein zweiter Leuchtturmaufseher, Herr Hansen, zeigte mir seine zahmen Kakapo, die nachts in den Wald gingen, um sich Nahrung zu suchen und sich tagsüber in seiner Werkstätte in den Hobelspänen versteckten. Von diesem Herrn tauschte ich Stringops- und andere Vogeleier ein, die ich für Vogelgruppen brauchte.

Von hier aus begann das märchenschöne, stille Fjordland. Wir waren in der Preservation-Einfahrt, dem Eingang zum südlichsten der Fjorde, dem Longsund, der 22 ½ Kilometer ins Land reicht. Schroff fallen gegen Westen urwaldbewachsene Gebirgshänge zu den Sunden ab. Weiter durch die Brotherdrift gelangten wir zur Einfahrt in den Chalkysund, der sich landeinwärts in zwei Arme teilt, den Tunard- und Edwardsonsund.

An Kap Providence, der Nordwestausfahrt des Chalkysundes, vorbei fuhren wir weiter in den Duskysund, meiner freiwilligen Robinsonstation für viele Monate. Vor der Hütte Doughertys ankerten wir; mein Proviant, Geräte usw. wurden an Land gebracht und in der Hütte aufgestapelt.

Das recht wohnliche Lager bestand aus Wohn-, Proviant- und Hundehütte; ein Boot und ein schadhaftes Kanu lagen am Strand. An Haustieren gab's, außer meinem Cäsar, einen Hund „Rover" und eine Katze. Für den Anfang hatte ich es nicht so schlecht, denn Herr Dougherty wollte bis zum Juli bei mir bleiben. Im Juli sollte die „Stella" wiederkommen, Proviant und Post für mich bringen und Dougherty mitnehmen. Dann blieb ich allein in der Fjordeinsamkeit bis zum Oktober.

Ehe wir meine Einsamkeit aufsuchen, wollen wir uns das paradiesische Stück Erde ansehen, das ich durchforschte.

Der Duskysund ist ein landschaftlich wunderbares Gebiet. Kein anderer der Sunde zeigt eine solche Fülle von Formen wie er. Der Milfordsund ist wohl größer und imposanter, der Doubtfulsund hat eine größere Wasserfläche, aber der Duskysund übertrifft sie alle durch die Vielgestalt seiner Szenerien.

37 Kilometer tief dringt das Meer, in einer durchschnittlichen Breite von 3,2 Kilometer, ins Land ein. Zahlreiche Inseln sind dem Sunde vorgelagert – darunter die mächtige Resolution- und die Ankerinsel, welch letztere einen klaren See birgt – und schützen wie ein fester Damm die tiefe Bucht vor den Sturmwogen der hohen See.

Zwei im Fjord gelegene Inseln, eine langgestreckte, die Longinsel, und noch tiefer im Sunde die Cooperinsel, teilen den Fjord in zwei Kanäle, den Großen Kanal und die Neun-Faden-Durchfahrt. Dichter Urwald umbuscht die terrassenförmig zum Sunde abfallenden, wild zerklüfteten Gebirge.

Am wunderbarsten ist der Blick von den Berggipfeln, die man aus dem von Doughertys Hütte aufwärts führenden Pfad erreichen kann, den Dougherty vor kurzem mit Regierungssubvention gebaut hatte.

Auf diesen Bergeshöhen an einem klaren Tage zu wandern, wenn die Alpenflora in voller Blüte steht, ist ein herrliches Erlebnis. Die scharfe reine Luft stählt die Nerven und verjüngt den Körper. Wie ein Teppich zu deinen Füßen in unendlichen Abstufungen von Licht und Schotten ausgebreitet, dehnt sich der Urwald Neuseelands in grünen Wogen abwärts zum Saume des Ozeans. Das dunkelblaue Wassernetzwerk des Sundes ist gesprenkelt von waldbedeckten Inseln. Die Küsten, umrandet von dunklen Felsen, ragen fast senkrecht aus dem Wasser empor, das hier bis zu 280 Meter Tiefe hat. In der Richtung gegen den Chalkysund ist der Horizont mit schroffen Spitzen gegürtet, noch weiter landeinwärts küssen den Himmel schneebedeckte Gebirge, herrlich in ihrer schweigenden Größe.

Aber nicht nur der Naturfreund und der Künstler, auch der wissenschaftliche Forscher findet hier eine Fülle des Interessanten. Die Mannigfaltigkeit der Gesteine und Minerale – ich entdeckte hier neben erzhaltigen Mineralen Rubine und eine große Anzahl von Halbedelsteinen im Urgestein eingesprengt – ist bemerkenswert, und die seltene Vogelwelt Neuseelands lebt hier, in Schluchten und Tälern, in denen gletschergenährte Ströme und Bäche in liebliche Wasserfälle zerbrechen, fern menschlicher Mordlust in Sicherheit.

Ich hatte eine ungünstige Zeit für die Reise gewählt, den neuseeländischen Herbst und den Winter, in dem die Sunde von schweren Stürmen heimgesucht werden. Mein Aufenthalt währte vom April bis zum 7. Oktober 1884. Bis Ende April hatte ich 8, im Mai 4, Juni 13, Juli 4, August 5, September 10, zusammen also nur 44 regenlose Tage.

Die Expedition erwies sich in jeder Hinsicht als unglücklich. Mit dem Verluste Dobsons hatte der Unheilsreigen seinen Anfang genommen.

Als ich in der ersten Zeit meines Aufenthaltes im Duskysund die Hütte für den kommenden Winter ausbesserte, traten Sandfliegen in so großen Mengen aus, daß ich häufig weglaufen mußte, um meine Augen zu reinigen; mein Gesicht und meine Arme sahen aus, als wären sie mit Nadeln zerstochen worden. Ich hatte drei junge Höhlenpapageien gefangen und in einen Käfig gesperrt.

Als ich nach einigen Stunden kam, um nachzusehen, fand ich den einen tot, die beiden andern am ganzen Körper blutend und mit Sandfliegen bedeckt. Ich beobachtete auch, wie diese Fliegen am Strande Pinguine töteten.

Auch eine heitere Episode erlebte ich mit den Sandfliegen. Als ich einmal Cäsar befahl, einige erlegte Vögel zu bewachen, wurden diese von den Sandfliegen befallen. Cäsar bemühte sich, sie wegzujagen; aber da sie immer wieder zurückkehrten, hob er schließlich die Vögel auf, legte sie aufeinander und – setzte sich dann darauf.

Die Unbilden der Witterung spielten mir, wie wir noch hören werden, manchen bösen Streich, da ich, allen ihren Gefahren trotzend, unermüdlich dieses Gebiet kreuz und quer bis in die Eis- und Schneeregion durchforschte.

Im Mai baute ich an einem neuen Kanu. Ich hatte schwere Arbeit; alles Holz war buckelig, und die Sandfliegen fielen mir dutzendweise in die Augen. So kam es, daß mir das Beil ausglitt und bis zum Knochen in mein Knie eindrang; ich verband die Wunde, die arg schmerzte, und konnte nicht schlafen.

In der Nacht stürzte ein Baum, vom Sturm herabgeschleudert, auf unsere Hütte und stattete mir mit seinem Wipfel in meinem Zimmer einen Besuch ab. So sehr mein Fuß auch schmerzte, mußte ich andern Tags doch gleich den Schaden ausbessern. Nach einigen Tagen konnte ich wieder halbwegs meine Last schleppen und in die Gebirge wandern. Im Juni entdeckte ich in südöstlicher Richtung einen von Silberfichten und einer Anzahl Tümpel umgebenen See, dessen Becken ich für einen erloschenen Krater hielt.

Am 13. Juli kam die „Stella" wieder und brachte Post und Proviant. Bald dampfte sie wieder ab, Dougherty mit ihr. Nun war ich allein.

Der Winter entfesselte alle Kräfte der Elemente. Kurz nach der Abfahrt der „Stella" verschloß sich der Himmel ganz, und ich sah weder Sonne noch Sterne. Das Meer brüllte, der Sturm heulte, die Bäume ächzten in ihrem ständigen Hin- und Herschwingen, und alle Augenblicke kam ein König der Wälder mit Krachen heruntergesaust. Der Donner rollte, und sein tausendfältiges Echo brach sich an den nahen Wänden und den fernen Gebirgen. Alle Hüllen waren entfesselt, und in Ehrfurcht erkannte ich die Ohnmacht des Menschen vor der Gegenwart der zügellosen Gewalten der ewigen Natur.

Es war ein wildes, aber begeisterndes Abenteuer, Zeuge eines solchen Sturmes zu sein, in pechschwarzer Nacht, zwischen Felswänden fern von jeder menschlichen Gemeinschaft, ein Betrachter des Aufruhrs der entfesselten Naturgewalten, die mit allen Kräften tobten, bis sie sich in gänzlicher Erschöpfung wieder in tiefe Stille legten. Und diese Stille, die dem Sturme folgt, ist noch ergreifender. Sie spricht zur Seele mit weicher, milder Stimme.

So fürchterlich diese Stimme des Erdgeistes sein kann, die er den kleinen Menschen ins Ohr dröhnt, so tief und unendlich ist sein Schweigen. Ich werde diese Stürme nie vergessen.

Als sich das Wetter gebessert hatte, fuhr ich mit meinem Kanu ab, um zur Resolutioninsel zu gelangen, die etwa 29 Kilometer von meinem Lager entfernt war. Als ich in die Nähe des Breakseasunds kam, setzte der Sturm ein, und eine schwere See kam herein. Zum Landen war es zu spät. So sauste ich denn mit meinem kleinen Fahrzeug vor dem Winde dahin, auf jede große Welle achtend, um entsprechend zu steuern; durch ständige Achtsamkeit entging ich dem Kentern. Ich hatte alle meine Geräte in Säcke verpackt, um sie rascher an Land bringen zu können; einige wurden jetzt über Bord gespült. Doch wagte ich nicht, mich zu rühren, um sie in Sicherheit zu bringen, da ich so schon Mühe genug hatte, das Kanu im Gleichgewicht zu erhalten. Cäsar rührte sich bei diesem Sturme während des ganzen Tages nicht, als ob er es verstanden hätte, daß eine Bewegung verhängnisvoll werden konnte.

Am Abend erst kam ich zu einer meinem Lager gegenüber befindlichen Stelle, doch kostete es mich noch viel Zeit und Anstrengung, bis ich das Kanu in die richtige Lage zum Landen gebracht hatte. Als ich so weit war, warf mich eine Welle an den Strand. Was vom Inhalt des Kanus nicht über Bord gegangen war, war nun in Salzwasser gepökelt; ich selbst war so erschöpft, daß ich mich einige Tage nicht rühren konnte.

Während dieser Zeit versorgte mich Cäsar mit frischem Fleisch, wovon ich mir eine Suppe kochen konnte. Am ersten Morgen sagte ich zu ihm: „Geh', hole einen Vogel für deinen Herrn!"

Der erste Vogel, den er brachte, war ein Pinguin. Ich sagte; „Der ist nicht gut" und zeigte ihm den Balg eines Waldhuhns. Er lief wieder fort und nach etwa zwei Stunden brachte er wirklich ein Waldhuhn; von da an sorgte er für mich, bis ich wieder fähig war, mir selbst zu helfen.

Neues Unheil kam über mich. Am 27. Juli hatte ich einige Fische zu vergiften, vergaß aber, meine Hände sorgfältig zu reinigen; als ich später Tee trank, verspürte ich Schmerzen im Magen und große Schwäche. Ich erinnerte mich an das Gift und nahm schnell warmes

Pinguinbrutplatz auf einer der Bountyinseln.

Wasser mit Senf, worauf ich eine Viertelstunde lang erbrach. Dann trank ich ein wenig warme Milch mit Brandy und fühlte mich besser.

Es war das erstemal seit meiner zwölfjährigen Praxis, daß ich mich selbst durch Unachtsamkeit vergiftet hatte.

Aus der Gruppe der Antipodeninseln.

Vulkanischer Auswürfling am Ruapehu.

Das Gift griff mich sehr stark an, und noch lange verspürte ich die Nachwirkungen.

3. August. Den ganzen Tag über war ich sehr traurig und fühlte mich ganz elend; ich begann mancherlei, aber nichts machte mir Vergnügen. Meine Füße waren wie gelähmt, und ich mußte meine ganze Geisteskraft zusammennehmen, um diese Stimmung zu unterdrücken. Doch schon tags darauf erwachte die alte Schaffenslust und Tatkraft.

Ich vollendete das Kanu, nahm Axt und Spitzhacke und begann einen Pfad zu schlagen, den ich trotz Regen, Sturm und großer Kälte in kurzer Frist in einer Ausdehnung von 3 ¼ Kilometer ins Gebirge hinauf ausführte.

Ich schlug mein Zelt in einer Schlucht, 600 Meter über dem Meeresspiegel, auf, in der Nähe eines Waldbaches, um von hier aus die Gegend durchforschen zu können, auf der der Schnee über ein Meter hoch lag. Die Wunde, die ich mir am Knie beigebracht hatte, war zwar schon verheilt, schmerzte aber noch immer heftig. Trotzdem begann ich mit der Erforschung des Gebietes.

Die Schneedecke war zwar gefroren, ich trat jedoch bei jedem Schritt durch, so daß meine Wunde wieder aufbrach und solche Schmerzen verursachte, daß es mir nur mit Mühe gelang, das Zelt zu erreichen.

Meine Lage verschlimmerte sich noch dadurch, daß ein Weststurm mit Schneefall begann. Ich ging zur Ruhe, doch die Schmerzen ließen mich nicht schlafen. Nachts zerriß der Sturm das Zelt. Ich mußte eiligst meine Sachen in wasserdichten Tüchern verwahren, dann zog ich Ölkleider an, setzte den Sturmhut auf und saß bis zum Morgen da. Als ich Feuer machen wollte, sah ich, daß alles Holz gefroren war; nach zehnstündigen Bemühungen mußte ich den Versuch aufgeben. Am nächsten Tag gelang mir meine Absicht erst, indem ich kleine Stückchen spaltete, mich darauf setzte und so erwärmte und trocknete. Ich ließ das Feuer nun nicht mehr ausgehen.

Der Sturm währte drei Tage lang; meine Mundharmonika war meine Trösterin. Um die Schmerzen und die verzweifelte Lage zu mildern, komponierte ich ein Lied: „Leb wohl, Heimatland!" („Ein Freund, Musikprofessor in Auckland, dem ich das Lied vorspielte, schrieb es nieder. Es wurde bei einem öffentlichen Wohltätigkeitskonzert in Auckland mit großem Beifall aufgenommen[12].)

Im August maß ich das Eis in einem der Tümpel auf dem Gipfel der Alpen; es war 16 Zentimeter dick. Anfang September erlebte ich einen Schneesturm verbunden mit Gewitter, der vier Tage und Nächte anhielt; dabei beobachtete ich einen Vorgang von unbeschreiblicher Großartigkeit. Man denke sich, etwa 1300 Meter hoch auf den Alpen, die wilde Umgebung, einen Augenblick eingehüllt in dichte Finsternis, dann wieder grell erleuchtet von Blitzen; die Blitze folgten so

---

[12] Die schwermütige Stimmung des Verfassers kam auch in einer Reihe von Gedichten zum Ausdruck, die in den Notizbüchern aus dieser Zeit enthalten sind.

rasch, daß eine ansehnliche Zeit hindurch der Sund unten, die zackigen Spitzen oben und die dazwischenliegenden Wälder in wunderbaren Details ausleuchteten. Mit rasender Schnelligkeit tanzte eine Wasserhose über den Sund – steigend und wieder fallend lief die Wassersäule dahin –, und wo der Wirbel das Ufer erreichte, splitterten Bäume und Steine. Dieser Sturm war einer der erhabensten, die ich je genoß.

Auf den Berghöhen des Duskysunds fand ich eine Kakapo-Art, die größer und von hellerem Gefieder war als der gewöhnliche Kakapo, ebenso auch eine große Kiwi-Art, die sich von der gewöhnlichen durch ihre Größe und längere Federn unterscheidet. Ich vermute, daß sie nur im Sommer auf den Höhen wohnen, im Winter aber tiefer herunterkommen.

Um mich dessen zu vergewissern, brach ich am 25. September, als alles verschneit war, ins Gebirge auf. Ich kam mit Cäsar zu einem mit dickem Eis bedeckten Berghang und begann, mit meinem Eispickel Stufen zu hauen, um, mit Händen und Knien kletternd, vorwärts zu kommen. Als ich schon ein Drittel der Höhe erklommen hatte, brach das Eis mit Donnerkrachen ab, und ich sauste zu Tal.

Cäsar, der mit mir durchs Seil verbunden war, gelang es, auf die gleitende Eisplatte zu springen. Durch die Wucht seines Sprunges schoß das Eis unter mir durch und stürzte über einen Abgrund, wenige Schritte unterhalb von mir. Ich wäre verloren gewesen, hätte mich der Sprung des Hundes nicht gerettet.

Ein zweites Mal, als ich wieder denselben Platz von einer andern Seite erreichen wollte, hätte ich fast Cäsar dem tödlichen Schicksal überlassen müssen. An einer Stelle, die auf einer Seite durch eine tiefe steile Felswand begrenzt war, über die man nur gelangen konnte, indem man sich an einem Seile hinabließ, hatte ich im Sommer besonders viele der seltenen, schönen Alpenkakapo gefunden. Ich wollte die Stelle aufsuchen, um das Winterleben dieser Tiere zu beobachten. Beim Anblick der Schnee- und Eismassen, die die Schlucht bedeckten, versagte mir anfänglich der Mut. Doch bald entschloß ich mich; ich seilte meinen Hund an und ließ ihn in den Abgrund hinab, dann folgte ich und zog das Seil nach.

Ich fand Spuren in ziemlicher Menge und grub eine Vertiefung in den Schnee, die mich und meinen Hund aufnahm. Dann breitete ich eine weiße Decke über uns, um nicht die Ausmerksamkeit der Vögel zu erregen. Hier saß ich stundenlang; dabei herrschte schneidende Kälte. Ich sah die Kakapo eilig vorüberziehen, jedes Büschel Schneegras nach Samen durchsuchen, oder die weichen Zweige der Ake-Ake (*Dodonaea viscosa*) benagend. Bei der geringsten Bewegung, die ich machte, flohen die Kakapo in ihre Erdhöhlen, zu denen sie sich durch den Schnee Röhren gegraben hatten. Ich erbeutete sechs schöne Exemplare.

Das Verlassen des Ortes war äußerst schwierig und gefährlich. Wie bereits erwähnt, war das Tal auf einer Seite von einer steilen, unübersteiglichen Felswand begrenzt, während die Terrassenformation der andern Seite, von der Höhe aus betrachtet, ein leichtes überklettern zu gestatten schien, und im Sommer von mir auch mit Leichtigkeit überstiegen worden war.

Nun bemerkte ich, daß mich die Entfernung getäuscht hatte, da sich die Terrassen fast endlos ausdehnten und mit Eis bedeckt waren. Beim Übersteigen der die Terrassen trennenden schiefen Wände mußte ich Stufen hauen, und sobald ich eine Terrasse erstiegen hatte, Cäsar am Seile aufziehen. Die schwere Last der erlegten Vögel trug ich aus dem Rücken. Als ich alle Terrassen, die ich von unten aus gesehen, erklommen hatte, war ich ganz erschöpft.

Zu meinem Schrecken sah ich jetzt noch einen Hang vor mir, der steiler und höher war als die bereits überwundenen. Umkehren hätte das Leben riskieren geheißen, Hierbleiben war gleichbedeutend mit dem Tode des Erfrierens. So nahm ich noch einmal alle schwindenden Energien zu einer letzten, entscheidenden Anstrengung zusammen, um mir den Pfad zum Gipfel zu bahnen. Als ich mein Ziel erreicht hatte, war ich so erschöpft, daß ich den Hund nicht emporzuziehen vermochte; zudem bekam ich einen so heftigen Kolikanfall, daß ich mich am Boden wälzte. Als die Schmerzen nachgelassen hatten, machte ich einen letzten Versuch, und mit knapper Mühe gelang es mir, Cäsar hinaufzuziehen.

Ich stieg nach der andern Seite ab. Als ich den Wald erreicht hatte, sammelte ich Äste der Silberfichte und machte im Kreise um mich ein Feuer, das meine Kleider trocknete und meine Kolikanfälle linderte. Hierauf kehrte ich zum Lager zurück. Die Krankheit, die ich mir von diesem Ausflug geholt hatte, fesselte mich vier Tage ans Lager. Als ich wiederhergestellt war, unternahm ich eine Expedition im Kanu seewärts in den Sund. Ich füllte das Boot mit Proviant, Lagergeräten usw. und ließ am Bug nur so viel Raum frei, daß Cäsar gerade noch Platz hatte, während ich am Heck oben auf einem Ballen saß, der aus meinem Zelt und den Decken bestand. Als wir eine Strecke gefahren waren, setzte sich Cäsar auf und begann zu brummen. Ich befahl ihm, sich niederzulegen, aber er gehorchte nicht, sondern fuhr fort, zu brummen und bald mich anzusehen, bald auf den Boden des Kanus zu blicken. Ich kletterte also zu ihm vor und fand, daß das Kanu halb mit Wasser gefüllt war. Sofort begann ich das Wasser auszuschöpfen, ruderte dann wieder eine Strecke und schöpfte wieder aus, bis wir einem Platz nahe kamen, der eine Landungsmöglichkeit bot. Hier befahl ich Cäsar, hinauszuspringen und ans Ufer zu schwimmen, damit das Kanu entlastet werde. Ich fuhr zum Lager zurück; Proviant und Munition waren verdorben.

Als ich das Kanu untersuchte, fand ich einen großen Sprung, den es wohl beim letzten Sturm erhalten hatte, bei dem ich mit dem Boot an den Strand geworfen worden war.

Bei meinem nächsten Ausflug mußte ich einen zugefrorenen Wasserfall queren. Cäsar verlor dabei den Halt und stürzte ab. Ich konnte ihn von oben nicht sehen, deshalb kletterte ich hinab, um ihm zu Hilfe zu kommen. Ich suchte das ganze Gebiet ab, konnte ihn aber nirgends finden. Da die Dunkelheit anbrach, mußte ich umkehren und folgte dem Laufe des Baches abwärts, wobei ich einige Male bis zum Hals ins Wasser einbrach. Erst spät erreichte ich, erschöpft und niedergeschlagen, das Lager.

Ich war überzeugt, daß ich meinen einzigen Freund in der Wildnis für immer verloren hatte. Hier war mir seine Gesellschaft besonders wertvoll, denn in den Duskysund kam die „Stella" nur alle drei Monate einmal; sie hielt wenige Minuten und fuhr dann wieder weiter.

Ich bereitete mir Tee, aber ich brachte ihn nicht hinunter. Ich ging vors Lager und feuerte einige Signalschüsse für Cäsar ab. Dann legte ich mich zur Ruhe, konnte aber keinen Schlaf finden. Da, gegen 2 Uhr morgens, kratzte es an der Tür, und als ich öffnete, kam zu meiner Freude Cäsar hereingekrochen. Er konnte sich kaum rühren und lag einige Tage krank.

Im September kam Dougherty wieder zurück. Als die Ankunft der „Stella" in einigen Tagen zu erwarten war, gedachte ich wieder der Zivilisation. Meine Haare waren schon sehr lang gewachsen, ich wandte mich also an Dougherty mit der Frage, ob er sie mir nicht vor der Ankunft der „Stella" schneiden wolle. Er sagte, er könne das nicht.

Ich fragte ihn darauf, ob er schon Schafe geschoren habe. Da er dies bejahte, bemerkte ich, dann könne er auch meine Haare schneiden. Er gab mir einen Spiegel in die Hand und begann. Ich glaubte anfänglich, er wolle mich rupfen; er aber belehrte mich, die Seeluft habe die Schere stumpf gemacht. Nachdem er alle seine Kunst an mir verschwendet hatte, war er mit dem Resultat doch nicht zufrieden und fragte mich um mein Urteil.

Ich nahm den Spiegel zur Hand und versuchte, die Staffeln und Terrassen auf meinem Skalp zu zählen, was ziemlich schwierig war. Schüchtern meinte ich, es wäre vielleicht gut, die Spitzen und Ecken mit einem Rasiermesser zu beseitigen, aber leider gab's ein solches Instrument nicht in unsern Beständen. Er begann daher wieder, mit der Schere zu arbeiten. Plötzlich hörte ich (es war am 6. Oktober zwischen 4 und 5 Uhr nachmittags) einen eigentümlichen Lärm. Ich glaubte, es müsse ein Seeungeheuer sein, und lief mit dem Gewehr hinaus – es war die „Stella", einige hundert Meter entfernt, mit vielen Herren an Bord; sie war sechs Tage vor der Zeit angekommen. Vergebens bestürmte ich Dougherty, seine Arbeit zu vollenden.

Es ist unmöglich, mein Aussehen zu beschreiben. Als ich an Bord kam, war mein Kopf der Gegenstand allgemeinen Staunens. Dougherty und der Erste Steuermann halfen mir die ganze Nacht hindurch packen; das Schiff nahm meine Sammlungen mit. Am 7. Oktober, um 6 Uhr früh, sagte ich Dougherty Lebewohl und ging an Bord; ich blieb auf Deck, solange ich meine Lagerhütte sehen konnte.

Nach dem Abschied von meinem „Robinsonheim" im Duskysund ging die Fahrt der Westküste der Südinsel entlang bis Kap Farewell und zur Stadt Nelson in der Tasmanbai in der Cookstraße.

Bald nach der Abfahrt von Duskysund gab es ein kleines, für mich höchst unliebsames Abenteuer. Im Duskysund hielt ich mehrere Kakapo in einem großen Käfig, um sie zu zähmen. Bei der Abreise nahm ich sie samt dem Käfig mit. Während ich an Lamd ging, um den Strand zu untersuchen, öffnete ein Neugieriger die Käfigtür, und die Vögel entkamen. Sie kletterten auf dem Takelwerk herum. Die Matrosen konnten, trotz aller Anstrengungen, den Tieren nicht beikommen; es ging auf und nieder, bis alle Vögel auf die Mastspitze getrieben waren. Von dort sprangen sie ins Meer und ertranken, bevor wir sie retten konnten. Ich war sehr betrübt, da ich Professor Parker ein Paar versprochen hatte.

Von Nelson aus begab ich mich nach Wellington und von da nach Auckland.

Fünfzehntes Kapitel

Robinsonleben

Die Jahre 1885 und 1886 waren zumeist den Arbeiten im Museum in Auckland und für Privatsammlungen gewidmet; von den in diese Jahre fallenden Exkursionen sind folgende bemerkenswert.

Anfang Februar 1885 besuchte ich die Karewha-Insel. Der Hauptzweck der Exkursion war die Erforschung und Beobachtung des Lebens der Brückenechse, über die ich schon an anderer Stelle berichtet habe.

Die Insel ist bei Sonnenuntergang mit einer Wolke von Vögeln bedeckt. Um mein Zelt aufzustellen, reinigte ich einen Platz von Nestern und Vogeldung. Nachts herrschte jedoch ein solcher Lärm der Vögel, daß ich nicht schlafen konnte. Tausende von Sturmvögeln (*Puffinus*) haben – hier häufig gemeinschaftlich mit der Tuatara (Brückenechse) – ihre Bruthöhlen, so daß die Insel fast unterminiert erscheint.

Im April 1885 besuchte ich zum drittenmal die Hauturu-Insel. Ich landete am 8. April bei Tagesanbruch und suchte meinen alten Lagerplatz auf; die Hütte war aber von Maorijungen niedergebrannt worden. Ich wandte mich daher zur Maoriansiedlung. Meine neue Hütte wimmelte von Flöhen; es war bitter kalt, der Wind blies durch, und ich konnte nicht schlafen.

Am 11. April fühlte ich mich sehr krank; tagelang hatte ich keine andere Nahrung als Kartoffeln und warmes Wasser. Trotz des anhaltend schlechten Wetters und der andern widrigen Umstände wurde die Jagd und die Beobachtung der Vogelwelt fleißig fortgesetzt.

Am 23. April folgte ich der Einladung des Besitzers der Insel, des Häuptlings Tinatahi, zu einem – Ball in der Häuptlingshütte. Es waren alle Bewohner der Insel erschienen, meist Maori; nur zwei Portugiesinnen und zwei andere Europäermädchen vertraten die weiße Rasse. Die Tanzmusik wurde von einem Maori bestritten, der auf der Ziehharmonika Walzer, Polka, Masurka und Quadrillen aufspielte. Der polyglotte Häuptling trug englische, maorische, portugiesische und deutsche Lieder vor. Um Mitternacht wurde ein Souper, aus Brot, Honig und Tee bestehend, aufgetragen. Mitte Mai weilte ich wieder in Auckland.

Im Juli besuchte ich noch einmal Alexandra und das Pirongiagebirge der King Country und traf mit den Häuptlingen Te Witiora und

Honana, meinen alten Freunden, zusammen, die mir vom König Tawhiao Grüße brachten. Ich wandte mich darauf nach Whatiwhatihoi, um von Tawhiao und den andern Maorifreunden Abschied zu nehmen.

Im Jahr 1887 öffnete König Tawhiao sein Land den Europäern. Er selbst tat den ersten Spatenstich, als die erste Eisenbahnlinie in sein Land gelegt wurde. Ein trauriges Symbol: der Urmensch, der seiner und seines Volkes Kultur und Freiheit das Grab schaufelt!

Die Regierung bot Tawhiao, als er seine Königswürde freiwillig niederlegte, einen Ehrensold von jährlich 210 Pfund Sterling an, Tawhiao aber lehnte ab und forderte an ihrer Stelle eine offizielle Stellung als Maori-Superintendent mit einem Jahresgehalt von 1000 Pfund. Da die Regierung darauf nicht einging, zog er sich stolz nach Parawera zurück. Er starb dort ganz unerwartet am 26. August 1894 an Influenza. Sein Sohn Tu Tawhiao war ihm einige Jahre vorher im Tode vorausgegangen. Tawhiaos Grab schmückt eine künstlerisch ausgeführte Steinplatte mit der Inschrift: „*Ko Kingi Tawhiao. I hemo atuite, 26. Akuhatu, 1894. E 70, ona tau.*"

Am 25. November verließ ich wieder mit dem Regierungsdampfer Auckland. Tags darauf näherten wir uns der Gannetinsel.

Der Kapitän erklärte sich trotz der drohenden Gefahr bereit, mich an Land zu bringen.

Infolge der über 1 ½ Meter hohen Brandung mußten wir vom Schiff aus auf die Felsen springen. Die Insel ist klein und felsig. Als ich einen Felsvorsprung erstiegen hatte, sah ich Tausende von Gannets oder Tölpeln (*Dysporus serrator*), die dieser Insel den Namen gaben, auf ihren, zum Teil frischgelegten, zum Teil halb ausgebrüteten Eiern sitzen. Sie machen ihre Nester aus Seetang. Ich fand meist nur ein Ei in einem Nest, selten zwei. Wir nahmen 6 Gannets und eine Anzahl Eier und kehrten damit zum Schiffe zurück. Nachmittags erreichten wir eine kleine Stadt am Fuße des schneebedeckten Mount Egmont; abends kamen wir vor die Barre von Wanganui.

Am 27. November 1886 besuchte ich das Museum des Herrn Drew in Wanganui, auf welches der Genannte viel Geld verwendete und das unentgeltlich zur Besichtigung freistand. Hier übernahm ich das Präparieren und Aufstellen der Bälge und Skelette, sowie die Ordnung der Sammlungen; ich blieb bis 14.Dezember. Wanganui war eine hübsche, kleine Stadt mit ungefähr 6000 Einwohnern, am Flusse gleichen Namens gelegen.

Ende 1886 traf ich in Dunedin ein. Ich rüstete mich hier – für das kommende Jahr 1887 – zu einer neuerlichen „Robinsontour" nach den Fjorden aus.

Mit einem Begleiter, Herrn Rimmer, verließ ich am 12. Januar 1887 an Bord der „Stella" Port Chalmers, den Hafen der Stadt Dunedin. Mein erstes Reiseziel war diesmal der Chalkysund.

Wir verließen die Preservation-Einfahrt, den letzten zivilisierten Platz, mit der „Stella" am 16. Januar bei Südwestwind, und bald kamen die weißen Klippen beim Eingang in den Chalkysund in Sicht. Nachdem wir die enge Straße von Northport passiert hatten, zeigte sich unserm Blicke plötzlich ein liebliches Panorama.

Vor uns öffneten sich zahlreiche, urwaldumbuschte Buchten, und in dem von keiner Welle gekräuselten blanken Wasser des Sundes spiegelten sich die üppigen Hänge und die schneeglänzenden Gipfel der hohen Gebirge. Ich wählte als Landungsplatz Fishermans Bay, eine sandige Strandlinie von etwa 800 Meter Länge. Zwei Schiffsboote und meines landeten bald die Vorräte, die auf den weißen Strand kunterbunt ausgeleert wurden und wie angeschwemmte Güter eines Wracks aussahen.

Ich ruderte noch einmal zur „Stella" zurück, um meinen Freunden Lebewohl zu sagen, und gab einige Briefe zur Beförderung ab; dann kehrte ich zurück und grüßte noch ein letztes Mal die ferne zivilisierte Welt mit drei Salutschüssen aus meiner Flinte.

Rimmer und ich hatten harte Arbeit. Es galt, das Gepäck zu versorgen und das Zelt aufzuschlagen, ehe die Dunkelheit anbrach. Als wir die Arbeit beendet hatten und eben beim Tee saßen, brach ein Sturm mit Regen los, der drei Wochen anhalten sollte. Das Zelt war so dunstig und naß, daß mein Begleiter einmal fast eine Stunde lang die Bratpfanne über Feuer halten mußte, während ich versuchte, das Feuer richtig in Brand zu bringen.

Ich machte den Vorschlag, ein Fünftel Hektar Land vom Gebüsch zu säubern und eine solide Hütte zu bauen. Wir gingen gleich ans Werk, machten das Bauholz zurecht und begannen am ersten regenlosen Tage zu bauen. Ich war wegen meines Begleiters besorgt, da es sein erster Versuch im Buschleben war und da ich ihn schwermütig die Graslasten zum Decken des Daches herbeischleppen sah.

Fünf Tage saß ich auf dem First, um das Gras an den Sparten zu befestigen; die abscheulichen Sandfliegen stachen mich wieder in unbarmherzigster Weise, da ich beide Hände zur Arbeit verwenden mußte. Als ich es nicht mehr aushielt, holte ich mir Karbolöl, aber die Wirkung hielt nicht an; sie bissen mich bald ebenso wütend wie früher. Auch nachts ließen mich diese summenden und beißenden Quälgeister keine Ruhe finden. Bei Tagesanbruch umschwärmten sie uns, um uns soviel als möglich Blut auszusaugen, bis wir angezogen waren.

Eine Woche lang hatten wir schönes Wetter, und es gelang uns, die Hütte fertig einzudecken. Dann fingen wieder Sturm und Regen an. Hinter der Hütte legte mein Begleiter einen Küchengarten an, in dem verschiedene Arten Samen ausgesät wurden, als Kohl, Rüben, Pastinak, Bohnen, Erbsen, Rettich, Karotten.

Ich hieb Pfade durch den Busch, einen zur Westküste, etwa 10 Kilometer lang.

Die Küste ist nicht so zerklüftet wie im Duskysund; es befinden sich hier ansehnliche, große Abhänge und Tafelland. Der Boden ist reich und der Busch an manchen Stellen sehr offen. Ich entdeckte einige kleine Bäche, einen prächtigen Wasserfall, etwa 60 Meter hoch, den ich nach einem Freunde Graingerfall benannte. Auf einem Tafelland fand ich am 27. Februar im Innern großer Wälder einen sehr hübsch gelegenen See, der auf der Karte noch nicht verzeichnet war. Die den See umgebenden Wälder bestanden aus Silberfichten, Manuka, Totara, Eisenholz, Birken, Rata usw. Der See ist etwa 3 Kilometer lang und 800 Meter breit. Er liegt in nordwestlicher Richtung ungefähr 8 Kilometer vom Meer entfernt und erstreckt sich von Nordwest nach Süden. Sein Abfluß entleert sich in der Nähe von Breakers Point; er liegt 300 Meter über dem Meeresspiegel. Die Ufer des Sees sind fast durchwegs flach und von einem Ring nahezu gleichgroßer Steine umsäumt, die wie Straßenschotter aussehen. Am meisten fiel mir auf, daß ich im See nicht das geringste Zeichen von Leben fand, weder Fische noch Insekten.

Einen zweiten Pfad hieb ich in nördlicher Richtung gegen die „Drei Brüder" zu, um einen bequemen Anstieg in die Alpen zu bahnen. Aber das Wetter war so rauh, daß ich in den höheren Regionen keine Beobachtungen anstellen konnte. Dieses Gebiet ist sehr zerklüftet.

Am 26. März wütete ein regelrechter Wirbelwind, der nachts begann und bis 5 Uhr nachmittags dauerte. Er endete mit einem starken Gußregen; die Regenmenge betrug mehr als 5 Zentimeter in einer halben Stunde. Der Sturm riß die Wetterfahne vom Zelte und das Boot von der Kette; zwei Bootplanken wurden zerschmettert. Das Wasser des Sundes sah aus, als ob es kochte, da die Wirbelwinde das Wasser über 6 Meter auftürmten.

Ich zeigte Herrn Rimmer, wie man Brot setzt, hatte ich doch in meiner Jugend das Bäckerhandwerk erlernt. Er begann gleich nach dem Essen mit der Arbeit. Ich wartete auf das Meisterstück die halbe Nacht; als ich morgens den Brotlaib anschaute, wie sah er aus! Ein Fladen von der Größe eines Pfannkuchens, schwer wie Blei, zäh wie Schuhleder, bitter wie Galle! Ich riet meinem Freund, dieses außerordentliche Brot zur Ausstellung nach Adelaide zu senden, als Musterstück für Bäcker. Er war über meine Kritik sehr verstimmt, und da er es aus Ehrgeiz aß, versuchte ich es auch, indem ich mir dachte: In solcher Wildnis kann es nichts Ungenießbares geben, eine Geschmacksverwöhnung darf man hier nicht aufkommen lassen.

Am 30. März erschien die „Stella"; sie brachte Briefe und Zeitungen und nahm die Korrespondenz mit. Regen und Sturm hielten auch im April an. Ich ärgerte mich über das Mißlingen der Expedition, deren Resultat mich bisher nicht befriedigt hatte, und über den Verlust an Zeit und Geld. Ungeachtet der Wetterunbilden setzte ich aber täglich das Pfadhauen zu den „Drei Brüdern" fort. Ich mußte jeden Tag zwei Stunden zur Arbeitsstelle wandern; dort erwartete mich erst die harte Arbeit.

Am 15. April um 5 Uhr morgens brach ich mit meinem Begleiter von der Hütte auf, mit schweren Gepäckbündeln beladen; wir erreichten in 3 ½ Stunden das Ende des bisher von mir hergestellten Pfades. Nach 6 Stunden harter Arbeit kamen wir zu den „Drei Brüdern"; der Pfad war jetzt 13 Kilometer lang. Wir übernachteten im Freien. Nachts brach ein heftiger Sturm mit Regen los, der bis 6 Uhr früh andauerte; wir mußten uns wie Hunde zusammenkauern.

Am 16. April stieg ich zur höchsten Spitze auf und errichtete eine Flagge mit den Buchstaben A. R. zur weiteren Orientierung. Mit einer schweren Last von Kakapo und andern Vögeln kehrten wir zur Hütte zurück.

Wieder begann es zu regnen; am 18. zeigte sich nach einem dreißigstündigen Regen eine Regenmenge von 17 ½ Zentimeter.

Am 27. April unternahm ich neuerdings einen Aufstieg zu den „Drei Brüdern".

Ich suchte den Lagerplatz aus und rekognoszierte dann, während mein Begleiter Pflöcke einschlug, um den Lagerplatz für Orientierungen schon von weitem ersichtlich zu machen. Am folgenden Morgen beflaggten wir auch einen Pfad, um für den Fall, als Nebel einfallen würde, gesichert zu sein; auf die höchste Höhe steckte ich eine sich drehende Fahne.

Tags darauf setzte ich meine Rekognoszierungen fort, und mein Begleiter stieg einer Blechkiste wegen hinab, um unsern Proviant einzupacken und ihn vor den Ratten zu schützen. Die Nacht war neblig und kalt, und früh begann es wieder zu regnen. Wir kehrten daher zur Hütte zurück. Am 3. Mai brachen wir abermals auf, teerten unser Zelt und hieben dann einen Pfad von den „Drei Brüdern" zu einem Gebirge, das sich in nordwestlicher Richtung, fast gegen den Duskysund hin zog, aber auf der Karte nicht eingezeichnet war. Dieses von mir entdeckte Gebirge trägt acht kegelförmige Spitzen und ist mit dichtem Gras und niederem Gestrüpp bewachsen. In Westen des Gebirges fand ich drei Seen, die ich benannte Lake Hector (nach Professor Hector), Lake Thomas (nach Professor Thomas in Auckland), Lake Fraser (nach Kapitän Fraser). Im Osten fand ich zwei Seen; ich gab ihnen die Namen Lake McArthur (nach Mr. McArthur) und Lake Rimmer, nach meinem Begleiter. Schließlich entdeckte ich noch unterhalb des kleineren „Bruders" einen kleinen See, den ich „Cäsarsee" nannte, da ihn Cäsar auf einer Jagdtour fand.

Von der Bergkette geht es geradeaus zum Ozean. Diese Strecke bildet ein etwa 420 Meter hohes Tafelland, das mit Gras und niederem Gestrüpp bedeckt und von einigen Schluchten durchzogen ist. Oberhalb des Lake Fraser und unterhalb des Lake Thomas dehnen sich Wald und zerklüftetes Felsgebiet; längs des Duskysunds bis zum Mount Inaccessible und weiter zieht sich eine Bergkette von rauhen Gipfeln.

Am 27. Mai genoß ich vom höchsten Gipfel der „Drei Brüder" aus einen Sonnenuntergang von einer Farbenpracht, wie ich nie zuvor einen ähnlichen gesehen hatte. Es ist schwer, mit Farben, noch viel schwerer mit Worten diese Erscheinung nachzumalen. Das tiefdunkelblaue Meer war weit hinaus wie ein Schäfchenhimmel mit weißen Schaumkämmen überflogen und fing nun an, von den Reflexen des Himmels sich zu erhellen und in allen Farben zu schillern. Am Himmel entbrannte, als die Sonne versunken war, ein Farbenwunder. Von Feuerrot, Orange und Gold verschwamm das Licht in einen zarten apfelgrünen Hauch, in dem der silberne Mond wie eine blasse Meduse schwamm.

Da ich im Chalkysund Kakapo zu Akklimatisationszwecken zähmen wollte, aber keine Käfige besaß, brachte ich die gefangenen Vögel in einer Grube unter, deren schräge Wände ein Entweichen verhindern sollten. Ein Entfliehen durch Fliegen war nicht zu befürchten, da die Kakapo flügellose Vögel sind. Die Flucht gelang ihnen aber doch schon in der ersten Nacht, indem sie sich durchgruben. Mit vieler Mühe holte ich sie ein. Ich sicherte nun die Grube, sah mich aber trotzdem gezwungen, die Tiere allnächtlich zu bewachen. Sie vertrugen sich sehr gut, da genügender Raum zum Ausweichen vorhanden war, und sie lebten auch mit den Kiwi in gutem Einvernehmen.

Bei meinen Vogelbeobachtungen auf einsamen Lagerplätzen hatte ich das Prinzip, in der Nähe meiner Hütte keine Vögel zu schießen. Dadurch erreichte ich es, daß die in der Nähe nistenden Tiere zutraulich wurden und mir meine Beobachtungen erleichterten.

So beobachtete ich im Chalkysund auch die lieblichen Waldkehlchen (*Miro albifrons*). Eine Eigenart dieser Vögel ist es, daß jedes Pärchen sein eigenes Revier hat, das es gegen jeden andern seiner Art eifersüchtig und hartnäckig verteidigt.

Ich fütterte ein solches Pärchen täglich, und schon nach wenigen Tagen kam es in meine Hütte und nahm das Futter aus der Hand. Die beiden Tiere wurden so zahm, daß sie mich bei kleineren Ausflügen begleiteten und, während ich Kiwi oder Kakapo aus ihren Erdhölen grub, neben mir saßen und die Larven aus der aufgeworfenen Erde auflasen. Sie brachten später auch ihre drei Jungen mit und fütterten sie vor mir mit dem dargereichten Futter. Schon bei Tagesgrauen kamen die Alten in die Hütte, setzten sich auf den Balken über meiner Lagerstätte, und das Männchen fing zu singen an.

Erwachte ich nicht sogleich, dann hüpften sie mir auf den Kopf herab und begannen, mich an den Haaren oder am Barte zu zupfen. Sobald ich mein Frühstück fertig hatte, das meistens aus Hafergrüße bestand, kamen sie zu meinem Teller und aßen daraus; ich konnte sie in die Hand nehmen, ohne daß sie scheuten. Als ich meinen Lagerplatz verließ und schon alles gepackt und aus der Hütte geschafft hatte bis auf den roh gezimmerten Tisch, wurde mir recht weh ums Herz, als ich meine beiden kleinen Freunde darauf sitzen und sich überrascht umsehen sah!

Eine der ärgsten Plagen Neuseelands, die Wanderratte (*Mus decumanus*), konnte ich hier eingehend beobachten.

Die Wälder Neuseelands wimmeln von den durch Schiffe eingeschleppten Wanderratten, besonders in der Nähe des Meeres und in den unbewohnten Wildnissen. Ich fand sie auf der Nordinsel, aber weit zahlreicher sind sie in den Sunden der Westküste der Südinsel. Ich habe Ratten von verschiedener Färbung geschossen, gelblichbraune, gefleckte, silbergraue, bräunlichgraue und schwarze. Im Duskysund fand ich in einer Höhe von 1200 Meter zahllose Ratten, und im Winter, wenn die Gebirge schneebedeckt waren, sah ich ihre Spuren auf der Schneedecke.

Im Chalkysund haben sie mir am ärgsten mitgespielt; sie waren hier zahlreicher als an irgendeinem andern Platze. Ich fütterte sie mit vergiftetem Pariser Pflaster und Hafermehl, auch fing und schoß ich sie, aber sie waren nicht auszurotten. Sie machten nachts so viel Lärm in der Hütte, daß ich kaum schlafen konnte; sie rannten auf mir herum, stießen Gegenstände von den Wänden herunter, nagten die Proviantkisten an und unterminierten ringsum die Hütte. Sie gruben sogar die Kartoffeln aus dem Garten aus und schleppten sie weg. In einer besonderen Hütte hatte ich gut vergiftete Vogelbälge an Drähten aufgehängt; die Ratten kletterten auf die Sparren, sprangen auf die Bälge herab und zernagten sie.

Auch Skelette, die ich an einem straff gespannten Draht fast 4 Meter hoch aufgehangen hatte, blieben von ihnen nicht verschont. Nach mehreren vergeblichen Versuchen störte sie der Draht nicht mehr, indem sie den Schwanz als Stütze um den Draht ringelten und sich dann auf die Skelette hinabgleiten ließen.

Die Graslandschaft bei den „Drei Brüdern" wimmelte von Ratten, sie benagten unsere Stiefel vor unsern Augen; während wir unser Abendessen beim Feuer verzehrten, kamen sie von rückwärts und nagten an den Knochen, die wir für Cäsar beiseite gelegt hatten.

Manchmal belustigten sie mich aber auch. Rimmer hatte einen so guten Schlaf, daß er nicht einmal aufwachte, wenn ich meine Flinte gegen die Ratten in der Hütte abfeuerte. Aber einmal hatten es die Ratten gerade auf ihn abgesehen. Sie setzten sich an seinem Kopfe fest und fingen an, ihm das Haar büschelweise auszurupfen. Das wirkte; Rimmer schoß, wie von einer Tarantel gestochen, auf und schlug seine Peiniger tot, soweit er ihrer habhaft werden konnte.

Die Ratten sind auch große Feinde der Vögel. Jene Vögel, die nahe dem Boden leben und brüten, haben nur sehr geringe Aussicht, ihre Art zu erhalten, weil die Ratten Eier und Junge vertilgen. Selbst

Vulkan Ruapehu. Im Vordergrund der Wangamufl-ıß.

Vögel vernichten sie. Ich hatte eine Anzahl Kaapo in einem Käfig nach Auckland gesandt, um sie als einheimische Vögel nach der Hauturu-Insel zu schaffen, damit sie dort geschont wurden. Die Ratten töteten zwei und verwundeten die andern, indem sie ihnen die Kehle durchbissen und Stücke aus ihrem Kopf herausfraßen. Trotz des reichlichen Vorkommens von Beeren und anderer vegetabilischer Nahrung ziehen die Ratten die Fleischnahrung vor.

Maori auf dem Waikatofluß.

Kakahifall am Wanganuifluß.

Zwischen Landing Bay und Northport fand ich einen großen Birkenbaum, der von zahlreichen Rattenhöhlen ganz unterminiert war. Bis 120 Zentimeter vom Boden auf war die Baumrinde zernagt, um den Baum gab's keine Vegetation mehr, und der Gestank der Exkremente war abscheulich.

Auf keiner meiner Expeditionen hatte ich einen solchen Kampf mit den Ratten zu bestehen als auf dieser. Es kostete fünf Monate Zeit, sie zu schießen, zu vergiften und zu fangen, bevor sie sich zu verringern schienen. Jetzt sehe ich nur noch zwei, aber diese sind allzu schlau, in eine Falle zu gehen, Gift zu fressen oder mir Gelegenheit zu bieten, sie zu schießen.

Ich begann Mitte Juni mit dem Verpacken meiner Sammlungen. Am 30. Juni mittags traf die „Stella" ein. Das ganze Gepäck wurde an Bord gebracht. Die Nacht war stürmisch mit starkem Regen. Andern Tags ging es bei Tagesanbruch auf die hohe See; das Wetter war ziemlich gut; wir passierten die schönen und interessanten Sunde. Im Duskysund lag noch mein alter Kahn am Strande, mit dem ich im Jahr 1884 manche vergnügte, aber auch manche gefährliche Fahrt bestanden hatte. Das Wasser war spiegelglatt, von tiefblauer Farbe, was die große Tiefe, bis gegen 300 Meter anzeigte.

Wir fuhren durch die Acheronpassage; sie ist sehr eng und tief und wird auf einer Seite von der großen Resolutioninsel auf der andern vom Festland geschützt. Zurück ging es durch den Breakseasund, so benannt nach der starken Brandung, die sich an die Felsen stürzt, zum Doubtfulsund. Hier ist das Wasser zu tief (75 Meter) zum Landen; nördlich davon kamen wir zum Caswellsund mit seinen schönen weißen und vielfarbigen Marmorfelsen.

Hier wurde früher versucht, den Marmor zu gewinnen, wobei jedoch durch die Anwendung von Dynamit und durch unrationellen Betrieb alles verschüttet wurde, so daß die Brüche bedauerlicherweise wieder unverwertet liegen.

Es folgte der großartige Milfordsund mit enger Einfahrt zwischen den hohen Abhängen. Der mächtige Mitre Peak, von der Gestalt eines riesigen Zuckerhutes, kam in Sicht. Endlich gelangt man in ein Süßwasserbecken, in das sich der Bowenfall über eine 160 Meter hohe Felswand herabstürzt. Wenige Kilometer von hier ist der 510 Meter hohe Sutherlandfall; dort wohnen Goldgräber, oft jahrelang allein, fern der zivilisierten Welt.

Am 3. Juli landeten wir in der Martinsbai und Bigbai. Nachmittags erfolgte die Ankunft in der Jacksonbai. Am 4. Juli brach die „Stella" kurz nach Mitternacht auf und fuhr nach Brucebai, wo sie Güter landete; dann kehrte sie zur Paringabai zurück. Als sie die Jacksonbai verließ, erhob sich ein Sturm, und als sie zur Paringabai zurückgekommen war, ging die See schon ziemlich hoch.

Der Kapitän ließ sich erst nach ziemlich langem Drängen bestimmen, das Walboot mit meinem kleinen Boote und meiner Lagerausrüstung (etwa 4 Tonnen Gewicht) auszusetzen. Es war mit dem Zweiten Offizier und sechs Matrosen bemannt. Die Lessidung gestaltete sich infolge des hoben Seegangs und der heftigen Brandung – bei Südweststürmen brausen die Wellen über 6 Meter hoch an die Felswände – außerordentlich schwierig und gefährlich. Alles mußte eiligst an Land geschafft werden, und ich, der ich das zum Dampfer zurückkehrende Boot mit meinem Fernglas verfolgte, atmete erst erleichtert auf, als ich das Fahrzeug, das anfänglich mit Sturzwellen hart zu kämpfen hatte, außer Gefahr sah.

Der Lagerplatz war sehr beschränkt, eine kleine Erhöhung, im Westen und Süden von der See, im Norden vom Paringafluß und im Osten von Felsen eingeschlossen. Auf dieser stand eine alte, verlassene Goldgräberhütte und eine kleine Schutzhütte des mit mir befreundeten Stationshalters Stephenson. Es regnete. Da der heftige Wind die Aufstellung des Magazinzeltes verhinderte, brachte ich die wertvollsten Gegenstände in den Hütten unter; die großen Tonnen und eine Kiste mußten am Strand zurückbleiben.

Beim Näherkommen der See sammelte ich Treibholz, schichtete es in vier Ecken zusammen und legte Schiffsplanken darauf; auf ihnen brachte ich den Rest des Gepäcks unter, bedeckte alles mit wasserdichten Tüchern und befestigte das Ganze, auch mein Boot, mit Seilen. Erst spät abends verzehrten ich und Cäsar einige Kartoffeln mit Wasser; und dann begab ich mich zur Ruhe.

Ich fühlte mich verlassen und müde, aber ich hatte noch nicht lange geschlafen, als mich ein Strom Wasser weckte, der sich von oben über mich ergoß. Schnell sprang ich von meinem primitiven Lager auf – und neuerdings ins Wasser hinein, denn auch der Boden der Hütte hatte sich 15 Zentimeter hoch mit Wasser gefüllt. Rasch schaffte ich die Gegenstände auf einen halbwegs trockenen Platz. Da der Sturm nicht nachließ, ging ich hinaus, um nach meinen andern Sachen zu sehen. Ich fand mich rings von Wasser eingeschlossen – es war Hochflut. Der Sturm blies gerade in die Bucht herein und die schäumenden Brandungswogen schlugen schon fast bis an die Hütte heran. Der Paringafluß war über seine Ufer getreten und von allen Felsen stürzten Wasserfälle hernieder.

Das gewaltige Naturschauspiel nahm mich gefangen, so daß ich einen Augenblick – in Schauen versunken – meine gefährliche Lage vergaß. Die Elemente rasten in voller Wucht; in Strömen prasselte der Regen herab, ununterbrochen rollte der Donner und sein Echo in den Gebirgen, die Bäume ächzten und krachten, grelle Blitze beleuchteten die Szene und wetteiferten mit dem Leuchten des Brandungsgischtes, der sich brüllend an die Felsen stürzte.

Mein Kahn war schon voll Wasser; als ich bereits mehr als die Hälfte ausgeschöft hatte, kam plötzlich von rückwärts eine Sturzwelle, schlug mich zu Boden und füllte wieder das Boot. Endlich gelang es mir, es umzudrehen und auf einer höheren Stelle an Bäumen zu befestigen. Ich mußte auch wieder Treibholz suchen und das Gepäck höher lagern. Bei dieser Tätigkeit wurde ich wiederholt von Sturzwellen ereilt und zu Boden geworfen. Nach einer Arbeit von drei Tagen und zwei Nächten brachte ich meine Sachen in Sicherheit. Der Sturm wütete vier Tage und Nächte; die See ging nicht zurück, und wäre das Wasser noch 30 Zentimeter gestiegen, so hätte ich alles verloren.

Stephenson und seine Söhne, die mich in Gefahr wußten, hatten mehrere Tage hindurch vergebens versucht, den reißenden Paringafluß zu durchreiten. Erst am 10. Juli gelang es Stephenson, mein Lager zu erreichen. Er riet mir, diesen ungeeigneten Platz zu verlassen und mein Hauptquartier in Stephensons Station aufzuschlagen, die am Paringaflusse lag, 11 Kilometer von hier entfernt: Ich brachte meine Sachen selbst in meinem Boot an das andere Ufer. Es war eine infolge der reißenden Strömung sehr gefährliche Arbeit, die vier Tage in Anspruch nahm. Vom andern Ufer aus wurde das Gepäck durch Stephenson und seine Söhne mit Packpferden zur Station geschafft. Dort wurde mir eine Hütte für meine Arbeiten und Sammlungen zur Verfügung gestellt; ich selbst fand bei der Familie Stephenson die freundlichste Aufnahme und Unterkunft.

Der Aufenthalt bot mir vor allem Gelegenheit, das Stationsleben, eine Viehfarm im Urwald kennenzulernen.

Sechzehntes Kapitel

Eine Viehfarm im Urwald

Die Rinderzucht in den Urwäldern ist ein gesundes, aber schweres und gefährliches Unternehmen. Die Station Stephensons im Paringatal bestand aus einem Wohnhaus mit schöner Aussicht auf den Hookergletscher, aus den Außengebäuden für die Cattlehunter (Rinderjäger), Ställen für die Pferde, Kühe, Kälber, Schweine und Hühner, Schuppen, dem Schlachthaus und unzähligen Hundehütten. Die Felder sind eingezäunt, ebenso die Wiesen, auf denen die Milchühe, Kälber und Pferde weiden.

Die Pferde, die auf der Station nicht benutzt werden, die Stuten und Fohlen laufen halbwild auf den offenen Stellen herum, besonders an den Flußufern, wo gute Nahrung für sie zu finden ist. Wenn sie drei Jahre alt sind, kostet es heiße, schwere Arbeit, sie zu zähmen. Merken die Pferde, daß man sie eintreiben will, reißen sie in vollem Galopp aus, springen an der nächstbesten Stelle in den Fluß, schwimmen hinüber und beobachten die Verfolger, ob sie ihnen nachkommen können. Wenn diese den Fluß nicht überschreiten, bleiben die Pferde ruhig stehen, andernfalls fliehen sie wieder davon, und der beste Reiter könnte die flüchtigen Tiere nicht einholen, wenn er sie nicht überlisten würde.

Die Verfolger teilen sich in zwei Abteilungen; ein Teil versucht, die Tiere zu umkriechen, der andere lenkt ihre Aufmerksamkeit auf sich. Ist die Umzingelung gelungen, so zieht sich der letztere Teil zurück; dann geht es in vollem Galopp zum Viehstand. Die älteren Tiere sind bald zahm, besonders, wenn sie den Zaum haben; die Jungen sind aber manchmal sehr wild; sie bäumen sich, schlagen und beißen. Sie werden einzeln in kleine gepolsterte Stände gesperrt; darüber laufen zwei Ballen, damit sie nicht schlagen können. Es folgt dann die Dressur zum Reiten, Packsatteltragen und Ziehen.

Die Rinder streifen halbwild in kleinen Herden im Urwald herum, und zwar Stiere, Kühe und Kälber gemeinsam. Die Ochsen und Fettrinder sind dagegen in der Nähe der Station eingeschlossen. Jede wilde Herde hat ihr Leittier; sie wird von ein paar Leuten bewacht, damit sie sich nicht mit ganz wilden Rindern vermischt.

Diese Rinder halten ihren Stand, so wie z. B. die Hirsche, und verlassen ihn nur, wenn sie Mangel an Nahrung dazu zwingt oder wenn sie Menschen sehen. In den meisten Fällen scheuen sie davor und brechen mit großer Schnelligkeit durch den Wald; manchmal gehen sie auch auf den Menschen los, besonders, wenn ihnen der Weg verstellt wird. Am liebsten nähren sie sich von dem fleischigen, grünen Laub der Karaka, wovon sie sehr fett werden und ein wohlschmeckendes Fleisch bekommen. Zur Zeit des Kalbens suchen sie sich dichte Plätze mit viel Nahrung aus; wenn sie ein Geräusch hören, verstecken sie im Dickicht alle Kälber, die noch nicht stark genug sind, der Herde zu folgen. Die Kleinen rühren sich nicht früher, als bis die Kühe rufen; man könnte über sie steigen. Wenn man sie aber anrührt, dann stoßen sie ein jämmerliches Geschrei aus, daß es im Walde widerhallt; die Kuh, oft auch die ganze Herde, kommt darauf wie rasend heran.

Gerade zu dieser Zeit müssen die Rinderjäger jeden Tag draußen sein, um die Kühe zur Station zu bringen, ehe sie kalben, und müssen geworfene Kälber aufsuchen, bevor sie unbändig werden. Die Jäger versehen sich mit Stricken, besteigen ihre Pferde, und von den Hunden begleitet, reiten sie zum Waldrand, wo sie die Pferde zurücklassen. Zwei oder mehrere Jäger dringen in den Wald ein, wo die Hunde die Rinder aufspüren. Wird ein Kalb aufgefunden, so wird es an einem Strick befestigt und getrieben oder aus dem Walde zu den Pferden getragen.

Die Kälber blöken dabei laut; die Kuh kommt mit aller Wucht heran; man glaubt, der Jäger sei im nächsten Moment durchbohrt. Er achtet aber darauf, daß er immer das Kalb zwischen sich und die Kuh zu bringen sucht. In dem Augenblick, als die Kuh ihr Kalb sieht, hält sie im Laufe ein und beleckt es so lange, bis es ganz ruhig wird. Auch sie beruhigt sich dabei, wenn sie sieht, daß dem Kalbe nichts zuleide getan wird. Die schwachen Kälber werden auf die Pferde gehoben, die stärkeren werden getrieben. Benehmen sich die Rinder ruhig, so reiten die Jäger langsam, sind sie aber wütend, so hält der Reiter das Kalb vor sich auf dem Sattel; und in vollem Galopp geht es zur Station, die wilden Rinder wie rasend hinterher.

Die Kälber werden in den für sie bereiteten Ställen angebunden, die Kühe bleiben außerhalb der Umzäunung und gehen auf jeden los, der sich zu Fuß naht. Sobald sie ruhiger geworden sind, werden sie früh und abends in Abteilungen eingelassen, vor denen die Kälber angebunden sind. Jede Kuh sucht sich jetzt ihr Kalb aus.

Sobald sie den Kopf durch die Öffnung steckt, um das Kalb zu lecken, wird ein flaches Joch über ihren Kopf gezogen und ein Stift so befestigt, daß die Kuh den Kopf nicht mehr zurückziehen kann. Dann wird an einem der Hinterfüße eine Schlinge festgemacht. Auf diese Weise wird das wildeste Tier wehrlos, ohne daß es leidet oder sich verletzen könnte. Die so gefesselten Tiere werden gemolken; viele leisten anfangs Widerstand, manche lassen sich überhaupt nicht melken, indem sie sich niederlegen und mit größter Geschicklichkeit wehren. Diesen Wildlingen werden gewöhnlich zwei Kälber zugestellt, die sie aussaugen.

Das Ein- und Austreiben der Rinder ist sehr gefährlich. Die Leute benutzen als Waffen kurze, zähe Stöcke; wenn das Rind losgeht, erhält es einen Schlag auf die Hörnerspitzen, eine sehr empfindliche Stelle. Tritt ein Treiber ohne Stock unter sie, so wird er von ihnen sofort angegriffen.

Eine der Kühe biß den Strick durch, mit dem das Kalb angehängt war, und lockte es; sie entliefen in den Wald und waren eine Woche lang unauffindbar.

Die jüngeren Kälber werden gewöhnlich in einem Monat zahm; diejenigen aber, die erst mehrere Monate nach ihrer Geburt vom Walde hereingebracht wurden, bleiben meistens wild. Ich sah, wie sie die stärksten Männer über den Haufen warfen.

Bei einer solchen Gelegenheit befreite ich Frau Stephenson aus einer sehr gefährlichen Lage. Sie und ihr Mann waren mit der Zähmung eines widerspenstigen Kalbes beschäftigt, das sich energisch wehrte und dabei jämmerlich um Hilfe blökte. Die auf derselben Wiese weidenden Kühe kamen auf das Geschrei des Kalbes blitzschnell herangesaust. Stephenson ließ die Leine des Kalbes locker; ehe die Frau ausweichen konnte, hatte schon das wilde Kalb die Leine um sie gewickelt und sie zu Boden geworfen. Das Kalb wollte eben Frau Stephenson auf die Brust springen, als ich, der ich in einer nahen Hütte präparierte, auf die Hilferufe herbeieilte, das Kalb beim Hals fing und, als auch Stephenson das Tier fasste, die Stricke zerschnitt und die Frau befreite.

Alles hatte sich in wenigen Augenblicken abgespielt; nun waren aber auch schon die wütenden Kühe da. Ich hob einige große Steine auf, sprang den Daherrasenden entgegen und brachte sie durch ein paar gut gezielte Würfe zum Stehen. Diesen Augenblick nutzten Herr und Frau Stephenson, um sich zurückzuziehen, und auch ich sprang schnell in meine Hütte.

Wenn die Kälber groß genug und entwöhnt sind, werden sie wieder in den Wald zu den Herden getrieben. Ein- oder zweimal im Jahr werden die Rinder, soweit man ihrer habhaft werden kann; gemustert. Die Reviere werden eingeteilt, und die Jäger ziehen gruppenweise aus.

Als ich den Postpfad, der von Hokitika nach Jacksonbai etwa 320 Kilometer durch den Urwald führt, dahinwanderte, traf ich an vielen Stellen solche Jägerlagerplätze. Hütten und Zelte liegen am Pfade, und in der Nähe weiden gesattelte Pferde. Tagsüber sind die Jäger im Wald. Kommt man aber abends hin, dann hört man Axtschläge und das Raspeln der Säge, Rauchwolken steigen durch die Bäume auf, und eine Hundemeute stürmt mit Gebell dem Wanderer entgegen. Bald rufen rauhe Stimmen den Hunden: „Come in!" (Komm herein!). Sogleich ziehen sich die Hunde zurück, und mißtrauisch beobachten sie von ihren Verstecken aus den Fremdling, immer bereit, sich auf ihn zu stürzen, wenn er einen ihrer Herren oder das Lager angreifen sollte.

Diese Hunde sind unentbehrliche Helfer der Jäger und werden, wenn sie gut dressiert sind, von diesen sehr teuer bezahlt.

Nun kommen auch die Jäger zum Vorschein. Es sind sonn- und wetterverbrannte Burschen, mit einer Lederhose und einem kurzärmeligen Flanellhemd bekleidet. Ihre Kopfbedeckung besteht aus einem breitkrämpigen, weichen Hut; an den Füßen tragen sie schwerehohe Schnürstiefel.

Trotz ihrer harten Lebensweise sind es durchwegs gutmütige, weichherzige Menschen, die jedem Wanderer Obdach gewähren und ihre Nahrung gern mit ihm teilen. In den Hütten und Zelten sind Sättel, Riemen, Stricke und lange, aus Rohhäuten geflochtene Peitschen mit meist hübsch verzierten kurzen Griffen aufgehangen; Säcke mit Mehl, Brot, Tee und Zucker und mächtige Rinderkeulen hängen dazwischen.

Jeder Jäger hat zwei Hunde, die im Walde die Herde aufsuchen müssen. Haben sie eine gefunden, so bewacht der eine Hund die gestellte Herde, der andere läuft zu seinem Herrn zurück und weist ihm den Weg. Stürzt sich eines der halbwilden Tiere auf den Jäger oder auf einen Hund, so beißt es der andere in die Hinterbeine; darauf wendet sich das Tier, und der Angegriffene ist meist gerettet.

Der Ruapehu vom Krater des Ngaurohoe aus.

Schlammvulkane um Waiotaputal.

Durch den Tarawera-Ausbruch zerstörte Kirche in Wairoa.

Oft müssen aber diese mutigen Jäger stundenlang auf Bäumen sitzen, bis sich ein besonders wildes Tier entfernt. Solche Wildlinge werden, wenn sie gefangen und in den Viehstand gebracht sind, gleich getötet. Ich sah ein Tier, das die hohe Umzäunung übersprungen hätte, wenn nicht meine Kugel es rechtzeitig ereilt hätte.

Nach der Musterung werden die fetten Tiere – oft Hunderte Kilometer weit – auf den Markt getrieben, wobei Flüsse durchschwommen werden müssen. Sie werden täglich nur kurze Strecken weit geführt, damit sie nicht an Gewicht verlieren: nachts wird im Freien gelagert.

Bei den Schafstationen ist die Arbeit nicht so schwierig. Alle Weiden müssen in offenem Gelände liegen, da sich sonst die Schafe im Walde verirren. Auch hier sind die dressierten Hunde von größter Wichtigkeit; sie bewachen die Tiere, halten sie zusammen, suchen verlorengegangene, helfen gestürzten auf, züchtigen Widerspenstige, indem sie sie an der Wolle festhalten, usw.

Einen seltsamen und, man könnte fast sagen, imposanten Anblick bieten die großen Herden, wenn sie von den Weiden zur Musterung oder zur Schur eingetrieben werden. Es sieht aus, als ob Berg und Hügel wanderten, wenn sich solche Herden – ich sah eine von 60000 Stück – bewegen.

Siebzehntes Kapitel

Trennung von meinem besten Freund

Vom Hauptquartier in Stephensons Station aus unternahm ich zahlreiche Ausflüge, deren Hauptzweck ornithologische Beobachtungen und Vermehrung der Sammlungen war. Ich will nur die bemerkenswertesten hervorheben.

Am 1. August hörte ich das Geschrei einer Paradiesente aus großer Entfernung von der Station. Ich lief nach der Richtung und sah bald das Tier, wie es sich schnell durch die Binsen arbeitete und dabei den charakteristischen Angstruf ausstieß. Ich befahl Cäsar, sie zu fangen, und nach kurzer Zeit brachte mir der Hund zu meinem Erstaunen und Ärger eine Hausgans aus dem Stalle der Frau Stephenson, die mit Wildgänsen durchgegangen war und ganz deren Manieren angenommen hatte. Beschämt kehrte ich mit meinem „Wild" zur Station zurück. Als ich abends vor dem Mahle meine Beute auf meinen Platz legte, gab's ein nettes Genrebild: Cäsar und ich saßen wie begossen da, Frau Stephenson machte ein langes Gesicht, als sie ihre gemordete Gans sah, aber die Herren begannen darüber so herzlich zu lachen, daß wir schließlich mit einstimmen mußten.

Am 12. August, an einem prächtigen, aber sehr kalten Morgen, brach ich zu einer Exkursion nach dem Blue River auf. Meine Begleiterin war die „kleine Marie", eine von Stephensons Töchtern, ein wunderbares Kind von 10 Jahren, die beste Führerin auf der Station.

Sie war ein besserer Beobachter als mancher Erwachsene. Wenn sich Pferde verlaufen hatten, wurde die „kleine Marie" ausgesandt, die sie sicher brachte. Ich sah sie fast immer tätig; sie kannte nur ein Vergnügen: ihr wildes Pferd Carlo. Wir benutzten es diesmal als Packpferd, mein Cäsar folgte hinter uns drein. Am Gestade des Blauen Sees stellte ich mein Zelt auf; meine kleine Freundin zündete ein Feuer an und machte sich in allem nützlich. Ich ging noch abends auf die Jagd.

Am andern Tag ging ich bei Tagesgrauen auf Beobachtungen aus. Marie bereitete das Frühstück, und Cäsar brachte ein paar Kiwi zum Lager. Nach dem Frühstück packten wir zusammen und wanderten einige Kilometer weiter, bis ich am Steilufer des Flusses das Zelt aufschlug.

Nachts näherten sich, vom Feuerscheine angelockt, Bergenten unserm Lager. Ich schoß einige, und Cäsar mußte sie aus dem kalten Flusse holen. Als er zurückkam, war sein Pelz mit Eisperlen behangen. In der Nacht war starker Frost. Am 14. ging ich bei Tagesanbruch abermals aus und erlegte blaue Enten und Drosseln. Abends kehrten wir zur Station zurück.

Am 6. September brachte mir die Post eine Schachtel Zigarren, die mir ein Freund gesandt hatte und die ich mit Begeisterung in Empfang nahm, da ich seit sieben Monaten keine mehr geraucht hatte. Unter den Briefen fand sich einer von Sir Julius von Haast, der mich einlud, ihn zu besuchen. Ich war tief erschüttert, als ich bald darauf erfuhr, daß Sir Julius, mein edler Freund, am 18. gestorben war, zwei Tage, nachdem er den Brief an mich geschrieben hatte.

Die Kopfwunde, die ich auf der Taranga-Insel durch den herabgestürzten Stamm erhalten hatte, begann wieder heftig zu schmerzen. Frau Stephenson nahm eine Operation vor, bei der sie Knochensplitter aus der Wunde entfernte. Sie war mir eine liebevolle, aufopfernde Pflegerin.

Am 7. Oktober 1887, fünf Minuten vor Mitternacht, gab es ein prachtvolles Naturschauspiel. Ein großer Feuerball kam aus Südosten; er strahlte so hell wie elektrisches Licht und fiel in anscheinend kurzer Entfernung in den Busch. Dann ertönte ein dröhnendes unterirdisches Geräusch aus östlicher Richtung, das einige Sekunden anhielt und zum Schluß wie Gewehrgeknatter klang. Vermutlich war es ein Meteor.

Schon im Oktober hatte ich eine Besteigung der Gletscher und Berge versucht, war aber infolge von heftigen Schneestürmen nur bis 1200 Meter vorgedrungen. Als sich am 12. Dezember besseres Wetter zeigte, brach ich tags darauf um 3 Uhr früh auf, von meinem treuen Cäsar begleitet. Ich kletterte in südwestlicher Richtung die Hänge hinan; anfänglich ging's ziemlich rasch vorwärts, bis ich zu einer Stelle kam, wo entwurzelte, zersplitterte Riesenbäume übereinanderlagen – ein Wirbelwind hatte so gehaust. Den Unterwuchs bildete eine aus Schlingpflanzen mit langen, scharfklantigen Blättern gewobene Dornröschenhecke von etwa zwei Meter Höhe. Es war ein hartes Stück Arbeit, sich hier, mit der schweren Last und dem Gewehre beladen, durchzuhauen.

Weiter oben ging es durch Gebüsch aus verkrüppelten Zwergfichten, Birken und Manuka. Spät abends schlug ich auf einer Alpe unter zwei dichten Zwergbuchen mein Lager auf und ging dann auf Suche nach Wasser. Dieses ist sonst in den neuseeländischen Alpen überall klar und reichlich vorhanden; hier aber fand sich nur ein Tümpel mit faulendem Wasser, das von Insekten wimmelte.

Ein scharfer, kalter Wind, der bis auf die Knochen drang, wehte von den Gletschern herüber und machte das Schlafen unmöglich. Da gerade Vollmond war, packte ich meine Sachen wieder zusammen und stieg weiter auf. Die Nacht war herrlich. Die langen Schatten der Bergspitzen kontrastierten mit dem magischen Glanz der Gletscher; die ganze Landschaft schwamm in silbergrauem Dunst, und ein funkelnder Sternhimmel war über dieser stillen Pracht aufgetan. Drei Stunden war ich so aufwärts gestiegen – da hörte ich plötzlich den Ruf eines Vogels, der mir ganz unbekannt war. Es klang ähnlich dem der Rohrdommel, die aber unmöglich auf solchen Höhen vorkommen konnte.

Ich erinnerte mich, daß mir der Ruf eines äußerst seltenen, als ausgestorben geltenden Vogels, des *Notornis mantelli*, so beschrieben worden war. Forscherfieber befiel mich. Wieviel Mühe hatte ich mir schon gegeben, wie viele Plätze, die noch keines Menschen Fuß vorher betreten hatte, waren von mir durchstreift worden, ohne daß ich einen *Notornis* gesehen oder auch nur gehört hätte – und jetzt sollte ich ihm so nahe sein? Leise schlich ich mich in die Richtung an, aus der die Rufe tönten, und kam in die Nähe eines Tümpels. Mein Cäsar stand vor; ich befahl ihm vorzugehen, und machte mich schußfertig – aber zu meiner Verwunderung war nirgends ein Tier aufzuscheuchen; meiner freudigen Erregung folgte tiefe Enttäuschung.[13]

Ich stieg wieder weiter und kam in ein dichtes Gewirr von Fels- und Eisblöcken, die mich am Weiterklettern hinderten. Unter einem großen Eisblock, der mir ein wenig Schutz vor dem eisigen Winde bot, wartete ich den Tagesanbruch ab. Ich mußte aber, da kein Holz in der Nähe war, Turnübungen machen, um mich etwas zu erwärmen. Kein Lappländer kann die Sonne freudiger begrüßen, als ich es in dieser Eiswelt tat! Mein Frühstück bestand aus Schnee, den ich im Munde zergehen ließ, gemischt mit Hafermehl und Schiffszwieback. Dann ging's wieder weiter aufwärts in gefährlicher Kletterei über Eisblöcke

---

[13] Diese Stelle der Notizen scheint mir deshalb sehr interessant, weil der als ausgestorben geltende *Notornis* vor kurzem tatsächlich in der Gegend der Sunde in einem Exemplar erlegt wurde. Es ist wohl anzunehmen, daß auch Reischek nahe daran war, einen so unschätzbaren Fund zu machen.

und Türme längs abgrundtiefen Gletscherspalten auf den Gipfel.
Eines der schönsten Gletscherpanoramen breitete sich vor mir aus. Wolkenlos wölbte sich der tiefblaue Himmel über dem majestätischen Bild. Der Paringafluß schlängelte sich in der Tiefe wie ein Aal dem Meere zu. Aus Nordwesten blitzten die Spiegel des hufeisenförmigen Paringa- und des urwaldumbuschten Roskillsees. Im Süden und Südosten dehnten sich, soweit das Auge reichte, Urwälder und gletscherbedeckte Bergriesen.

Der Riese Neuseelands, Mount Cook, mit seinen Eisstürmen lag greifbar nahe vor mir, und seine mächtigen Trabanten reihten sich als ein schimmernder Kranz um ihn. Wie gebannt blieb ich lange Zeit im Anblicke dieses wunderbaren Bildes stehen. Erst als mir die Kälte in die Knochen drang, erwachte ich wieder zur Wirklichkeit und sah, daß es Zeit war, an die Rückkehr zu denken. Nach langem mühsamem Klettern gelangte ich wieder auf den Platz, wo ich mein Gewehr und Cäsar zurückgelassen hatte. Ich stieg nun zu den Almen ab, die wie ein Blumengarten vor mir ausgebreitet lagen. Am 15. Dezember kam ich zur Station zurück.

In Erwartung der baldigen Ankunft der „Stella" hatte ich bereits meine Sammlungen und Ausrüstungsgegenstände verpackt. Cäsar, der bereits 12 Jahre alt war, mußte, da er von den Strapazen und vom Alter schon zu sehr geschwächt war, hier zurückbleiben. Am 21. Dezember besuchte ich ihn, um ihm Lebewohl für immer zu sagen.

Cäsar war tieftraurig, als fühle er den Ernst des Augenblicks. Er heftete einen so flehenden Blick auf mich, daß ich mich nicht mehr halten konnte und in Tränen ausbrach. Armer Gefährte! Du warst mir mehr als ein Freund, und ich konnte es dir nicht vergelten, was du mir an Liebe und Treue gegeben hast!

Ich hätte Cäsar nicht mitnehmen können, denn den Strapazen meiner weiteren Expeditionen wäre er nicht mehr gewachsen gewesen. Die Familie Stephenson, die mich hochschätzte, liebte auch meinen wunderbaren Hund und machte ihm seine letzten Tage recht behaglich. Aber Cäsar blieb traurig, er konnte seinen Herrn nicht vergessen, und bald darauf starb er. Sein Kopf wurde von Herrn Stephenson in Alkohol konserviert.

Ich verließ die Station und verbrachte die Weihnachts- und Neujahrsfeiertage in einem Lager nahe der See, wohin ich mein Gepäck gebracht hatte, um beim Erscheinen der „Stella" sofort reisebereit zu sein. Am Neujahrstag erschienen alle Mitglieder der Familie Stephenson bei mir, um mir zu gratulieren.

Der Abschied wurde mir schwer: von dieser einsamen, stillen Urwaldgegend, von den Menschen, die mir mit soviel natürlicher Herzlichkeit entgegengekommen waren – und am schwersten von dem Stück eigenen Herzens und eigener Seele, das ich hier verlor – von meinem Cäsar!

Am 7. Januar 1888 früh kam endlich die „Stella" in Sicht. Ein heftiger Sturm wütete; die starke Brandung und die reißende Strömung des hochangeschwollenen Paringaflusses machten die Landung schwierig. Schließlich kam ich aber ohne Unfall mit meinem Gepäck an Bord des stark rollenden Schiffes. Die Töchter der Familie Stephenson waren an den Strand gekommen, und ihre Tücher flatterten, bis das Schiff ihren Blicken entschwand.

Durch die Fjorde ging's nun wieder zurück. Im Chalkysund benutzte ich den kurzen Aufenthalt, um meine alte Hütte zu besuchen. Ich fand im Garten die Karotten, Bohnen, Kartoffeln und Kohlrüben, die ich und mein Assistent gepflanzt hatten, üppig gedeihen. Auch das alte Boot lag noch am Strand. Am 14. Januar traf ich in Port Bluff ein.

Achtzehntes Kapitel

Vorstoß zu den Vogelbergen

Auf der Rückreise von Paringa war ich vom Kapitän der „Stella" eingeladen worden, mit dem Schiff die Weiterfahrt zu einer Reihe entfernt gelegener Inseln anzutreten. Da ich annahm, daß ich dort interessante ornithologische Beobachtungen würde machen können, nahm ich freudig die Einladung an.

Nach kurzem Aufenthalt in Invercargill dampfte die „Stella" unter Kapitän Fairchild nach den südlich von Neuseeland gegen die Antarktis zu gelegenen Inseln. Die „Stella" hatte die Aufgabe, auf diesen Inseln Depots für Schiffbrüchige zu errichten, und schon vorhandene mit Proviant, Kleidern und anderm zu versehen. An dieser Fahrt nahmen als Fahrgäste außer mir nur der Photograph Dougall aus Invercargill und einige junge Leute teil.

Die See war unruhig, als wir Port Bluff verließen. Während wir die mit romantischen kleinen Inseln übersäte Foveauxstraße passierten und an der Ruapuke-Insel vorüberfuhren, scheuchten wir große Schwärme von Sturmvögeln (*Puffinus tristis*) auf, die auf der Meeresfläche ihr Mahl verdauen, spielten oder schliefen. Einige Riesensturmvögel (*Ossifraga gigantea*) folgten unserm Schiff, um über Bord geworfene Brocken aufzufangen, die sie gierig verschlungen.

Wir liefen zuerst die Stewartinsel an. Sie ist von unregelmäßiger Gestalt; die Westseite, die längste, verläuft in nordsüdlicher Richtung in einer Länge von etwa 63 Kilometer; die Nord- und die Südostseite sind jede ungefähr 53 Kilometer lang; ihre größte Breite beträgt zirka 32 Kilometer. Der südliche und der westliche Teil sind mit Urwald bewachsen; in den Höhlen an der Küste hausen zahlreiche Seehunde. An der Ostküste ist die Insel von Eingeborenen und Farmern, aber nur spärlich besiedelt.

Als wir die Ostküste bei Port William entlang fuhren, sahen wir einige Farmhäuser am Ufer zerstreut liegen und einiges Vieh auf den Weiden grasen. Wir dampften an Port Adventure vorbei und ankerten schließlich im Lordriver.

Zwei Boote wurden zu Wasser gelassen; eines unter dem Kommando des Zweiten Steuermanns fuhr auf Fischfang aus, das andere, vom Kapitän, dem ich mich anschloß, befehligt, fuhr den Fluß aufwärts.

Zahlreiche anmutige Buchten und die dichte Urwaldvegetation machten die Flußfahrt abwechslungsreich.

Ich erlegte Paradiesenten, graue und braune Enten und entdeckte eine noch unbekannte Art des Maorihuhnes (*Ocydromus*) mit rostrotem Gefieder; die Tiere lugten zwischen Steinen am Ufer hervor. Auf den überhängenden Bäumen saßen Schwärme von Kormoranen (*Phalacrocorax glaucus* und *varius*), ihren Fraß verdauend.

Eine große Zahl Nestoren (*Nestor montanus*) zogen um unser Boot ihre Kreise, mit schrillem Rufe ihre Gefährten warnend, während uns Glocken- und Spottvögel (*Anthornis* und Tui) mit ihrem melodischen Gesange begrüßten. Ein junger Tui war nicht genügend auf seiner Hut, als schon ein Wachtelhabicht (*Hieracidea novaezelandiae*) sich auf ihn stürzte und ihn mit seinen scharfen Krallen erhaschte. Er trug ihn sofort auf einen freistehenden Baum und wollte eben seine Beute verzehren, da ereilte ihn meine Kugel. Als wir wieder zum Dampfer zurückkehrten, war auch schon das andere Boot, mit Fischen beladen, angelangt. Einige Hapuka (*Oligorus gigas*) wogen fast 40 Kilo. Es gab weiter Trumpeters (*Latris hecateia*), Felsenfische (*Percis colias*) u. a.

Der nächste Tag fand uns, vom Sturm festgehalten, vor Anker im Evening Cove, in dem ausgedehnten und schönen Hafen von Port Pegasus.

Hier beobachtete ich den gelbköpfigen Pinguin (*Eudyptes antipodum*), ein äußerst seltenes Tier. Sie spielten rings um das Boot; einige fütterten ihre Jungen, die sie in Erdhöhlen halten. Auf dem Lande sind ihre Bewegungen plump, watschelnd oder hüpfend.

Während unseres Aufenthalts sahen wir auch einen Seehund, der zwischen Algen fischte. Der gemeine Seehund erreicht hier eine Länge bis zu 2 Meter; seine Farbe ist silbergrau, mit dunkelgrauen Flecken.

Ich machte den Photographen auf eine interessante Felsenbildung aufmerksam; ein natürlicher Tunnel am Meeresstrande führte durch eine Felsenklippe zur offenen See hinaus.

Bei heftigem Sturm, von Sturzwellen überspült, kamen wir zur Wilsonbai. Unser Boot brachte uns durch einen von Felsen eingeengten Kanal zu einem See, dessen Ufer von dichtem Urwald bedeckt waren.

Am 21. Januar unternahmen wir einen Vorstoß zu den Snaresinseln, aber das schreckliche Wetter machte eine Landung unmöglich, und wir mußten wieder nach Port Pegasus zurück, wo wir bei Kelp Point ankerten.

Am 22. machten wir einen neuerlichen Versuch, und tags darauf kamen um 3 Uhr früh die Snaresinseln in Sicht. Diese Inseln liegen etwa 100 Kilometer südlich und 22 Grad westlich von der Südwestspitze der Stewartinsel und erstrecken sich 7 Kilometer in der Richtung von Nordosten nach Südwesten. Die größte dieser Inseln, die Nordostinsel, ist über 1 ½ Kilometer lang, 0,8 Kilometer breit und ragt mit fast senkrecht ansteigenden Felsen 140 Meter aus dem Meere empor. Die Inseln sind vulkanischen Ursprungs.

Wir ankerten in 100 Meter Tiefe, 0,8 Kilometer von der Ostküste entfernt. Ein Boot wurde zu Wasser gelassen, und wir landeten an einer Stelle, an der sich die Felsen abdachten. Die Vögel empfingen uns mit betäubendem Geschrei; in Massen umschwammen sie unser Boot und betrachteten uns mit größtem Erstaunen.

Die Insel war größtenteils mit Gestrüpp bewachsen und der Boden mit hohen, übelriechenden Guanoschichten bedeckt. Auch der kleine Süßwasserfluß war von Vogelmist verunreinigt, und sein Wasser hatte einen abscheulichen Geschmack. Die ganze Oberfläche der Insel gleicht, infolge der zahllosen Nester und Vogelhöhlen, einem riesigen Bienenstock.

Der Kapitän und die Matrosen trieben zwei Ziegen aus und versorgten die Rettungshütte mit Proviant; ein Herr der Expedition säte Baumsamen, der Photograph machte Aufnahmen, und ich ging auf Vogelbeobachtung aus.

Meine Forschungen waren von gutem Erfolg begleitet. Ich entdeckte einen schwarzen Tomtit (*Petroica*) und eine rostbraune, dunkelbraun gestreifte Sumpflerche (*Sphenaeacus*), die sich zutraulich zeigten, sowie einen Glockenvogel, der sehr scheu war.

Erdspalte an der Seite des Mount Tarawera, nach dem Ausbruch am 10. Juni 1886.

Das Rotomahanagebiet nach dem Tarawera-Ausbruch.

Leider hatte ich keine Flinte bei mir, und da nicht Zeit blieb, zum Boote zurückzukehren, rief ich Herrn Bethune, den Zweiten Ingenieur der „Stella", zu Hilfe und jagte mit ihm die Vögel. Es gelang uns, zwei Exemplare, einen Tomtit und eine Sumpflerche, zu erbeuten. Beide sandte ich später an den bekannten Ornithologen Dr. Finsch zur Untersuchung. Da ich diese Vögel früher noch nie gesehen hatte und auch in keinem Spezialwerk ihre Beschreibung fand, nahm ich an, daß es sich um neue Arten handelte.

Die Klippen wimmelten von ausgewachsenen und fast ausgewachsenen Albatrosjungen (*Diomedea chlororhynchus* und *cauta*) und verschiedenen andern Sturmvogelarten. Tausende von Pinguinen standen wie Regimenter von Soldaten auf den Klippen. Kapitän Fairchild unterhielt sich damit, sie zu fangen und in Säcke zu stecken, um sie für den Zoologischen Garten mitzunehmen. Unter den Pinguinen herrschte eine Seuche; überall lagen tote Vögel umher. Fairchild und der Photograph kamen zu einem wahren Leichenfeld, auf dem Tausende von verwesenden Pinguinen lagen, die einen fürchterlichen Gestank ausströmten.

Gern hätte ich einen ganzen Monat unter den Vögeln verlebt, aber der Wind frischte auf, und wir mußten wieder zum Dampfer zurückkehren. Die Anker wurden gelichtet, und wir dampften rund um die Inselgruppe, wobei wir gespannt auf Signale etwaiger Schiffbrüchiger achteten. Als wir die Umseglung beendet hatten, wandten wir uns den Aucklandinseln zu. Unsere frei an Bord herumhüpfende Vogelmenagerie rief noch den am Ufer hockenden Gefährten im Chor ein ohrenbetäubendes letztes Lebewohl zu.

Wir hatten ungünstiges Wetter. Weststürme fegten mit orkanartiger Wucht Regen und Hagel über Deck. Ich durfte der Gifte wegen nur auf Deck präparieren und hatte deshalb, obwohl ich angegurtet war, mit Schwierigkeiten zu kämpfen. Da der Dampfer heftig schlingerte, wurden meine Instrumente durcheinandergeworfen, und ich selbst bekam von den Sturzwellen eine Dusche nach der andern.

Am 24. Januar erreichten wir glücklich die Aucklandinseln und landeten in dem günstigen Hafen von Port Roß auf der Enderbyinsel, unfern einer verlassenen Walfischjägerstation.

Die Aucklandinseln liegen zirka 240 Kilometer südlich und 5 Grad westlich von den Snaresinseln und bestehen aus einer größeren und einigen kleineren, langgestreckten Inseln, die sich über ein Gebiet von beiläufig 48 Kilometer Länge und 24 Kilometer Breite ausdehnen. Sie sind bergig und zerklüftet und von mehreren Flussläufen durchzogen. Die Formation ist teils Urgestein (Granit), teils vulkanisch, an manchen Stellen auch sedimentär.

Die Vegetation dieser Inseln ist außerordentlich üppig und schön. Die tiefer gelegenen Teile sind mit Rata-, Efeubäumen und dem sogenannten Stinkholz überwachsen, dessen Stamm, wenn er durchschnitten wird, einen widerlichen Geruch ausströmt. Auf den offenen Plateaus blühten krautartige Pflanzen von ansehnlicher Größe, so das *Pleurophyllum speciosum*, eine Verwandte des Wollkrauts, die mit purpurfarbenen Blütentrauben behangen war. In blaßrotem und weißem Blütenkleide prangten zwei Arten von *Ligusticum*, und die sogenannte golden lily (*Anthericum rossi*) bedeckte mit ihren goldgelben Blüten weite Flächen. In den höheren Regionen, gegen die Bergspitzen zu, ist Grasland, aus dem in Fülle blaue, rote und weiße Veronica-Arten leuchten.

Wir landeten eine Ladung Bauholz für eine Boothütte. Einige mächtige Seelöwen, die im Sande gespielt hatten, watschelten träge davon, als sie unserer ansichtig wurden. Die Hütte war bald aufgestellt.

Der Klang der Hammerschläge brachte Leben in die reichhaltige

Tierwelt der Insel. Neugierig näherten sich die Seelöwen und blickten uns überrascht an; unzählige Kaninchen nahmen nach allen Richtungen Reißaus. Auch verwilderte Hunde umschlichen uns, wagten es aber nicht, näher zu kommen.

Wir fanden auf der Enderbyinsel einige Hütten, die von den acht überlebenden der „Derrick Castle" aus Bündeln von Tussokgras errichtet waren, das sie mit Riemen aus Seelöwenhaut zusammengebunden hatten. Auf einer nahen Bergspitze baumelte eine an einem langen Stock befestigte Rettungsboje als Signal. Wir schafften noch ein Boot in die Hütte und brachten Markierungstafeln an, dann dampften wir weiter zur Erebusbucht, wo wir das dortige Depot mit Proviant usw. versahen und einige Schafe aussetzen. Von hier ging's weiter nach der Sahrabai, wo wir Markierungstafeln anbrachten.

Hier fanden wir ein blau bemaltes Boot und zwei Säulen mit einer Zementplatte, die eine Aufschrift trug, und zwar: „*German Expedition, 1874*" – ein Erinnerungszeichen an die Anwesenheit deutscher Gelehrter, die hier den Venusdurchgang beobachtet hatten. Wir wandten uns weiter nach der Rose-Insel, wo wir am Strand eine große Anzahl Seelöwen versammelt sahen.

Ein Boot wurde ausgesetzt, und der Photograph fuhr mit uns, um die Tiere aufzunehmen. Es war ein belustigender Anblick, als die Matrosen sie zu einer Gruppe zusammentrieben. Sie versuchten zu entfliehen; als sie sich aber umzingelt sahen, hockten sie sich auf den Schenkeln auf, schüttelten die Köpfe, stießen ein mißvergnügtes Knurren aus und blickten einander bestürzt an.

Einige der Männchen waren von imposanter Größe; eine mächtige Mähne hing von ihrem Nacken herab. Die Weibchen waren an der kleineren Gestalt und lichteren Färbung erkennbar. Gern hätte ich ein paar Exemplare erlegt, um sie meiner Sammlung einzuverleiben; aber es war gerade Schonzeit, und ich mußte mich deshalb damit begnügen, die Kolosse anzustaunen.

Nach dem kleinen photographischen Intermezzo dampften wir um das Nordwestkap nach Süden weiter. Das Küstenbild war von heroischer Erhabenheit. Senkrechte Felsen, deren Konturen Tier- und Menschengestalten zeigten, ragten aus dem Meere empor. Die Brandung schäumte an ihnen hinauf, und von den Felsen herab wehten im Winde Wasserfälle wie weiße Fahnen, die des Stumres Kraft oft in Wolken aufwärtstrieb. Dieses wildschöne, einsame Eiland heißt die „Insel der enttäuschten Hoffnung" (Disappointment Island). Hier soll der am 14. Mai 1866 gescheiterte „General Grant" in eine Bucht getrieben worden sein; wir fanden aber keine Bucht, die für ein Dampfschiff eine genügend große Einfahrt geboten hätte.

Bald erreichten wir das Südkap der Adaminsel. Wanderalbatrosse schwammen zu Hunderten mit uns. Wir besuchten den Nordhafen, um eine Signaltafel auszustellen, und fuhren von dort in den Carnleyhafen, in dem wir über Nacht blieben.

Am nächsten Morgen, 26. Januar, um 4 Uhr früh, ging ich an Land, nachdem mir der Kapitän mitgeteilt hatte, daß ich den ganzen Tag ausbleiben könne. Es war ein herrlicher Morgen. Die Vögel sangen, die Seelöwen, die im hohen Grase schliefen und über die ich fast gefallen wäre, knurrten und brummten über die frühzeitige Störung; einige versuchten zu fliehen, andere blieben, auf ihre Schenkel gestützt, sitzen, und zu faul, ihr Lager zu verlassen, wiesen sie mir ihre mächtigen weißen Eckzähne. Mein Weg führte zuerst durch dichtes Gestrüpp, dann durch Tussokgras und über Sümpfe und kahle Felsen.

Nachdem ich etwa 5 Kilometer weit über die Hügel geklettert war, kam ich zu einem Fleck, auf dem sich eine Kolonie Albatrosse einen Brutplatz eingerichtet hatte. Die Vögel saßen zerstreut im Tussokgras auf ihren Nestern; durch ihr weißes Gefieder stachen sie schon von weitem von der Umgebung ab. Stundenlang beobachtete ich ihre Bewegungen und war so versunken, daß ich an die Möglichkeit einer früheren Abfahrt der „Stella" nicht dachte.

Plötzlich hörte ich den Signalpfiff des Schiffes. Ich nahm den kürzesten Weg nach abwärts, aber schon sah ich die „Stella" abdampfen und hörte das Blasen des Nebelhorns. Es war 2 Uhr nachmittags. Ich bemühte mich, ans Ufer zu eilen, aber meine schwere Beute, die ich nicht wegwerfen wollte, die vielen Löcher, Sümpfe und das dichte Gestrüpp hielten mich auf.

Während des Kletterns fiel ich in eine Höhle. Ein lautes, wie Bellen klingendes Knurren verkündete mir, daß ich fast auf den Schädel eines großen Seelöwen gefallen war, der in seiner Höhle geschlafen hatte. Wir blickten uns beide einen Moment verblüfft an. Der Seelöwe rührte sich erst nicht, richtete sich aber dann auf und zeigte mir seine großen weißen Eckzähne. Ich zog mein Weidmesser, kletterte, ihn fest ins Auge fassend, noch rückwärts und sagte dann meiner neuen Bekanntschaft „Lebewohl!"

Endlich erreichte ich einen von Seehundjägern angelegten Pfad, der zum Ufer hinabführte. Ein Boot brachte mich an Bord.

Der Kapitän war mit seinen Arbeiten früher fertig geworden, als er ursprünglich angenommen hatte, und so kam es, daß die „Stella" vorzeitig zur Abfahrt blies. Mit war's recht unangenehm, da ich in meiner Eile, um nicht ein unfreiwilliger Robinson zu werden, manches verloren und alle gesammelten Eier zerbrochen hatte.

Nachdem wir die Monumentinsel mit ihrem eigentümlich gestalteten Felsen passiert hatten, ankerten wir in der Nähe jener Stelle, an der der „Grafton" gescheitert war. Ein Boot wurde ans Ufer geschickt, um nach den Überresten des Schiffes zu forschen, die längs der Küste zerstreut herumlagen.

Kapitän Fairchild teilte mir mit, daß unfern von hier der beste Ankergrund der Aucklandinseln sei. Wir durchforschten zuerst die Sunde an der Ostküste; einige von ihnen schneiden tief ins Innere der Insel ein. Auf den Klippen brütete der rußige Albatros (*Diomedea fuliginosa*). Ich sah auch sechs Taucher; zwei davon erlegte ich, die andern verbargen sich zwischen den Felsen.

Am 28. Januar erreichten wir nach einer sehr stürmischen Fahrt die Campbellinsel.

Sie mißt von Nord nach Süd ungefähr 16 Kilometer, von Ost nach West 17,6 Kilometer. Ihr geologischer Aufbau ist teils sedimentär, teils vulkanisch. Sie ist sehr hügelig und zerklüftet. Ihre höchste Erhebung, der Mount Honey, ragt 560 Meter hoch auf. Es gibt hier üppige, meist krautige Vegetation und reichlich Süßwasser. Die Alpenvegetation, die auf Neuseeland bei 900 Meter Höhe beginnt, fängt hier schon dicht über der Brandung an und reicht nur etwa über 100 Meter aufwärts; dann kommt Schneegras und kahler Fels.

Wir ankerten in der Perseverance-Einfahrt, wo wir vom Sturm festgehalten wurden. Sogar im Hafen blies der Wind so stark, daß wir zur Sicherheit zwei Anker in die Tiefe lassen mußten. Die höheren Hügel waren alle, trotz der Hochsommerzeit, schneebedeckt. Westböen, von Hagelschauern begleitet, strichen häufig über uns hin. Es war so kalt, daß wir die Kabine nicht genügend heizen konnten.

Zwei Partien gingen an Land; die eine stieg auf den Mount Honey, die andere auf den Mount Beeman (369 Meter). Ich suchte die Abhänge ab, wo der seltene rußige Albatros herumkreiste; er brütet in den Nischen der Klippen, und es ist ihm schwer beizukommen. Ich erlegte einige Exemplare.

Der einzige Landvogel, den ich auf der Insel beobachtete, war der Blight Bird (*Zosterops*), der überall gemein ist. Als die österreichische Fregatte „Saida" 800 Kilometer von Neuseeland auf hoher See war, kam ein Schwarm dieser Vögel an Bord. Ein lieber Bekannter, Schiffsfähnrich Ritter von Wolf, schrieb mir, er habe sie im Tauwerk sitzen sehen und einige gefangen.

Es war mir mitgeteilt worden, daß der Tui und eine flügellose Ente auf dieser Insel vorkommen sollen, ich fand aber weder den einen noch die andere. Dagegen gab's Tausende von Wanderalbatrossen (*Diomedea melanophyrs* und *chlororhynchus*), die auf ihren Eiern brüteten. Im Wasser schwammen zahllose Riesensturmvögel (*Ossifraga gigantea*) mit ihren Jungen.

Als ich mich einem der jungen Vögel, die am Gestade saßen, näherte, kam er auf mich zu, öfnete den Schnabel und bespie mich mit einem mächtigen Strahl einer übelriechenden öligen Flüssigkeit. Trotz wiederholter Bäder brachte ich den Geruch lange nicht vom Körper weg, und die beschmutzten Kleider mußte ich wegwerfen. Ich fing einige der jungen Vögel und wollte sie lebend nach Wellington bringen. Ich hatte sie nur kurze Zeit auf dem Schiff; als ich mich nach ihnen umsehen wollte, sagten mir die Matrosen, sie seien über Bord gegangen.

Auch Kaptauben sind hier sehr zahlreich, und eine große Menge von Magellanscharben fischte am Strand.

Das Depot in Fullers Point wurde mit dem Nötigen ergänzt, einige Schafe und Ziegen ausgesetzt, Bäume gepflanzt und Samen gesät. Dann fuhren wir rund um die Insel, durchforschten jede Bucht und machten Tiefenmessungen. An der Nordwestbai ragt ein bemerkenswerter Felsen auf, der aus weiter Entfernung einem vollgetakelten Schiffe, aus der Nähe einer Statue gleicht. Seelöwen gab es auch hier in Menge und von stattlicher Größe. Die Stürme wüteten in diesen Gewässern fast jeden Tag; wir ankerten in der Nordostbai, um einen sturmlosen Tag abzuwarten.

Am 31. Januar verließen wir die Campbellinsel und steuerten zu den Antipodeninseln.

Am 1. Februar wütete der Sturm mit großer Gewalt; die See ging sehr hoch, und das leichte Dampfschiff tanzte auf den Wellen wie eine leere Tonne. Bei den Mahlzeiten mußten wir uns am Tisch festhalten, aber trotzdem wurden einige von uns umgeworfen; Teller, Tische, Flaschenständer und anderes folgten nach, obwohl alles gut befestigt worden war.

Nachts legte sich der Wind, und dichter Nebel senkte sich aufs Meer herab. Der Kapitän harrte während der ganzen Nacht auf der Kommandobrücke aus. In der Nähe der Antipodeninseln fuhr er sehr vorsichtig. Bald kamen die Inseln mit ihren kühn aufragenden Basaltfelsen, Schwibbögen und vom Meere ausgewaschenen Höhlen und Tunneln in Sicht.

Sie liegen ungefähr 650 Kilometer von der Campbellinsel entfernt. Die Inselgruppe besteht aus zerstreut liegenden Felsen und Inselchen und nimmt ein Gebiet von 6 ½ – 8 Kilometer Länge bei 3,2 Kilometer Breite ein. Die größte Insel erreicht eine Höhe von etwa 390 Meter. Einige der Felsen ragen bis zu 180 Meter fast senkrecht auf dem Meere auf.

Hier ist nicht viel Schutz für größere Schiffe zu finden; der Ankergrund ist tief und das Landen wegen des Rollens der See gefährlich. Tausende von Pinguinen in drei Arten standen wie angeleimt auf den Felsen; als wir uns näherten, stürzten sich die meisten rasch ins Wasser. Wir steuerten rund um die Inseln, sondierten und schauten nach etwa vom Meere ausgespülten und angeschwemmten Seefahrern aus.

Ich sah nicht einen einzigen Seehund, und Kapitän Fairchild bemerkte, er habe auch bei seinen früheren Besuchen dieser Inseln nie einen gesehen.

Verschiedene Albatrosarten schwebten umher, und Magellanscharben tummelten sich im Wasser. Das Wetter war so schlecht, daß wir einige Male, Dampf haltend, unsern Standort ändern mußten und einen Ankerflügel verloren. Zuletzt warfen wir unter dem Schutze eines Felsens an der Südostseite zwei Anker aus. Etliche Passagiere begannen vom Schiffe aus zu fischen und fingen eine dem blauen Kabeljau ähnliche Art (Felsenfische der *Percis*-Spezies), die einen grünlichgelben Reifen um das Maul hatten. Es wurde uns davon ein Mahl bereitet, sie hatten aber sehr rohes Fleisch und schmeckten wie rohe Muscheln. Als ich einige von ihnen untersuchte, fand ich ihr Fleisch von zahllosen kleinen Parasiten durchsetzt.

Nach einer Weile wurde ein Boot herabgelassen, das Depot versorgt und der Rest der Schafe und Ziegen, die wir von Invercargill mitgebracht hatten, ausgesetzt. Die Pinguine begrüßten uns wieder im Chore mit ihrem lärmenden Konzert.

Die Landung gestaltete sich sehr schwierig. Kaum hob uns eine 3 Meter hohe Welle gegen den Felsen, da sank sie auch schon wieder schnell und zog das Boot mit. Wir mußten den Augenblick benutzen, als das Boot mit der Brandung stieg, und mußten schnell vom Boote auf den schlüpfrigen Felsen springen, wobei wir alle ein unliebsames Bad nahmen.

Die Insel ist ebenso hügelig als die früher genannten und scheint ganz vulkanischen Ursprungs zu sein. In einer Höhe von etwa 180 Meter dehnt sich eine große, von Bergspitzen umrahmte Ebene aus. Mount Galloway, der höchste Berg, ist 396 Meter hoch. Ich erfuhr vom Kapitän, daß auf dem Berggipfel ein Süßwassersee liege, es blieb mir aber nicht genügend Zeit, ihn aufzusuchen.

Die Vegetation besteht aus Tussokgras, untermischt mit Wollkräutern, Anis und Veronica; Gesträuch findet sich hier nicht. Die Süßwasserflüsse der Insel sind durch Guano verunreinigt. Von Vögeln beobachtete ich zwei Arten Papageien, eine Bodenlerche, eine Schnepfe (*Gallinago auclandica*), den Wanderalbatros und *Procellaria lessoni*.

Das ganze Tussokgras am Uferrand war von Eierschalen der Pinguine bedeckt; es war ein Anzeichen der Zerstörungsarbeit eines Räubers unter den Seevögeln, der Raubmöwe (*Lestris parasiticus*). Wenn ein Vogel sein Ei oder das mit Daunen bedeckte Junge auch nur einen Augenblick allein läßt, stoßen sofort ein paar dieser Möwen falkengleich darauflos. Das Junge wird lebend zerrissen und gierig verzehrt.

Ich sah einen halbausgewachsenen Pinguin aus seinem Versteck zwischen einigen Felsen kriechen. Sofort stießen zwei dieser Räuber auf ihn herab und verschlangen ihn auf der Stelle, indem der eine beim Halse zu fressen begann, der andere den Bauch des Pinguins aufhackte. Als ich das Nest eines großen Albatros (*Diomedea exulans*) messen wollte und das darin vorgefundene Ei neben mich hinlegte, stieß eine Raubmöwe herab, zerbrach das Ei und wollte es ungeniert vor mir verzehren.

Die Bodenlerche und die zwei Papageien sind gänzlich verschieden von jenen Arten, die ich auf dem Festlande Neuseelands oder aus den umliegenden Inseln fand, sowohl hinsichtlich Größe und Gestalt als auch im Gefieder.

Die Papageien sind größer und plumper als die neuseeländischen Arten, der Schnabel ist kürzer und stärker, das Gefieder glänzender, mit einem eigenartigen Schimmer gegen die Federspitzen. Sie leben in Erdhöhlen und sind schwer zu erlegen; sie kommen einem fast unter die Füße, indem sie eine kurze Strecke fliegen, dann im Tussokgras laufen und sich schließlich in einer Höhle verbergen. Die größere

Papageiart wurde vor einigen Jahren von Kapitän Fairchild entdeckt; sie waren damals in Menge vorhanden und zutraulich, jetzt waren sie selten und scheu. Die andere Art, die ich entdeckte, untersuchte ich später mit Professor Thomas und Herrn Cheeseman sorgfältig, und da wir fanden, daß sie für die Fauna Neuseelands neu sei, benannte ich sie *Platycercus hochstetteri* (nach Arthur von Hochstetter, dem Sohne meines Freundes und Gönners Ferdinand von Hochstetter). Ebenso stellte sich die Bodenlerche als neu für die Fauna Neuseelands heraus; ich benannte sie *Anthus steindachneri* (nach Dr. Franz von Steindachner, dem nachmaligen Intendanten des Wiener Hofmuseums, in Erinnerung an das Wohlwollen, das er mir so oft bewiesen hatte).

Die Antipodeninseln wurden schon vor vielen Jahren einmal besucht. Herr Bethune fand ein Stück Brett aus Totaraholz, das die Inschrift trug: „*To the M(emory of W.) Foster, Chief Officer of the Sch(ooner) ‚Prince of Denmark', who was unfortunately drown(ed) in the Boat Harbor 14th day of December in the ... 1825.*"

Wir nahmen Pinguine an Bord und ließen die andern laufen, die wir von den Snaresinseln mitgebracht hatten. Dann steuerten wir den 176 Kilometer entfernten Bountyinseln zu.

Es ist dies ein Haufen von 13 Felseninselchen, die ein Gebiet von 5,6 Kilometer Länge und von 2,4 Kilometer Breite einnehmen. Sie sind der Brandung sehr stark ausgesetzt, und eine Landung ist schwierig und gefährlich.

Auf ihnen war kein Depot errichtet worden. Ich sah keinerlei Vegetation, sie waren aber mit Millionen von Vögeln besetzt, drei Arten Pinguinen, denselben wie auf den Antipoden, *Diomedea melanophys* und *chlororhynchus*, *Prion turtur*, usw. Alle brüteten. Der Gestank des Guanos war furchtbar und der Lärm betäubend. Es war kein Plätzchen frei; die Vögel saßen dichtgedrängt nebeneinander; niemals früher habe ich einen solchen Anblick genossen.

Unsere Expedition war beendet; leider war sie viel zu kurz gewesen. Für jede einzelne der Inseln bedurfte es zu genauer ornithologischer Beobachtung monatelanger Arbeit und Studien.

Nach kurzem Aufenthalt bei den Bountyinseln dampften wir nach Port Chalmers, dem Hafen von Dunedin, in 580 Kilometer Entfernung. Das rauhe Wetter verließ uns nicht; selbst als wir bereits in den Hafen einfuhren, tobte der Wind immer noch mit orkanartiger Gewalt.

Neunzehntes Kapitel

Auf bebendem Boden

Ich begab mich nach Wanganui, einer Landstadt der Nordinsel, die ihr rasches Aufblühen der großen Getreide- und Viehausfuhr verdankt. Ich war dort mit der Einrichtung des Naturhistorischen Museums betraut, einer Arbeit, die mich vom 8. März bis zum 24. April 1888 beschäftigte. Nach Abschluß dieser Arbeit rüstete ich mich zu einer letzten größeren Expedition, deren Endziel die Besteigung des höchsten gletschergekrönten Gipfels der Nordinsel, des mächtigen Vulkankegels Ruapehu (2981 Meter), sein sollte. Daran anschließend wollte ich die übrigen vulkanischen Gebiete der Nordinsel besuchen.

Meine touristische Ausrüstung bestand aus einem Rucksack von der respektablen Größe eines Kartoffelsackes. Ich verstaute in ihm ein Paar Reservestiefel, Lederpantoffel, zwei Anzüge, Flanellwäsche zum dreimaligen Wechsel, ein wasserdichtes Leintuch zum Lagern im Freien, zwei Wolldecken, Taschentücher, Medikamente und drei Mundharmoniken, meine ständigen Erheiterer einsamer Raststunden in der Wildnis. Ich führte bei mir Uhr, Kompaß, Aneroid, einen Eispickel aus einem englischen Stahl, den ich zugleich als Axt gebrauchen konnte, und trug bis über die Knie reichende Ledergamaschen. Meine Bergschuhe waren ein Unikum, ein Kunstwerk ganz eigener Art. Das messerscharfe vulkanische Gestein hatte mir schon viele gute Bergschuhe zerschnitten; ich komponierte mir also selbst ein unverwüstliches Modell. Es hatte dreifaches, dreimal mit der Hand genähtes Oberleder, das überdies noch mit Kupfer vernietet wurde; die Sohle war ebenfalls dreifach und starrte von Nägeln und Eisen. Meine Last wog etwa 27 Kilo; bei der Rückkehr war sie, durch die gesammelten Objekte vermehrt, auf ungefähr 45 Kilo angewachsen.

Am 2. Mai um 4 Uhr morgens brach ich auf. Es war ein rauher, kalter Spätherbstmorgen. Hier im fernen Neuseeland peitscht der Herbststurm die sterbenden Blätter von den Bäumen, wenn in der europäischen Heimat das Land in hellem Blühen leuchtet. Dichter Nebel erfüllte das Wanganuital, an dessen rechtem Ufer ich rüstig vorwärtswanderte. Nach zwei Stunden hob sich der Nebel. Von den herbstlich leuchtenden Bäumen funkelten Taudiademe, und die Morgensymphonie der Vögel begrüßte den jungen Tag.

Im Dorfe Kennedy hielt ich Frühstücksrast und folgte dann dem Pfade durchs Upokongaratal. An den grasreichen Hängen weideten Pferde, Rinder und Schafe. Niedliche Holzhäuschen im Schweizerstil hoben sich durch ihren hellen Anstrich von dem dunklen Hintergrund der Berge ab. Das melodische Geläute der Kuhglocken, die blanken Melkzuber vor den Hütten versetzten mich derart in mein geliebtes, so viele Tausende von Meilen fernes Oberösterreich, daß ich einen hellen Juchzer in die Bergwände sandte, die ihn mir mit vielfältigem Echo erwiderten.

Gegen Abend kam ich zur Brücke am Mangowarofluß. Sie bestand aus einem querüber gespannten Drahtseil, an dem eine Holzwiege befestigt war. Das Seil hatte sich so gedehnt, daß es mir unmöglich war, mich in dem schweren Kasten hinüberzuziehen. Es blieb mir nichts übrig, als durch den angeschwollenen, reißenden Fluß zu waten.

Ich entkleidete mich bis auf die Bergstiefel, befestigte meine Last auf Kopf und Schultern und durchquerte dann mit Hilfe meines Bergstockes in Sprüngen den eisigen Gletscherfluß. Spät nachts erreichte ich Masons Station, die Grenzwacht gegen das Maoriland. Wie eine Trutzburg liegt das Gehöft über einer Felsschlucht, durch die sich rasend und schäumend in scharfer Windung der Mangowaro zwängt.

Ich wurde mit der den Neuseeländern eigenen herzlichen Gastfreundlichkeit aufgenommen und war erstaunt, hier, an der Grenze europäischer Zivilisation, ein so behaglich und elegant eingerichtetes Heim zu finden.

Zu Ehren des wegmüden Wanderers gab die Familie ein Konzert. Mädchen und Männer, die tagsüber mit Melkzuber und Spaten hantiert hatten, kamen nun elegant gekleidet in den Salon und trugen mit vollendetem Können klassische Kammermusik auf Violine, Flöte und Klavier vor. Die jüngste Tochter des Farmers sang mit seelenvoller Stimme Lieder. Die Stunden flogen dahin, und es fiel mir schwer, mich am Morgen loszureißen und hart zu bleiben gegen die Bitten der gastlichen Familie, die mich nicht weiterwandern lassen wollte.

Nach kurzer Wanderung kam ich in den Urwald. Ein mächtiger Wasserfall zerstob in farnbaumumkränzte Tiefe. In dichtem Gewirr wuchsen hier Mirofichten (*Podocarpus ferruginea*), deren rote Beeren das Lieblingsfutter der Kiwi und Wildtauben bilden; Tränenfichten (*Dacrydium cupressinum*) mit tief herabhängenden Zweigen, Manukabäume (*Leptospermum tricoides*), deren außerordentlich hartes Holz den Eingeborenen das meistverwendete Material für ihre Waffen liefert, und die parasitische Rata (*Metrosideros robusta*) umrankte mit dicken Armen die mächtigen Bäume.

In Serpentinen stieg ich die Urwaldhänge aufwärts, um ins Hochland zu gelangen. An vielen Stellen war der Boden sumpfig; ich mußte in knietiefem Schlamm wandern, was mich sehr ermüdete. Gegen Mittag erreichte ich das Maoridorf Utuku. Hier hielt ich kurze Rast und wurde mit Süßkartoffeln bewirtet, die mir in einem kleinen Flachskörbchen gereicht wurden. Bald brach ich wieder auf und erblickte nach kurzer Wanderung drei Seen im Talgrunde, die von den Maori als „tabu" angesehen werden, weil hier einer ihrer großen Häuptlinge gestorben war.

Gegen Abend erreichte ich den Matotowa-Pah. Zwei Maorifrauen begrüßten mich; die Männer waren alle zu einem Feste nach Putiki gezogen. Da ich sehr müde war und meine Last mich wundgescheuert hatte, blieb ich über Nacht.

Welch ein Kontrast zwischen gestern und heute! Gestern genoss ich im Kreise wohlerzogener Europäer alle Annehmlichkeiten und Freuden europäischer Kultur und Zivilisation und heute saß ich im tiefen Urwald in einer Rindenhütte, in der nackte Kinder, Hunde und Schweine durcheinanderpurzelten und sprangen und in der zwei tätowierte Häuptlingsfrauen in ihrer Weise die Honneurs machten. Aber eines war gestern und heute gleich: die ehrliche Gastfreundschaft, das Bestreben, dem Fremden das Beste und Schönste zu geben, was sie hatten.

Ich glaube nicht, daß mich zwei einsame europäische Damen in der Wildnis so unbedenklich aufgenommen hätten wie diese Maorifrauen. Mein abenteuerliches Aussehen, die schlammbespritzte Kleidung und der große Sack am Rücken hätten ihnen sicher Angst eingejagt.

Akineta, des Häuptlings erste Frau, brachte Schweinefleisch mit Süßkartoffeln zum Abendessen. Nach dem Mahl spielte ich meinen Gastgeberinnen österreichische Weisen auf der Mundharmonika vor. Das Spiel gefiel der Häuptlingsfrau so gut, daß sie mir kurzweg das Instrument vom Munde nahm.

Nur mit Mühe gelang es mir, meine beste Harmonika zurückzuerlangen im Tausch gegen eine mit weniger werte. Bitter bereute ich es, daß ich zu spielen angefangen hatte; denn die ganze Nacht hindurch konzertierte die musikalisch gewordene Häuptlingsfrau zum Steinerweichen. Zudem war's bitter kalt in der Hütte, und Ratten hielten auf meinem Körper Versammlungen ab. Ich kam also auch hier nicht zum Schlafen.

Bei Tagesanbruch, als in der Hütte noch alles in tiefem Schlafe lag, kleidete ich mich leise an und verließ den Pah, um nicht auch hier das lange Abschiednehmen mitmachen zu müssen. Noch war es finster, und die tiefe Urwaldstille wurde nur selten vom schrillen Pfiff des Kiwi (*Apteryx bulleri*) oder dem melancholischen Rufe der Steineule (*Athene novaezelandiae*) unterbrochen. Erst nach einer Stunde Marsches erweckten die Strahlen der aufgehenden Sonne das Leben des Waldes. Pastorenvögel (*Prosthemadera novaezelandiae*) stimmten ihre melodischen Weisen an, und Raubpapageien (*Nestor montanus*) schlugen bei meinem Nahen Alarm.

Als ich die Anhöhe erreicht hatte, lag das Maoridorf Parapara vor mir. Die Einwohner waren eben aufgestanden. Der Häuptling Tiweta lud mich zum Frühstück ein. Ich verließ bald das Dorf. Etwa drei Kilometer weit dehnte sich das von den Maori kultivierte Land, dann begann wieder die Wildnis.

Als ich die sehr steile Höhe des noch vorliegenden Berges erklommen hatte, brach ich in einen Freudenruf aus: Der Ruapehu lag vor mir!

Wie ein riesenhaftes Königszelt strebt der schneehäuptige Vulkankegel empor aus der weiten, flachen Schale des Beckens von Karioi. Ich ruhte ein wenig, in den Anblick des wunderbaren Bildes versunken. Zwei Huiavögel (*Heteralocha acutirostis*), diese seltenen, von den Maori hochverehrten Tiere, deren Schwanzfedern das höchste Zeichen des Häuptlingsranges bilden, lugten zwischen den Zweigen eines Urwaldriesen auf mich herab.

Der Pfad führte sehr steil abwärts und war oft so schlecht, daß ich bis an die Hüften im Schlamm einsank. Hier erweiterte sich der Urwald zu einem mächtigen Buchendom. Die Stämme der gigantischen Towai (*Fagus solandri*) hätten fünf Männer nicht umspannen können. Schließlich erreichte ich eine Brücke und am andern Ufer des Baches eine gute Straße.

Ich rastete und wusch im Bache den Schlamm von meinen Kleidern. Schon brach die Dunkelheit herein, als ich die Mündung des Taiohuru in den Wangaehufluß erreichte. Von hier ging's weiter auf einem schmalen Pfade, bis mich endlich der Lichtschein eines Maoripahs begrüßte.

Eine ganze Meute kläffender Köter überfiel mich, als ich den Pah betrat, und hätte mich übel zugerichtet, wenn sie nicht der Häuptling Apia Ngawaia und dessen Sohn Parohi zur Ruhe kommandiert hätte. Die beiden luden mich in ihre Hütte ein. Das Feuer wurde frisch angefacht und eine Rinderkeule darüber geröstet.

Obwohl ich sehr müde war, mußte ich nach dem Essen doch noch, der Maorisitte gemäß, einen Schwall von Fragen beantworten. Dann erst wurde für mich im Versammlungs- oder Gemeinschaftshause, der Ruananga, ein Lager aus Matten bereitet. Ich schlief fest und erwachte erst, als die Sonne schon hoch am Himmel stand. Als ich vor die Türe trat, grüßte mich der firnfunkelnde Gipfel des Ruapehu, der zum Greifen nahe schien.

Ich hielt hier einen Rasttag, denn das viele Waten im Schlamm während des 80 Kilometer langen Matsches hatte mich stark mitgenommen. Am nächsten Morgen setzte ich neugestärkt meinen Weg nach Murirmutu fort. Hier gab's schon wieder Europäer. Maori und Schäfer galoppierten durch die mit Schneegras (*Dentonia*) bewachsene Hochebene, auf der Tausende von Schafen weideten. Ich nahm bei einem Krämer Quartier und lernte einen Franzosen kennen, einen gebildeten Mann, der sich in die Wildnis zurückgezogen hatte und hier glücklicher lebte als in der großen Welt.

Abends kam eine Schar Maorimädchen auf Besuch; ein Schäfer spielte auf einer alten Fiedel zum Tanze auf, und ich erfreute mich am Anblicke der graziösen Tanzbewegungen der bronzefarbenen Schönen.

Ein prächtiger Herbstmorgen folgte. Der eisgepanzerte Bergriese glänzte und funkelte im Morgenlicht und zog mich wie ein Magnet in seinen Bann. 40 Kilometer noch, und ich stand an seinem Fuße!

Ich frühstückte zeitig und verließ, von einem Schäfer begleitet, die Station. Wir marschierten etwa 20 Kilometer nach dem Kompaß schnurgerade durch die Ebene. Am „steinigen Flusse", wo wir Mittagsrast hielten, war ringsum trostlose Wüste. Unübersehbar dehnten sich Moränenhalden, auf denen zahlreiche große Felsblöcke zerstreut lagen; auch die steilen Hänge des Ruapehu stiegen kahl in den Himmel. Nirgends ein Baum, so weit man sehen konnte.

Da ich vermutete, in Nordosten einen leichteren Aufstieg zu finden, gingen wir in dieser Richtung weiter. Wir kamen über Lawinengänge und ausgetrocknete Wildbachbetten nur langsam vorwärts, da die fußhohe Aschenschicht uns immer bis an die Gelenke einsinken ließ. Sonnenglut und Staub trockneten uns Mund und Kehle aus.

Geiser am Rotmahanagebiet.

Dorf vor der Verschüttung durch den Tarawera-Ausbruch.

Schon war es finster, als wir, freudig aufhorchend, in der Nähe das Rauschen eines Baches vernahmen. Wie „bitter" wurden wir aber enttäuscht! Jeder von uns hatte einen kräftigen Schluck getan, aber ebenso schnell spuckten wir das Wasser wieder aus, da es uns den Mund zusammenzog; es war eine Alaunquelle! Ein freundlicher Willkommgruß des alten Ruapehu! Die Quelle war der Ursprung des Wangaehu.

Dorf nach der Verschüttung durch Schlammassen.

Da sich mein Begleiter in der Finsternis nicht zurechtfinden konnte, schlug ich vor, zu lagern. Er wollte aber noch eine am Fuße des Vulkans Ngauruhoe gelegene Eingeorenenhütte erreichen. So kletterten wir denn in völliger Finsternis weiter und gelangten schließlich, nachdem wir mehrere steile Schluchten glücklich durchqauert hatten, zum Waipohawafluß.

Es war ein Wagestück, in der Finsternis durch den reißenden Fluß zu waten, aber nach mehrmaligem Hinfallen und manchem blutigen Riß fanden wir doch endlich den Pfad, der zu den Maorihütten führt. Da wir sie unbewohnt und verschlossen fanden, öffneten wir eine gewaltsam, zündeten Feuer an, aßen und lagen bald in tiefem Schlaf.

Der Morgen war kalt und neblig, so daß mein Begleiter von einem Aufstieg nichts wissens wollte. Bei dieser veränderlichen Jahreszeit konnte ich vielleicht noch eine Woche warten, ehe ich günstigeres Wetter zum Aufstieg fand, und dann war's für dieses Jahr für mich zu spät.

Ich nahm daher kurz entschlossen Eispickel, Kompaß, Aneroid, Proviant usw. und verließ allein die Hütte. Aber mein Begleiter folgte mir doch nach. Tags vorher hatte ich schon mit dem Kompaß die Richtung genommen, in der mir der beste Aufstieg zu liegen schien. Ich stieg in südöstlicher Richtung längs eines ziemlich breiten und tiefen Schrundes aufwärts.

Gespenstig und kalt breitete sich das Nebellaken über dem Chaos durcheinandergestürzter und aufeinandergetürmter Felsblöcke. Pflanzenlos dehnten sich die steilen Halden um uns. Weiter oben riß der Wind den Nebel in Fetzen und enthüllte uns für Augenblicke das silberschimmernde Haupt des Ruapehu.

Mein Begleiter blieb immer weiter zurück, und als wir auf etwa 1800 Meter Höhe angelangt waren, wurde er von Unwohlsein befallen. Er kehrte um und versprach, weiter unten auf mich zu warten und ein großes Feuer zu unterhalten, damit ich ihn leichter finden könnte.

Ich wandte mich weiter aufwärts, und als der Nebel zerronnen war, erblickte ich vor mir einen geröllübersäten Kamm, der zu den Schneefeldern aufwärts führte. Vom oberen Ende dieses Kammes zog sich ein schmaler Eisgrat steil zum ausgewaschenen, halb verfallenen Krater. Ich begann den Aufstieg in nordöstlicher Richtung, erst über mit loser Asche bedecktes Gelände, dann über den Gerölldamm und schließlich langsam und mühevoll über den Eisgrat bei tüchtigem Gebrauch des Pickels.

Ich verfolgte den Kraterrand in östlicher Richtung. Zur Rechten ragten scharfkantige Felsen aus dem Eise empor, zur Linken gähnte der Kraterabgrund. Wieder ging's einen scharfen, steilen Eisgrat entlang zur eigentlichen Spitze des Ruapehu. Von hier enthüllte sich mir mit jedem Windstoß, der das wogende Wolkenmeer teilte, das seltsame pockennarbige Antlitz der Nordinsel Neuseelands.

In nächster Nähe gegen Norden ragten die dampfenden Vulkanschlote des Tongariromassivs auf, mit ihrem höchsten, 2280 Meter hohen Kegel, dem Ngauruhoe, und unter mir in Nordosten blinkte die weite, himmelblaue Fläche des 40 Kilometer langen Tauposees aus üppigem Gelände wie ein Spiegel in grünem Rahmen. Ganz anders das Bild weiter draußen im Nordosten. Hier hatte die fürchterliche Tarawera-Eruption blühendes Land in tote, graue Wüste verwandelt. So weit das Auge reicht, ist Berg und Tal von Schutt und Asche bedeckt. An Stelle mächtiger Urwälder ragen ausgedehnte Gruppen verkohlter Baumstrünke auf, und öde Mauerreste bezeichnen die Plätze, an denen einst zukunftsfreudige Menschen hausten. Gegen Westen änderte sich das Bild. Unabsehbar dehnten sich mächtige Urwälder in allen Abstufungen von Grün über Bergzüge und Ebenen.

Kalter frostiger Wind erweckte mich aus meiner Versunkenheit. Ich war von Tagesgrauen an bis 2 Uhr nachmittags geklettert, ohne zu rasten, und fühlte nun meinen Körper vom langen Stehen erstarren. Es war hoch an der Zeit, an den Rückweg zu denken, denn auch der Nebel wurde zusehends dichter und erschwerte mir die Orientierung.

Als ich den Eisrand wieder erreicht hatte, kam ich zu weit nach Osten. Der abschüssige Fels war mit loser Asche bedeckt. Mit Einsetzen der Knie und Ellenbogen begann ich langsam abwärts zu klettern, aber plötzlich verlor ich unter den Knien den Halt, und ehe ich Zeit hatte, meinen Eispickel einzuschlagen, flog ich mit dem sinkenden Abrutsch pfeilschnell in die Tiefe. Ganz zerschunden zwischen Lavablöcken und Asche gelandet, untersuchte ich meine Knochen. Sie waren Gott sei Dank heil; aber mein Aneroid, das ich, zwischen drei Taschentücher gewickelt, im Futterale trug, und das mich fünf Pfund Sterling gekostet hatte, klapperte bedenklich, und auch mein Kompaß war weg.

Wie ich ein Viertel der Bergeshöhe abgestiegen war, trat ich aus der Nebelmauer in den herrlichsten Sonnenschein. Es dunkelte schon, als ich die Maorihütte erreichte. Pferde grasten noch, und einige Hunde nagten an Schafsknochen. Tätowierte Maori brieten Hammelkeulen am Lagerfeuer, und Maoriweiber buken Kuchen. Sobald sie mich sahen, erklang von aller Lippen der Ruf: „Heremai, Pakeha, Heremai ti kai!" (Sei gegrüßt, Fremdling, komm zum Mahle!)

Hier fand ich auch meinen „Führer" und Begleiter wieder, der sich bis zu den Hütten zurückgezogen hatte. Henipoto, die Häuptlingsfrau, setzte uns Hammelbraten und in glühender Asche gebackene „Kuchen" vor. Solche Kuchen und eine primitive Art von Rohrnudeln befinden sich in meiner ethnographischen Sammlung im Wiener Staatsmuseum; sie stammen von einem mir zu Ehren veranstalteten Festmahle des Ngatimahutostammes in Hikurangi.

Nach dem Mahl mußte ich, obwohl mir alle Glieder schmerzten und meine zerschundene Haut wie Feuer brannte, den Erzählungen der Maori lauschen und ihre Fragen beantworten.

Ein alter Maori erzählte eine ergötzliche Sage vom Ruapehu, seinem Freunde Tongariro und dem vertriebenen Taranaki (Mount Egmont).

Vor vielen Jahren lebten Ruapehu, Tongariro und Taranaki freundnachbarlich dort, wo jetzt der Tauposee liegt. Aber ein herrliches Götterweib, der Berg Pihanga, störte ihre Ruhe. Tongariro und Taranaki entbrannten gleicherweise in Liebe zu der schönen Jungfrau. Von eifersüchtiger Wut gepackt, überfiel Taranaki den Tongariro und prügelte ihn, daß ihm der Angstschweiß als glühende Lava von der Stirne rann. Seither ist der Tongariro so zerklüftet.

Aber Tongariro war stärker; obendrein fand er in dem alten Ruapehu einen Bundesgenossen. Taranaki mußte fliehen und zog auf der Flucht die tiefe Furche des Wanganuitals. Am Ende des Wanganuiflusses hielt er inne und blickte zurück; aber da sah er das Hohnlächeln seiner Geliebten und die blitzeschleudernden Blicke seiner Feinde. Er wanderte also weiter bis Patea, aber auch von hier aus sah er noch die Verhaßten. So wanderte er noch hundert Meilen weiter bis ans Meer. Hier steht er heute noch und beschaut sein gramdurchfurchtes Antlitz in der See. Nur selten heben schwere Seufzer seine harte Brust, dann erbebt die Erde weithin von seinem Schmerz.

Von den Maorihütten hatte ich einen Marsch von 58 Kilometer an einem Tage zurückzulegen. Infolge der schweren Last, die ich zu tragen hatte, in Schweiß gebadet, mußte ich oft Flüsse mit eisigem Gletscherwasser durchwaten. Der Pfad zog sich bis Tokano am Tauposee durch ein breites, farnbewachsenes und mit Bimsstein übersätes Tal. Schon von weitem sah ich die Dampfvulkane von Tokano.

Als es dunkel geworden war, erblickte ich in der Ferne ein Licht, auf das ich zuging. Ich gelangte zu einer Maorihütte, bei deren Bewohnern ich mich nach dem Weg zu dem in Tokano befindlichen Gasthause erkundigte. Die Maori wiesen mir zwar die Richtung, aber es war so finster, daß ich sie verfehlte.

Plötzlich fühlte ich mich am Arme gepackt und zurückgerissen. Als ich mich umwandte, sah ich eine Eingeborene, die mir zurief: „Hot, Hot! (Heiß, Heiß!) Ich war infolge der herrschenden Finsternis auf dem besten Wege in eine heiße Quelle gewesen! Auf solche Art hatten selbst Eingeborene schon ihr Leben eingebüßt. Das Weib geleitete mich dann nach Tokano.

Unmittelbar an diesen Ausflug schloß sich die Wanderung durch das vulkanische Gebiet. Den Ausgangspunkt bildete Tokano am Tauposee. Dieser See ist 40 Kilometer lang und 27 Kilometer breit und breitet sich auf einer von Gebirgen umschlossenen Ebene aus. Am östlichen Ufer, in der Tiefe des Sees, liegt ein versunkener Urwald, der an klaren, ruhigen Tagen sichtbar ist.

Tokano ist der Ausgangspunkt für verschiedene sehr interessante Wanderungen, z. B. auf die Vulkane Tongariro, Ngauruhoe, Ruapehu, dann zum Wasserfall Waihi, wo sich der Pah des berühmten Häuptlings Te Heuheu befindet. Es gibt hier Hunderte von heißen Quellen. In der Nähe liegt auch der Pah des durch seine Grausamkeit berüchtigten Häuptlings Tohu mit einer schön geschnitzten Runanga.

Heute ist Tokano ein auch von Europäern häufig besuchter Kurort, während zur Zeit, als ich auf Neuseeland weilte, sich fast nur Maori der wohltuenden Wirkung der heißen Quellen erfreuten. Als der Häuptling Pauriri im letzten Krieg gegen die Engländer in den sechziger Jahren schwere Verwundungen erlitt, brachten ihn die Eingeborenen zu einer solchen warmen Quelle, die später nach ihm benannt wurde und in der er täglich badete. Er genas vollständig und lebte zu meiner Zeit noch, obwohl eine Kugel in seiner Hüfte steckte und sein Körper arg zerlöchert war.

Interessant ist, daß sich die Temperatur dieser Quellen nach einer Reihe von Stunden erheblich ändert, so daß man in derselben Quelle, in der man ein laues Bad nehmen kann, nach einigen Stunden verbrüht wird.

Von Tokano aus begab ich mich zuerst nach Taupo und von dort nach Wairakei ins Geisertal. Dieses Tal dampft und sprudelt von zahllosen Geisern, deren Anblick ein wunderbares Naturschauspiel gewährt.

Der große Wairakei z.B. sendet von sechs zu sechs Minuten siedendes Wasser bis zu einer Höhe von 9 Meter in die Lüfte; in der Zwischenzeit kann man an den Geiserrand treten und in den dampferfüllten Abgrund schauen. In seiner Nähe dröhnt unaufhörlich unterirdisches Getöse, das wie das Schlagen eines Dampfhammers klingt. Weiter im Tal liegt der „Versteinerungsgeiser", in dessen Wasser alle Gegenstände mit einer Sinterschicht überzogen werden. Er sandte sein Wasser 7 ½ Meter hoch in die Luft; seit der Tarawera-Eruption im Jahr 1886 ist seine Wassersäule um 1 ½ Meter gefallen. Wir finden dort ferner einen eisenhaltigen schwarzen Geiser und kleine Schlammvulkane, die mit kochendem gelben und rosafarbenen Schlamm erfüllt sind; dann die „Champagnerbowle", einen Geiser, dessen Wasser aus der Tiefe ununterbrochen perlenden Schaum aussendet; außerdem einen kleinen, wundervoll tiefblauen See und einen andern kleinen See, aus dessen Grund ununterbrochen dumpfes Schlagen ertönt und dessen Ufer alle zwei Minuten erzittern.

Von hier wanderte ich durch die weite Kaingaroa-Ebene, die Herden verwilderter Rinder und Pferde zum Aufenthalt dient, bis Orakei, einem am Waikatofluß gelegenen Maoridorf. Hier gibt's wieder heiße Quellen und Geiser.

Weiter ging es über das grasbewachsene Tafelland Tahunatana. Mehrere Plätze bieten den Anblick verfallener Festungen mit Erdwällen und Gräben. Orakeikorako kam in Sicht, ebenfalls ein Maoridorf, das zwei schön geschnitzte Runangas besitzt. Das Dorf liegt am Fuße eines hohen Gebirges; durch das Tal schlängelt sich der Waikatofluß, an dessen beiden Ufern sich Quellen von blauer, gelber und grüner Farbe befinden. In unmittelbarer Nähe des Dorfes liegt ein ovalgeformter Berg, der aus Hunderten von Löchern stoßweise in einem fort Dampf ausstößt. Auch eine schöne Alaungrotte ist hier in der Nähe.

Ich verfolgte den Waikatofluß zwischen hohen Gebirgen bis Ateamuri, von wo aus eine gute Straße durch Gebirgstäler bis Ohinemutu führt. Ich besuchte Whakarewarewa mit seinen Geisern und Sintertetrassen, dann ging's weiter über Waikari, die zerklüftete, sogenannte Erdbebenebene.

Als ich in das Turepatal gelangte, kam der Vulkan Maungakakaramea in Sicht, dessen rote, weiße und gelbe Sinterschichten weithin glänzten. Dieser Berg ist sehr porös, und seine Besteigung erfordert wegen der Gefahr des Einbrechens große Vorsicht. Von seiner Spitze aus hatte ich eine prächtige Fernsicht, namentlich über das vulkanische Gebiet mit sieben Seen, die Kaingaroa-Ebene und über das interessante Waiotaputal.

Am Fuße des Berges liegt der See Ngahewa. Vor der Eruption im Jahr 1886 war sein Wasser klar und von zahlreichen Fischen, Krebsen und Muscheln bewohnt; nach der Eruption trübte sich das Wasser, und alle Lebewesen wurden getötet.

Das Waiotaputal ist besonders durch seine vielen, kleinen Krater interessant, von denen einige schwarze Wände zeigen, andere mit Schwefelkristallen oder Sinterschichten ausgekleidet sind. Auch Schlammvulkane kommen hier vor, die den heißen Schlamm biz 3 ½ Meter hoch schleudern. Ich nannte einen „Hochstetter-Krater". An einem andern Platze liegt eine Anzahl kleiner Schlammkegel, die Blasen auswerfen und wie das Abfeuern eines Zündhütchens knattern; ich nannte sie „Parkers-Cones", nach meinem Freunde Professor Parker.

Weiter gegen Osten liegt ein Heißwasserfall zwischen üppiger Vegetation, dem ich zu Ehren der Stadt Wien den Namen „Wienerfall" gab. Über Aschen- und Schlammfelder, das Gelände der fürchterlichen Tarawera-Eruption, ging ich nach Wairoa, dem einst blühenden Badeorte am Ufer des Tarawerasees, nahe der Weißen und Rosa Terasse auf Rotomahana, jener Märchengebilde, die samt dem Orte verschüttet wurden.

Die Eruption des Tarawera erfolgte am 10. Juni 1886 frühmorgens. Schon einige Monate vorher war eine lebhaftere Tätigkeit der Geiser und Vulkane zu bemerken. Am 10. Juni, um ½ 3 Uhr früh, herrschte in Auckland große Bestürzung. In der Stadt, die ungefähr 240 Kilometer vom Eruptionsgebiet entfernt liegt, hörte man gewaltige Detonationen, die wie lebhaftes Artilleriefeuer klangen. Man hielt sie anfänglich für Notsignale eines im Rangitotokanal verunglückten Dampfers, aber bald vermittelten Telegramme die Kunde von der Naturkatastrophe.

In der Nacht vor der Eruption begann der Boden zu zittern. Während der Eruption stiegen aus den Kratern Feuerzungen bis zu 14 Kilometer Höhe auf, und ein Regen von Feuerbällen fiel auf das Land. Die Geiser entfalteten eine ungeheure Energie, der Boden war in ständiger Bewegung, eine Reihe neuer Vulkane öffnete sich, die Dampf, Flammen, Asche, Schlamm und Steine spien. Die Gegend war in völlige Finsternis gehüllt; die entsetzten Einwohner flohen nackt.

Wairoa wurde verschüttet, die berühmten Terrassen wurden zerstört, der Rotomahanasee versickerte und verdampfte gänzlich, und große Erdspalten taten sich auf. Viele Hunderte Menschenleben fielen diesem Wüten der Natur zum Opfer.

Gleichzeitig mit der Eruption im Tarawagebiet erfolgte ein Ausbruch des als erloschen geltenden Ruapehu; ein großer See siedenden Wassers bildete sich im Gipfelkrater. Viel später, am 14. März 1895, verdampfte dieses Wasser mit weithin hörbarem Brausen und Felsblöcke wurden aus dem Krater geschleudert.

Schlamm und Asche lagen noch jetzt, zwei Jahre nach der Eruption, an manchen Stellen über 6 Meter hoch. Das verschüttete Terrain hat eine Ausdehnung von mehr als 32 Kilometer. An Stelle des mächtigen wunderschönen Tikitapu-Urwaldes ragt ein Friedhof kahler, ihrer Rinde und Äste beraubter, schwarzer Baumstümpfe auf.

Unter den Abbildungen befindet sich das Porträt Tuhotos, eines Priesters und Zauberers der Maori. Er hatte geglaubt, an der Naturkatastrophe durch seine Beschwörungen Schuld zu tragen, und blieb während des Ausbruches in seiner Hütte beim Taraweraberg. Er wurde verschüttet und nach fünf Tagen noch lebend ausgegraben. Als man ihm die von Ungeziefer bedeckten Haare schor und ihm damit den größten Schimpf antat, der einem Priester wiederfahren konnte, starb er durch Autosuggestion.

Ich bestieg den Te Kumi, einen steilen Berg. Da seine Wände mit Asche und Schlamm bedeckt waren, war das Überklettern der Wasserrinnen und Erdspalten sehr schwierig. Vom Gipfel aus hatte ich eine prachtvolle Fernsicht über das verwüstete Gebiet im Nordosten, über die Gebirge Whakapounga, Maungatautari und Rangitoto im Westen, Parapara und Mount Gdgecumbe im Osten, Kaimanawa, Tongariro und Ruapehu im Süden, sowie über eine Anzahl Seen.

Ich wanderte weiter nach der zerstörten Ortschaft Tikitapu, in deren Nähe sich ein See von milchweißer Farbe befindet, der innerhalb vier Stunden um 5 Zentimeter stieg, ohne daß seine Fläche in Wallung geriet. Einige Tage lang durchforschte ich die Umgebung von Ohinemutu am Rotoruasee, dann ging's in der Postkutsche durch Urwald nach Oxford. über Matamata, eine Musterfarm, marschierte ich weiter nach Te Aroha, wo ich die Bergwerke besichtigte (Blei, Silber und andere Erze), und kam über Waranganai und Puriri schließlich nach Thames.

Die Weiße Terrasse vor dem Tarawera-Ausbruch.

Geiser der Weißen Terrasse.

Wald von Tikitapu nach dem Tarawera-Ausbruch.

Auch diesmal stattete ich den Goldfeldern und der vorzüglich eingerichteten Bergwerksschule einen Besuch ab, dann kehrte ich mit dem Dampfer „Enterprise" nach Auckland zurück.

Am 10. Juni 1888 erreichten wir den Kai gegen 1 Uhr früh. Ich war überrascht, als mich eine altbekannte Stimme anrief:

„*Halloh, old man, come along to my house!*"

Es war mein Freund Grainger, der mich seit 10 Uhr abends erwartet hatte.

Meine letzte Expedition auf Neuseeland war zu Ende. Über 480 Kilometer hatte ich dabei zu Fuß zurückgelegt. Während der Wanderung durch das vulkanische Gebiet schüttelten mich die Nächte hindurch die Vibrationen des Bodens; die heißen Bäder haben mir sehr gut getan.

Von dieser Wanderung brachte ich eine reichhaltige, interessante Sammlung von Mineralien, Erzen und vulkanischen Auswurfstücken mit, die ich der Geologischen Reichsanstalt in Wien übersandte.

In Auckland erwartete mich eine höchst unerfreuliche Nachricht. Der Inhalt einer großen Anzahl von Kisten, die wertvolle, zum Teil unersetzliche Sammlungsgegenstände meiner letzten Expeditionen enthielt, war infolge Nachlässigkeit der Matrosen durch Eindringen von Seewasser verdorben. Sämtliche Zeitungen Neuseelands und hervorragende Private verlangten, die Regierung, auf deren Dampfer die Kisten befördert worden waren, solle eine angemessene Schadenersatzsumme an mich zahlen. Allgemeine Teilnahme gab sich kund; ich lehnte aber die angebotene Einleitung einer Nationalkollekte ab.

Der letzten Expedition folgten nur noch kleinere Ausflüge, so im September 1888 und im Januar 1889 nach Papakura, südöstlich von Auckland, und Hunna, ebenfalls auf der Nordinsel. Meine Arbeit auf Neuseeland war beendet.

Eine Fülle von Sammlungen, einen reichen Schatz an Beobachtungen und Entdeckungen – dieses Geschenk wollte ich meiner lieben Heimat überbringen.

Zwanzigstes Kapitel

Abschied von Neuseeland
Mit einer Nachschrift des Herausgebers

Am 20. Februar 1889 verließ ich Auckland. Die letzte Woche war ein Rausch der Freude und des Leides zugleich für mich. Ich erhielt eine Unzahl danksagender Briefe und eine Dankadresse für die Dienste, die ich der Kolonie geleistet hatte.

Das Scheiden von diesem herrlichen Lande, das mir eine zweite Heimat geworden war, und von den vielen treuen Freunden, die ich mir erworben hatte, ergriff mich sehr. Um 5 Uhr nachmittags kam der Dampfer an; bald wehten die weißen Fähnlein des Abschieds in den Lüften als ein letztes Lebewohl! Ich sah noch einen Herrn zum Molo eilen, mit einem Brief für mich in der Hand; aber schon zerschnitt der Dampfer den Spiegel der Bucht. Ich ging bald zu Bett, todmüde von den Anstrengungen und Aufregungen der letzten Tage.

Am 25. Februar erreichten wir Sydney. Ich nützte den Aufenthalt zum Besuche der Museen, des Zoologischen und Botanischen Gartens. Am 2. März ging's weiter; das Wetter war herrlich, der Ozean war ein unermeßlicher, farbenleuchtender See. Nach zwei Tagen kamen wir nach Melbourne, von wo ich am 10. März weiterfuhr. Das Wetter hatte sich geändert, und wir tanzten auf Wogenbergen gegen Adelaide.

Ein Verlust, der mir sehr naheging, war auf dieser Strecke zu beklagen. Ich hatte ein paar Kiwi und Kakapo mitgenommen, die ich lebend in meine Heimat bringen wollte. Durch die Unachtsamkeit eines Matrosen kam Seewasser in ihre Käfige, die armen Tiere wurden von Krämpfen befallen und gingen ein. Nur vier der seltenen Brückenechsen, ein Maorihuhn, einige Tauben und Enten blieben am Leben.

Am 14. März spät abends erreichten wir den Hafen von Albany. Vom 25. März bis 3. April weilte ich auf Ceylon, dem Wundergarten Asiens, und besichtigte Museen und einige buddhistische Tempel. Die Hitze war unerträglich geworden, 36 Grad Celsius im Schatten. Die Weiterfahrt erfolgte über Aden, Suez, Port Said und Brindisi. Am 18. April betrat ich in Triest wieder den heimatlichen Boden, und am 15. April 1889 traf ich aus dem Südbahnhofe in Wien ein.

Nachschrift des Herausgebers

Reischeks Bescheidenheit ließ ihn das große Opfer verschweigen, das er seiner Heimat brachte, als er sich entschloß, nach Osterreich zurückzukehren.

Reichtum und einflußreiche Stellung in der Kolonie, die ihm sicher waren, wenn er seine Sammlungen und sein Werk an England verkaufte, lockten ihn nicht – ihn, den nicht einmal das Amt eines friedenstiftenden Häuptlings unter seinen Maori gelockt hatte, die er höher achtete als die meisten Europäer. Es ist ein wunderbares Werk der Selbstlosigkeit, ebenso hoch als die Arbeit seiner Forschungen zu werten, daß er seinem Vaterlande seine Reichtümer hingab, und als es ihm nicht dankte, ohne Groll in die Masse zurücktrat und weiterschuf, ein unentwegter, anspruchsloser Arbeiter, seiner Heimat treu!

Einundzwanzigstes Kapitel

Die letzten Jahre
Vom Herausgeber

Beim Feste des Wiedersehens in der Heimat darf eine stumme Heldin dieses Lebensromans nicht vergessen werden: Reischeks Frau, meine unvergeßliche Mutter, die in unwandelbarer Treue und Liebe, unter vielen Entbehrungen und harter Arbeit auf ihres Mannes Rückkunft geharrt hatte.

Nach kurzer, glücklicher Ehe hatte sie, ein junges, lebensfrohes Weib, ihren Mann auf „drei Jahre" in die Fremde ziehen lassen, und als er nach drei Jahren nicht kam, sondern schrieb, daß seine Kraft, sein Leben der Menschheit, der Wissenschaft gehöre, leistete sie den großen Verzicht. Sie opferte der Menschheit, der Wissenschaft ihr Recht des Blutes und viele Hunderte glücklicher Tage der Jugend.

Auf dem Südbahnhof in Wien stand zitternden Herzens eine Frau, deren Haar von silbernen Fäden erhellt war – und als sie dem bärtigen, bronzebraunen Mann entgegenlief, da stand er einen Augenblick betroffen und fühlte die Schuld der versagten Jugend- und Liebesjahre. Aber aus ihren Augen leuchtete ihm Glück, Jugend und Liebe – und er umfing sie und versank in dem Kusse der Heimat, der Mutter, der Erde – die ihn wiederhatte!

Die unerschöpfliche Natur dankte ihm, der ihr in Ehrfurcht und Liebe gedient hatte, und dankte dem liebenden Weibe mit einem Geschenk, dem banalsten und doch göttlichsten Wunder im Leben: zwei Jahre nach Reischeks Rückkunft gebar ihm seine Frau einen Sohn. Nun war der Ring des Lebens geschlossen: Reischeks Leben hatte einen neuen Zweck; das Opfer für die Menschheit war gebracht – nun begann das Opfer für die Familie.

Und Reischek schaffte auch hier mit Leidenschaft und Feuer. Ich sehe es als einen fast biblischen Heroismus an, daß mein Vater, dessen Geist und Seele frei waren, der aus einem Lande der Freiheit kam, in dem die Menschen nach ihrem Persönlichkeitswerte geachtet werden, hier, in der Enge einer Heimat, ohne Haß, ohne Gedanken an Flucht aus dem Joche diente.

Diese Heimat, in der ein stumpfsinniger Kastengeist über alles Schöpferische triumphierte, die einen Ressel, Kreß und viele andere Erfinder, Künstler, Wissenschaftler, schöpferische Menschen in Armut gleichgültig hatte zugrunde gehen lassen, und diese dominierende Dummheit, die es Reischek fühlen ließ, daß er „nur" ein Selfmademan, nur ein Präparator war und kein akademisch Gebildeter: dies bescheiden und zufrieden zu tragen, obwohl er in einer englischen Kolonie gelebt, die ein solches Leben nicht für möglich gehalten hätte, und obwohl er unter den Maori die Urkraft edler Einfalt kennengelernt hatte: ist das nicht Heroentum der Heimatliebe!?

Es sei mir vergeben, wenn ich – weil es mein Vater war – sein Verdienst überschätze und die Heimat anklage. Die Erzählung des weiteren Schicksals Reischeks in seiner Heimat soll dem Leser ein objektives Urteil ermöglichen.

Reischek hatte sein Versprechen, die einzigartigen Sammlungen seiner Heimat zu geben, gehalten. Nun war er da und glaubte, das Hofmuseum werde ohne Zögern sein Angebot annehmen. Er war arm und konnte die Schätze nicht verschenken; aber er forderte nur so viel – in Wirklichkeit viel, viel weniger –, als er dafür an Geld aufgewendet hatte. Der sehr bescheidene Betrag sollte es ihm ermöglichen, seiner Familie ein eigenes Heim und eine bescheidene, aber von den drückendsten Sorgen freie Existenz zu schaffen.

Aber Österreich hatte auch dieses Geld für ihn nicht übrig. Wohl entbrannte in den Zeitungen ein papierener Kampf, der mit Zuhilfenahme aller rhetorischen Waffen das Kulturgewissen Österreichs wachrufen sollte.

Reischek erhielt inzwischen um Vielfaches höhere Angebote vom Ausland, insbesondere aus England; aber er wartete. Es kamen viele ausländische Gelehrte, darunter Virchow, die von der Fülle und der Leistung überrascht waren und die ihm dringend rieten, wieder einzupacken und abzureisen. Aber Reischek wartete. Nach vielen Bemühungen gelang es endlich einigen edlen Freunden Österreichs und Reischeks (Hofrat Heger, Graf Wilrczek und andern), die Summe aufzubringen und die Sammlungen dem Wiener Hofmuseum als Geschenk anzubieten.

Die Annalen des k. k. Naturhistorischen Hofmuseums vom Jahr 1890 berichten ausführlich über die Neuerwerbung dieser großartigen Sammlung, die für alle Abteilungen des Museums wichtige Beiträge lieferte:

„Ihre Hauptbedeutung liegt in der ethnographischen und in der zoologischen Sammlung. Die erstere enthält zunächst 453 Nummern aus Neuseeland und dürfte die letzte große Kollektion von Maorigegenständen sein, die überhaupt nach Europa kommt. Dazu kommen 37 echte Maorischädel, eine Zahl, die nur von wenigen Sammlungen erreicht werden durfte, deren Hauptwert aber, wie der der ethnographischen Stücke, in der vollkommenen Verläßlichkeit der Provenienz gelegen ist. Die ornithologischen Objekte umfassen 3016 Exemplare, und zwar 738 exotische Vögel und 2278 Stücke vorwiegend aus der Ornis von Neuseeland; auch einige, wie es scheint, neue Formen sind in der Sammlung vorhanden. Die Säugetiersammlung enthält 120 Bälge, die Sammlung von Fischen und Reptilien umfaßt 8000 Stück, von Pflanzen enthält die Reischek-Sammlung 2406 Nummern."

Reischek lebte nach seiner Rückkehr anfangs in Klosterneuburg; dann, als sein Opfer gebracht war, zog es ihn zur heimatlichen Scholle. In Käfermarkt, dessen Wäldern und Tieren er das erste Ausleben seiner naturwissenschaftlichen Neigung verdankte, kaufte er sich ein Haus und hauste dort unter einfachen Bauern, die ihn liebten und ehrten, wieder in den heimischen Wäldern jagend und beobachtend, bis ihn seine Vaterstadt Linz zu neuem Dienst berief.

Das neugebaute Museum Francisco-Carolinum sollte eingerichtet werden, und Reischek, der schon in Neuseeland mehrmals solche

Arbeit genial und fachkundig geleistet hatte, schien seinen Landsleuten der geeignetste Mann hierzu. Er nahm an und mit Feuereifer ging er an die Arbeit. Die Sonntage gehörten seiner Familie und den Wäldern Käfermarkts, die Wochentage dem Museum.

Im Jahr 1898 erwarb er in Linz ein idyllisches, auf einem hohen Felsen über der Donau thronendes Heim und konnte nun wieder ganz seiner Familie leben. Aber es war ihm nur noch ein kurzes häusliches Glück beschieden.

Ich sehe ihn noch lebendig vor mir, den großen, sehnigen Mann mit der hohen, ausdrucksvollen Stirn, der edlen Hakennase und den tiefen, wunderbaren Forscheraugen, wie er mich durch Wiesen und Wälder führte, mir jedes Tier zeigte und von den Lebens- und-Naturgeheimnissen zu mir sprach. Er lehrte mich Tiere und Pflanzen lieben und mit offenen Augen und Ohren den Rhythmus der Natur erleben.

Es waren Feierstunden für den Knaben, wenn der Vater von seinen Forschungen und Erlebnissen erzählte – seine Rede war einfach und doch so anschaulich. An stillen Abenden, im Kreise einiger lieben Freunde, pflegte Reischek seine Trösterin in der Wildnis, eine Mundharmonika, hervorzuholen, und er entlockte diesem unscheinbaren, primitiven Instrument wunderbare, selbstkomponierte Weisen. Ich habe niemals dieses Instrument so spielen oder so seltsam tönen hören: es klang wie Geigen und Flöten!

Reischek kannte aber, wenn es Pflicht und Arbeit galt, keine Feierstunden und keine Rücksicht auf seine Gesundheit. Als am Römerberg ein altes keltisch-römisches Lager ausgegraben wurde, war er schon frühmorgens oben, griff selbst mit Spaten und Hacke zu, dann lief er – schweißgebadet – ins Museum, erledigte in der überheizten Kanzlei sein Pensum und ging hierauf ins eiskalte Laboratorium, wo er präparierte und konservierte.

Er traute seiner Energie und Gesundheit zuviel zu; er achtete der heftigen Erkältung und des Fiebers nicht und arbeitete weiter, bis er zusammenbrach. Die zum Konsilium berufenen Ärzte stellten fest, daß eine schwere septische Herzerkrankung Reischeks Leben zerstörte und daß nur ein übermenschlicher Wille das fliehende Leben so lange zurückzuhalten vermochte. Reischek glaubte nicht, daß sein Ende nahe sei; monatelang kämpfte er einen mutigen Kampf mit dem Tode. Aber der Tod ist stärker als der stärkste Wille.

Bis zum letzten Tag seines Lebens schrieb oder diktierte Reischek an seinem Tagebuch. Am 3. April 1902 nachmittags befiel ihn plötzlich eine Unruhe, und alle Augenblicke fragte er nach mir. Als ich von der Schule kam und eben ins Zimmer trat, traf mich der letzte lächelnde Blick des Sterbenden. Er hatte seine letzten Lebensenergien so lange festgehalten, bis er mich sah, dann brach das glänzende Auge, das tief in die Geheimnisse der Natur geschaut hatte.

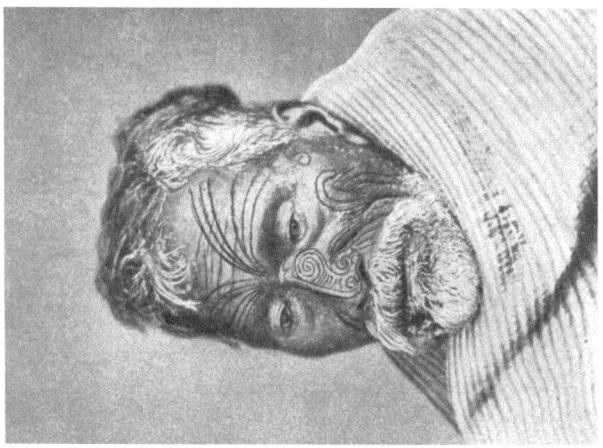

Tuhoto, Maorikrieger und Zauberer.

Hundertjähriger Maori.

Ein Reischek Nahestehender hat sein Wesen in den Strophen eines
Gedichtes gezeichnet:

Unter Gebildeten und Gewandten
war er ein hilfloses Kind.
Die ihn liebten und die ihn kannten,
waren die Tiere, der Wald und der Wind!
Er war ein Baum: In die Erde versunken
sogen die Wurzeln magische Macht,
hoben das Haupt ihm, ewigkeitstrunken,
aufwärts in gottnahe Himmelspracht.

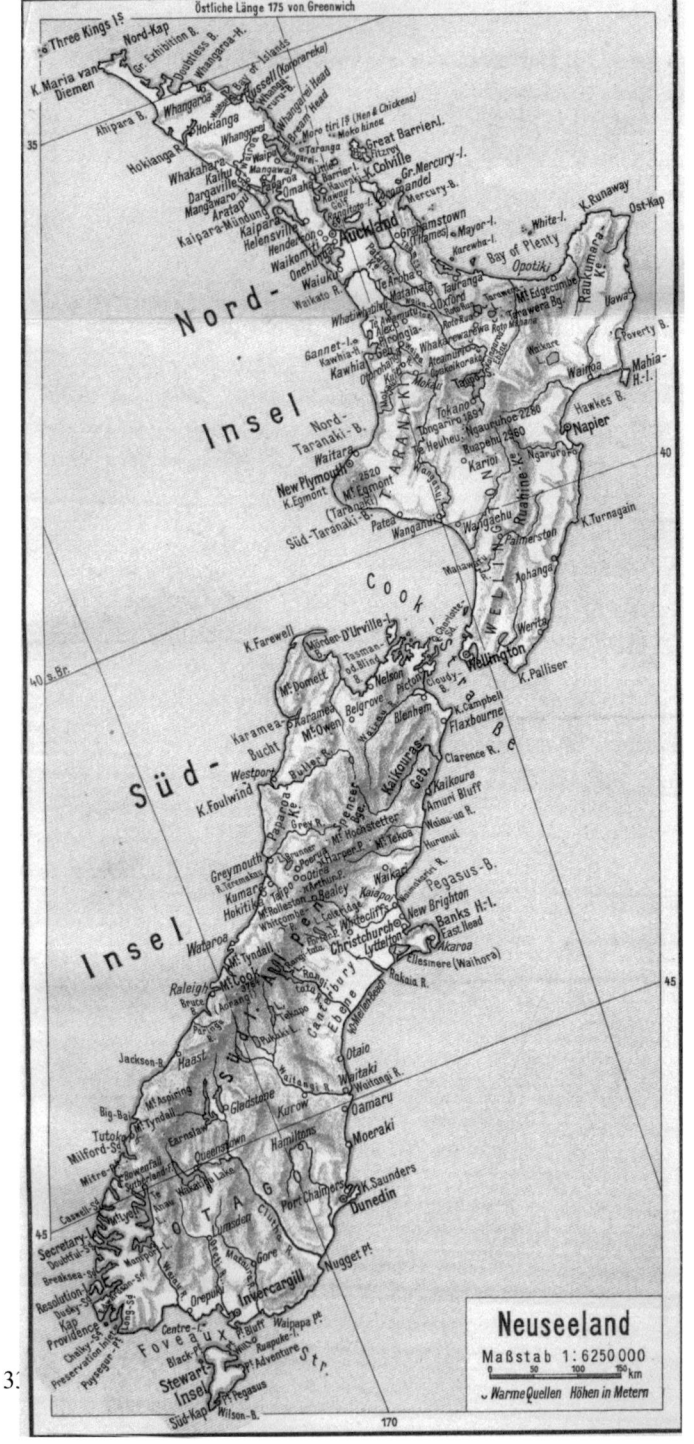

Ebenfalls im SEVERUS Verlag erhältlich:

Arthur Berger
Neuseeland – Auf den Spuren der Maori
SEVERUS 2012 /156 S./19,50 Euro
ISBN 978-3-86347-210-8

„Aotearoa" nennen die Maori Neuseeland, ihren Inselstaat, welcher auf eine kriegerische wie mystische Vergangenheit zurückblickt.

Auf seiner Reise vom Norden in den Süden entdeckt Arthur Berger Neuseelands außergewöhnliche Landschaft wie auch Kunst, Kultur und Volksbräuche seiner Eingeborenen. In seiner Anschaulichkeit gnadenlos berichtet der Forscher vom Kannibalismus, von blutigen Kriegen und von der Kolonialzeit.

Zahlreiche Fotografien der Maori wie auch der neuseeländischen Tier- und Pflanzenwelt lassen diese besondere Forschungsreise vor 80 Jahren für den Leser heute noch einmal lebendig werden.

www.severus-verlag.de

Ebenfalls im SEVERUS Verlag erhältlich:

Robert von Lendenfeld
Neuseeland – Geschichte und Kultur um 1900
Nachdruck der Originalausgabe von 1902

SEVERUS 2012 / 184 S. / 29,50 Euro
ISBN 978-3-86347-215-3

Neuseeland um die Jahrhundertwende:

Robert von Lendenfeld entwirft ein umfassendes Bild des kleinen Inselstaates auf dem Weg ins 20. Jahrhundert. Neben geschichtlichen Daten und Fakten erfährt der Leser Wissenswertes über den geologischen Aufbau sowie über Handel und Verkehr der Nord- und Südinsel.

Anschaulich führt der Autor in Kultur und Geschichte der Maori ein und bereichert seinen Bericht durch zahlreiche Illustrationen und Photographien der heimischen Pflanzen- und Tierwelt sowie der verschiedenen Seen- und Fjordgebiete.

Als Zoologe und Forschungsreisender lebte und lehrte Robert Lendenfeld von 1881–1886 an verschiedenen Universitäten in Australien und Neuseeland.

Noch heute zeugt Mount Lendenfeld, Neuseelands sechsthöchster Berg, von Lendenfelds Begeisterung für Alpinismus und Bergsteigerei.

www.severus-verlag.de